KB069582

한국에서 장애학 하기 ^{2판}

조한진 · 김경미 · 강민희 · 정 은 · 곽정란 · 전지혜 · 정희경 · 조원일 공저

학지사

2013년에 "한국에서 장애학 하기"의 1판이 발행된 이래 한국의 장애학에도 많은 발전이 있어 왔다. 2015년에 한국장애학회가 창립되어 춘계·추계 학술대회와 정기 세미나를 개최하고 있고, 학술지와 장애학 도서를 발간하고 있으며, '동아시아 장애학 포럼'에도 참여하고 있다. 2018년에 대구대학교 일반대학원에 국내 최초로 장애학과 석사 과정이 신설되었고, 2020년에는 동 대학원에 역시 국내 최초로 장애학과 박사 과정이 설치되었다.

그동안 장애인 정책에도 많은 변화가 있었다. 대표적으로 2019년에 '장애등급'이라는 용어가 '장애정도'로 개정되어 장애정도가 심한 장애인과 그렇지 않은 장애인으로 나뉘고 6등급의 세분화된 장애등급 구분은 폐지가 됨으로써 형식적으로나마 장애등급제가 폐지되었다. 이와 같은 발전과 변화가 있다 보니 "한국에서 장애학 하기"를 이제 개정하지 않을 수 없게 되었다.

먼저 기본적으로 모든 장에 있어서 통계 수치 등을 업데이트하였다. 특별히 제2장에서는 위에서 언급한 장애등급제 폐지와 같은 제도의 변화와 더불어 법령의 개정을 반영하였다. 제3장에서는 기존에 소개된 장애 이론의 변화된 내용을 추가하였고, 중요하지만 소개되지 않았던 몇 가지 장애 이론도 추가한 반면에, 아직 이론적 수준에서 확립되지 못한 것 같은 이론은 삭제하였다. 또한 이 장이 책 전체에서 가장 이해하기 어렵다는 학생들의 의견을 고려하여 페미니스트 장애 이론과 상대적 상호작용론 관점의 경우에 분량을 많이 늘리지 않으면서 이론의 핵심을 다시 설명해보려고 노력하였다. 제4장은, 장애 연구 방법으로서의 역사적 연구법이 여전히 소용이 있지만, 질적 연구 방법을 중심으로 구체적인 접근 방법들을 보다 더 많이 소개하는 것이 장애학을 공부하는 학도들에게 도움이 되겠다 싶어 전면 개정을 하였다. 또한 장애 연구에서 가장 어려운 대상이라 볼 수 있는 발달장애인을 참여시켜 어떻게 연구를 진행할 수 있는지에 대하여 간략하게나마 기술을 하였다.

4

　다만, 제9장에서 한센인의 강제 낙태와 2010년 장애인연금 제도 시행 이후의 장애인 역사를 추가로 다루지 못하였고, 제10장에서 2007년 장애인차별금지법 제정 이후의 장애인 운동의 역사를 추가하지 못한 것은 여전히 아쉬움으로 남는다. 이에 이들 역사의 기술은 향후 개정판을 위한 과제로 남겨놓을까 한다.

　끝으로 이 책을 발간해주신 학지사 김진환 대표이사님, 책이 나올 때까지 본 저자의 의견을 최대한 존중하여 작업해주신 김순호 편집이사님, 그리고 책 표지를 위하여 수정하시느라 20개에 가까운 작품을 제작해주신 이신화 화백께 진심으로 감사의 말씀을 드린다.

편저자 겸 공저자
조한진

요즈음 적어도 한국의 장애 관련 학계나 장애인단체들에 있어서 '장애학'이라는 단어는 생소한 말이 아니다. 이것은 여간 반가운 일이 아니다. 그러나 안타까운 일은 이들의 학문적·지적 욕구를 충족해 줄 수 있을 만큼 한국에 장애학 관련 서적이 많지 않다는 것이다. 그러다 보니 2006년 2학기부터 대구대학교에서 '장애학특강'이라는 과목명으로 일반대학원생과 학부생을 대상으로 강의를 해 온 필자로서도 적당한 교재가 없어 애를 먹었고, 학생들로서도 영어 논문과 책을 가지고 공부하느라 도에 넘는 고생을 해 왔다. 이것은 장애인단체 활동가들도 마찬가지이었다.

물론 그동안 외국의 장애학 서적을 번역한 책들이 몇 권 있었다. 그리고 그동안 생소하였던 장애학을 한국에 소개한 이 책들과 그 번역한 분들의 공로는 결코 작지 않으며, 이러한 번역 작업은 앞으로도 계속될 필요가 있다. 하지만 아쉬운 점은 그 번역서의 원저가 장애학이 처음 태동할 때 장애학의 선구자들에 의해 쓰인 상대적으로 오래된 책들이라는 것이다. 또한 번역서이다 보니 장애학의 원리를 한국 사회에 어떻게 적용할 수 있는가 하는 점은 철저히 독자들의 몫이었다는 것이다. 이 점은 이미 한국에도 외국에서 장애학을 공부하였거나 공부하고 있는 사람들이 없지 않다는 점에서 아쉬운 대목이라 하겠다.

이에 장애학을 같이 연구하고 한국에 소개하고자 아홉 명이 의기투합하여 '한국장애학연구회'라는 모임을 창설하게 되었다. 그 첫 번째 모임은 2009년 10월 10일부터 11일까지 대구대학교 영덕연수원에서 있었다. 거기에 모인 사람들은 장애학을 가르치는 외국의 대학원에서 공부하였거나 한국에서 장애학을 주제로 글을 써온 사람들로서 박사학위가 있거나 박사과정에 재학 중인 사람들이었다.

　　그동안 이 연구회에서는 대학 내에 장애학 연구 프로그램이나 연구센터가 신설되고 또 지원받을 수 있는 길을 모색해 왔다. 비록 이 부분에서는 아무것도 성취된 것이 없지만, 이것은 한국의 장애학의 발전을 위해서 시급한 사안이라 아니할 수 없다. 또한 이 연구회는, 2010년에 한국연구재단으로부터 소규모연구회모임 지원금 2백만 원을 받은 것 외에는 이렇다 할 지원을 받은 적이 없지만, 2011년 7월 8~9일에 경기대학교 서울캠퍼스에서 일본 리츠메이칸(立命館)대학 대학원 첨단종합학술연구과와 한일 학술세미나를 공동 개최한 이래 2012년 12월 15~16일에 일본 교토에서 개최된 한일 장애학 심포지엄에 초청되는 등 장애학과 관련하여 끊임없이 국제교류를 해 왔다.

　　무엇보다도 이 연구회에서 창설 초기부터 진행해 온 것은 장애학 서적의 집필이었다. 이를 위하여 먼저 책에 들어갈 주제를 결정하고 연구회원으로 집필진을 구성하였다. 그리고 집필 과정에서 정기 세미나를 개최하여 돌아가면서 각자의 초고를 발표하고 모든 다른 회원들이 허심탄회하게 난상토론 내지 비판을 한 후 발표자가 수정된 최종 원고를 제출하는 방식을 택하였다. 최종적으로는 필자가 전체적으로 편집을 하는 과정을 거쳤다.

　　이렇게 하여 탄생된 이 책은 앞에서 언급한 맥락에서 두 가지 의미를 지닌다고 사료된다. 첫째는, 외국에서 출발해서 발달한 장애학이지만 이를 한국에 적용하려고 노력하였다는 것이다. 물론 주제에 따라서는 한국의 상황에 적용하기 힘든 장도 있었고, 또 내용적으로 한국의 상황에 충분히 스며들지 못한 장도 있다. 그러나 집필 초기부터 장애학의 한국적 적용이라는 의도를 염두에 두고 있었던 것이 사실이고, 이는 이 책의 제목을 "한국에서 장애학 하기"라고 지은 이유이기도 하다. 둘째는, 번역된 책이 아니라, 장애학의 본고장에서 장애학을 공부하였거나 하고 있는 학자들에 의하여 직접 쓰인 책이라는 것이다. 물론 이렇게 말함으로써 한국에서 장애학을 스스로 공부하고 있는 분들을 펌하하려는 의도는 전혀 없다. 다만, 장애학을 가르쳐준 나라와 자신의 조국을 모두 알고 있다면 장애학의 원리를 한국에 적용하는 데 조금이나마 유리한 면이 있지 않을까 싶다는 것이다.

이 책은 크게 세 부분으로 나뉘어 있다. 제1부는 '장애와 장애학'이라는 제목하에 먼저 장애학을 개관하고 이어 장애의 정의·분류·측정, 장애의 이론적 틀, 장애 연구 방법 등 장애와 장애학 자체에 초점을 맞추는 장들로 구성하였다. 제2부에서는 '장애의 맥락'이라는 제목하에, 장애의 맥락을 구성하는, 정치경제, 심리(정체감·자부심), 문화, 윤리, 역사라는 측면에서 장애를 바라보고자 하였다. 특히 역사에서는 한국 장애인의 차별·억압의 역사를 먼저 다루고 이어 한국 장애인운동의 역사를 다룸으로써 이 둘 간의 인과 관계를 분명히 하고자 하였다. 제3부에서는 '장애여성과 장애아동'이라는 제목하에, 장애인 중에서도 다중차별을 경험하고 있는 장애인인 장애여성의 생애 경험과 장애아동의 교육 문제를 조망하고자 하였다. 물론 이 외에도 이 책과 같은 장애학 안내서에 들어갈 주제가 더 있고, 또 이 책에서 다루어진 주제라도 그 넓이와 깊이가 충분한가에 대해서는 필자로서도 아쉬운 점이 있는 것이 솔직한 심정이다. 그러나 기존의 장애 관련 책에서 다루지 않은 주제를 장애인의 시각에서 꽤 진보적으로 다룸으로써 장애 관련 학자와 장애인단체 활동가들뿐만 아니라 일반 시민들에게도 사뭇 이슈를 던져주는 책임에는 분명하다는 것은 확신한다.

다만, 필자로서도, 몇몇 장에 있어서 처음을 보면 학술논문이나 저서를 수정·보완하였다는 주석이 있다 보니, 이 책이 단순히 저자들의 기존 논문이나 저서를 모아 놓은 것이 아닌가 하고 독자들이 오해할까 봐 우려된다. 그러나 분명한 것은 이 책의 집필을 위한 원고가 먼저 쓰였으나 책의 발간이 늦어지면서 연구업적을 계속 내야 하는 한국 학계의 상황하에서 각 저자가 이 책에

보다 학술지나 각자의 저서에 먼저 글을 발표할 수밖에 없었던 경우가 대부분이라는 점이다. 그리고 어떤 경우이든 필자가 최종 편집하는 과정에서 저자와의 상의하에 원고가 소폭 또는 대폭으로 보완·수정이 되었다는 점 또한 분명한 사실이다.

필자 개인적으로는 이렇게 최종 편집을 하는 과정에서 본인의 세 번째 원고가 완성된 2012년 2월 13일 이래, 특히 저자들의 수정된 최종 원고가 마지막으로 도착된 2012년 8월 30일 이래, 연구용역의 수행(책임연구원이든 공동연구원이든)은 물론이고 학술 발표, 심지어 학술저서의 간행과 학술논문의 투고도 최대한 자제해 왔다. 이는 누가 뭐라든 이 책의 나름대로의 역사적 의미에 자부심을 가지고 책의 완성에 심혈을 기울이고자 하였기 때문이다. 이에 부디 이 책이 비장애인이 장애인을 새롭게 보는 계기가 되고 나아가 한국 장애학의 발전에 조금이나마 보탬이 되는 역할을 하기를 간절히 바라는 바이다. 끝으로 이 책이 발간될 수 있도록 도와주신 학지사 김진환 대표이사님, 김순호 편집부장님, 그리고 책 표지를 위하여 그림을 제공해 주신 김영빈 화백께 머리 숙여 깊은 감사의 말씀을 드린다.

조한진

차례

차 례

13

제1부

장애와 장애학

제1장 장애학의 개관

조한진

I 서론

요즈음 한국의 장애계는 장애를 설명하는 패러다임에서의 커다란 변화를 경험하고 있다. 과거에는 질병이나 손상 혹은 그에서 기인하는 활동 제한만을 장애로 보았고, 따라서 장애인은 치료와 특수교육 그리고 재활의 대상이었다. 이러한 관점을 의료적 모델이라 부른다. 다시 말해, 의료적 모델은 장애를 '개인적 비극'의 산물 또는 '건강 이상(health condition)'에서 직접적으로 초래된 생물학적 결정론의 산물로 보며, 이것은 전문가에 의한 개별적 치료의 형태로 제공되는 의료적 보호를 필요로 한다(Reindal, 2000; World Health Organization, 2001). 그러나 Reindal은 의료적 모델이 개인의 어떤 건강 이상과 장애화(disablement) 사이에 필연적 인과 관계를 전제로 하고 있기 때문에, 즉 신체의 구조나 기능에 손상을 입으면 반드시 장애가 있는 것이라고 보기 때문에 문제가 있다고 말하였다.

이에 반해 사회적 모델에서는 장애인들이 직면하는 문제의 원인은 개인적 제한·한계가 아니라, 적절한 서비스를 제공하지 못하고 장애인의 욕구가 사회조직 안에서 충분히 고려되도록 보장하지 못하는, 사회의 실패이다(Oliver, 1996). 그러므로 사회적 모델의 이론가들은 사람들 간의 상호작용을 검토하는 대신에 정책과 계획에 초점을 두는 경향이 있어 왔다(Marks, 1999; World Health Organization, 2001).

　장애인들이 이러한 사회적 모델에 대하여 배우게 되면, 그들은 그 모델이 자신의 경험에 부합한다는 것에 대체로 동의한다. 이 사회적 모델이 이끌고 있는 새로운 학제적 학문 분야가 바로, 북아메리카와 영국의 대학에서 점점 주목을 받고 있는 장애학이다(Gill, 1999).

　장애학은 요즈음 한국에서도 많이 회자되고 있다. 그러나 한국에서는 장애학에 관하여 아직 많은 것들이 정리되지 못하고 혼동되어 있는 양상을 보이곤 하는데, 그 대표적인 것이 장애학과 모델 내지 패러다임 간의 관계이다.

　예를 들어, 이선자, 정윤옥(2010)은 그들의 연구에서 사회복지학을 전공하고 있는 대학(원)생들의 장애(인)에 대한 인식을 알아보기 위하여 장애학의 다중 패러다임을 활용하였다. 동 연구에서 이선자, 정윤옥은 장애(인)에 대한 인식을 네 가지 유형으로 분류하였는데, 그 유형은 '개별적 유물론 형', '개별적 유물론-사회적 구성주의 혼합형', '개별적 유물론-개별적 관념론 혼합형', '사회적 구성주의 형'이었다. 그러나 이들 유형은 '장애'에 관한 여러 패러다임일 뿐, '장애학'의 여러 패러다임은 아니다. 장애학에서는 '사회적 창조주의' 내지는 '사회적 구성주의'와 같은 사회적 모델을 받아들일 뿐, 개별적 모델, 특히 '개별적 유물론'은 결코 지지하지 않는다. 그러나 이러한 혼동은 다른 연구(예: 박경수, 2010)에서도 그대로 재현되고 있다.

　이것은 장애와 관련하여 장애학을 한국에 적용하기에 앞서 정작 장애학이란 무엇인가에 관해 정리한 문헌이 거의 없었기 때문에 발생한 현상이기도 하다. 물론 한국에도 외국의 장애학 책의 번역서(예: 石川, 長瀨, 2009; Barton & Oliver, 2006; Johnstone, 2007)가 있기는 하나, 이 책들도 장애학 자체에 관해 다양한 측면에서 다루고 있지는 않다.

　이에 이 장에서는 장애학에 대한 개괄적인 정리와 소개를 해 보고자 한다. 결론에서는 다른 장애인 관련 학문에 있어서 장애학의 적용의 의의와 더불어 장애학의 과제를 제시하였다.

Ⅱ 왜 장애학이 필요한가

장애인은 동서고금을 막론하고 사회에서 차별받고 억압받아 왔다. 그래서 장애인은 여성이나 빈곤층과 같이 소수자 집단을 형성한다. 이 중 여성의 문제에 있어서는 요보호 여성의 문제를 넘어 모자복지를 비롯하여 전체 여성을 바라보려는 움직임이 있어 왔다. 그리고 빈곤층의 문제에 있어서도 최근 한국에서 기준 중위소득의 일정 비율 이하에서 생활하는 국민기초생활보장 수급자가 2020년 현재 2,134천 명(보건복지부, 2021)이라 하여 양극화의 문제와 함께 빈곤층의 문제가 사회적 이슈로 떠오르고 있다. 그러나 장애인은 등록 장애인만 해도 2020년 현재 2,633천 명(보건복지부, 2021)이고 그래서 엄청난 수의 소수자지만, 언제나 중증장애인 등 장애인 중 어느 일부만 이야기할 뿐 장애인 전부를 대상으로 하는 정책을 찾아보기는 여간 어려운 것이 아니다. 장애인의 어려움이 집단의 보편적 문제로 다루어지지 않는 것이다.

이렇게 장애인이 차별받는 것과 마찬가지로 장애에 관한 학문 역시 홀대받아 왔다. 장애와 장애인에 관한 주제는 모든 학문에서 두루 활발하게 다루어진 적이 결코 없으며, 혹 다루어졌다 하더라도 특정인에 의하여 특정 분야에서였다. 문학이든 영화든 텔레비전이든 장애를 다루는 사람도 다루어지는 사람도 특정 소수이었다. 그 분야라는 것도 역시 의학, 재활학, 사회복지학, 특수교육학 등에 한정되어 있었다. 그리고 이것은 병원이나 시설 또는 특수학교에서 행해지는, '정상인'이 주도하는 '비정상인'을 치료하기 위한 학문이었고, 거기에 근거한 서비스요 프로그램이었다.

여기에서 장애인은 감정과 의지를 가진 개인이라기보다는 분류되고 관찰되어야 할 대상일 때가 더 많았다. 그러므로 여기에서 장애인의 목소리라는 것은 그저 '비정상'에서 나오는 것이므로 수정되고 치료받아야 할 뿐이었고, 또한 결코 장애는 바람직하지 않은 것이었다. 장애는 대체로 비장애인의 경험을 통하여 해석·묘사되었으며, 그것은 대개 장애인으로부터 권한을 빼앗는 것이었다(Wood, 2000). 그러다 보니 이러한 해석과 묘사는 어느덧 장애인에게도 내면화되어 장애인 스스로도 자신을 바라볼 때 비장애인의 눈으로 자신을 바라보고, 실제로 존재하지도 않은 '완전한 육체'라는 허상만을 그리며, 따라서

'교정'될 수 없는 자신의 육체에 낙담하고 포기한다. 이런 상태에서 비장애인이 하는 어떤 행동도 장애인을 위한 것일 수 있으므로 정당화될 수 있으며, 의외로 장애인을 이해하는 듯 보이는 비장애인 전문가에 대해서는 그저 감사할 따름이다. 장애인은 서비스를 받아야 할 존재이고 비장애인에게 봉사(serve)할 수 있는 존재로는 아무래도 부족하며, 다만 프로그램에 집어넣어져야 할 대상일 뿐이었다.

이것이 바로 장애학이 필요한 이유이다. 어엿한 사회의 한 구성원으로서, 장애인이 기능을 하든 못하든, 치료하고 재활시키고 서비스를 제공하고 교육시키기 위해서가 아니라, 장애인의 눈으로, 그저 존재하는 다양함의 일종으로 장애를 바라볼 수 있는 새로운 이론과 모델과 패러다임이 필요한 것이다. 이것이 바로 장애학이 가지고 있는 기본 철학이며, 장애학은 의료적 곤경 내에서만 위치해 있는 장애인을 그곳으로부터 이동시키고자 학문적으로 노력한다(Wood, 2000).

Ⅲ 장애학의 발전

장애학의 발전은 장애 권리 운동의 발전과 떼려야 뗄 수 없는 관계에 있다. 1960년대 미국의 인권운동은 흑인의 인권운동으로부터 시작되었고, 따라서 그 당시 인권이라 말할 때는 주로 흑인의 인권을 연상했으며, 장애인의 인권은 논의 대상이 아니었다. 그것은 흑인이든 백인이든, 장애인이든 비장애인이든 장애인의 인권에 대한 의식이 별로 없었기 때문이다. 어쨌든 흑인의 인권운동은 1964년 민권법(Civil Rights Act)의 제정으로 어느 정도 결실을 보았다. 그러나 장애인의 인권에 대해서는 별다른 의식이 없었다는 것에서 짐작할 수 있듯이, 미국의 민권법은 인종·성별·종교·국적에 기초하여 공공의 편의시설, 민간 부문의 고용, 주정부와 지방정부의 서비스 제공에서 차별하는 것을 금하고 있어, 장애인은 그 획기적인 민권법에 의해 적용되는 계층에 속해 있지 않았다. 그 후, 장애를 민권법에 넣으려는 시도가 있었지만 성공적이지 못하였다. 그 실패에는 여러 가지 이유가 있지만, 그 이유 중의 하나는 장애인의 인권에 관한 조항을 민권법에 삽입하려고 시도하는 중에 혹 흑인의 인권에 관한 조항들이 후퇴하지 않을까 흑인 인권 운동가들이 두려워하였기 때문이다(Kanter, 1999).

이처럼 그 당시 인권운동이 장애인의 인권을 담보하지는 못하였지만, 흑인의 인권운동을 바라보면서 장애계는 중요한 교훈을 얻었다. 그것은 장애인의 인권에 대한 자각이 서서히 싹트게 되었다는 것이고, 다른 하나는 흑인 인권운동의 운동 방식을 장애인들이 배우게 되었다는 것이다. 장애에 대한 이러한 새로운 인식과 자각은 1970년대 후반에 장애학이라는 새로운 학문을 태동하기 시작하였고, 장애 권리 운동은 1990년의 미국장애인법(Americans with Disabilities Act, ADA)과 같은 획기적인 장애인차별금지법의 통과라는 결실을 보았다. 물론 장애학이 동 법의 통과에 학문적으로 많은 뒷받침을 한 것은 쉽게 짐작할 수 있는 일이다. 사실, 민권법의 법적 근거만으로는 ADA에서와 같은 종합적인 법령을 적절히 지탱해낼 수가 없었다. 다른 인종적 소수자와 여성이 흑인의 인권 보호와 동등한 인권 보호를 제공받았었지만, 하나의 계층으로서의 장애인은 그들과는 달랐고 '정당한 편의(reasonable accommodation)'와 같은 독특한 법적 규정이 필요하였던 것이다. 이것이 ADA가 발의되었던 이유이며, 그 새로운 법안은 민권법보다 범위에 있어서 훨씬 넓었다.

영국에서의 장애학도 영국의 장애 운동 및 장애인과 그 단체의 저술에 확실한 뿌리를 두고 있다. 영국에서는 장애 운동이 1970년대부터 시작되었고 첫번째 장애학 강좌도 1975년에 Open University에서 시작되었지만, 학문 분야로서의 장애학의 발전은 실제로는 1990년대 동안에 시작되었다(Barnes, 1999; Titchkosky, 2000).

다만 미국에서는 장애 운동이 개인적 · 사회적 · 경제적 참여에 관계된 이슈에 대한 전 국민의 정치적 인식을 위해 설정한 목표를 ADA를 통하여 달성할 수 있었고 영국에서도 1995년에 장애인차별금지법(Disability Discrimination Act)이 장애인에 대한 차별을 금지하기 위해 법령집에 등장하였지만, 영국의 경우에 장애 운동은 그들의 요구에 따라 조치를 취하기를 그저 거부하였던 보수당 내각에 의하여 거듭 좌절되었다(Meekosha & Jakubowicz, 1999: Meekosha, 2004에서 재인용; Oliver & Barnes, 2010). 그러다 보니 영국의 장애학은 영국에서의 사회학, 사회정책 및 복지국가의 정치 사이의 밀접한 관련성을 반영하고 있고 따라서 영국에는 인문학 연구 편찬물이 거의 없는 반면에, 장애학을 논함에 있어 미국에는 사회과학 편찬물이 거의 없는 것 같다(Meekosha, 2004).

사실, 장애학의 출현과 함께 미국 학자와 영국 학자 사이에는 놀라울 정도의 경쟁이 전개되었던 것으로 보인다. '장애(disability)'와 '손상(impairment)'[1]의 개념적 의미를 둘러싼 논쟁은, 이들 각각의 사회 내에서도 커다란 토론이 있긴 하지만, 양측의 장애학 사이의 긴장과 격차를 상징한다(Meekosha, 2004).

그러나 지난 40년이 넘는 동안 미국과 영국 모두 장애학이 장애 권리 운동과 손에 손을 맞잡고 발전해 온 것 또한 사실이다. 다시 말해, 장애학은 장애를 특별히 시민권 혹은 공민권의 지평 위에 올려놓기 위한 학계와 활동가들의 일종의 협력의 산물인 것이다. 그 후, 한때 의료 전문가와 사회사업가들의 한 작은 영역이었던 장애학이 지난 30여 년 동안 북아메리카와 영국을 비롯하여 인도(Karna, 2010), 독일(Poore, 2002), 프랑스(Ville & Ravaud, 2007), 일본 등 전 세계적으로 두드러지게 발전하게 되었다. 이제 미국의 경우에 장애에 관한 이슈는 사회사업대학에서도 사회사업 전공 학자에게서도 별로 다루어지지 않고 있으며, 이미 그들의 손을 떠나 별개의 영역에서 다루어지고 있는 느낌이다. 한국에서도 2015년에 한국장애학회가 창립되었고 2018년에 대구대학교 일반대학원에 장애학과가 설치되어, 장애학이 장애에 관한 모든 문제를 다루는 하나의 독립적인 영역으로 발전하고 있다.

Ⅳ 장애학이란 무엇인가

여기에서 장애학이란 무엇인가를 논하기 전에 사회적 모델에서 말하는 장애란 무엇인가를 먼저 살펴보자. 장애 이론 중에서 의료적 모델이 여전히 가장 영향력이 있지만, 이 모델은 '손상'만을 다룰 뿐 '장애'라는 용어를 다룰 수 없기 때문에 비판받아 왔다(Reindal, 2000). 한편, 사회적 모델에서는 병리라든지

---

1) 이러한 이분법은 복잡하고 다차원적인 현상에서 분석적인 강점을 제공하는 데에 도움이 되지만, 그 차이가 모호하고 덜 중요한, 장애인의 일상생활에서 장애인의 경험을 때때로 약화시킬 수도 있다(Meekosha, 2004).

질병이라는 개념이 존재하지 않는 것으로 보이며, 대신에 이 모델에서 처음으로 확인되는 요소는 '손상'이다(Albrecht, Seelman, & Bury, 2001). 이 모델의 이론가들은 손상을 "개인의 신체적, 정신적, 또는 감각적 기능에서의 제한"으로 정의한다(Marks, 1999, p. 80). 이 모델에서 두 번째 요소는 '장애'이다.

여기에서 '장애'는 '손상'이나 '좋지 못한 건강'과는 구별되어야 하며,

(1) 손상이 있는 사람이나 건강이 좋지 못한 사람에게 영향을 주는,

(2) 자립생활, 교육·고용 기회, 또는 기타 기회에 대한 장벽에서 기인하는,

(3) 개인이 경험하는 불리

로 정의된다(Prime Minister's Strategy Unit, 2005, p. 8: Oliver & Barnes, 2010에서 재인용). 다시 말해, 장애는 "물리적·사회적 장벽에 기인하여 다른 사람과 동등한 수준에서 지역사회의 평상의 생활에 참여할 기회의 상실 또는 제한"으로 해석되고 있다(Albrecht, Seelman, & Bury, 2001, p. 105).

다음으로 우리가 장애학을 어떻게 기술할 수 있을까를 고려함에 있어서도, 우선 무엇이 장애학이 아닌가 하는 것을 논해 보자. 이는 지배적인 또는 전통적인 교육과정의 장애 설명방식에서의 아래와 같은 한계나 문제를 설명함으로써 시작할 수 있다(Linton, 1998).

(1) 장애에 대한 현재의 설명방식(대개 재활과 특수교육에서의)은 장애를 개별화한다 ― 그러한 교육과정에서는 장애를 개인의 문제나 기껏해야 가족의 문제로 제한하는 발상을 조성한다.

(2) 장애를 필연적으로 하나의 '문제'로 본다.

(3) 학문에서 장애인의 주체성과 작용이 부재(不在)하다.

(4) 학문에서 장애인을 대상화한다.

(5) 교육과정 전체에 걸쳐, 특히 사회과학과 응용 분야에 있어서, 인간의 행동과 성취를 생물학 측면에서 설명하고 개인의 심리적 구조 측면에서 성취나 실패를 설명하는, 장애에 대한 본질주의적이고 결정론적인 주장이 무성하다.

(6) 전통적인 교육과정에서는 장애를 의료화한다.

(7) 개인적 수준에서의 개입, 즉 '맥락의 변화보다는 개인의 교정'에 대한 지나친 중시가 있다.

(8) 교육과정 전체에 걸쳐, 장애에 관한 정보의 양이 응용 분야에 편중되어 있다.

(9) 응용 분야 내에, 장애 사회가 중요하다고 여겨 요구해 온 그런 개입과 의료적·교육적 해결책에 대한 반응이 불충분하다.

(10) 장애에 관한 연구가 인문학에서, 특히 전체적으로 교양 과목에서 거의 주목받지 못하고 소외되어 왔다.

(11) 교육과정 전체적으로, 소수자 집단으로서의 장애인 그리고 그러한 지위의 문화적·사회적·정치적·지적 의미에 관한 관심이 불충분하다.

(12) 전통적인 교육과정 내에, '통합 사회(inclusive society)'를 위한 인식론적 토대가 잘 발달되어 있지 않다.

그러므로 앞에서 언급한 의학, 재활학, 사회복지학, 특수교육학 등은 장애학이 아니다. 생명윤리학도 장애학이 아닌데, 생명윤리학자와 장애학자 사이의 결정적인 차이점은, 대부분의 주류 생명윤리학에 장애인의 관점을 무시하는 경향이 있고 생명윤리학자들이 장애와 함께 하는 삶을 가치 있는 삶으로 보기를 거부한다는 데 있다(Goering, 2008; Holmes, 2008).

따라서 장애와 장애인을 다루는 여러 학문이 단순히 한자리에 모였다고 의미가 있는 것은 결코 아니며, 장애를 바라보는 관점에서부터 기존의 관점과는 달라야 한다. 그러므로 '장애'와 '학(문)'이 별개가 아니고 '장애학'이 하나의 학문 분야이다. 따라서 위 학문들이 장애를 다른 관점에서 바라볼 용의가 되어 있지 않는 한, 장애를 다루고 있다는 것만 가지고는 절대로 장애학이 될 수 없는 것이다.

오히려 장애학의 테두리 안에는 의학, 재활학, 사회복지학, 특수교육학, 생명윤리학을 넘어 여러 다른 폭넓은 학문적 접근이 존재한다. 실례로, 장애학 분야는 과학뿐만 아니라 인문학, 법학, 종교, 경제학, 예술의 담론에 관련될 수 있으며, 이때 장애 경험의 탐구를 권장하곤 한다(Connor, 2005). 또한 여성학이 좀 더 관념적이고 태도·사고방식에 초점을 두는 경향이 있는 반면에 장애학은 좀 더 구조적이고 문화적인 접근을 하기는 하지만(Wood, 2000), 일반적으로 장애학은 여성학과 같은 분야와 비교되곤 한다.

정리하자면, 장애학은

(1) 특정 학문 활동 분야에 대한 비평

(2) 모든 학문에 포함될 수 있는 학제 간 틀을 발전시켜 나가는 하나의 프로젝트

(3) 여성학·흑인학과 유사한 정통성(authenticity)을 가진, 새로운 영역의 학술 저작

을 포함하는 것으로 생각될 수 있다(Meekosha, 2004).

그렇다면 장애학이란 과연 무엇이라 말할 수 있는가? 정의하기 쉽지는 않지만 '장애를 개인의 결함으로 보지 않고 오히려 장애를 규정하는 정치적·경제적·사회적·문화적 요인 등을 탐구하며 장애인에 의한 적극적 참여를 중시하는 학제적 학문'이라 할 수 있다. 이러한 정의에 바탕을 두고 원칙적으로 장애학에서는 사회적·문화적·역사적 맥락 내에서 장애를 분석하고 학제적 접근과 참여적·해방적 접근을 하며 장애인과 학계·전문직이 통합·융화한다. 이에 다음 절에서는 장애학의 정의에 담겨 있는 이러한 원칙들에 대하여 논해 보고자 한다.

Ⅴ 장애학의 원칙

1. 사회적·문화적 맥락 내에서의 장애 분석

사회적·문화적 맥락 내에서 장애를 분석하기 위해, 첫째로 장애학은 장애에 관한 전통적인 의료적 모델을 넘어선, 진보적인 연구·개입 패러다임을 채택한다. 이에 서론에서 장애의 의료적 모델과 사회적 모델을 대비시키면서, 장애학은 의료적 모델을 배격하고 사회적 모델을 채택한다는 것을 언급한 바 있다.

둘째로 장애학은 개인과 환경 사이에서의 복잡한 상호작용으로서 장애 경험을 연구한다. 물론 사회복지학도 오래전부터 인간과 환경 간의 부조화에 주목해 왔고, 사회적 모델이라는 말 역시 생소하지 않다. 그러나 장애와 관련하여 장애학은 더 이상 질병이나 손상을 가진 개인을 문제의 대상으로 보지 않으며, 나아가서 환경에 대한 부적응을 문제 삼아 이를 교정하려 시도하지도 않

는다. 앞에서 여러 번 강조했듯이 장애는 개인의 문제가 아니고 손상을 가진 사람을 사회가 어떻게 대하느냐의 문제이며, 이러한 문제의 해결 여부 또한 불공평한 환경에 대해 그 손상을 가진 사람들이 어떻게 대항하느냐에 따라 달라지는 것이다. 그렇다면 사회복지학에서 말하는 사회적 모델은 장애계가 혹은 장애학이 말하는 사회적 모델과는 차이가 있다. 장애학에서는 장애인의 어려움을 연구함에 있어서 그 사람의 질병이나 손상에 초점을 두는 것이 아니라 차별이 존재하는 사회 내에서의 그 개인의 독특한 경험에 주목하여 이를 탐구해 왔다.

셋째로 장애학은 장애인의 광범위한 시민권을 증진시키기 위한 사회정책을 개발한다. 지금까지 장애인에 대한 사회정책은 '장애인복지정책'이라는 이름하에 장애인을 어떻게 도울 것인가에 관한 것이었다. 그 도움의 수준이라는 것이 장애인에게 충분하다면 그나마 다행인데, 충분하지도 않으면서 이러한 정책은 장애인을 항상 도움을 받는 위치에만 있게 하였다. 그러나 그러한 도움이나마 없으면 당장 생존이 위태로운 장애인들로서는 선택의 여지가 없었다. 그러나 이제부터는 장애인의 생존 문제가 더 이상 '혜택'이나 '시책'이 아닌 '시민권'과 '인권'의 문제로 접근되어야 하며, 이것이 바로 장애학의 입장이다.

넷째로 장애학은 문학과 영화 등에서 그리고 세상에서, 사람들이 가지고 있는, 장애를 둘러싼 사회적 통념(미신)·고정관념, 미에 대한 가치관 등에 주목한다. 먼저, 장애인이 등장하는 동·서양의 문학을 보자. 한국 소설에서의 "병어리 삼룡이"와 "백치 아다다" 그리고 서양에서의 "노트르담의 꼽추"에서 장애와 장애인이 어떻게 묘사되고 있는지 비교해보면, 동·서양의 지리적·문화적 차이에도 불구하고 장애와 장애인에 대한 관점이 한결같음을 알 수 있다. 영화의 경우에도 '미녀와 야수'에서 볼 수 있듯이 장애인은 괴물이며 미녀 비장애인의 사랑이 필요한 존재이다. 텔레비전도 마찬가지여서 많은 모금 프로그램에서 장애인은 도움이 절실한 불쌍한 사람들이다. 본 저자가 이런 맥락에서 '사랑의 리퀘스트' 방송이 종영되어야 한다고 주장한 적이 있었는데(조한진, 2005), 우리 장애 운동이 이러한 문제에 대해서도 의식을 가지고 행동할 필요가 있다.

한편, 장애를 둘러싼 사회의 통념(미신)과 미디어에 의해 재생산되는 그러한 고정관념들이 장애인을 무섭고 더러운 혹은 불쌍한 존재로만 묘사하는 것은 아니며 오히려 또 다른 극단적인 관점이 존재하는데, 그것은 장애인을 신비한 또는 어떤 초인적인 존재로 묘사하는 것이다. 영화 '레인맨'에 나오는 장애인이 그런 예이다. 물론 특별한 능력을 가진 소위 '서번트'들이 있기는 하나, 그것은 극히 드문 일이다. 또한 위대한 장애인을 말하면서 우리는 헬렌 켈러를 흔히 거명한다. 물론 그녀는 대단한 인물이다. 그러나 비장애인 중에서도 그러한 대단한 인물이 몇 명이나 되겠는가? 그러한 대단한 분을 예로 들며 장애인에게 스트레스를 주는 일은 분명히 잘못된 것이며, 그러한 외압은 어느덧 헬렌 켈러를 장애인들이 가장 존경하는 사람이 아닌 가장 싫어하는 사람의 하나로 전락시켜 버렸다.

마지막으로 미에 대한 관점을 보자. 매스미디어에 나오는 선남선녀들은 어느덧 대중의 우상이 되었고, 성형수술 시 본이 되곤 한다. 다행스럽게도 '안티 미스코리아' 운동이 확산되어 미스코리아 신드롬에는 어느 정도 제동이 걸렸으나, 이러한 반항적 관점은 장애에 대한 시각에도 적용되어야 한다. 그렇지 않고 계속 우리 사회가 내면의 아름다움보다 외모만 중요시하다 보면 어떤 장애인은 골방에서만 생활해야 할지도 모르기 때문이다. 이에 반해 장애학에서는 오히려 '장애는 아름답다(Disability is beautiful)'고 말하고 있다.

2. 역사적 맥락 내에서의 장애 분석

역사적 맥락 내에서 장애를 분석하기 위해서 장애학은 역사 속에서 장애가 어떻게 다루어졌는가를 연구한다(예: Carlson, 2001; Gabbard, 2011; Gleeson, 1997; Reid & Knight, 2006). 세계사 속에는 장애인의 분리·시설화, 장애인에 대한 불임 시술, 우생학·유전학, 히틀러 치하 독일에서의 장애인 안락사, IQ 테스트, 자선 사업 등 장애와 관련된 많은 슬픈 역사가 있었다.

자연과학에서의 진화론은 19세기 후반 사회적 진화론을 낳았고, 마침내 인간사회에서도 적자생존이라는 정글의 법칙이 적용되게 되었다. 더 나아가, 적자만 생존해야 한다면, 부적합한 사람을 버려야 할 뿐 아니라 사회로부터 격리하고 시설에 수용하여야 했다. 물론 처음에는 사회로부터 장애인을 보호하고자 시설에 수용하였지만, 이후에는 장애인으로부터 사회를 보호하기 위해

시설 수용이 시행되었던 것이다. 정신장애인 시설에서 장애인이 탈출했을 때 미디어에서 이에 대해 어떻게 반응했는지를 보면, 시설 수용이 누구를 보호하고 있는지를 쉽게 알 수 있다. 또한 장애인의 분리 역시, 오늘날 특수교육 등 많은 곳에서 여전하다. 특수교육에 있어서 장애 학생은 기숙학교에서 '교육'이 아닌 '교육재활'을 받는다. 혹 통합교육을 받는다고 하더라도 '특수학급'이라는 사실상 분리된 학급에서이다(조한진, 2006). 한편, 적자생존의 원칙에 따르자면 또한 장애인의 '번식'을 막아 다음 세대에 장애가 계속되는 것을 막아야 했다. 이것은 장애인에 대한 불임 시술로 이어졌고, 아예 장애인의 이성 교제와 성욕 그리고 결혼을 공공연히 막는 논리로 사용되었다. 혹 장애인이 임신을 하거나 혹 장애인을 임신하였으면 과감하게 낙태를 고려하는 것을 정당화시키기도 하였다.

의학이 발달하기 시작하면서 처음에는 모든 장애를 없앨 수 있다는 희망을 인간들이 가진 적이 있었다. 그러나 이것이 불가능하다는 것을 깨닫기 시작한 인간은 장애인을 최대한 빨리 지구상에서 없애는 한편 '우등한 인간'을 생산해 내는 것이 인간 역사의 발전을 위해서 낫다는 생각을 하게 되었다. 이것은 히틀러 치하에서 독일이 25만 명가량의 장애인을 '자비'의 이름으로 대량학살한 일로 이어졌고, 다른 한편에서는 우생학과 유전학의 발전을 낳았다. 우생학은 지금도 여러 가지 논리를 내세워 여러 모양으로 계속되고 있다.

장애인의 안락사는 지금도 합법적으로 혹은 은밀히 행해지고 있다. 미국에서는 이 안락사를 '의사 조력 자살'(physician assisted suicide, PAS)이라고 부른다. 한국에서도 중증 장애인을 돌보다 생활고로 죽인 사건에 대해 동정적인 판결이 나오는 경우가 가끔 있다. 본 저자는 그렇게 어렵게 장애인을 돌볼 동안 국가는 무엇을 하였는가를 우선 묻고 싶다. 그러나 한편에서 이러한 동정론이 자칫 장애인의 안락사를 정당화시키는 방향으로 흐르지 않을까 심히 우려된다. 혹 몇몇 나라에서처럼 '존엄하게 죽을 권리'를 내세워 안락사가 합법화된다면, 그 피해를 보게 될 1순위가 장애인일 것이기 때문이다. '존엄하게 죽을 권리'를 논하기 전에 먼저 생각해야 하는 것은 '존엄하게 살 권리'이다. 미국에는 '아직 죽지 않았다(Not Dead Yet)'라는, PAS를 반대하는 단체가 있다. 한국의 장애인단체도 이러한 문제에 눈을 돌릴 때가 되었다.

IQ 테스트는 처음에는 특수교육이 필요한 사람을 가려내기 위한 하나의 수단으로 시작되었는데, 지금은 그 테스트의 여러 가지 모순점에도 불구하고, 인간을 분류하고 인간에게 숫자를 부여하는 하나의 방법으로 너무나 흔하게 쓰이고 있다. 그리하여 IQ는 마침내 사람들로 하여금 지적장애인의 가능성보다는 무능함을 먼저 보게 하는 도구로 쓰이고 있다.

자선 사업 역시 장애인을 동정의 대상으로 전락시키는 데 적잖은 기여를 해 왔다. 장애인이 최대한 불쌍하게 묘사될 때 소위 자선 사업의 가치는 더욱 빛나게 되는 것이다. 이에 대해서는 앞에서 '사랑의 리퀘스트'와 관련하여 본 저자가 논하였던 것과 일맥상통한다.

지금까지 세계사 속에서 장애인이 어떻게 취급되어 왔는지 논하였다. 그러나 더욱 슬픈 것은 이러한 역사 중 몇몇이 아직도 한국에서는 현재진행형이라는 것이다. 이것이 바로 장애학이 역사에 관심을 가져야 하는 이유이다.

3. 여러 학문 분야의 접근법과의 통합

장애학은 여러 다른 학문 분야(문학, 예술, 사회학, 심리학 등)의 접근법과 통합된다. 물론 앞의 원칙을 지키면서 접근해야 하며, 장애를 연구해 왔던 전통적인 방법에 의해서는 안 될 것이다.

장애학이 다른 학문과 통합되는 가장 많은 예는 교육 분야(민강기, 장희대, 조미경, 박경혜, 2007; Baglieri, Valle, Connor, & Gallagher, 2010; Connor, Gabel, Gallagher, & Morton, 2008; Erevelles, 2000, 2005; Gabel & Danforth, 2002; Goodley, 2007; Goodley & Runswick-Cole, 2010; McKinney, 2010; Mintz, 2009; Slee, 2010; Ware, 2006)에서 찾을 수 있다. 그 외에도 심리학(Dowrick & Keys, 2001; Goodley & Lawthom, 2005; Olkin & Pledger, 2003), 문학(Hagood, 2010; Stellingwerf, 2008), 퀴어학(queer studies)(McRuer, 2002; Sherry, 2004), 문화 연구(Jakubowicz & Meekosha, 2002), 역사 연구(Metzler, 2011), 민족지학(Casper & Talley, 2005), 종교학(Vermande, 2006), 사법(Williams, 2005) 등에서 장애학과 통합되거나 장애학의 접근법이 적용되고 있다.

사실 미국의 경우, 많은 점에서 장애인들은 인종이나 여성의 연구에서조차 '그 밖의 사람(the others)'으로 위치해 있었다. 왜냐하면 장애인의 안건을 중요한 정치적 목소리로 책상에 올려놓기 위해 역사적으로 장애인들이 하여야 했던 것은, 그들이 생물학적으로 열등한 집단이라는 것을 반박하는 것에서 출발해야 했기 때문이다(Wood, 2000). 그러다 보니 모든 소수자 집단 안에서도 장애인은 사회적으로 무시당하곤 한다. 예를 들어, 인종차별주의, 성차별주의, 동성애 혐오 및 외견상 모든 차원의 억압에 반대하여 공격적으로 조직된 많은 진보적인 여성 그룹조차 장애인의 삶에 대해 비방적인 관점을 공개적으로 시사하고 있다고 여성 장애인은 말하곤 한다(Albrecht, Seelman, & Bury, 2001). 그러나 이제는 미국의 경우에 여성학(Donaldson, 2002; Garland-Thomson, 2005; Herndon, 2002; Thomson, 1994)도 장애학과의 대화를 재개하고 있다.

4. 참여적 · 해방적 연구법의 결합

장애학은 참여적 연구 접근법을 결합한다. 참여적 연구에는 시스템을 연구할 뿐 아니라, 바람직하다고 여겨지는 방향으로 시스템을 변화시키는 데 있어서 그 시스템 내의 구성원과 협력하는, 두 가지 목표가 있다.

여기에서 사회 변화를 촉진하는 목표를 가지고 장애인의 삶을 연구할 때 연구자들은

(1) 자신의 관점이 이 과정에서 어떻게 영향을 주는지에 관하여 현장에서 되돌아봄

(2) 현장 연구 과정에서 권력관계가 어떻게 협상되고 연구자의 권한을 줄이기 위하여 무슨 조치가 취해지는지 설명함

(3) 사람들의 삶을 문서에 표현하기 위하여 선택하는 과정을 분명하게 함

(4) 연구하는 세계의 다양하고 유동적인 성질을 보여 줌

(5) 사람들의 일상생활 안에서 기관, 문화, 물리적 · 사회적 구조의 상호작용을 연구함

으로부터 이익을 얻을 수 있다(Davis, 2000).

다시 말해, 장애학에서 장애를 둘러싼 문제를 연구한다면 장애인이 더 이상 단순히 연구 대상만이 아니며 그 문제를 해결하기 위해서 연구자와 장애인이 적극적으로 협력할 필요가 있다는 것이다. 물론 이 협력은 좋은 연구를 위한

수단이 아니라 연구의 중요한 목표가 된다. 그러므로 참여적 연구는 연구 과정의 한 중요한 측면으로 '서로 배움'의 중요성을 강조한다. 협력자이기 때문에 가능한 일이다. 연구를 위하여 또 학위를 위하여 장애인을 대상화하고 나서, 목적 달성을 하고 난 후에는 다시 옛날의 비장애인 연구자의 위치로 돌아가는 경우를 바라볼 때, 이러한 연구 접근법은 참으로 연구자로서 갖추어야 할 중요한 자세를 일깨워주는 것이라고 생각한다.

한발 더 나아가서는 해방적 연구라는 것이 있다. 이것은 연구 과정뿐만 아니라 연구를 수행하는 데 필요한 자원에 대한 통제를 다루는데, 연구를 수행하는 데 필요한 자원이란 연구 지원금뿐 아니라 연구의 내용·방법을 설정할 권한까지를 포함한다(Seelman, 2001).

5. 장애인과 학계·전문직의 통합·융화

20여 년 전부터 한국의 장애계에서 당사자주의가 회자되고 있고, 장애인단체 주최 포럼이나 학회 학술대회에서도 당사자주의에 관한 토론이 벌어지기도 하였다. 그러나 그럼에도 불구하고 그에 대한 정확한 정의와 심층적인 성찰은 부족한 것 같다. 당사자주의가 한국에서 자생적으로 발생한 개념으로는 보이지 않으나, 당사자주의와 관련하여 일어난 일들을 보면 당사자주의라는 개념이 확대 재생산되고 있다는 느낌이 든다.

당사자주의는 수단적 개념이며, '주의'라기보다는 오히려 '원칙'에 가깝고 '주의'가 되기 위해서는 한참 더 성숙해야 한다. 그런 의미에서 '당사자주의'보다는 '당사자원칙'이라는 말이 더 적절하다.

당사자원칙과 관련해서는 왜 그 원칙이 대두되었는가를 다시 한번 상기해 볼 필요가 있다. 그동안 인류의 역사 이래, 정도 차이는 있겠지만, 장애인은 거의 항상, 자신의 문제임에도 불구하고, 자기결정권을 행사하지 못하고 일방적으로 도움을 받는 위치로 격하되어 왔다. 그렇다면 아무리 장애인의 권리를 옹호하는 자리라 하더라도, 비장애인 활동가나 장애인 부모만 있고 실제로 장애인이 그 자리에 없다면 이 역시 크나큰 문제이다. 이에 당사자원칙은 '장애인을 빼놓고는 장애인에 대해서 논하지 말라(Nothing about us without us)'는 것이다. 이런 맥락에서, 장애학에는 장애인 당사자가 주도적 위치를 점하는 것을 우선시한다.

그러나 모든 장애인 당사자가 주인의식을 가지고 있느냐면 그것은 아니다. 그렇다면 당사자원칙을 둘러싼 쟁점의 핵심은 누가 진정한 장애인 당사자인가 하는 것이다. 우선 당사자라는 것은 상대적인 개념이어서, 비장애인 활동가나 장애인의 부모와 장애인 중 누가 '더' 당사자이냐 할 때는 당연히 장애인이 더 당사자이다. 이러한 우선순위는 지적장애인의 경우에도 예외가 되어서는 안 된다. 그러나 장애인의 권리를 위해 비장애 주류 사회와 투쟁하는 한에 있어서는, 비장애인 활동가도 장애인의 부모도 당사자이다. 이런 의미에서 진정한 장애인 당사자는 '장애인으로서의 자존감과 억압의 경험을 공유하고 있는 사람'이라고 정의하는 바이며, 이러한 사람들이 장애와 관련된 문제에 있어서 주체적으로 결정권을 행사하려는 것이 진정한 '당사자원칙'이라 본다.

그렇다면 장애학에서도, 교육자나 연구자나 전문가가 장애가 있든 없든, 누가 장애학을 가르치거나 연구하거나 실천하는가 하는 것이 문제가 되는가(Campbell, 2009)? 장애학에서는 위의 당사자원칙과 장애학의 원칙들을 공유하는 누구로부터의 기여도 수용된다. 이에 장애학에서는 장애인과 학계·전문직이 통합·융화하며, 이것이 다섯 번째 원칙이다. 이는 네 번째 원칙과도 일맥상통하는 것인데, 장애인이 학자와 전문직에 그리고 학자와 전문직이 장애인의 세계에 어우러진다는 말이다.

장애 관련 학회나 전문가들이 모이는 자리에 가보면 의외로 장애인을 볼 수가 없다. 왜냐하면 이런 모임은 때때로 장애인에 '대하여' 또 장애인을 어떻게 하면 '도울까'를 논하는 자리이기 때문이다.

그러나 이런 상태는 장애인에게도 또 학계나 전문직에도 결코 도움이 되지 않는다. 먼저 학자와 전문가는 장애인의 생생한 경험을 들을 수 없고 현장 활동가들의 지혜를 배울 수 없게 된다. 그 현장 활동가 중에는 장애인으로서 또 장애인과 함께 투쟁하며, 삭발식을 하고 단식농성을 하며 천막에서 새우잠을 자기도 하고 심지어는 투옥되는 사람들도 있다.

반대로 이런 현상은 장애인들에게도 득이 될 것이 없다. 학자들의 이론과 전문직의 기술은 장애 운동에 논리적 뒷받침을 제공할 수도 있고, 난관에 부딮혔을 때 해결책을 제시해 주기도 한다. 그러므로 학자와 전문가들은 연구와 실천을 통하여 활동가들을 이론적 · 실천적으로 뒷받침해야 할 것이다.

ⅤⅠ 장애학의 접근법

대부분의 장애학 학자들은 인문학적 접근과 사회과학적 접근의 두 가지 기본적인 접근법 중 하나를 따른다. 먼저 인문학적 접근은 사회 내에서의 장애를, 종종 개인화된 관점에서, 주목하며, 무엇이 장애인에 대한 고정관념과 억압을 만들게 되는지를 고찰한다. 학자들은 이러한 인문학적 접근과 과정을 통하여, 장애에 대하여 생각하는 새로운 방식들을 도출해 낼 수 있게 된다 (Wood, 2000). 예를 들어, 보이는 장애를 가진 사람의 신체를 보여주는 사진을 보는 교실 수업을 통하여, Benin & Cartwright(2006)는 놀라움과 부끄러움의 경험은 공감적 동일시, 그리고 장애 정치의 공유를 위해 필요한 사회적 유대감을 구성하는 요소라고 제안하면서, 장애학에서의 동일시(identification)와 가시성(visuality)에 관한 논의를 시작하는 한 방법으로서 감성적 반응을 연구하는 것에 찬성하는 주장을 하였다.

또한 인문학적 접근법을 통하여 무엇이 장애인에 대한 고정관념과 억압을 만들게 되는지를 밝혀낼 수 있다. 한국 사회에서 장애인에 대한 차별이 만연해 있다는 것은 누구나 인정하는 바이고 또 그래서 장애인차별금지법이 중요하지만, 왜 차별이 발생하는지에 대한 메커니즘을 좀 더 깊이 들여다보고 밝혀내지 않은 상태에서 단지 나타나는 현상인 차별만을 고치려 한다면, 이것은 마치 병의 원인은 덮어 두고 증상만 치료하는 것과 다름이 없다. 물론 본 저자가 여기서 장애인차별금지법을 폄하하려는 의도는 전혀 없고 동 법을 적극적으로 지지하지만, 다만 왜 장애인에 대한 고정관념, 차별, 억압, 편견 등이 생기는지를 들여다볼 필요가 있다는 것을 말하고 있는 것이다.

또 다른 접근법은 사회과학적 접근법이다. 이러한 접근에서는, 장애를 하나의 사회 정치적 이슈로서 연구한다. 좀 더 사회적인 관점에서 문제를 고찰하며, 재정이나 정치적인 권리 같은 것에 주목한다(Wood, 2000). 지난 10년이 넘는 동안 한국의 장애계에서는 장애인연금과 같은 소득 보장의 문제 그리고 장애인의 인권의 문제를 제기해 왔다. 장애 운동의 발달 역사를 보면 대개 소득 문제가 해결된 다음에 인권을 이야기하는데, 한국은 이러한 주장들이 한꺼번에 봇물처럼 쏟아져 나오고 있다. 그러나 이런 현상들이 나쁘다는 것은 아니며, 마치 한국의 경제발전도 그러하였고, 한국만의 독특한 현상인 것 같다. 이어 발달 단계의 세 번째라 할 수 있는 것은 고정관념과 억압과 같은 관점의 문제를 가지고 위에서 언급한 인문학적 접근을 하는 것이다. 어쨌든 사회과학적 접근은 장애인 개인보다는 전체를 다루는 법률과 정책에 주목하는 것이다.

그러면 어떤 접근법이 한국에서 적절한가? 이 질문에 대해서는 양시론적 입장을 취하는 쪽이 적절한 것 같다. 예를 들어, 장애인차별금지법이 없으면 장애인 차별을 막고 차별당한 장애인의 권리를 구제해 줄 수 있는 근거가 없다. 그러나 다른 한편에서, 장애인에 대한 차별이 발생하였고 그래서 소송이 제기된다 치더라도, 판사가 그것은 차별이라고 볼 수 없다고 판결하고 또 그것이 일반 대중에 의해 당연시된다면 강력한 법률도 소용이 없다. 우리는 이것과 유사한 경험을 지하철 편의시설과 관련된 소송에서 한 바 있다. 그렇다면 사회과학적 접근과 인문학적 접근은 모두 필요한 것이다.

사실 지금 이들 두 접근법은 장애학의 선진국에서는 아주 근접해져 있으며, 이들 관점은 혼합되어 있다. 그래서 개개의 학자가 어떤 접근을 취하든, 장애학은 다양한 학문 영역과 주제를 결합하게 되는 것이다(Wood, 2000).

Ⅶ 결론

장애를 바라보는 관점을 옮긴다는 것이 다른 장애인 관련 학문은 모두 필요 없다는 것을 의미하는 것은 아니다. 사회복지든 특수교육이든 아니면 다른 어떤 학문이든 분명히 필요한 곳이 있다. 다만 장애인의 관점이 말하고자 하는 것은 어떤 균형이 있어야겠다는 것이다.

오히려 장애학과 기타 장애 관련 학문은 서로 만날 수 있는 접점이 있다. 장애학은 장애 관련 학문이 장애인들을 돕는데 어떻게 하면 효과적일 수 있는가 하는 시사점을 줄 수 있다. 예를 들어, '케어 연구(care research)'가 장애학의 개념적 관점으로부터 배울 수 있는 가장 중요한 교훈은 적절한 케어에 대한 접근이 시민권·인권의 이슈라는 것을 이해하기 시작하는 것일 수 있다(Kröger, 2009). 또한 척수손상 및 관련 신경 근육 장애를 가진 사람의 건강을 증진시키고 능력을 개발하기 위한 연구 프로젝트인 'Shake-It-Up'에서도 자아효능감을 향상시키기 위하여 프로젝트팀이 참여적 연구 전략과 장애학의 관점을 사용하였다(Block, Vanner, Keys, Rimmer, & Skeels, 2010). Meekosha & Dowse(2007)는 장애학이 사회사업 교육·실천을 향상시킬 가능성을 조사한 바 있다. Parens(2001)는 공공 정책을 개선시키기 위하여 생명윤리학계도 장애계와의 대화에 임해야 한다고 요청한 바 있다.

장애인복지 제도 면에 있어서는, 사실 모든 장애 정책은 장애인을 어떻게 보느냐 하는 나름대로의 가치 기준을 가지고 있기 마련인데, 장애학은 그 가치 기준에 주목한다. 예를 들어, 미국의 낙제학생방지법(The No Child Left Behind Act of 2001)은 장애인으로 분류된 학생들과 장애 학생들의 진보·성과에만 전념하게 되는 교사는 대체로 계속 소외·배제된 채 남아있을 것이라고 가정하고 있었다(Bejoian & Reid, 2005). 이에 Bejoian과 Reid는 동 법에 분명히 나타난 Bush 대통령의 교육 의제를 비평하기 위하여 장애학 관점을 사용한 바 있다. 마찬가지로 장애학에 의하여 자각된 장애인들은 제도의 기저를 이루는 가치·믿음·기대를 검토하고 이에 더욱더 장애 정책 형성과정에 참여할 것을 요구할 것이다(Hahn, 1993). 그리고 이러한 변화된 인식은 결국 장애인의 피부에 와닿는 정책으로 이어질 것이다.

그러나 이렇게 서비스와 제도 면에서의 장애학의 기여에도 불구하고, 여전히 풀어나가야 할 과제도 안고 있는 것이 사실이다. 첫째, 발달장애인과 정신장애인이 장애학의 주류 학문 및 장애의 사회적 모델과 관련된 글로부터 소외된 채 남아 있다(Carlson, 2001; Goodley, 2004). 그러므로 발달장애인과 정신장애인 및 그들의 이슈가 장애학에서 충분하고 동등하게 포함되고 제기되는 것은 향후 장애학의 중요한 과제라 할 것이다(Beresford, 2000). 둘째, 장애학은 '신체 작용(bodily agency)'이라는 핵심 이슈를 적절히 다루는 데 성공적이지 못해 왔다(Paterson & Hughes, 1999). 따라서 장애에 대한 장애학의 탈육체적 (disembodied) 관점도 극복되어야 할 것이다. 셋째, 장애아동의 가족은, 그들도 여전히 여러 형태의 장애 차별을 경험할 수 있지만 흔히 장애인은 아니다 보니, 장애학 내에서 경계적인(liminal) 위치에 자리하고 있다. 그러므로 장애아동과 그 밖의 가족 구성원에 대한 이해에 있어 기존의 고정된 입장과 정형화된 묘사를 넘어설 필요가 장애학에 있다(Ryan & Runswick-Cole, 2008).

참고문헌

민강기, 장희대, 조미경, 박경혜 (2007). 특수학교 교육과정에 대한 장애학적 관점에서의 비판적 고찰. 한국장애인복지학, 7, 113-139.

박경수 (2010). 장애학의 다중패러다임에 근거한 사회복지사의 장애개념 인식척도 개발을 위한 기초연구. 한국장애인복지학, 13, 109-125.

보건복지부 (2021). 2021 보건복지통계연보. 세종: 보건복지부.

이선자, 정윤옥 (2010). 장애학의 다중패러다임을 통한 장애(인)에 대한 인식의 유형. 주관성 연구, 20, 165-183.

조한진 (2005). KBS 1TV '사랑의 리퀘스트'를 종영해야 하는 이유. 말, 232, 106-111.

조한진 (2006). 특수는 분리를 의미한다. http://www.welfarenews.net/news/articleView.html?idxno=15274

石川准, 長瀬修 (2009). 장애학에의 초대 (조원일 역). 서울: 청목출판사 (원출판연도 1999)

Albrecht, G. L., Seelman, K. D., & Bury, M. (Eds.) (2001). *Handbook of disability studies*. Thousand Oaks, CA: Sage.

Baglieri, S., Valle, J. W., Connor, D. J., & Gallagher, D. J. (2010). Disability studies in education: The need for a plurality of perspectives on disability. *Remedial and Special Education, 20*(10), 1-12.

Barnes, C. (1999). Disability studies: New or not so new directions? *Disability & Society, 14*(4), 577-580.

Barton, L., & Oliver, M. (2006). 장애학: 과거·현재·미래 (윤삼호 역). 대구: 대구 DPI. (원출판연도 1997)

Bejoian, L. M., & Reid, D. K. (2005). A disability studies perspective on the Bush education agenda: The No Child Left Behind Act of 2001. *Equity & Excellence in Education, 38*, 220–231.

Benin, D., & Cartwright, L. (2006). Shame, empathy and looking practices: Lessons from a disability studies classroom. *Journal of Visual Culture, 5*(2), 155–171.

Beresford, P. (2000). What have madness and psychiatric system survivors got to do with disability and disability studies? *Disability & Society, 15*(1), 167–172.

Block, P., Vanner, E. A., Keys, C. B., Rimmer, J. H., & Skeels, S. E. (2010). Project Shake-It-Up: Using health promotion, capacity building and a disability studies framework to increase self efficacy. *Disability and Rehabilitation, 32*(9), 741–754.

Campbell, F. A. K. (2009). Having a career in disability studies without even becoming disabled! The strains of the disabled teaching body. *International Journal of Inclusive Education, 13*(7), 713–725.

Carlson, L. (2001). Cognitive ableism and disability studies: Feminist reflections on the history of mental retardation. *Hypatia, 16*(4), 124–146.

Casper, M. J., & Talley, H. L. (2005). Special issue: Ethnography and disability studies. *Journal of Contemporary Ethnography, 34*(2), 115–120.

Connor, D. J. (2005). Studying disability and disability studies: Shifting paradigms of LD — A synthesis of responses to Reid and Valle. *Journal of Learning Disabilities, 38*(2), 159–174.

Connor, D. J., Gabel, S. L., Gallagher, D. J., & Morton, M. (2008). Disability studies and inclusive education — Implications for theory, research, and practice. *International Journal of Inclusive Education, 12*(5–6), 441–457.

Davis, J. M. (2000). Disability studies as ethnographic research and text: Research strategies and roles for promoting social change? *Disability & Society, 15*(2), 191–206.

Donaldson, E. J. (2002). The corpus of the madwoman: Toward a feminist disability studies theory of embodiment and mental illness. *NWSA Journal, 14*(3), 99–119.

Dowrick, P. W., & Keys, C. B. (2001). Community psychology and disability studies. *Journal of Prevention & Intervention in the Community*, *21*(2), 1–14.

Erevelles, N. (2000). Educating unruly bodies: Critical pedagogy, disability studies, and the politics of schooling. *Educational Theory*, *50*(1), 25–47.

Erevelles, N. (2005). Understanding curriculum as normalizing text: Disability studies meet curriculum theory. *Journal of Curriculum Studies*, *37*(4), 421–439.

Evans, N. J., Broido, E. M., Brown, K. R., & Wilke, A. K. (2017). *Disability in higher education: A social justice approach*. San Francisco: Jossey-Bass.

Gabbard, D. C. (2011). Disability studies and the British long eighteenth century. *Literature Compass*, *8*(2), 80–94.

Gabel, S., & Danforth, S. (2002). Disability studies in education: Seizing the moment of opportunity. *Disability, Culture and Education*, *1*(1), 1–3.

Garland-Thomson, R. (2005). Feminist disability studies. *Signs: Journal of Woman in Culture & Society*, *30*(2), 1557–1587.

Gill, C. J. (1999). Invisible ubiquity: The surprising relevance of disability issues in evaluation [1]. *American Journal of Evaluation*, *20*(2), 279–288.

Gleeson, B. J. (1997). Disability studies: A historical materialist view. *Disability & Society*, *12*(2), 179–202.

Goering, S. (2008). 'You say you're happy, but …': Contested quality of life judgments in bioethics and disability studies. *Bioethical Inquiry*, *5*, 125–135.

Goodley, D. (2004). The place of people with 'learning difficulties' in disability studies and research: Introduction to this special issue. *British Journal of Learning Disabilities*, *32*, 49–51.

Goodley, D. (2007). Towards socially just pedagogies: Deleuzoguattarian critical disability studies. *International Journal of Inclusive Education*, *11*(3), 317–334.

Goodley, D., & Lawthom, R. (2005). Epistemological journeys in participatory action research: Alliances between community psychology and disability studies. *Disability & Society*, *20*(2), 135–151.

Goodley, D., & Runswick-Cole, K. (2010). Len Barton, inclusion and critical disability studies: Theorising disabled childhoods. *International Studies in Sociology of Education*, *20*(4), 273-290.

Hagood, T. (2010). Disability studies and American literature. *Literature Compass*, *7*(6), 387-396.

Hahn, H. (1993). The potential impact of disability studies on political science (as well as vice-versa). *Policy Studies Journal*, *21*(4), 740-751.

Herndon, A. (2002). Disparate but disabled: Fat embodiment and disability studies. *NWSA Journal*, *14*(3), 120-137.

Holmes, M. M. (2008). Mind the gaps: Intersex and (re-productive) spaces in disability studies and bioethics. *Bioethical Inquiry*, *5*, 169-181.

Jakubowicz, A., & Meekosha, H. (2002). Bodies in motion: Critical issues between disability studies and multicultural studies. *Journal of Intercultural Studies*, *23*(3), 237-252.

Johnstone, D. (2007). 장애학개론 (윤삼호 역). 대구: 대구 DPI. (원출판연도 2001)

Kanter, A. S. (1999). Toward equality: The ADA's accommodation of differences. In M. Jones & L. A. Basser Marks (Eds.), *Disability, divers-ability, and legal change* (pp. 227-250). The Hague, The Netherlands: Kluwer Law International.

Karna, G. N. (2010). Disability studies in India: The Kerala experience. *International Journal of Therapy and Rehabilitation*, *17*(9), 456-457.

Kröger, T. (2009). Care research and disability studies: Nothing in common? *Critical Social Policy*, *29*(3), 398-420.

Linton, S. (1998). Disability studies / not disability studies. *Disability & Society*, *13*(4), 525-540.

Marks, D. (1999). *Disability: Controversial debates and psychosocial perspectives*. London: Routledge.

McKinney, S. A. (2010). Toward a disability studies oriented framework for social justice leadership in education. *Dissertation Abstracts International: Section A. Humanities and Social Sciences*, *71*(10).

McRuer, R. (2002). Critical investments: AIDS, Christopher Reeve, and queer/disability studies. *Journal of Medical Humanities*, *23*(3/4), 221-237.

Meekosha, H. (2004). Drifting down the Gulf Stream: Navigating the cultures of disability studies. *Disability & Society, 19*(7), 721-733.

Meekosha, H., & Dowse, L. (2007). Integrating critical disability studies into social work education and practice: An Australian perspective. *Practice: Social Work in Action, 19*(3), 169-183.

Metzler, I. (2011). Disability in the Middle Ages: Impairment at the intersection of historical inquiry and disability studies. *History Compass, 9*(1), 45-60.

Mintz, E. A. (2009). Vulnerable to exclusion: A disability studies perspective on practices in an inclusive school. *Dissertation Abstracts International: Section A. Humanities and Social Sciences, 70*(11).

Oliver, M. (1996). *Understanding disability: From theory to practice.* London: Palgrave Macmillan.

Oliver, M., & Barnes, C. (2010). Disability studies, disabled people and the struggle for inclusion. *British Journal of Sociology of Education, 31*(5), 547-560.

Olkin, R., & Pledger, C. (2003). Can disability studies and psychology join hands? *American Psychologist, 58*(4), 296-304.

Parens, E. (2001). How long has this been going on? Disability issues, disability studies, and bioethics. *The American Journal of Bioethics, 1*(3), 54-55.

Paterson, K., & Hughes, B. (1999). Disability studies and phenomenology: The carnal politics of everyday life. *Disability & Society, 14*(5), 597-610.

Poore, C. (2002). "The (im)perfect human being" and the beginning of disability studies in Germany: A report. *New German Critique, 86*, 179-190.

Reid, D. K., & Knight, M. G. (2006). Disability justifies exclusion of minority students: A critical history grounded in disability studies. *Educational Researcher, 35*(6), 18-23.

Reindal, S. M. (2000). Disability, gene therapy, and eugenics — A challenge to John Harris. *Journal of Medical Ethics, 26*(2), 89-94.

Ryan, S., & Runswick-Cole, K. (2008). Repositioning mothers: Mothers, disabled children and disability studies. *Disability & Society, 23*(3), 199-210.

Seelman, K. D. (2001). Science and technology policy: Is disability a missing factor? In G. L. Albrecht, K. D. Seelman, & M. Bury (Eds.), *Handbook of disability studies* (pp. 663-692). Thousand Oaks, CA: Sage.

Sherry, M. (2004). Overlaps and contradictions between queer theory and disability studies. *Disability & Society, 19*(7), 769–783.

Slee, R. (2010). Revisiting the politics of special educational needs and disability studies in education with Len Barton. *British Journal of Sociology of Education, 31*(5), 561–573.

Stellingwerf, L. K. (2008). *The problem with apples: An analysis of playwriting and disability studies.* (Master's thesis). Retrieved from ProQuest Dissertations and Theses database. (Publication No. AAT 1457061).

Thomson, R. G. (1994). Redrawing the boundaries of feminist disability studies. *Feminist Studies, 20*(3), 582–598.

Titchkosky, T. (2000). Disability studies: The old and the new. *Canadian Journal of Sociology, 25*(2), 197–224.

Vermande, T. (2006). *"Moral uses of dark things": A disability studies approach to Horace Bushnell.* (Master's thesis). Retrieved from ProQuest Dissertations and Theses database. (Publication No. AAT 1430295).

Ville, I., & Ravaud, J. (2007). French disability studies: Differences and similarities. *Scandinavian Journal of Disability Research, 9*(3–4), 138–145.

Ware, L. (2006). Urban educators, disability studies and education: Excavations in schools and society. *International Journal of Inclusive Education, 10*(2–3), 149–168.

Williams, A. C. (2005). Promoting appropriate responses toward disabilities in juvenile justice settings: Applying disability studies' perspectives to practice. *Journal for Juvenile Justice Services, 20*(1), 7–23.

Wood, T. (2000). Dynamic academic field is a gateway to possibilities. *Quest, 6*, 49–51.

World Health Organization. (2001). *International classification of functioning, disability and health: ICF.* Geneva, Switzerland: Author.

제2장 **장애의 정의·분류·측정**

조한진

서론

2010년 들어 보건복지부는 장애인연금과 활동보조서비스 등을 새롭게 신청하는 사람에게 장애 상태와 등급의 심사를 의무화하였는데, 2010년 6월 17일의 보도 자료에서 보건복지부(2010, pp. 1-3)는 장애인복지법상의 장애등급 심사 결과 장애등급이 36.7%가량 하향된 것으로 나타났다고 밝힌 바 있다. 그 보도 자료에 의하면 장애등급 하향 조정의 주요 원인으로는 "장애진단서와 진료기록지 상의 장애 상태가 상이"한 경우가 74.3%(5,589건), "장애등급 판정기준 미부합"이 14.0%(1,052건)로 두 유형이 전체의 88.3%(6,641건)를 차지하였다. 이에 보건복지부는 일선의 많은 의료인이 그간 진료를 해 온 환자가 신청인으로 요구할 경우 그간에 쌓인 유대관계 등으로 장애등급을 올려주다 보니 이러한 결과가 나타났다고 주장한다며, 장애등급 판정에 대한 일선 의료기관의 좀 더 많은 관심과 주의가 필요하다고 말하였다.

이에 반해 장애계는 장애등급이 하락하면 2010년 7월 30일부터 최초로 지급되기 시작한 장애인연금을 못 받게 될 뿐 아니라 거동이 불편한 사람이 활동보조서비스가 끊기고 보행을 못 하는 사람도 장애인 콜택시를 이용할 수 없게 되는 등 막대한 피해가 발생하며 실제로 피해자가 속출하는 상황이라고 증언한 바 있다. 이후 '장애등급제 폐지와 사회서비스 권리 확보를 위한 공동대책위원회'는 장애인연금의 신청 거부를 선언하는 기자회견을 가졌고, 2010

년 9월 13일에 급기야 전국장애인차별철폐연대는 장애인복지카드를 반납하는 기자회견까지 개최하기에 이르렀다.

이에 장애인 등록제, 판정 절차 등 장애인 등록·판정 체계의 개선 방안을 마련하고자 보건복지부는 2010년 11월 2일에 '장애인 서비스 지원체계 개편 기획단'을 구성하였다. 또한 이 '장애인 서비스 지원체계 개편 기획단'의 해산에 대한 일체의 언급이 없이 보건복지부는 2013년 4월 15일에 '장애판정체계 기획단'이라는 또 다른 이름의 기획단을 구성하였다. 그러다 2014년 들어서는 4월 4일에 보건복지부가 '장애종합판정체계 개편 추진단'이라는 세 번째 회의체를 구성하였다. 2017년 8월 25일에는 광화문역 지하도에 설치된 천막 농성장에 보건복지부 장관이 방문하여 장애인단체 대표들과 진행한 간담회에서 장애등급제 폐지를 논의하기 위한 위원회를 다시 구성하겠다고 밝힌 바 있고, 이에 '장애등급제 폐지 민관협의체'가 구성되어 10월 20일에 1차 회의가 개최되었다. 이어 12월에는 장애등급제 폐지를 위한 법적 근거를 마련하기 위해 장애인복지법이 개정되었다.

2019년 7월부터 시행된 개정 법률에 의하면, 장애인 등록제는 유지를 하되 '장애등급'이라는 용어를 '장애정도'로 개정하여 장애정도가 심한 장애인과 그렇지 않은 장애인으로 구분하였고, 6등급의 세분화된 장애등급 구분은 폐지가되었다. 그러면 장애등급제는 실질적으로 폐지가 되었는가? 아니다. 6등급에서 중증과 경증이라는 두 개의 등급으로 축소가 되었을 뿐 장애등급제는 그대로 유지가 되고 있는 것이다. 그렇다면 이런 상황에서 현안 사항에 대한 대안을 생각해 보는 것은 의미가 있는 일일 것이다.

대안으로는 장애인에게 굳이 등급을 매기지 않더라도 복지 영역별로 장애인의 욕구를 측정하는 다양한 도구를 채용할 수 있으며, 장애등급제를 마찬가지로 채택하고 있는 일본을 제외한 대부분의 선진국이 그런 방식으로 별 무리없이 서비스를 제공하고 있다. 예를 들어, 프랑스의 경우에 '장애인 지방센터 (La Maison Départementale des Personnes Handicapées)'에서 의사, 사회복지사, 직업재활사 등 다양한 전문 인력으로 구성된 종합사정팀이 신청인의 장애 판정 및 서비스 욕구 사정 등을 하면, 그 작성된 평가 결과를 토대로 '장애인 권리 및 자립위원회(Les Commissions des droits et de l'autonomie des personnes handicapées)'가 보건의료 서비스, 각종 수당, 세금 면제, 장애인 카드, 옹호·

상담 서비스 등 다양한 서비스의 제공 여부를 최종적으로 결정한다(이승기, 2010). 그렇다면 이 지점에서 현재와 같은 형태의 장애등급제까지도 완전히 폐지하는 것을 고려해 볼 수 있을 것이다.

그러나 이처럼 장애등급제를 실질적으로 폐지하는 것을 넘어, 서비스·프로그램 제공에 있어서의 자격 기준이 되는 장애의 정의·분류·측정을 재고해 보는 것은 보다 근본적인 일이 될 것이다. 더구나 지금까지 장애의 정의·분류·측정에 관한 근본적인 연구가 의외로 많지 않았던 것을 감안할 때, 그 필요성은 더욱 절실하다.

강수균, 이영철, 조홍중(2000)은 장애 관련 용어를 뇌장애, 시각장애, 청각장애, 사지장애, 오장육부의 손상 등을 의미하는 절대적 장애 및 손상을 가진 자의 의욕, 과제에의 달성 동기, 관련자의 지원, 생활조건, 환경조건 등에 의해서 변화해가는 특징이 있는 상대적 장애를 포함한 일반적 분류, '손상, 행위 무능력 및 관계 불리에 관한 국제 분류'(International Classification of Impairments, Disabilities, and Handicaps, ICIDH), '특별한 교육적 요구(special education needs)' 등 세 가지로 분류하였으나, 이론에 근거를 둔 분류는 아니었다. 오혜경(2006)은 장애 원인에 의한 분류, 활동 제한에 의한 분류, 장애 원인이 되는 조건(손상, 질환·일탈·비정상)에 의한 분류, 장애인 권리옹호활동·근로활동에 의한 분류, 교육 현장에서의 장애 분류, 특별활동에 있어서 스포츠 활동에의 참여를 위한 장애 분류, 장애의 진행 과정(장애의 발생, 장애의 진행, 장애의 결과, 장애의 결과로 인한 생활의 제약과 능력의 제한)에 의한 분류, 의료 모델에 의한 장애 분류 등으로 장애 집단을 분류하였으나, 그 역시 그다지 이론에 근거를 둔 분류로는 보이지 않는다.

이에 반해, 남찬섭(2009)은 사회적 모델을 실현하기 위해서 현행 '장애인차별금지 및 권리구제 등에 관한 법률'에서의 장애 정의를 전면 수정하는 것에 대해 논의한 바 있다. 또한 Jo(2004)는 장애의 의료적 모델과 사회적 모델을 검토하고, 이 개념적 틀을 통하여 장애인복지법과 미국장애인법(Americans with Disabilities Act, ADA)에서뿐 아니라 세계보건기구(World Health Organization, WHO)에서의 장애의 정의를 평가하였다. 그러나 이 두 연구도 장애에 대한 보다 다양한 모델에 입각하여 기존의 여러 장애 정의·분류·측정들을 검토한 것은 아니었다.

이에 이 장에서는 장애의 정의·분류·측정에 있어서 그간의 문제점을 살펴
보고 한국의 장애 정의에 대한 개선 방향을 제안해 보고자 한다. 이를 위하여
이 장에서는 먼저 개념적 틀을 제시하고, 이 틀에 따라 유엔, 국제장애인연맹
(Disabled People's International, DPI), 미국, 한국에서의 장애의 정의를 검토하
였다. 유엔은 모니터링, 정책, 프로그램 활동이 비롯될 수 있는, 장애에 관한
어떤 공통의 체계를 만들기 위해 노력해 왔던 기구이고, DPI는 세계적인 장
애 운동 단체로서 '장애의 사회적 모델'의 정의로 현재 알려져 있는 정의를 채
택한 바 있는 단체이다. 미국과 한국의 경우에는 장애에 관한 정의를 포함하
고 있는 법령을 중심으로 살펴보았다. 물론 장애의 정의·분류·측정이 문화
와 밀접한 연관을 맺고 있어 국제적인 비교에는 한계가 있겠으나, 그럼에도
불구하고 한 나라에서 어떤 장애 정의·분류·측정을 받아들이기 전에 그것을
장애 정책·서비스에서 앞선 다른 나라의 것과 비교하는 것은 유용한 것이다.

Ⅱ 개념적 틀

'장애(disability)'라는 용어를 검토하는 데 있어서는 실제 정의·분류·측정이
근거를 두고 있는 이론적 틀을 확인하는 것이 필요하다. 이에 Bernell(2003)은
세 가지 개념적 틀을 서술한 바 있다. 그 첫째는 '의학적 접근법(medical
approach)'인데, 이것은 다양한 유형의 장애의 의학적 원인과 결과 사이의 관
계를 강조한다. 둘째는 가장 흔한 접근법인 '기능적 제한 접근법(functional
limitations approach)'으로 개인의 활동 제한을 강조한다. 셋째는 '사회정치적
접근법(sociopolitical approach)'인데, 이것은 장애를 인간과 그 환경 간 상호작
용의 산물로 본다.

Grönvik(2007)은 기존의 이론적·조작적 장애 정의를 주관적·기능적·행정
적·사회적·관계적 정의라는 다섯 가지 그룹으로 분류한 바 있다. 주관적 정
의는 사람들이 자신을 장애인으로 여기는 것으로, 그러한 인식의 근거와는 상
관이 없다. 기능적 정의는 신체 기능의 부족이나 제한으로서 장애를 이해한
다. 행정적 정의에서 장애인은 어떤 지원체계를 필요로 하거나 그 체계의 적

용 대상이라고 '복지 국가'가 분류한 사람이다. 사회적 정의에서 장애는 손상을 가진 사람들에 대한 억압과 장벽이다. 관계적 정의에서는 손상을 가진 사람과 접근할 수 없는 환경 사이의 관계에서 장애가 발생한다고 본다. 여기에서 마지막 두 가지 유형의 정의는 장애화 과정에서 환경의 중요성에 대한 이론적 논쟁과 관련되어 있어서(Molden & Tøssebro, 2010), Bernell(2003)의 세 가지 개념적 틀 중 사회정치적 접근법과 유사한 것으로 생각된다.

이에 이 장에서는 Bernell(2003)의 개념적 틀을 사용하였다. 다만 이 개념적 틀을 적용할 때 미국과 한국의 경우에는 장애의 법적·행정적 정의를 검토하였다.

1. 의학적 접근법

의학적 관점에서는 개인이 의학적 질환의 특정 목록 중 하나 이상을 가지고 있다면 장애인이라고 여겨진다. 이 접근법은 노동 시장에 관한 실증적 연구에서 종종 사용되어 왔다(Bernell, 2003).

언뜻 보아 의학적 접근법은 손상을 가지고 기능하는 개인의 능력을 평가하는 것이 아니고 단순히 의학적 질환의 평가만을 수반하기 때문에 상대적으로 간단한 것처럼 보인다. 그럼에도 불구하고 이 접근법은 쇠퇴의 몇 가지 이유를 가지고 있다(Bernell, 2003). 첫째, 그것은 '공인된' 질환의 특정 목록으로부터 어쩌면 중요한 많은 질환을 빠뜨리게 될 위험성이 있고, 이것은 그 질병이 이 목록상에 있지 않은 사람들에 있어서 급부의 거절을 야기할 수도 있다. 둘째, 의학적 접근법은 제한의 결과보다는 제한의 근원을 강조하며, 따라서 개인의 신체 상태 및 기능하는 능력 사이에 분명한 관련성이 있다는 생각을 영구화한다. 셋째, 많은 상황에서 의사가 의학적 질환을 증명해야 하는데, 결과적으로 선택 편향 문제를 불러일으킬 수 있는 추가 비용 요소(금전적 비용과 기회비용)가 있게 된다. 넷째, 의학에 기반을 둔 정의는 대개 질환의 심각도에 관한 정보를 포함하고 있지 않다.

2. 기능적 제한 접근법

실증적 연구에서 사용되는 많은 장애 정의·분류·측정이 Nagi(1965, 1969)에 의하여 서술된 기능적 제한 접근법을 그 기반으로 하고 있다. Nagi에 따르면, 장애로 이어지는 상황은 '활동성 병리(active pathology)' 상태에 있는 질환에서 시작된다. 활동성 병리는 정상적 과정의 중단 및 정상적 상태로 회복하려는 유기체의 동시적 노력을 포함하는, 질병의 시작을 말한다.

일부 상황에서 그 질환은 병리의 활동 단계가 감소되거나 제거된 후에도 남아 있는 지속적 '손상(impairment)'을 개인에게 남긴다. Nagi는 생리적이거나 해부학적인 유실이나 기타 이상 또는 양쪽 다로 손상을 정의하였다. Nagi에 따르면, 손상의 본질은 생애 주기 중 발생 시점(선천성, 유아기, 근로 연령, 또는 만년), 발생 유형(진행이 느리거나 진행성), 받은 치료(약물치료, 수술)를 포함한 다수의 요인에 의하여 결정된다.

어떤 상황하에서 손상은 '기능적 제한(functional limitation)'을 야기한다. 정신적 손상은 개인을 동료들과 상호작용할 수 없게 만들 수도 있다. 또 제한은 몇 가지 신체 계통 중 어느 하나에서의 손상으로부터 기인할 수도 있다. Nagi의 기능적 제한 접근법의 중요한 측면은 모든 기능적 제한이 손상에서 기인하지만 모든 손상이 기능적 제한을 유발하는 것은 아니라는 것이다.

Nagi는 특정 환경에서 개인에게 기대되는 사회적으로 규정된 과업(task)·역할(role)을 수행하는 데 있어서의 무능력이나 제한을 서술하기 위하여 '장애'라는 용어를 사용하였다. 과업이라는 용어는 개인이 물리적 세계와 상호작용하는 특정의 신체적·정신적 활동을 말하며, 역할은 사회 제도에서 어떻게 개인이 참여하느냐에 따라 조직된다. 장애에 관한 논의는 일반적으로 전형적인 과업·역할이 정신적·신체적 제한 때문에 어떻게 변화되는지에 관련된다.

Nagi가 인식하였듯이, 장애의 평가는 신체적 질환, 손상, 또는 기능적 제한의 평가보다 훨씬 더 어렵다. 신체적 질환, 손상, 또는 기능적 제한은 검사를 통하여 결정될 수 있으나, 장애 상태의 결정은 기능적 제한이, 평상시 과업·역할의 요건 및 타인(예: 가족 구성원, 친구, 동료, 고용주, 서비스·급부를 제공하는 기관)의 반응·기대와 같은, 그 사람의 주위 환경에서의 다른 요소와 어떻게 상호작용하는가에 달려 있다.

기능적 제한의 측정은 활동이 어떻게 규정되는가 그리고 개인이 활동을 수행하는 데 있어서 단순히 제한되기만 하면 되는가 아니면 그 활동을 수행할 수 없어야 하는가에 따라 넓거나 좁을 수 있다. 폭넓은 장애인 정의의 예는 '평상시의 활동 중 어느 것을 수행하는 데 있어서 제한되는 사람'일 수 있다. 더 좁은 정의로서, 특정 역할(예: 상근 직장에서의 업무)을 수행할 수 없다면 개인을 장애인으로 특징지을 수도 있다. 몇몇 도구는 ADL(activities of daily living, 일상생활 활동)이나 IADL(instrumental activities of daily living, 도구적 일상생활 활동)과 같은 특정 활동 목록으로 그 정의를 제한시킨다. 매우 좁은 정의에서는 개인이 도움 없이 최소한 세 가지의 ADL이나 IADL을 수행할 수 없다면 장애인으로 분류할 수도 있다. 또한 많은 정의들이 유일한 활동으로서 고용만을 포함하는, 활동 제한의 좁은 관점을 취하기도 한다(Bernell, 2003).

3. 사회정치적 접근법

Nagi에 의하여 옹호된, 병리로부터 장애까지의 과정이 장애를 정의하는 근거로서 많은 연구자와 정부 공무원에 의해서 채택되어 오긴 했지만, 이것은 장애를 개인이 가지고 있는 문제로서 보고 신체적 능력의 필요를 최소화하는 기술적 변화 또는 다른 재능에는 상대적으로 낮은 비중을 두는 것으로 인해 비판받아 왔다. 이에 사회정치적 접근법의 지지자들은 개인으로부터 초점을 바꾸어 더 광범위한 사회적·문화적·경제적·정치적 환경으로 그 초점을 이동한다. 이 접근법의 지지자들에 따르면, 의학 및 기능적 제한 위주의 정의는 (1) 인간 기능의 '정상적' 범위라고 생각되는 것에 대한 전문적 평가와 (2) 장애인의 기능적 능력은 변화되어야 한다는 '특이한' 신념에 대부분 기반을 두고 있다고 할 수 있다. 이에 반해 사회정치적 접근법하에서, 장애인이 직면한 문제는 환경을 고치는 정책 변화를 통하여 다루어질 필요가 있는 것이다. 이러한 틀 하에서 책임의 대부분은 개인에 초점을 맞춘 그러한 정책의 오랜 역사를 가지고 있는 제도·프로그램에 있게 된다(Bernell, 2003). 왜냐하면 장애인들은 신체적·정신적 제한만큼이나, 오히려 그 제한보다도 더욱, 사회에서의 차별과 억압에 의해 불리한 처지에 있기 때문이다.

이론적 관점에서 요즈음 대부분의 사람은 사회정치적 접근법의 어떤 형태를 고수하곤 한다. 그러나 설문조사 연구에서는 그 접근법을 조작화한 예가 많지 않다(Molden & Tøssebro, 2010).

Ⅲ 개념적 틀의 적용: 장애의 정의·분류·측정

1. 유엔

1) 손상, 행위 무능력 및 관계 불리에 관한 국제 분류

1980년에 WHO는 ICIDH를 시험용으로 공표하였다. 1993년에 재판될 무렵, ICIDH는 13개 언어로 번역되었고, 다양한 목적(보건 성과 연구, 인구조사, 보건 정보의 코드화, 직업 평가, 사회 정책에 관한 기관 근거)으로 여러 상황에서 사용되었다(Bickenbach, Chatterji, Badley, & Üstün, 1999).

ICIDH에서 장애화는 병적 상태의 몇몇 측면(질병, 외상, 정신질환, 만성 질환, 또는 나이와 함께 오는 질환)에 따른 건강 경험 수준의 연속으로 모형화되었다(Bickenbach et al., 1999). WHO는 ICIDH에서 '손상(impairment)', '행위 무능력(disability)', '관계 불리(handicap)'라는 세 가지 용어 사이에 구분을 하여, 다음과 같이 정의하였다.

(1) 손상은 심리적, 생리적, 또는 해부학적인 구조나 기능의 어떤 유실 혹은 비정상이다.
(2) 행위 무능력은 인간에게 있어서 정상이라 여겨지는 방법으로나 범위 내에서 활동을 수행하는 능력에서의 (손상에서 기인하는) 어떤 제약 혹은 부족이다.

(3) 관계 불리는 특정 개인에게 있어 (나이, 성, 사회적·문화적 요인에 따라) 정상적이라 할 수 있는 역할의 이행을 제한하거나 막는, 손상 혹은 행위 무능력에서 기인하는, 그 개인에 있어서의 불리한 점이다. (World Health Organization, 1994, pp. 32-34)

비록 장애 활동가들이 이 세 용어가 혼란스럽다는 이유로 WHO를 비판하기는 했지만, 행위 무능력과 관계 불리 수준에서 ICIDH는 장애의 생성에서의 사회 환경적 요인의 역할을 인식하였다(Bernell, 2003; Bickenbach et al., 1999). 그러나 ICIDH의 이용자는 편의가 없는 환경이 인간의 생활에 미치는 영향을 측정하는 것은 고사하고 기록할 수조차 없었다. ICIDH에 관한 한, 사회적·물질적 세계는 불변이고 무해한 것이었다(Bickenbach et al., 1999).

또한 WHO(World Health Organization, 2001)에 따르면, ICIDH의 1980년 판의 기초를 이루고 있는, 손상으로부터 행위 무능력을 거쳐 관계 불리에 이르는 단일 방향의 흐름에 대해 많은 비판이 있어 왔다(그림 2.1). 이것은 ICIDH가 장애화의 모든 측면에서 연구와 자료 수집을 안내할 융통성 있는 도구를 제공하는 데 실패했다는 비난에 취약하다는 것을 의미한다(Bickenbach et al., 1999). 그래서 거의 처음 발행 때부터 비평가들은 ICIDH와 그 장애화 모델이 매우 잘못되었다고 주장해 왔던 것이다.

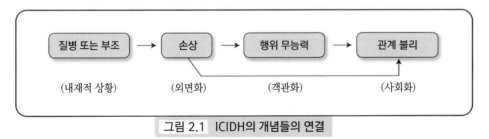

그림 2.1 ICIDH의 개념들의 연결

출처: World Health Organization, 1994, p. 35

2) 기능, 장애 및 건강에 관한 국제 분류

ICF(International Classification of Functioning, Disability, and Health, 기능, 장애 및 건강에 관한 국제 분류)는 2001년에 세계보건총회(World Health Assembly)에

의하여 채택(결의안 WHA 54.21)되었다(van Brakel & Officer, 2008). ICF에서 '장애(disability)'라는 용어는 "손상(impairment), 활동 제한(activity limitation), 참여 제약(participation restriction)을 포괄하는 용어"로 사용되어 왔다. 여기에서 장애는 "(건강 이상을 가진) 개인과 그 개인의 '정황적 요인(contextual factor)'(환경적·개인적 요인) 사이에서의 상호작용의 부정적 측면"을 의미해 왔다(World Health Organization, 2001, p. 213). 즉, 손상은 신체에 영향을 미치는 상호작용이고, 활동 제한은 개인의 행위나 행동에 영향을 미치는 상호작용이며, 참여 제약은 개인의 생활 경험에 영향을 미치는 상호작용이다(Leonardi, Bickenbach, Ustun, Kostanjsek, & Chatterji, 2006). 이 ICF는 각각 두 개의 핵심 요소를 가진 두 부분으로 구성되어 있다.

Part 1. 기능과 장애
   (1) 신체 기능과 구조
   (2) 활동과 참여
Part 2. 정황적 요인
   (3) 환경적 요인
   (4) 개인적 요인 (World Health Organization, 2001, p. 10)

WHO가 사용된 몇몇 용어들에 대해 주를 달았는데, 이는 다음과 같다.

(1) 건강 이상(health condition)은 질병(급성 또는 만성), 부조(disorder), 상해, 혹은 외상을 포괄하는 용어이다. 건강 이상은 또한 임신, 노화, 스트레스, 선천적 이형(異形), 혹은 유전적 소질과 같은 다른 상황도 포함할 수 있다. 건강 이상은 '질병에 관한 국제 분류, 제10 개정'(International Classification of Diseases, Tenth Revision, ICD-10)을 사용하여 코드화된다.

(2) 손상(impairment)은 신체의 구조나 생리적 기능(정신적 기능 포함)의 유실 혹은 비정상이다. 여기에서 비정상은 기존의 통계적 전형으로부터의 유의미한 변차(變差)(즉, 측정된 표준적 전형 안에서 모집단 평균으로부터의 편차)를 나타낼 목적에서 엄격히 사용되며, 이러한 의미에서만 사용되어야 한다.

(3) 활동 제한(activity limitations)은 활동을 하는 데 있어서 개인이 가질 수 있는 어려움이다. 활동 제한은 건강 이상이 없는 사람에게 기대되는 방법이나 정도로 활동을 하는 데 있어, 질 또는 양 측면에서 근소한 편차부터 심한 편차까지 광범위할 수 있다.

(4) 참여 제약(participation restrictions)은 생활 중에 처하는 상황에 관계하는 데 있어 개인이 경험할 수 있는 문제이다. 참여 제약의 존재는 한 개인의 참여를 그 문화나 사회에서 장애 없는 개인에게 기대되는 참여와 비교함으로써 결정된다.

(5) 환경적 요인(environmental factors)은 ICF의 요소를 구성하며, 개인 생활의 정황을 형성하면서 그 개인의 기능에 영향을 미치는 외부 세계의 모든 측면을 말한다. 환경적 요인은 물리적 세계와 그 특성, 인간이 만든 물리적 세계, 각양각색의 관계와 역할 안에서의 다른 사람들, 태도와 가치, 사회 제도와 서비스, 정책·규칙·법률 등을 포함한다.

(6) 개인적 요인(personal factors)은 나이, 성, 사회적 지위, 생활 경험 등과 같이 개인과 관련된 정황적 요인인데, 이것은 현재 ICF에서 분류되고 있지는 않지만, 이용자가 분류의 적용에서 포함시킬 수도 있다. (World Health Organization, 2001, pp. 212-214)

ICIDH의 1980년 판에서 사용된 '행위 무능력'이라는 용어는 '활동 제한'으로 대체되었고, '관계 불리'라는 용어도 영어에서의 경멸적 의미 때문에 사용 중지되고 '참여 제약'으로 대체되었다. ICF에서 사용된 용어의 예는 표 2.1과 같다.

표 2.1 ICF에서의 용어의 예

건강 이상	손상	활동 제한	참여 제약
한센병	손발의 감각 상실	물건을 잡는 데 있어서의 어려움	낙인으로 실업에 이름

출처: van Brakel & Officer, 2008, p. 54

ICF는 장애의 일관되고 완전한 개념화 및 그것의 조작화를 위한 틀을 제공하고 있다(van Brakel & Officer, 2008). 개정된 ICF에서 손상, 활동 제한, 참여 제약의 차원이 동시에 존재하고 있는 것은, 건강에 관한 덜 이분법적이고 보다 일반적인 개념을 형성하고 있는 것이라 할 수 있다(그림 2.2).

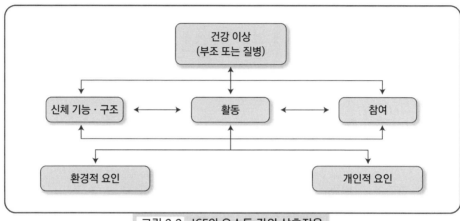

그림 2.2　ICF의 요소들 간의 상호작용

출처: World Health Organization, 2001, p. 18

이는 사람이 손상을 가지고 있지만 활동에 제한이 없을 수 있고, 명백한 손상이 없더라도 많은 건강 이상과 관련하여 활동 제한과 참여 제약이 있을 수 있으며, 손상이나 활동 제한이 없더라도 참여 제약이 있을 수 있고, 도움 없이는 활동에 제한이 있지만 현 상황에서 참여에는 제약이 없을 수 있기 때문이다. 또한 반대 방향으로 어느 정도의 영향을 경험할 수도 있다(Albrecht, Seelman, & Bury, 2001).

ICF는 전통적인 건강 지표(즉, 사망률)로부터, 어떻게 사람들이 건강 이상과 함께 살아가는지를 고려하는 척도 및 그 사람의 생활의 질·생산성을 향상시키기 위하여 할 수 있는 각각 다른 수준(즉, 개인 또는 사회)의 개입으로 초점을 옮긴다. 이것은 모든 장애인을 위하여만 아니라 문화나 성에 상관없이 모든 사람에게 보편적으로 ICF가 적절히 적용되도록 만든다(van Brakel & Officer, 2008). 무엇보다도 ICF는 '생물 심리 사회적(biopsychosocial)' 접근을 사

용하고 있다는 점에서 의학적 접근법, 기능적 제한 접근법, 사회정치적 접근
법이라는 세 가지 대립된 접근법의 통합에 기초하고 있다고 할 수 있다.

그러나 환경적 요인의 코드화는 사람과 환경 사이의 상호작용을 기술하는
것이 아니라 그 환경이 촉진자인지 방해물인지를 확인하는 것만을 돕는 것이
다. 또한 사회적 환경보다는 물리적 환경에 대해 더 명료성이 있어, 신체적
문제를 가진 사람에게 더 유용하다(van Brakel & Officer, 2008).

3) 장애인권리협약

유엔 장애인권리협약(Convention on the Rights of Persons with Disabilities)은
'장애'라는 단어를 분명하게 정의하고 있지 않으나, 실제로는 협약의 전문
(Preamble) subparagraph (e)에서 장애는 변화하는 개념이라는 것을 인정하고
있다. 또한 협약은 '장애인'이라는 용어도 정의하지 않고 있다(United Nations /
Office of the High Commissioner for Human Rights / Inter-Parliamentary Union,
2007). 대신에 협약 제1조는 '장애인'이라는 용어가 "여러 가지 장벽과의 상호
작용에서 다른 사람들과 대등하게 사회에 완전하고 효과적으로 참여하는 것을
방해할 수도 있는 장기간의 신체적, 정신적, 지적, 또는 감각적인 손상이 있는
사람을 포함한다"라고 서술하고 있다(United Nations, 2006).

'장애'가 변화하는 개념이라는 인식은 사회와 사회 내 여론이 고정적이 아니
라는 사실을 인정하는 것이다. 따라서 협약은 '장애'에 관한 엄격한 관점을 내
세우기보다는 오히려 시간이 감에 따라 그리고 각기 다른 사회 경제적 배경
내에서 각색을 허용하는 역동적 접근을 취하고 있다(United Nations / Office of
the High Commissioner for Human Rights / Inter-Parliamentary Union, 2007).

그러나 Leonardi et al.(2006)은 이 유엔 협약이 참여의 수준과 관계없이 장
애의 개념을 장기간의 손상을 가진 사람으로만 제한하고 있으며, 이렇게 손상
은 장기간이어야 한다고 요구함으로써, 이 정의는 단기간의, 변동성이 있는,
또는 가끔씩 발생하는 아주 다양한 손상을 배제하고 있다고 하였다. 그러나
협약은 누가 장애인인가를 정의하기보다는 표현하고 있다고 할 수 있다. 장애
인은 장기간의 신체적, 정신적, 지적, 또는 감각적인 손상이 있는 그런 사람을
'포함'하며, 다시 말해 협약은 최소한 그런 개인들을 보호하는 것이다. 그러므

로 이러한 표현에는 국가가, 예를 들어 단기간의 장애를 가진 사람들을 포함하기 위하여 보호 대상자의 범위를 넓힐 수도 있다는 해석이 내포되어 있는 것이다(United Nations / Office of the High Commissioner for Human Rights / Inter-Parliamentary Union, 2007).

장애에 대한 협약의 접근법은 또한 사회의 태도상·환경적 장벽이 장애인의 인권 향유에 미칠 수 있는 중대한 영향을 강조하고 있다. 그러므로 장애인이 사회에 완전하게 참여하는 것을 어렵게 만드는 그 태도와 환경을 변화시키는 것은 필수적이다(United Nations / Office of the High Commissioner for Human Rights / Inter-Parliamentary Union, 2007). 이에 이 협약에서의 장애인의 정의는 사회정치적 접근법을 사용한 최근의 예가 될 수 있다.

2. 국제장애인연맹

ICIDH의 공표 1년 후 DPI는 대립되는 장애화 정의를 내놓았다. 그것은 자신을 '분리에 반대하는 지체손상인 협회'(Union of the Physically Impaired against Segregation, UPIAS)라 부르는 장애인단체가 1976년에 제시한 안에 기반을 둔 것이었다(Bickenbach et al., 1999). DPI는 '손상'과 '장애'라는 용어를 사용한 2요소 모델을 내놓았는데, 이 두 개념은 다음과 같이 정의되었다.

(1) 손상은 신체적, 정신적, 또는 감각적 손상으로 인한 개인 내의 기능적 제한이다.
(2) 장애는 물리적·사회적 장벽에 기인하여 다른 사람과 동등한 수준에서 지역사회의 평상의 생활에 참여할 기회의 상실 또는 제한이다. (Disabled People's International, 1982: Oliver, 1996, p. 31에서 재인용)

장애인들은 사회가 창출한 제약의 집합으로서의 장애를 경험하는, 손상을 입은 사람들인데, 이러한 제약은 완전하고 동등한 참여의 기회를 제한하기 때문에 차별적이다(Bickenbach et al., 1999). 이것은 우리가 보기에 신체적으로 손상을 입은 사람들을 장애인으로 만드는 것은 사회이다. 장애는, 우리가 완전한 사회 참여로부터 불필요하게 고립·배제되는 방식에 의하여, 손상의 위에 부과된 어떤 것이다. 그러므로 장애인은 사회에서 억압받는 집단이다. (Union of the Physically Impaired against Segregation & the Disability Alliance, 1997, p. 4)

라는 UPIAS의 최초 진술에서 분명하게 밝혀진 바 있다. 이처럼 DPI 모델의 지지자들은 장애화의 전사회적(presocial)이거나 '자연 발생적'이거나 신체에 기반을 둔 측면의 중요성을 대단치 않게 생각한다(Bickenbach et al., 1999).

DPI 모델상에서 손상은 ICF에서 보게 되는 것과 거의 같은 기능적 제한 영역을 언급하는 것처럼 보인다. 또한 용어들이 결코 동일하지 않기는 하지만, 이 모델에서의 장애와 ICF에서의 참여 제약의 두 개념이 사회적·물리적 환경에서 만들어진 문제를 가리킨다는 점에서 유사하다. 그러나 그렇다면 DPI 모델에서는 ICF에서 보게 되는 활동 제한의 개념이 어디에 있는가? 이론적으로는 DPI에서의 손상의 개념이 ICF의 활동 제한과 유사하다는 것이 가능하다. 그러나 이 해석에는 훨씬 더 심각한 문제가 있는데, 그중에 가장 중요한 것은 DPI 모델이 신체 수준의 기능 부전을 완전히 무시하는 것일 것이라는 점이다. 따라서 ICF에서의 손상과 활동 제한 사이에는 흥미롭고 연구 가능한 관계가 있는 반면에, 개인 수준의 활동에 대한 범주가 없는 DPI 모델에서는 이러한 관계가 표현될 수 없다(Bickenbach et al., 1999).

물론 분명히 ICF에서의 활동 제한은 어느 정도 환경적으로 정의될 수 있다 ─ 사실, ICF에서의 모든 손상도 일부 최소한의 정도까지는 환경적으로 정의될 수 있다. 그러나 ICF에서의 손상과 활동 제한을 함께 묶음으로써 DPI 모델은 이 두 수준 사이의 연결에 관한 연구를 곤란하게 만들고 또한 사회 환경이 장애화와 연관된 '기회의 상실 또는 제한'에 책임이 있다는 것을 실증적으로 보여주는 데 필요한 연구를 약화시킨다. 결국 DPI 모델은 도전적이긴 하지만, 조작화가 가능하지는 않다고 할 수 있다(Bickenbach et al., 1999).

3. 미국

1) 장애인교육증진법

장애인교육증진법(Individuals with Disabilities Education Improvement Act)에서 '장애아동'이라는 용어는

(1) 지적장애, 청각손상[농(聾) 포함], 언어손상, 시각손상[맹(盲) 포함], 심각한 정서장애, 정형외과적 손상, 자폐증, 외상성 뇌손상, 기타 건강 손상, 특정 학습장애, 농·맹, 또는 중복 장애가 있는 것으로 평가되고,

(2) 그런 이유로 특수교육 및 관련 서비스를 필요로 하는

아동을 의미한다(Education, 2021; Individuals with Disabilities Education Improvement Act, 2020).

여기에서 아동이 (1)에서 밝힌 장애 중 하나를 가지고 있는 것으로 적절한 평가를 통하여 사정되었지만 관련 서비스만을 필요로 하고 특수교육은 필요로 하지 않는다면, 그 아동은 장애아동이 아니다. 반면에 아동이 필요로 하는 관련 서비스가 주(State) 표준 하에서의 관련 서비스라기보다는 특수교육인 것으로 생각되면, 그 아동은 (1) 하에서 장애아동인 것으로 결정될 수도 있다(Education, 2021).

결국, 동 법은 (1)에 아동이 가지고 있을 수 있는 의학적 질환 내지 손상의 특정 목록을 제시하고 있는 것으로 보아 의학적 접근법에 의하여 장애를 정의하고 있음을 알 수 있다.

2) 사회보장법

SSI(Supplemental Security Income, 보충적 보장소득)·DI(Disability Insurance, 장애보험) 같은 연금 프로그램과 소득보조 프로그램은 손상 때문에 일할 수 없는 그런 사람들만 포함시키는 방식으로 종종 장애를 정의한다(Bernell, 2003). 사회보장법(Social Security Act) Title II 하에 DI 급여를 받고자 하는 사람이나

동 법 Title XVI 하에서 장애에 근거한 SSI 급여를 받고자 하는 성인을 위한 현 법정 장애 정의는 "사망을 초래할 것으로 예상될 수 있거나 또는 적어도 12개월의 기간 동안 지속되어 왔거나 지속될 것으로 예상될 수 있는, 의학적 으로 확인할 수 있는 어떤 신체적이거나 정신적인 손상 때문에 상당한 수익 을 얻는 어떤 활동에 종사할 수 없음"이다(Social Security Act, 2020).

이 사회보장 규정에 따라 사회보장청(Social Security Administration)은

(1) 의학적 질환 때문에, 상당한 수익을 얻는 활동에 근무·종사할 수 없고,

(2) 의학적 질환 때문에 전에 하던 일을 할 수 없거나 다른 일에 적용할 수 없으며,

(3) 질환이 적어도 1년 동안 지속되어 왔거나 지속될 것으로 예상되거나 사 망을 초래할 것으로 예상되면

그 개인을 장애인이라고 간주한다(Social Security Administration, 2023).

위에서 "의학적으로 확인할 수 있는 어떤 신체적이거나 정신적인 손상"과 "의학적 질환"을 언급하고 있는 것으로 보아 의학적 접근법에 의하여 장애가 정의되고 있음을 짐작할 수 있다. 실제로, 각각의 주요 신체 계통에 있어서 사회보장청은 심한 의학적 질환의 목록을 유지하고 있는데, 그 질환은 자동적 으로 장애라는 것을 의미하게 된다. 질환이 목록에 없는 경우에 사회보장청은 그것이 목록에 있는 의학적 질환과 동등한 심각도를 가진 것인지를 정하여, 만약에 그러하면 장애인이라고 결정한다(Social Security Administration, 2023).

한편, 위와 같은 정의는 기능에 제한이 있는, 특히 노동이 불가능하다고 여 겨지는 사람들에 집중하는 것이기도 하다. 다만, '일할 수 없음'이라는 정의는 개인의 신체적 질환뿐 아니라 장래의 다양한 고용 상황에서의 능력에 대한 판단을 필요로 한다(Bernell, 2003).

3) 미국장애인법

ADA는 유자격 장애인에 대한 차별을 금지하고 있는데, 동 법은 개인에 있 어서 '장애'라는 용어를 다음과 같이 정의한다.

(1) 개인의 하나 이상의 주요 생활 활동을 상당히 제한하는 신체적이거나 정신적인 손상,

(2) 그러한 손상의 기록, 또는

(3) 그러한 손상을 가진 것으로 간주됨 (Americans with Disabilities Act Amendments Act, 2020)

이 정의는 어떤 생리적 부조나 이상, 외관상의 상처, 해부학적 유실, 어떤 정신적이거나 심리적인 부조를 가진 사람을 포함한다. 이 정의는 그러한 정신적이거나 신체적인 손상으로부터 회복되었거나 그러한 손상을 가진 것으로 잘못 진단·분류되어 온 사람을 보호하기 위하여 작동될 수도 있는데, '기록(record)'이라는 용어는 교육이나 의료나 고용의 기록을 포함한다. 또한 이 정의는 그러한 실질적으로 제한하는 손상을 가지고 있다고 다른 사람들이 잘못 믿은 결과로 차별을 경험하는 사람을 포함한다(Asch & Mudrick, 1995; Labor, 2021; Simmons, 2000). 다만

(1) 환경적, 경제적, 또는 문화적인 성격의 불리는 손상이 아니다.

(2) 급한 성미나 무례와 같은 보통의 성격적 특성은 손상이 아니다. 그러나 그 행동이 ADA 하에서의 손상인 양극성 기분 장애에 의하여 초래된다면, 그것은 보호받을 수도 있다.

(3) 체중의 표준에 비하여 100% 초과되는 것으로 정의되는 심한 비만으로 개인이 고생하지 않는 한, 과체중은 손상이 아니다. ("Giving disability a definition", 1995, p. 13)

ADA의 subparagraph (1)에서 제시된 장애 정의는 기능적 제한의 틀을 포함하는 폭넓은 장애 정의의 한 예이다. 미국 법원들이 개인이 장애를 가졌느냐를 결정하는 데 '경감 기구(mitigating measures)'들이 고려될 수 있는지에 있어 나뉘어 있었는데(Goren, 2000), 2008년의 개정에 따라 subparagraph (1)은 약물치료 또는 의료 장비나 장치의 사용 없이 손상이 가질지도 모르는 영향에 의하여 판단되어야 한다(Americans with Disabilities Act Amendments Act, 2020).

또한 subparagraph (2)와 (3)의 장애 정의는 어느 정도 사회정치적 틀에 의존하고 있다. 왜냐하면 ADA가 장애의 범위 안에 현재 손상을 가진 사람뿐 아니라 손상의 이력을 가지고 있거나 손상되었다고 인식됨으로 인해 사회에서의 완전한 참여로부터 배제되는 사람을 포함하고 있기 때문이다(Asch & Mudrick, 1995; World Health Organization, 2001).

동 법에서 '자격 있는 개인(qualified individual)'이라는 용어는 "적절한 편의가 있든 없든 어떤 개인이 가지고 있거나 바라고 있는 직위의 본질적인 기능을 수행할 수 있는 개인"으로 정의된다(Americans with Disabilities Act Amendments Act, 2020). 이 '자격 있는 개인'의 정의는 적절한 편의의 규정을 포함시킴으로써 사회정치적 접근법의 지지자들이 '장애를 초래하는 환경(disabling environment)'이라고 칭하는 것을 다루고 있다. 그러나 장애를 정의하는 면에서 ADA의 한계는 그것의 적용이 직장을 구하는 사람의 특성뿐만 아니라 직장의 특성에 대한 분석에 달려 있다는 점이라 할 수 있다(Bernell, 2003).

4) 재활법

재활법(Rehabilitation Act)에서 '장애'라는 용어는

(1) subparagraph (2)에 달리 규정된 것을 제외하고는, 고용에 대한 상당한 난관이 되거나 난관을 초래하는 신체적이거나 정신적인 손상, 또는

(2) section 701[조사 결과, 목적, 정책], 711[평가], 712[정보 유통망] 및 subchapter II[연구와 훈련], IV[국가장애위원회(National Council on Disability)], V[권리와 옹호], VIII[자립생활 서비스와 자립생활센터]의 목적에 비추어, title 42[공중보건과 복지]의 section 12102[장애의 정의]에서 부여된 의미[하나 이상의 주요 생활 활동을 상당히 제한하는 신체적이거나 정신적인 손상]를 뜻한다(Rehabilitation Act Amendments, 2020).

이 정의에서는 신체적이거나 정신적인 손상에 의하여 제한된 주요 생활 활동[subparagraph (1)에서는 특히 고용]에 초점을 두고 있어, 기능적 제한 접근법을 따르고 있다고 할 수 있다.

또한 동 법에서 '장애인'이라는 용어는

(1) subparagraph (2)에 달리 규정된 것을 제외하고는,

   ① 개인에게 있어서 고용에 대한 상당한 난관이 되거나 난관을 초래하는 신체적이거나 정신적인 손상을 가지고

   ② subchapter Ⅰ[직업재활 서비스], Ⅲ[전문 인력 개발, 특별 프로젝트·시범], 또는 Ⅵ[장애인을 위한 고용 기회]에 따라 제공된 직업재활 서비스로 인해 고용성과 면에서 도움이 될 수 있는

  어떤 개인을 의미한다.

(2) subparagraph (3)[권리·옹호 규정], (4)[고용: 특정 질병이나 전염병을 가진 개인의 제외], (5)[권리 규정: 동성애나 양성애에 근거한 개인의 제외], (6)[권리 규정: 특정 부조(disorder)에 근거한 개인의 제외]에 따라, section 701, 711, 712와 이 chapter[직업재활과 기타 재활서비스]의 subchapter Ⅱ, Ⅳ, Ⅴ, Ⅶ의 목적에 비추어, title 42의 section 12102에서 정의된 장애를 가진[① 그 사람의 주요 생활 활동 중 하나 이상을 상당히 제한하는 신체적이거나 정신적인 손상을 가지고 있거나, ② 그러한 손상의 기록을 가지고 있거나, 또는 ③ 그러한 손상을 가진 것으로 간주되는] 어떤 사람을 의미한다. (Rehabilitation Act Amendments, 2020)

'장애인'이라는 용어의 정의에 있어서 subparagraph (1)은 '장애'의 정의와 대동소이한 부분이 있으나, subparagraph (2)에 있어서는 특정 subparagraph에 따라 특정 section과 subchapter의 목적에 비추어 ADA에서의 장애 정의를 원용하고 있어 매우 특이하다.

4. 한국

1) 장애인 등에 대한 특수교육법

'장애인 등에 대한 특수교육법' 제2조(정의) 하에서 "'특수교육대상자'란 제15조에 따라 특수교육이 필요한 사람으로 선정된 사람"을 말하는데, 제15조(특수교육대상자의 선정) 제1항에 따르면 교육장 또는 교육감은 다음 각호의 어느 하나에 해당하는 사람 중 특수교육이 필요한 사람으로 진단·평가된 사람을 특수교육대상자로 선정한다.

(1) 시각장애
(2) 청각장애
(3) 지적장애
(4) 지체장애
(5) 정서·행동장애
(6) 자폐성장애(이와 관련된 장애를 포함한다)
(7) 의사소통장애
(8) 학습장애
(9) 건강장애
(10) 발달지체
(11) 그 밖에 두 가지 이상의 장애가 있는 경우 등 대통령령으로 정하는 장애

여기에서 법 제15조 제1항에 따라 특수교육대상자를 선정하는 기준은 시행령 별표에서 정한다. 또한 시행규칙 제2조(장애의 조기발견 등)에 따르면, 보호자 또는 각급 학교의 장은 법 제15조 제1항 각호에 해당하는 장애를 가지고 있거나 장애를 가지고 있다고 의심되는 영유아와 학생을 발견하여 진단·평가를 의뢰하고자 하는 경우에는 진단·평가의뢰서를 작성하여 교육장 또는 교육감에게 제출하여야 한다.

이에 동 법은 특수교육대상자를 선정하기 위하여 진단·평가할 때 의학적 질환 내지 손상의 특정 목록을 제시하고 있고 또 선정 기준도 자세히 정하고 있는 것으로 보아 미국의 장애인교육증진법과 마찬가지로 의학적 접근법을 따르고 있음을 알 수 있다. 더구나 법정 장애의 범주도 아직 좁은 범위만을 포함하고 있다.

2) 장애인복지법

장애인복지법에서는 제2조(장애인의 정의 등)에 따르면,

(1) '장애인'이란 신체적·정신적 장애로 오랫동안 일상생활이나 사회생활에서 상당한 제약을 받는 자를 말한다.

(2) 이 법을 적용받는 장애인은 제1항에 따른 장애인 중 다음 각호의 어느하나에 해당하는 장애가 있는 자로서 대통령령으로 정하는 장애의 종류및 기준에 해당하는 자를 말한다.
   ① '신체적 장애'란 주요 외부 신체 기능의 장애, 내부기관의 장애 등을말한다.
   ② '정신적 장애'란 발달장애 또는 정신 질환으로 발생하는 장애를 말한다.

여기에서 장애의 종류(총 15종)와 기준은 장애인복지법 시행령 [별표 1]에서 정하며, "대통령령으로 정하는 장애의 종류" 및 보건복지부령으로 정한 장애 정도는 표 2.2와 같다.

장애인복지법은 제2조 제1항만 보아서는 얼핏 이상·손상에서 기인하는 활동 제한, 즉 기능적 제한 접근법에 그 초점을 두고 있는 것처럼 보인다. 그러나 제2항과 동 법 시행령 제2조(장애의 종류 및 기준)를 통하여 장애 종류와 기준을 언급하고 있고, 심지어 시행규칙 제2조(장애인의 장애 정도 등)에서는 장애 정도를 구분하고 있어, 이에 장애인복지법은 실제적으로는 철저하게 의학적 접근법에 따라 장애를 정의하고 있는 것이 분명하다.

표 2.2 장애의 종류와 장애 정도

장애의 종류	장애인의 장애 정도
지체장애인	
신체의 일부를 잃은 사람	장애의 정도가 심한 / 심하지 않은 장애인
관절 장애가 있는 사람	장애의 정도가 심한 / 심하지 않은 장애인
지체기능 장애가 있는 사람	장애의 정도가 심한 / 심하지 않은 장애인
척추 장애가 있는 사람	장애의 정도가 심한 / 심하지 않은 장애인
신체에 변형 등의 장애가 있는 사람	장애의 정도가 심하지 않은 장애인
뇌병변장애인	장애의 정도가 심한 / 심하지 않은 장애인
시각장애인	장애의 정도가 심한 / 심하지 않은 장애인
청각장애인	장애의 정도가 심한 / 심하지 않은 장애인
언어장애인	장애의 정도가 심한 / 심하지 않은 장애인
지적장애인	장애의 정도가 심한 장애인
자폐성장애인	장애의 정도가 심한 장애인
정신장애인	장애의 정도가 심한 / 심하지 않은 장애인
신장장애인	장애의 정도가 심한 / 심하지 않은 장애인
심장장애인	장애의 정도가 심한 / 심하지 않은 장애인
호흡기장애인	장애의 정도가 심한 / 심하지 않은 장애인
간장애인	장애의 정도가 심한 / 심하지 않은 장애인
안면장애인	장애의 정도가 심한 / 심하지 않은 장애인
장루 · 요루장애인	장애의 정도가 심한 / 심하지 않은 장애인
뇌전증장애인	장애의 정도가 심한 / 심하지 않은 장애인

주: 1. 중복된 장애의 합산 판정
　　두 개 이상의 장애를 가진 장애인은 보건복지부장관이 고시하는 바에 따라 장애의 정도가
　　심한 장애인으로 볼 수 있다. 다만, 다음의 경우에는 그렇지 않다.
　　　1) 지체장애와 뇌병변장애가 같은 부위에 중복된 경우
　　　2) 지적장애와 자폐성장애가 중복된 경우
　　　3) 그 밖에 중복장애로 합산하여 판정하는 것이 타당하지 않다고 보건복지부장관이 정
　　　　하는 경우
　2. 장애 정도 구분의 하한 기준
　　장애 유형별 장애 정도의 기준은 각각 '심한 장애'와 '심하지 않은 장애'의 하한 기준으로
　　한다.
자료: 장애인복지법 시행령(2022) [별표 1]과 장애인복지법 시행규칙(2022) [별표 1]에서 재구성

동 법에서의 법정 장애의 범주 역시 '장애인 등에 대한 특수교육법'과 마찬가지로 아직도 좁은 범위만을 포함하고 있다. 물론 장애의 범주에 있어 5종에서 10종으로, 다시 15종으로 확대되어 왔지만, 유럽이나 미국 등 서구 선진국의 경우에는 일반적으로 장애인의 범위가 보다 포괄적이다.

3) 장애인고용촉진 및 직업재활법

'장애인고용촉진 및 직업재활법' 제2조(정의)에 따르면 "'장애인'이란 신체 또는 정신상의 장애로 장기간에 걸쳐 직업생활에 상당한 제약을 받는 사람으로서 대통령령으로 정하는 기준에 해당하는 사람을 말한다." 그러나 동 법 시행령 제3조(장애인의 기준) 하에서는 법 제2조에 따른 장애인을 다음의 어느 하나에 해당하는 사람으로 하고 있다.

(1) 「장애인복지법 시행령」 제2조에 따른 장애인 기준에 해당하는 사람
(2) 「국가유공자 등 예우 및 지원에 관한 법률 시행령」 제14조 제3항 (「보훈보상대상자 지원에 관한 법률 시행령」 제8조에 따라 준용되는 경우를 포함한다)에 따른 상이등급 기준에 해당하는 사람

동 법은 신체상이나 정신상의 장애로 직업생활에 제약을 받는 사람을 장애인으로 정의하고 있어, 제2조 전반부만 보아서는 기능적 제한 접근법을 따르고 있는 것처럼 보인다. 그러나 동 법 시행령에서는 장애인복지법 시행령이나 '국가유공자 등 예우 및 지원에 관한 법률'(이하 국가유공자법) 시행령에 따른 기준에 해당하는 사람일 것을 규정하고 있다. 전술하였듯이 장애인복지법 시행령 제2조에서는 장애의 종류와 기준을 언급하고 있다. 또한 국가유공자법 시행령에서도 신체상이의 정도에 따르는 상이등급이 구분되어 있다.

이에 '장애인고용촉진 및 직업재활법'도 장애를 정의함에 있어 역시 의학적 접근법을 따르고 있다고 할 수 있다. 문제는 장애를 정의함에 있어서 장애인복지법과 국가유공자법을 따르는, 동 법의 방식을 모방하고 있는 법이 또 있다는 점인데, '장애인기업활동 촉진법'이 바로 그것이다.

4) 장애인차별금지 및 권리구제 등에 관한 법률

2003년부터 '장애인차별금지 및 권리구제 등에 관한 법률'(이하 장애인차별금지법) 제정 운동을 본격적으로 전개해 왔던 장애인차별금지법제정추진연대(2004)가 제시한 법안 제2조(장애)에서의 장애 정의는 다음과 같았다.

(1) '장애'라 함은 신체적·정신적·심리적 차이를 이유로 장·단기간 발생하여 일상·사회생활에 상당한 제약을 주는 사회적 태도나 물리적·문화적 장벽으로 인해, 다른 사람들과 동등한 수준으로 생활할 수 있는 기회를 상실하거나 제한받는 것을 말한다.
(2) '장애인'이라 함은 현재 장애를 가지고 있거나, 과거에 장애를 가진 적이 있는 사람을 말한다.

여기에서 제시된 장애 정의는 분명히 사회정치적 접근법에 입각해 있었다. 그러나 2006년 8월에 '장애인차별금지법 민관공동기획단'이 구성되면서 장애인차별금지법 제정이 논의되는 과정에서 당초 위 법안에 포함되어 있던 "사회적 태도나 물리적·문화적 장벽"이라는 문구가 장애 정의에서 제외되었다(남찬섭, 2009). 결국, 2007년에 제정된 장애인차별금지법에서는 제2조(장애와 장애인)에 따르면,

(1) 이 법에서 금지하는 차별행위의 사유가 되는 장애라 함은 신체적·정신적 손상 또는 기능 상실이 장기간에 걸쳐 개인의 일상 또는 사회생활에 상당한 제약을 초래하는 상태를 말한다.
(2) 장애인이라 함은 제1항에 따른 장애가 있는 사람을 말한다.

동 법은 신체적·정신적 손상 또는 기능 상실이 일상이나 사회생활에 제약을 초래하는 상태로 장애를 정의하고 있어 기능적 제한 접근법을 따르고 있다고 할 수 있다. 그러나 문제는 동 법이 인권법인데도 불구하고 서비스·프로그램법이라 할 수 있는 장애인복지법의 제2조 제1항과 매우 흡사한 장애 정의를 가지고 있다는 점이다. 이는 장애인차별금지 법령을 먼저 제정한 미

국, 영국, 호주, 필리핀, 홍콩 등의 국가(또는 행정구) 중에서 영국을 제외하면 그 예가 없는 것으로, 인권법으로서의 동 법의 위상을 생각할 때 매우 부자연스러운 점이라 아니할 수 없다.

5) 장애인·노인·임산부 등의 편의증진 보장에 관한 법률

'장애인·노인·임산부 등의 편의증진 보장에 관한 법률'(이하 장애인등편의법) 제2조(정의)에 따르면 "'장애인 등'이란 장애인·노인·임산부 등 일상생활에서 이동, 시설 이용 및 정보 접근 등에 불편을 느끼는 사람을 말한다."

동 법은 의학적 질환 내지 손상의 특정 목록을 제시하지 않고 있을 뿐 아니라 이러한 질환·손상에서 기인하는 기능의 제한도 언급하고 있지 않으며, 다만 이동, 시설 이용, 정보 접근 등에 불편을 느끼는 사람을 장애인 등으로 정의하고 있다. 여기에서 제2조만 보아서는 그 불편의 원인이 무엇인지를 알 수 없으나, 동 법의 전체 내용을 보았을 때 그 불편이 개인의 의학적 질환·손상 또는 기능의 제한에서 오는 것이 아니라 사회의 물리적 장벽에서 온다고 상정하고 있는 것이 분명하다. 이에 동 법은 '교통약자의 이동편의 증진법'과 더불어 한국의 장애 관련 법 중에서 매우 드물게 사회정치적 접근법에 따라 장애를 정의하고 있다고 할 수 있다.

Ⅳ 결론

지금까지 언급된 장애 정의·분류·측정을 요약하면 표 2.3과 같다. 유엔, DPI, 미국의 장애 정의와 더불어 한국의 장애 정의를 검토한 결과, 특히 한국에는 장애등급제의 실질적인 폐지를 넘어서 장애 정의에서부터 개선할 여지가 많은 것으로 생각된다.

한국의 장애 정의를 개선하기 위해서는 '장애인 등에 대한 특수교육법'과 장애인복지법의 경우에 장애 범주를 더 확대하는 것을 우선 생각할 수 있을 것이다. 특히 장애인복지법의 경우에 WHO의 권장에 따라 장애의 범주에 만성

표 2.3 **장애 정의 · 분류 · 측정의 요약**

장애 정의 · 분류 · 측정의 출처	개념적 틀		
	의학적	기능적 제한	사회정치적
유엔			
ICIDH	○	○	△
ICF	○	○	○
협약			○
DPI		△	○
미국			
장애인교육증진법	○		
사회보장법	○	○	
미국장애인법		○	○
재활법		○	○
한국			
장애인 등에 대한 특수교육법	○		
장애인복지법	○		
장애인고용촉진 및 직업재활법	○		
장애인차별금지법		○	
장애인등편의법			○

알코올·약물 남용, 암 등의 장애를 포함해 범주를 더 확대해 나아가야 할 것이다(김병임, 2000). 그러나 위 두 법률의 장애 정의에서의 더 큰 문제는 장애인들이 직면하는 문제의 원인을 사회의 실패에서 찾지 않는다는 데에, 즉 사회정치적 접근법이 아닌 의학적 접근법에만 그 초점을 두고 있다는 데에 있다. 그렇다면 근본적으로 한국도 장애 범주를 확대하는 쪽보다는 좀 더 종합적인 장애의 정의·분류·측정을 필요로 한다.

많은 연구자와 장애 옹호자들도 폭넓은 장애 정의가 더 좋다고 여기는데, 그것은 의학적 질환이나 손상에 강조점을 두지 않고 손상의 영향을 포착하기 때문이다. 물론 너무 광범위해서 사례 간에 효과적으로 구별하지 못할 수 있다며 그런 정의를 비판하는 사람들도 있다. 그러나 정의를 엄격하게 하는 것은 개인이 무작위로 빠지게 될지도 모르는 가능성을 증가시킨다(Bernell, 2003).

　'장애인고용촉진 및 직업재활법'의 경우에는 장애인복지법이나 국가유공자법에 의거하지 않고 기능적 제한 접근법에 따라 근로 장애를 측정하는 것이 개선의 출발점이 될 것이다. 그러나 '근로에서의 제한'이라는 정의를 부여하는 것이 외국의 경우에 특히 정보 기술에서의 진전 및 직장에서의 편의에 대한 중요성의 증가 때문에 문제가 되고 있다는 점도 염두에 두어야 할 것이다 (U.S. General Accounting Office, 1996).

　그러나 무엇보다도 위 세 법률의 경우에 손상되지 않은 신체 기능과 구조, 활동하는 능력, 그리고 제약 없는 참여는 어떤 사람이 살고 있는 물리적·사회적 환경에 의존한다는 것을 인정해야 한다. 물론 법률에는 그 제정 목적이 있고 장애 관련 법도 각각의 법적·정책적 목적에 따라 장애를 정의하려 할 것이므로, 한국의 모든 장애 관련 법이 사회정치적 접근법에 근거하여 장애를 정의할 필요는 없다. 그러나 장애의 이론 모델이 의료적 모델에서 사회적 모델로 전환되고 있는 흐름 속에서 의학적 접근법 내지 기능적 제한 접근법에만 근거를 둔 장애 정의를 고수하는 것 또한 바람직하지 못한 것은 분명하다. 그렇다면 위 세 법률도 장애인등편의법처럼 완전히 사회정치적 접근법에 근거하지는 못한다고 할지라도, 그 세 법률에 사회정치적 접근법의 요소를 가미하여 나머지 두 접근법과 통합하는 것이 필요하다. 즉, 위 세 법률에서의 장애 정의를 개정해서, 의료적 이상·손상에서부터 사회적·환경적 차원까지를 함께 고려하는 상호작용적 접근을 취할 수 있는 것이다(조한진, 2006). Wendell (1996) 또한 장애는 생물학적·사회적·경험적 요소를 모두 가지고 있다고 가정한 바 있다.

　이렇게 통합적으로 장애를 정의·분류·측정하고자 할 때 한국이 준거할 수 있는 예로서 ICF를 들 수 있고, 법률로는 미국의 ADA와 재활법을 참고할 수 있다. 특히 재활법의 경우에 법률 내에서 특정 section과 subchapter의 목적에 비추어 각기 다른 정의를 융통성 있게 채택할 수 있도록 하고 있어 우리가 꼭 고려해보아야 할 방식이라 할 것이다. 예를 들어, 장애인복지법 제4장 (자립생활의 지원)의 경우에 적용 대상 장애인이 의학적 접근법이 아니라 기능적 제한 접근법 내지 사회정치적 접근법에 따라 정의되도록 할 수 있을 것이다. 더불어 현행 장애인차별금지법도 인권법의 위상에 걸맞게 사회정치적 접근법에 근거한 장애 정의를 갖도록 개정하는 것도 꼭 해야 할 작업 중의 하나이다.

물론 장애등급제가 실질적으로 존속하고 있는 상황에서 이렇게 장애 정의·분류·측정 자체를 바꾸자는 것이 조금은 먼 이야기일 수도 있다. 그러나 이참에 장애 정의·분류·측정의 문제를 함께 고려하지 않는다면, 장애인이 항상 비장애인 전문가에 의하여 분류되고 또 그것에 의하여 복지서비스의 종류와 양이 결정되며 그 와중에 장애인의 생존권이 심대하게 위협받는 악순환은 앞으로도 계속될 것이다.

참고문헌

강수균, 이영철, 조홍중 (2000). 장애 관련 용어와 분류의 동향에 관한 연구. 난청과 언어장애, 23(3), 175-191.

국가유공자 등 예우 및 지원에 관한 법률 시행령, 대통령령 제33190호 (2022. 12. 30. 일부개정).

김병임 (2000). 신·구 장애인복지법의 규범적 정당성에 관한 비교 연구. 미간행 석사학위논문, 전주대학교 지역정책대학원, 전주.

남찬섭 (2009). 사회적 모델의 실현을 위한 장애 정의 고찰: 현행 장애인차별금지법의 장애 정의의 수정을 위하여. 한국사회복지학, 61(2), 161-187.

보건복지부 (2010). 장애등록제도 국민적 신뢰 회복 시급. 서울: 보건복지부.

오혜경 (2006). 장애의 집단체계 분류에 관한 연구. 한국장애인복지학, 5, 67-109.

이승기 (2010). 수요자 중심형 전달체계 구축. 수요자 중심형 장애인복지 전달체계 구축을 위한 공청회 자료집(pp. 11-80). 한국장애인단체총연맹, 국회의원 박은수, 서울.

장애인고용촉진 및 직업재활법, 법률 제18754호 (2022. 1. 11. 일부개정).

장애인고용촉진 및 직업재활법 시행령, 대통령령 제32795호 (2022. 7. 11. 일부개정).

장애인·노인·임산부 등의 편의증진 보장에 관한 법률, 법률 제18332호 (2021. 7. 27. 일부개정).

장애인 등에 대한 특수교육법, 법률 제18992호 (2022. 10. 18. 일부개정).

장애인 등에 대한 특수교육법 시행규칙, 교육부령 제269호 (2022. 6. 29. 일부개정).

장애인복지법, 법률 제18625호 (2021. 12. 21. 일부개정).

장애인복지법 시행규칙, 보건복지부령 제932호 (2022. 12. 30. 타법개정).

장애인복지법 시행령, 대통령령 제33176호 (2022. 12. 29. 일부개정).

장애인차별금지 및 권리구제 등에 관한 법률, 법률 제18547호 (2021. 12. 7. 타법개정).

장애인차별금지법제정추진연대 (2004). 장애인차별금지및권리구제등에관한법률(안) 수정자료. 장애인차별금지및권리구제등에관한법률(안) 설명회 자료집(pp. 1-24). 장애인차별금지법제정추진연대, 서울.

조한진 (2006). 장애의 이론 모델과 실천 모델의 전환에 입각한 「장애인복지법」 개정 방향. 특수교육학연구, 40(4), 233-256.

Albrecht, G. L., Seelman, K. D., & Bury, M. (Eds.) (2001). *Handbook of disability studies*. Thousand Oaks, CA: Sage.

Americans with Disabilities Act Amendments Act, 42 U.S.C. §§ 12102, 12111 (2020).

Asch, A., & Mudrick, N. R. (1995). Disability. In *Encyclopedia of social work* (19th ed., Pt. 1, pp. 752-761). Washington, DC: National Association of Social Workers Press.

Bernell, S. L. (2003). Theoretical and applied issues in defining disability in labor market research. *Journal of Disability Policy Studies, 14*(1), 36-45.

Bickenbach, J. E., Chatterji, S., Badley, E. M., & Üstün, T. B. (1999). Model of disablement, universalism and the international classification of impairments, disabilities and handicaps. *Social Science & Medicine, 48*(9), 1173-1187.

Education, 34 C.F.R. § 300.8 (2021).

Giving disability a definition. (1995). *HR Focus, 72*(10), 13.

Goren, W. D. (2000). *Understanding the Americans with Disabilities Act*. Chicago: American Bar Association.

Grönvik, L. (2007). *Definitions of disability in social sciences: Methodological perspectives*. Unpublished doctoral dissertation, Uppsala University, Uppsala, Sweden.

Individuals with Disabilities Education Improvement Act, 20 U.S.C. § 1401 (2020).

Jo, H. (2004). Definitions of disability and population estimates of disability prevalence in Korea and the United States. *Korean Journal of Social Welfare Studies, 23*, 197-222.

Labor, 29 C.F.R. § 1630.2 (2021).

Leonardi, M., Bickenbach, J., Ustun, T. B., Kostanjsek, N., & Chatterji, S. (2006). The definition of disability: What is in a name? *The Lancet, 368*(9543), 1219–1221.

Molden, T. H., & Tøssebro, J. (2010). Measuring disability in survey research: Comparing current measurements within one data set. *ALTER, European Journal of Disability Research, 4*(3), 174–189.

Nagi, S. Z. (1965). Some conceptual issues in disability and rehabilitation. In M. B. Sussman, *Sociology and rehabilitation* (pp. 100–113). Washington, DC: American Sociological Association.

Nagi, S. Z. (1969). *Disability and rehabilitation: Legal, clinical, and self-concepts and measurements.* Columbus, OH: Ohio State University Press.

Oliver, M. (1996). Defining impairment and disability: Issues at stake. In C. Barnes & G. Mercer (Eds.), *Exploring the divide: Illness and disability.* Retrieved from http://www.leeds.ac.uk/disability-studies/archiveuk/Oliver/exploring%20divide%20ch3.pdf

Rehabilitation Act Amendments, 29 U.S.C. § 705 (2020).

Simmons, T. (2000). "Working" with the ADA's "regarded as" definition of a disability. *Texas Forum on Civil Liberties & Civil Rights, 5,* 27–79.

Social Security Act, 42 U.S.C. §§ 416, 1382c (2020).

Social Security Administration. (2023). *Disability benefits.* Retrieved January 7, 2023, from https://www.ssa.gov/benefits/disability/qualify.html

Union of the Physically Impaired against Segregation, & The Disability Alliance. (1997). *Fundamental principles of disability.* London: Author.

United Nations. (2006). *Convention on the Rights of Persons with Disabilities.* Retrieved July 21, 2007, from http://www.un.org/disabilities/convention/conventionfull.shtml

United Nations / Office of the High Commissioner for Human Rights / Inter-Parliamentary Union. (2007). *From exclusion to equality: Realizing the rights of persons with disabilities.* Geneva, Switzerland: Author.

U.S. General Accounting Office. (1996). *Federal programs could work together more efficiently to promote employment* (GAO/HEHS-96-126). Washington, DC: Author.

van Brakel, W. H., & Officer, A. (2008). Approaches and tools for measuring disability in low and middle-income countries. *Leprosy Review, 79*(1), 50–64.

Wendell, S. (1996). *The rejected body: Feminist philosophical reflections on disability.* New York: Routledge.

World Health Organization. (1994). *International classification of impairments, disabilities, and handicaps: A manual of classification relating to the consequences of disease.* Geneva, Switzerland: Author.

World Health Organization. (2001). *International classification of functioning, disability and health: ICF.* Geneva, Switzerland: Author.

제3장 **장애의 이론적 틀**

조한진

I 서론

이론은 세상에 대해 이해할 수 있게 하는 틀이나 관점을 제공하고, 조사와 의사소통을 위한 구조를 제공한다(Gabel & Peters, 2004). 그러므로 이론적 발전은 학문 분야에서 중요한 초석이라고 할 수 있다. 이에 Gustavsson & Söder(1990)는 단순히 어떤 '프로그램이 작동하는지 아닌지를 모니터'하는 접근을 초월하는 방편으로서 이론적 관점을 주장한 바 있다(Gustavsson, 2004에서 재인용). Oliver(1999)도 이론의 중요성을 지적하면서, 오직 이론만이 연구자들이 '개인의 경험'을 넘어설 수 있게 하고 이는 다시 억압적인 사회구조의 영향을 발견·이해하기 위해 필요하다고 강조하였다(Gustavsson, 2004에서 재인용).

장애 역시 인류학, 사회학, 심리학, 경제학, 정치학을 포함한 사회과학으로부터 도출해 낸 다수의 유용한 이론적 관점을 통하여 이해될 수 있다 (Reid-Cunningham & Fleming, 2009). 이러한 맥락에서 장애 연구자들은 오랫동안 이론적 관점을 요구해 왔다. 장애에 대한 우리의 이해를 발전시키고 장애인 해방의 기회를 증가시키기 위해서는 이론적 관점이 제공할 수 있는 분석적 발판을 장애 연구가 필요로 한다는 것이다(Gustavsson, 2004).

한국에서는 오혜경(1999)이 장애의 개인-의료재활 모델의 관련 이론으로 개인의 비극 이론, 의학적 측면에서의 이론, 행동주의 모델을 비롯한 심리학적 측면에서의 이론, 정신분석학적 이론, 역할 이론(병자 역할, 손상을 입은 사람 역할 등) 측면에서의 장애 이론, 심리적 측면과 사회적·환경적 측면의 통합 이론 등을 살펴본 바 있다. 이와 더불어 그는 장애의 사회 모델의 관련 이론으로 사회억압 이론, 사회 기능주의 관점, 상호작용주의 관점, 다원주의적 관점, 포스트모더니즘 관점, 물질·자본주의적 관점 등에서의 장애 이론을 소개하였다.

물론 이 외에도 장애 관련 이론을 소개하는 책과 논문은 한국에서도 많이 있어 왔다. 그러나 장애학 관련 이론을 폭넓게 다룬 연구는 한국에 거의 없다고 해도 과언이 아니다. 또한 장애 관련 이론은 새로운 이론들과 국제적으로 맞물리면서 그 모델의 해석과 이용이 이들 이론을 수용하기 위하여 바뀌어 왔다. 그러므로 장애에 관한 생각과 담론의 범위를 설명하기 위하여, 장애학에 관련된 것에 초점을 맞추면서 장애의 몇 가지 중요한 이론적 틀[1]을 다시 한번 탐구해보는 것은 의미 있는 일일 것이다.

그동안 다양한 이론적 틀들이 장애를 이해하고 설명하기 위해 제안되어 왔는데, 이 이론적 틀들은 장애를 가지고 있는 개인의 문제로 장애를 개념화하는 '개별적 모델(individual model)'과 주위 환경의 맥락에서 장애를 보는 '사회적 모델(social model)'이라는 두 개의 광범위한 범주로 기본적으로 나누어질 수 있다(Rothman, 2003). 물론 이성규(1999)는 한국의 역사와 문화적 요소를 고려하여 정치행정 과정을 중시하는 '정치행정 모델(poli-ministrative model)'을 제3의 모델로 제시했으나, 정치행정 과정이라는 것이 매우 포괄적이고 막연하여 장애인이 참여의 균등한 기회를 갖지 못하고 제약받는 한국 사회에서 이 모델이 얼마나 적용될 수 있을지는 의문이다(우주형, 2001).

이에 이 장에서는 위 두 개의 대범주에 의한 분류에 기초하여, 먼저 장애의 개별적 모델의 변천사를 개관하고, 개별적 모델의 현대판이라 할 수 있는 '의료적 모델(medical model)'과 사회적 모델의 대립에 관해 설명하였다. 이어 개인과 사회 사이의 구분에 더하여 유물론과 관념론을 구분함으로써 만들어진

---

1) '패러다임', '이론', '모델'이라는 용어에 관하여 사회과학 내에서 혼용되는 현상이 존재하고, 이것은 장애와 관련해서도 마찬가지이다. 따라서 이 장에서는 패러다임, 이론, 모델 사이의 상호작용에 관한 인과 가정에 기초하여 세 용어를 분명히 구분해 사용하기보다는 인용되는 참고문헌에서 사용된 용어를 원용하였으며, 이 세 용어를 통틀어서는 '이론적 틀'이라고 불렀다.

네 가지 패러다임 및 그 변형을 기술하였다. 또한 장애학 내에서 손상의 '생물 사회적(bio-social)'인 이론화를 제안하는 '페미니스트 이론(feminist theory)'을 살펴보았고, 끝으로 다층적 접근을 강조하는 상호작용론적 관점을 설명하였다.

Ⅱ 장애의 개별적 모델[2]

1. 신체 장애인과 정신 장애인의 구분: 최초의 모델

고대 시대에, 몸, 힘, 육체적 건강에 대한 확고한 문화적 강조에 따라, 일상적으로 스파르타 사람들은 무력한 장애인, 종종 신생아나 영아 그리고 노인을 유기와 기아로 홀로 죽게 내버려 두었다. 아테네 사람들 역시 장애인을 시민의 특권이나 다른 사람과의 교제의 자격이 없는 열등한 사회 구성원으로 버려두거나 격리시켰다. 다만 이러한 취급이 주로 신체 장애인을 겨냥하였던 것은 주목할 만하다. 그리스 사람들이 종교적으로 믿는 내용에는 예언자 및 신령을 지니고 있어서 특별한 힘을 부여받은 사람이 포함되어 있었기 때문에, 정신 장애인은 때때로 신성하게 생각되어 징조를 판독·해석하고 사건을 예언하기 위하여 활용되었다.

2. 도덕적 모델

서양 문명의 맥락 내에서 '도덕적 모델(moral model)'은 시대를 걸쳐 도덕적 사고에 영향을 미쳤던 종교에서 일반적으로 연유하였다. 오늘날 우리의 사고의 많은 부분에 영향을 미쳤던 두 가지 가닥의 지배적인 사고가 나란히 그리고 동시에 존재하였는데, 비행이나 죄에 대한 형벌로서의 장애와 사람을 돌보아야 할 의무를 다른 사람들에게 야기하는 것으로서의 장애가 그것이었다.

---

2) Rothman(2003, pp. 4-9)을 참고하였다.

1) 죄나 비행에 대한 형벌로서의 장애

고대 유대인에게 있어서, 질병과 장애는 창조자로서의 신으로부터 오기 때문에 질병과 장애는 죄에 대한 형벌의 측면으로 간주되었다. 또한 모든 종류의 질병은 형벌로서뿐 아니라, 한센병과 욥의 악성 종기와 같이, 질병을 일으키고 또 그것을 치료할 수 있는 전능자의 힘에 관해 사람들을 교육하기 위해서 신으로부터 왔다고 여겨졌다. 중세 시대에도 '비정상적'인 아이의 출생은 부모 편에서는 악과 죄의 결과로 간주되었다.

2) 장애인을 돌보아야 할 책임

종교에서 발견되는 다른 강력한 도덕적 가닥은 사회에 있는 병자들을 돌보아야 할 의무이다. 중세 시대에 장애인들은 죄에 대하여 형벌을 받고 있는 것으로 간주되었지만, 동시에 그들은 치유와 돌봄의 '가치가 있는 빈민(worthy poor)'으로 생각되었다. 이러한 본래의 가치는 그들이 생존을 위한 돌봄과 필수품을 공급받아야 한다는 것이 절대적인 것으로 보이게 하였다. 그래서 병원은 종종 수도원 근처에 세워졌고, 수도자들이 흔히 병자와 장애인을 돌보았다.

3. 결손 모델

'결손 모델(deficit model)'은 오늘날의 의료적 모델의 초기 형태이다. 계몽운동은, 사람을 고정적인 것으로 보기보다는 과학에서의 새로운 발전을 통하여 사람이 변하거나 변화될 수 있다는, 인간에 대한 역동적인 시각을 제공하였다. 이 시대에, 기능이나 능력이 부족한, 불완전한 사람이란 보는·듣는·움직이는·추론하는 능력과 같은, 매우 구체적인 어떤 것이 없는 사람이었다. 그리고 과학적 방법은 이러한 결손을 제거할 새로운 방법론을 개발할 것 같았다.

그러나 좋은 의도와 많은 노력에도 불구하고 그 당시에 발달한 과학은 장애인의 모든 어려움과 손상을 개선할 수 없었고, 이 모델은 실패인 것으로 여겨졌다. 그러나 그 모델을 생겨나게 했던 과학적 노력은 오늘날까지 이어지고 더 진전되어, 아래에 제시될 의료적 모델로 일반적으로 받아들여지기에 이르렀다.

4. 사회 진화론 모델

결손 모델에서는 변화·적응의 가능성에 대한 강조가 기본이었기 때문에, 처음에는 장애인이 그러한 변화를 필요로 하는 것으로 여겨졌다. 그러나 19세기 후반 '사회 진화론 모델(social Darwinist model)'과 관련해서는, 그 변화가 과학적 발견을 통해서 일어나든, 개인적 노력을 통해서 일어나든, 또는 관련 없는 어떤 다른 수단을 통해서 일어나든, 개인으로 하여금 생존을 위하여 다른 사람들과 경쟁할 수 있게 하는 변화만이 중요하였다. 이러한 진화론 모델에서 생존은 의식주·의료와 같은 필요한 자원을 위한 경쟁을 수반하였다.

이렇게 모든 사람이 자신의 생존에 대해 염려하는 다윈의 세계에서, 장애 때문에 스스로 생존할 수 없는 사람은 그저 운명에 맡겨질 수밖에 없었고, 이는 스파르타에서 불완전한 신생아, 장애인, 노인을 유기했던 것과 흡사하였다. 따라서 진화론자들은 고대 그리스의 스파르타 사람들과 결부되는 것에 충격받을지도 모르지만, 사실상 이 둘 사이에는 핵심적인 공통점이 있다고 할 수 있다.

5. 우생학 모델

'적자생존'이라는 주제를 이용해서, 우생학의 지지자들은 한층 더 과도하게 다윈의 입장을 취하였다. 우생학자들은, 적자만 생존해야 한다면, 부적합한 사람들을 버려야 할 뿐 아니라 그들을 사회로부터 격리해야 하고, 특히 번식을 막아 다음 세대에 장애가 계속되는 것을 막아야 한다고 주장하였다.

우생학 운동은 19세기와 20세기 초에 유럽 사회와 미국 사회에 강력한 영향을 미쳤고, 대서양의 양안에 있는 우생학 옹호자들은 인류가 제공할 수 있는 최상의 것이라 여겨지는 것들로 구성된 새로운 사회 질서의 선구자로 인식되고 받아들여졌다. 그러나 그 결과, 나치 정권 동안에, 정신적·신체적 장애, 발달장애, '기형'을 가진 사람들은 멸종 대상으로 구분되었고 25만 명까지로 추정되는 사람들이 몰살되었다. 미국에서의 '우생학 모델(eugenics model)'은 장애아동들로 하여금 그들의 부모에게 수치와 불명예의 대상이 되게 하였고, 부모들은 아동들을 때때로 태어날 때부터 시설에 재빨리 감추었다.

6. 의료적 모델

생물학과 의학의 주요한 발전이 일어나기 시작하면서 원래의 결손 모델의 후기 형태인 의료적 모델의 논거는 새로운 인기를 얻게 되었고 모델들 가운데 우위를 점하여 오늘날도 여전히 유지되고 있다. 또한 의료적 모델의 용어들은 우리의 법률에 녹아 있고 대중매체에 의하여 사용되며 오늘날 장애에 관하여 의사소통하기 위한 가장 흔한 방법이 되었다.

그러나 20세기 동안에 장애의 결정과 지속에 있어서 사회의 역할에 대한 인식의 증가에 부응하여 사회적 모델이 전개되었다. 이 사회적 모델과 의료적 모델의 대립에 관해서는 이어지는 절에서 보다 자세하게 설명하도록 하겠다.

Ⅲ 장애의 의료적 모델과 사회적 모델

1. 의료적 모델

1) 의료적 모델의 검토

의료적 모델은 '전문가'의 해결책에 순종해야 하는 개인의 결함으로 장애를 본다(Mackelprang & Salsgiver, 2000). 이 모델은 장애인을 어떤 필수 요소나 기능이 부족한 것으로, 즉 보거나 들을 수 없고 걸을 수 없으며 신중히 행동할 수 없고 단순한 계산도 할 수 없는 것으로 간주한다(Rothman, 2003). "의료적 모델은 모든 사람이 바라는, 인간 기능의 최적 수준이 있다고 가정"하며

(Leplège & Hunt, 1997, p. 48), 이러한 가정은 재활 전문가에 의하여 별로 의심 없이 받아들여져 왔다. 이 유형의 이론적 관점은 1994~1999년 노르웨이의 특수교육 연구 프로그램의 검토에서 Söder(1999: Gustavsson, 2004에서 재인용)가 이론적 '본질주의' 중 '개인적 본질주의(individual essentialism)'라는 용어로, 또한 그가 '임상 모델(clinical model)'로 불렀던 것과 연관되어 있는 것으로 보인다.

의료적 모델의 전형적인 예는 Boman(2000)의 논문인 '터너 증후군: 성염색체 이상의 심리적·사회적 측면'과 Gustafson(2000)의 논문인 '여러 가지 읽기 장애 — 음운론적·철자법적 단어 부족 및 개입의 함의'이다(Gustavsson, 2004에서 재인용). 사실 Boman과 Gustafson 둘 다 장애 연구에서 다층적 관점의 중요성을 강조하였지만, 그럼에도 불구하고 그들은 특정의 개인적 측면에 그들의 연구를 한정하였고, 따라서 실제로는 의료적 모델의 전형적인 예를 보여 준다고 할 수 있다(Gustavsson, 2004).

2) 의료적 모델에 대한 비판

장애 이론 중에서는 의료적 모델이 여전히 가장 영향력이 있지만, 이 모델은 어떤 종류의 기능적 어려움이라 할 수 있는 '손상(impairment)'만을 다룰 뿐, 조직과 문화의 산물, 즉 사회 정치적인 해석으로서의 '장애(disability)'라는 용어를 다룰 수 없기 때문에 비판받아 왔다. 의료적 모델은 개인의 어떤 건강 이상과 장애화(disablement) 사이에서 필연적 인과 관계를 전제로 하고 있기 때문에 문제가 있는 것이다(Reindal, 2000).

장애인의 정체성 발달이 논해지는 때에도, 의료 전문가들은 기능 상실의 강조와 함께 사람들을 진단하고 꼬리표를 붙이는 임무를 부여받는다. 그러나 의료적 모델로부터 도출된 장애 꼬리표는 일반적으로 부정적인 함의를 가지고 있으며 강력한 부정적 영향을 미칠 수도 있다(Rothman, 2003).

또한 장애인들은 의료 기관과 빈번한 접촉을 하게 되는데, 거기에서 장애인들은 필요한 치료·약이나 평가를 받는다. 의료 기관에 대한 이러한 의존은 계속해서 의료적 모델의 사용을 뒷받침하고 있고, 의료적 모델은 손상을 가진 사람을 다시 의존적인 위치에 놓이게 한다(박승희, 2004; Rothman, 2003).

2. 사회적 모델

1) 사회적 모델의 검토

장애의 사회적 모델은 손상을 가진 사람들에게 영향을 미치는 주변화·억압·차별·배제의 과정, 다시 말해 장애화의 과정을 분석하는 것이다(Sapey, 2004). 이 모델에 따라, '장애 권리 운동(Disability Rights Movement)'은 장애인들이 '커다란 소수자 집단'을 형성하고 있으며 신체적 제한만큼이나, 오히려 그 제한보다도 더욱, 사회에서의 차별과 억압에 의해 불리한 처지에 있다고 주장하고 있다(Asch & Mudrick, 1995; Moxley, 1992). 또한 전문가의 업무는 '가능하게 함(enable)'을 그 취지로 하고 있으나, 그 업무가 실제로는 불평등과 불공평 상태를 유지하고 재생하는 데 일조를 하고 있는 것처럼 보인다고 주장되어 왔다(Read, 1998).

연구에 따르면, 삶의 질은 삶의 평등과 밀접한 관련이 있는데, 이러한 연구 결과는 분명하게 증거에 기초하여 장애의 사회적 모델에 대한 지지를 제공한다(Hammell, 2006). 또한 탐색적·질적·참여적 연구 접근법을 통하여, 장애의 사회적 모델과 "장애는 비장애인의 생활을 위해 디자인된 물질계·사회계와의 상호작용에서 창조된다"(Swain, Finkelstein, French, & Oliver, 1993, p. 2)는 견해에 대해 분명한 지지를 표명하는 연구 결과가 확인되었다.

2) 사회적 모델에 대한 비판

Harris(2000)는 장애의 사회적 차원이 해결되면 아무런 심각한 장애 특성도 남지 않는다는 주장을 반박하였다. 또한 그는 개인을 불리하게 하는 신체적·정신적 이상이 사회적 차원을 갖고 있다는 것에 주목한다고 하더라도, 사회적 요인에 기반을 둔 장애의 개념 형성은 거부하였다. 그러나 이것은 전통적인 의료적 사조의 특징을 보여 주는 지적이라 할 수 있다.

그러나 사실 사회적 모델마저도 장애라는 결과를 가져오는, 사회구조에서 기원하는 메커니즘이나 관계를 ― 억압의 형태를 취하고 있다고 제시한 것 외에는 ― 아직까지는 상술하지 못해 왔다(Albrecht, Seelman, & Bury, 2001).

또한 손상의 본질과 연관된 의료적 기준을 피하려는 시도에서 이 모델은 장애 운동에 포함되기 위한 주요 기준으로 개인이 장애인이라는 명확한 정체성을 가져야 한다고 주장하고 있다. 그러나 손상과 만성 질병을 가진 많은 사람이 반드시 자신을 장애인으로 동일시하거나 장애인으로 확인되는 것은 아니다 (Marks, 1999).

이 외에도 사회적 모델은 많은 토론과 비판적 분석을 받아 왔는데, Hammell(2006, pp. 62-66)은 이들 비판 중 몇 가지에 대해 다음과 같이 반박하고 있다.

(1) 사회적 모델은 손상을 소홀히 하는가

이 첫 번째 주장은 장애의 체화(體化)된 경험 및 손상의 불만스럽고 '억압적'인 측면이 사회적 모델에 의하여 무시되어 왔다는 생각을 반영한다. 이러한 주장은 장애 페미니스트들에 의하여 주로 제기되어 왔는데, 이들은 물질적·사회적 장벽의 '장애를 초래하는(disabling)' 영향력을 인정하긴 하지만, 문제가 전적으로 사회적이라는 생각을 거부하며 이러한 생각은 통증, 피로, 마비, 수명의 감소와 같은 경험을 소홀히 하는 것이라 믿는다.

그러나 사회적 모델 이론가 중에서 "장애는 신체와 아무 관련이 없다. 그것은 사회적 억압의 결과이다."(Oliver, 1996: Hammell, 2006, pp. 62-63에서 재인용)라는 견해는 신체가 그 스스로 억압[예: 통증, 실금(失禁), 경련]을 가할 수 있다는 주장을 부인하는 것이 아니라, 오히려 그 견해는 장애가 손상을 가진 사람에게 덧붙여진 사회적 억압의 한 형태라는 것을 강조하는 것이다.

이렇게 사회적 모델의 장애 정의로부터 신체/정신을 제외하는 것은 세상을 장애인에게 힘겨운 곳으로 만드는 차별의 범위·형태·유형을 확인하고 이것들을 손상의 이슈와 구분 지으며 손상과 장애의 교차 지점과 상호작용을 탐구하는 것을 가능하게 한다. 삶의 기회가 손상 때문에 감소하는 면과 삶의 기회가 그 손상에 대한 '장애를 초래하는' 반응의 결과로 감소하는 면 사이에는 중요한 차이가 있는 것이다. 사회적 모델은 이런 차이들의 탐구를 가능하게 한다.

(2) 사회적 모델은 불가피하게 이원론적인가

몇몇 이론가들은 사회적 모델이 손상의 신체적 경험과 장애의 사회적 경험을 가르는 인위적 경계와 함께, 시대에 뒤지고 설득력을 잃은 이원론적 사고 형태를 재생산한다고 항변한다. 그러나 손상에 동반될 수도 있는 문제(예: 통증이나 경련)를 신체적 관점뿐만 아니라 사회적 관점으로부터 검토하는 것은 가능하다. 예를 들어, 사람이 쉴 수 있는 자리 하나도 상점이 제공하지 않을 경우에 피로는 쇼핑을 가로막는 장벽이 될 수도 있다. 그러므로 이원론적 사고를 강화하기보다 오히려 사회적 모델은 손상뿐만 아니라 장애의 물질적·사회문화적 결과 둘 다를 고려하게끔 만드는 것이라 할 수 있다.

(3) 사회적 모델은 대다수의 국가에서 적합한가

몇몇 비평가들은 사회적 모델이 소수의 '선진' 국가의 너머에 있는 사람들에게는 부적합하다고 말해 왔다. 이에 대응하여 Stone(1999: Hammell, 2006, p. 64에서 재인용)은 "대다수의 국가에서 살고 있는 많은 장애인으로부터의 증거에 입각할 때 사회적 모델은 전체 문화와 국가에 걸쳐서 타당하다"라고 주장하였다. 장애인의 상황은 장애의 사회적 모델이 촉진되면 결국 나아질 것이라는 것이다.

그러나 Miles & Hossain(1999: Hammell, 2006, p. 65에서 재인용)은 사회적 모델의 구호가, 예를 들어 시력을 잃는다는 것이 "순전히 개인적 재난"인 사람들에게는 이해가 안 된다고 주장하였다. 그들은 또한 그러한 모델은 환경을 시민의 욕구에 부응하도록 개조할 만큼 부유한 국가에서 적합할지는 모르지만 빈곤한 국가에는 관련이 있지도 적절하지도 않으며 대다수의 국가에 그러한 발상을 "밀어 넣는" 것은 "발전된 실제 현실에 대한 다소의 오만을 드러내는 것"이라고 주장하였다.

그러나 이것은 사회적 모델의 요점을 완전히 놓치는 것으로, 사회적 모델은 손상이 중요하지 않다거나 개인적 재난이 아닐지도 모른다고 주장하는 것이 아니라, 손상을 가진 사람이 직면한 내재적 어려움이 억압적인 사회 환경에 의하여 더 심각해진다고 주장하는 것이다. 사실, 빈곤과 손상 사이의 강한 관련성 그리고 정부도 대부분의 비정부 기구도 교육, 고용, 또는 개발 계획에 장애 아동·성인을 포함시킨 전력을 가지고 있지 못하다는 현실을 고려해 볼 때, 사회적 모델은 특별히 대다수의 '제3세계' 국가에 적합한 것으로 보인다. 대다수의 국가에서 장애인은 사회적·정치적 불평등, 부정적인 문화적 고정관념, 그리고 교육, 고용, 보건, 경제적 지원에 대한 불공평한 접근과 지역사회에서의 일상생활에 대한 불공평한 접근에 의하여 불이익을 당하고 있기 때문이다. 이것은 많은 손상의 억압적 차원을 부인하는 것이 아니라, 사회적 모델을 뒷받침하는 것이다.

방글라데시에서의 장애인의 상황을 답사한 후에 Waldie(2002: Hammell, 2006에서 재인용)는 장애인이 직면한 주된 문제는 부정적인 사회 태도(낙인과 편견)의 문제이며 이러한 태도는 2차적인 문제, 즉 기회 불평등의 문제와 사회적·물질적 장벽에 기인하여 사회에 참여하지 못하는 문제로 직접적으로 이어진다고 보고한 바 있다. 이것은 분명하게 사회적 모델을 뒷받침하는 것이며, 손상을 가진 사람에 대한 전 세계에 걸친 차별을 가리킨다. 이에 Swain(2004: Hammell, 2006, p. 65에서 재인용)도 사회 변화에 대한 국제적인 인권적 접근은 "장애의 사회적 모델, 그리고 장애인 억압에 대한 전 세계의 도전에서" 비롯되었다고 언급한 바 있다.

3. 의료적 모델과 사회적 모델의 비교

의료적 모델과 사회적 모델의 주요 원칙과 각각의 비평을 요약하면, 표 3.1과 같다. 표에서 볼 수 있듯이 의료적 모델과 마찬가지로 사회적 모델도 한계점을 가지고 있다.

그러나 장애인들이 사회적 모델에 대하여 배우게 되면, 그들은 이 모델이 의료적 모델보다 더 자신의 경험에 부합한다는 것에 대체로 동의한다. 사회적 모델은 이제 보편적으로 받아들여지고 있으며(Bickenbach, Chatterji, Badley, & Ustun, 1999), 특히 영국의 장애 연구에서 가장 빈번하게 인용되는 이론적 관점이라고 해도 과언이 아니다(Gustavsson, 2004).[3] 그러나 장애 이론을 제대로

---

3) 미국에서는 사회적 모델이 환경에 대한 너무 좁은 관점을 가지고 있다고 믿었고, 1970년대 미국에서는 장애 권리 운동에서 장애의 '소수자 모델(minority model)'이 발전하였다. 장애의 '사회정치적 모델(sociopolitical model)'로 또한 불리는 소수자 모델은 사회적 모델

표 3.1 장애의 의료적 모델과 사회적 모델의 비교

	의료적 모델	사회적 모델
핵심 특징	·개인적 비극 이론 ·장애는 개인 안에 존재하는 개인적 문제임 ·의료 전문가의 역할은 신체적 혹은 지적 손상에 의한 부정적 결과를 치료하거나 개선시키는 것	·사회적 억압 이론 ·장애인은 '장애를 초래하는' 세상에 살고 있음 ·장애인은 적합하지 않은 물리적 환경 그리고 부닥치게 되는 부정적인 사회적 태도에 의하여 현대 사회로부터 조직적으로 배제되고 있음
관점	·사회 정책의 목표는 장애인으로 하여금 현대 사회의 구조에 맞추거나 적응할 수 있도록 하는 것 ·상당수의 장애인은 질 높은 재활을 받기를 희망함 ·서비스에서 이슈가 되는 것은 비장애인 전문가와 클라이언트 사이에서의 관계의 성격임 ·전문가의 기술·지식을 강조하며, 장애인은 소위 '비장애인 세상'의 요구에 적응하고 그 요구에 의해 관리·통제될 필요가 있음	·사회 정책의 목표는 인권을 보장하기 위하여 장애인에게 '권한을 부여하는' 환경을 만드는 것 ·장애인은 사회 내에서 조직적인 사회적 배제에 부닥침 ·사회 변화는 장애인에게 시민으로서의 완전한 지위와 인권을 보장하기 위한 집단행동을 통하여 일어남 ·억압이라는 공통의 경험에 의해 연합된 장애인의 개인적·집단적 책임을 강조함 ·장애는 억압, 개인의 권리와 선택, 사회 변화, 권한 부여, 정치와 본질적으로 관계가 있음

의 확장인데, 소수자 모델은 장애인은 장애 경험을 공통으로 공유하는, 실체성이 있는 (물질적 실체와 관련되거나 물질적 실체를 소유한) 사회적 범주라고 주장하면서, 장애는 부정적 태도와 사회적 장벽을 통하여 손상의 위에 부과된 것이라는 생각을 사회적 모델에 덧붙였다(Disabled World, 2022). Hahn(1985)은 또한 소수자 모델이 인간과 환경 중 어느 한 가지보다는 인간과 환경의 상호작용을 고려하기 때문에 의료적 모델이나 사회적 모델보다 더 복잡하다고 지적하였다(Evans, Broido, Brown, & Wilke, 2017에서 재인용).

표 3.1 장애의 의료적 모델과 사회적 모델의 비교(계속)

	의료적 모델	사회적 모델
한계점	· 장애는 순전히 의료적 현상으로 인식되며, 장애인이 살고 있는 정치적 · 경제적 · 사회적 환경을 인정하지 않음 · 장애인이 어떻게 살아야 하는가를 결정하는 데 있어 역사적으로 의료 · 준의료 전문가에게 과도한 권한과 영향력이 부여되어 왔고, 전문가들은 변함없이, 본질상 의료적이 아닌 순전히 행정적인 결정을 내려옴	· 장애인을 억압이라는 공통의 경험에 의해 연합된 집단적 · 동질적 존재로 가정함 · 장애인 개인이 작용(agency)을 할 수 있고, 또 그 때문에, 유사한 결과를 얻기까지 다른 전략을 고안할 수 있다는 사실을 참작하지 않음 · 장애 운동이 보는 방식처럼 억압되고 있다고 모든 장애인이 스스로를 생각하고 있는 것은 아님 · 어떻게 사회가 손상을 가진 사람에게 실제로 '장애를 초래하는지' 인과적 관련성이 불분명하게 남아 있으며, 쉽게 측정될 수도 없음 · 지적 손상을 가진 사람을 충분히 고려하고 있지 못함

출처: Lang, 2001, pp. 314-315

이해하기 위해서는 의료적 모델과 사회적 모델 사이의 구분, 그 이상의 것을 필요로 하며, 이에 관해서는 다음 절에서 보다 자세히 논해 보고자 한다.

Ⅳ 장애 이론을 위한 네 가지 패러다임과 그 변형

1. 네 가지 패러다임

대체적으로 사회 이론에 대한 접근은 다음의 두 가지 차원에서 고려될 수 있다. 첫째, 개인과 사회(주관적 · 객관적 차원으로 각각 불리는) 사이에 존재하는 것으로 추정되는 관계가 항상 있다. 둘째, 상대적인 무게가 유물론적 설명 또는 관념론적 설명의 관점에 실릴 수도 있다(Priestley, 1998). Priestley는 이 두 차원이 서로 간에 상호작용해서 표 3.2와 같이 네 가지 기본적인 이론적 입장을 만들어 낸다고 하였다.

표 3.2 사회 현상의 연구를 위한 네 가지 패러다임

	유물론자	관념론자
명목론자	입장 1 주관적 유물론 사회 현상은 물질적 개인을 넘어서 실재하지 않는다. 사회 현상은 생명 활동에 의하여 형성될 수 있다. 변량적 경험론(variate empiricism)과 생물학적 결정론	입장 2 주관적 관념론 사회 현상은 의지적 개인의 경험을 넘어서 실재하지 않는다. 사회 현상은 태도와 신념에 의하여 형성될 수 있다. 상징적 상호작용론, 현상학, 해석학적 패러다임, 페미니스트 심리학
실재론자	입장 3 객관적 유물론 물질적 사회가 개인을 넘어서 존재한다. 사회 현상은 정치경제, 구조적 가부장제 등에 의하여 형성될 수 있다. 역사적 유물론, 구조적 페미니즘, 사회적 창조주의, 마르크스주의적 분석	입장 4 객관적 관념론 관념론적 사회가 개인을 넘어서 존재한다. 사회 현상은 사회적 가치, 문화 등에 의하여 형성될 수 있다. 실증주의 사회학, 사회적 구성주의, 문화 상대주의

출처: Priestley, 1998, p. 77

또한 Priestley(1998)는 표 3.2에서의 두 차원(명목론자·실재론자 그리고 유물론자·관념론자)이 장애 이론에 직접적으로 적용되어 장애를 이론화하기 위한 네 가지 기본적인 입장을 만들어 낸다고 하였다(표 3.3). 즉, 두 가지 명목론적 입장은 장애의 개별 모델['생물학적 결정론(biological determinism)'에 근거한 것과 '상징적 상호작용론(symbolic interactionism)'에 근거한 것]을 낳고 두 가지 실재론적 입장은 장애의 사회적 모델['사회적 창조주의(social creationism)'에 근거한 것과 '사회적 구성주의(social constructionism)'에 근거한 것을 낳는다는 것이다.

표 3.3 **장애 이론에 대한 네 가지 접근법**

	유물론자	관념론자
개인	입장 1 개인적 유물론 모델 장애는 물질적 개인(신체)의 기능에 영향을 주는 생명 활동의 물리적 산물이다. 분석의 단위는 손상된 신체이다.	입장 2 개인적 관념론 모델 장애는 정체성의 창출과 역할의 협상에 관여된 의지적 개인(장애인과 비장애인)의 산물이다. 분석의 단위는 신념과 정체성이다.
사회	입장 3 사회적 창조주의 모델 장애는 특정의 역사적 맥락 안에서 발생하는 사회 경제적 관계의 물질적 산물이다. 분석의 단위는 장애를 초래하는 장벽 그리고 물질적 권력관계이다.	입장 4 사회적 구성주의 모델 장애는 특정의 문화적 맥락 안에서 사회 발달의 관념론적 산물이다. 분석의 단위는 문화적 가치·표상이다.

출처: Priestley, 1998, p. 78

1) 개인적 유물론 모델

입장 1은 아마 장애 이론에서 '의료적 모델'로서 더 잘 알려져 있다. 이 입장에서 장애는 개인의 물질적 상태에 나타난, 생물학적 결정론이나 개인적 비극의 산물로 간주된다(Priestley, 1998).

2) 개인적 관념론 모델

입장 2는 장애 이론에서 두드러진 위치를 점하고 있다. 입장 1처럼 이것은 개별적 모델이지만, 생명 활동과 손상된 신체에 초점을 맞추는 대신에 이것은 인식의 상호작용과 정서적 경험에 초점을 맞춘다. 이 입장에서 장애는 개인적 경험의 산물이고 개인 간의 사회적 역할 협상의 산물이다. 우리는 손상에 대한 장애인의 '적응'과 장애인에 대한 비장애인의 '태도'를 다루는 다량의 해석적 심리학 저작물에서 이 입장이 작용하고 있음을 볼 수 있다. 완전히 다른 관점에서 또한 입장 2는 우리에게 개인적 경험과 정체성의 중요성을 생각나게 하기를 원하는 많은 장애인 작가(종종 페미니스트 작가)의 현 관심사에 논리적 근거를 제공한다. 여기에서 이 작가들이 예외 없이 입장 3이나 입장 4의 원칙에 대한 정치적 전념과 그들의 관심사를 조화시키려고 시도한다는 것은 주목할 가치가 있다(Priestley, 1998).

3) 사회적 창조주의 모델

입장 3은 흔히(그러나 잘못) '사회적 모델'로 불리는 것에 해당하는데, 사실 이것은 사회적 모델의 단지 한 유형이다. 사회적-유물론적 입장에서 장애는 특정 역사적 맥락 내에서 정치경제와 가부장제 모두 또는 어느 한쪽의 전개에서 생기는 물질적 권력관계로 간주될 수 있다(Priestley, 1998). 이것은 사회적 창조주의 관점이며, Söder(1999: Gustavsson, 2004에서 재인용)는 '맥락적 본질주의(contextual essentialism)'라는 용어로 구별하였다. 이 입장은 입장 4의 사회적 구성주의와 대조를 보이는데, Söder(1999: Gustavsson, 2004, pp. 59–60에서 재인용)는 사회적 모델의 첫 번째 버전인 사회적 창조주의를 다음의 방식으로 기술하였다.

사회적 모델에서는 한편으로 '손상'과 다른 한편으로 '장애' 사이에 뚜렷하게 구분을 짓는다. 전자는 신체와 관계가 있다. 그러나 사회적 모델에 따르면 손상의 결과는 사회적 맥락에 의하여 규정된다. 손상은 사회적 맥락에서 장벽과 억압의 결과로 장애가 된다. 그러나 이 메커니즘은 '문화'나 '사회적 의미'로 축소될 수 없다. 그 메커니즘은 유물론적 사회구조에 뿌리박혀 있다. Oliver는 사회적 구성주의자가 아니고 사회적 창조주의자이다. 장애인의 일상생활 조건은 다른 사람의 표현과 태도의 결과가 아니며, 여러 가지 방식으로 다른 집단, 특히 장애인을 주변화하고 억압하는 자본주의적 생산 체제의 창조물이다.

그러나 여기에서 '장애'의 사회적 창출과 '손상'의 사회적 창출을 혼동하지 않는 것이 중요하다(Priestley, 1998). 예를 들어, Albrecht(1992, p. 14)가 "한 지역사회의 정치경제는 어떤 쇠약한 건강 상태가 초래될 것인가, 어떻게 그리고 어떤 상황하에서 쇠약한 건강 상태가 규정될 것인가를 좌우한다"라고 주장할 때, 그는 입장 3보다는 입장 1(그리고 입장 4)에 더 가까운 관점을 취하고 있는 것이다(Priestley, 1998).

4) 사회적 구성주의 모델

마지막 입장 4 또한 장애의 사회적 모델과 관련된다(항상 이 입장이 그와 같이 표현되지 않을 수도 있지만)(Priestley, 1998). 이 대안적인 관점은 종종 '구성주의', '포스트모더니즘', 또는 '후기 구조주의'라고 불린다(Gustavsson, 2004). 이러한 관점에서 장애는 개인의 기능 부전이나 억압적인 사회구조에 의하여 '창조'되는 어떤 것이 아니라 사회적 '구성'의 결과(특정의 언어적 또는 문화적 맥락 내에서 발생하는, 사회의 관념론적 산물)로서 이해된다. 다시 말해서, 이 관점은 장애라는 구성이 특정의 언어적·문화적 환경의 산물이라고 가정한다(Gustavsson, 2004; Priestley, 1998). 이러한 종류의 접근법은 사회적 표식과 역할 기대가 장애의 구성에서 결정 요인이라고 제시한다. 중요한 것은 이런 과정들이 관념론의 관점에서 작동할 수 있고 따라서 이해를 위하여 물질적 분석을 필요로 하지 않는다는 것이다. 그러나 많은 사회적 구성주의자들은 (다원주의자 또는 유물론적 전통 내에서) 입증 자료로서 구조적 요인에 주목하는 것이 유용하다고 여긴다는 점에도 주의할 필요가 있다(Priestley, 1998).

이상에서 설명한 바, 사회적 창조주의와 사회적 구성주의 사이의 주된 차이점은 표 3.4에서와 같이 제시될 수 있다.

사회적 구성주의 관점은 어느 정도 본질주의적 관점에 대한 비평으로서 발전되어 왔다. 이러한 접근법은 구성주의적 이론 패러다임을 지지하여, 장애의 경제적 기원의 우선시에 이의를 제기하는, 새로운 세대의 사회적 모델주의 장애 연구자들에 의하여 제시된 것이다. 이 패러다임에서 중요한 개념은 언어와 문화이다(Gustavsson, 2004).

표 3.4 **사회적 창조주의와 사회적 구성주의의 차이**

	장애는 …	손상은 …
사회적 창조주의	사회 제도 내에 뿌리박힌 관습의 결과이다.	사회적 · 정치적 요인에 기인하는 사회적 창조물이다.
사회적 구성주의	사회구조 내에서 상호관련성이 있는 사회적 의미의 결과이다.	종(種) 내에서의 자연적인 생물학적 다양성이다.

출처: Reindal, 1995

(1) 언어적 구성주의

언어적 접근은 장애의 구성에 있어서 언어와 의사소통의 중요성에 의지한다. 또한 언어적 접근은 담론에 관한 Foucault의 저작물(1979, 1981)과, 더 일반적으로는 사회과학에서의 소위 '언어론적 회전(linguistic turn)'4)에 의지한다(Gustavsson, 2004에서 재인용). 기본적인 이론적 가정 중의 하나는 언어 관습이 사회 체제를 반영할 뿐만 아니라 사회 체제이고, 따라서 장애인의 생활 조건에 강하게 영향을 미친다는 것이다(Gustavsson, 2004).

(2) 문화적 구성주의

Shakespeare(1997), Price & Shildrick(1998)과 같은 연구자들은 장애에 관한 유물론적 · 의료적 · 심리적 이론 관점에 반대하였으며, 대신에 문화적 관념의 장애 발생 역할을 강조하였다. 이때 신체의 자기통제에 관한 Foucault의 저작물이 종종 참조되곤 하였는데, 일반적으로 '언어적 구성주의(linguistic constructionism)' 관점과 '문화적 구성주의(cultural constructionism)' 관점 사이에는 많은 이론적 유사점이 있다고 할 수 있다(Gustavsson, 2004).

Gilson & DePoy(2000, p. 209)는 다음과 같은 방식으로 문화적 접근법을 기술하였다.

---

4) 데카르트(René Descartes) 이후의 근대철학이 관념분석이나 의식분석(반성)을 방법으로 하여 인식론을 축으로 전개된 것에 반해, 현대철학이 기호논리학이나 언어철학을 기반으로 하여 철학적 문제의 해명을 논리분석과 언어분석의 방법에서 찾는 동향을 가리킨다(정치학대사전 편찬위원회, 2010).

장애를 문화로서 규정하는 것은 장애의 내적 결정인자를 초월하고 사회적·정치적 정의를 포괄하며 장애인 집단을 특징짓는 문화적 담론을 만들어 낸다. 장애에 대한 문화적 시각은 자신을 장애인으로 규정하는 모든 사람이 경험, 암묵적 규칙, 언어, 담론을 공유하는 독특한 집단에 소속된다고 말한다. 이러한 시각에서 장애의 개념은 집단 소속의 개념이고 장애 정체성을 공유하지 않는 다른 집단과의 구별의 개념이다.

그러나 문화적 관점은 사회적 창조주의 모델의 지지자들에 의하여 비판받아 왔는데, 이들은 장애인이 하위문화에 포함되는 것이 물론 어떤 면에서 더 긍정적인 정체성[5]과 사회 공동체 의식에 기여할 수 있지만 이러한 측면이 문화적 관점에서 과대평가된다고 지적하고 있다(Gustavsson, 2004).

2. 네 가지 패러다임의 각색

Priestley(1998)와 달리, Gabel & Peters(2004)는 주관성 및 객관성에 더하여 '주관성과 객관성 사이의 공간'이라는 세 가지 차원을 다루었다. 주관성·객관성의 의미도 Priestley와 달라, 주관성의 가정은 개인과 집단 모두 또는 어느 한쪽에 의해 구성된 상징적 의미에 초점을 맞추었다. 이에 반해 객관성의 가정은 현실에 관한 입증된 사실을 드러낼 것으로 추정되는 물질적 현상·구조에 초점을 맞추었다.

Gabel & Peters(2004)에 따르면, 장애와 기타 이론화에서 최근의 경향은 세 번째 차원(주관성과 객관성 사이의 공간)을 탐구하고, 그렇게 함으로써 물질적

---

5) 긍정적 정체성으로서 장애를 주장하는 장애 모델에는 '정체성 모델(identity model)' 또는 '긍정 모델(affirmation model)'이 있다. 정체성 모델은 장애 경험이 사회적으로 구성된다는 사회적 모델의 이해를 공유하기는 하지만, 이 모델은 환경·정책·제도가 사람들을 장애화하는 방식에는 관심이 적은 데 반하여, '장애인'이라 불리는 인식 가능한 소수자 집단을 만들어 온 경험·상황에 기반을 둔 장애 정체성의 긍정적 정의(定義)를 구축하는 데 더 관심이 있다(Brewer, Brueggemann, Hetrick, & Yergeau, 2012). 장애의 긍정 모델은 장애·손상에 대한 지배적인 개인적 비극 모델에 반대하여 나타났고, 사회적 모델의 해방적 원칙을 기반으로 하고 있다(Disabled World, 2022). 장애 자부심(disability pride)의 가치 및 장애 예술 운동에서 나온 관점에 뿌리를 둔 Swain과 French는 장애의 정체성 모델을 긍정 모델이라 칭하였다(Disabled World, 2022; Retief & Letšosa, 2018).

현상(예: 물리적 신체)과 상징적 의미(예: 장애화에 대한 변증법에서 신체와 억압 모두 또는 어느 한쪽의 해석)를 동시에 검토하기 위하여 객관적/주관적 그리고 손상/장애라는 이분법을 해체한다. 이러한 경향은 이분법이나 대립이 환상에 불과하다고 보는 포스트모던 패러다임 내에 종종 위치하며, 함께 장애를 구성함에 있어 작용하는 물질적 존재와 사회정치적 과정의 동시 해체를 가능하게 하는 이론을 산출해 낼 수도 있다. 이 마지막 가능성을 고려하면, 포스트모더니즘으로부터 생겨난 이론은 손상/장애에 관한 열띤 논의를 진전시킬 수 있고, 그렇게 함으로써 완벽하게 기능하지 않을 수 있는 물리적 신체를 가지고 사는 유물론적 현실을 설명하는 (막연히 규정된) 모델에 집중하는 우리를 자유롭게 하는 반면에 장애화의 억압에 적극적으로 저항하게 할 것으로 보인다.

이에 장애 이론화의 다양성과 깊이를 이해하기 위하여 Gabel & Peters (2004)는 장애 이론에서 사용되는 네 가지 패러다임을 그림 3.1과 같이 각색하였다. 패러다임들은 서로에 대한 상대적 위치에 따라, 장애학 내에서 주관적, 객관적, 또는 혼합된 관점, 미시·거시 담론 등과의 관계에 따라, 패러다임들이 구조주의 또는 후기 구조주의 이론을 신봉하는지에 따라 그림에 표시되어 있다.

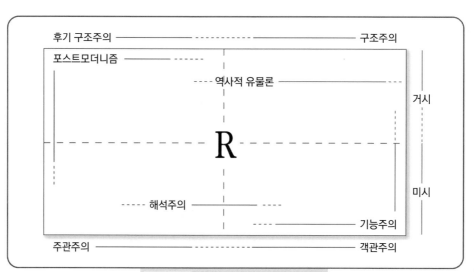

그림 3.1 장애 이론에서의 패러다임

출처: Gabel & Peters, 2005, p. 227

 Gabel과 Peters는 여기에서 주관적/객관적 그리고 미시/거시 경계의 투과성을 파선으로 나타내었다. 네 가지 패러다임에서 나오는 실선은 '순수한' 인식론적 입장이라고 여겨질 수 있는 것을 나타내었으며, 입장이 애매해지는, 각각의 순수한 입장으로부터 먼 점들은 파선으로 나타내어졌다.

 장애에 관하여 흔히 미시-객관적인 패러다임인 '기능주의적 패러다임(functionalist paradigm)'은 의료적 모델을 포함하고 그림 3.1에서 격자의 가장 오른쪽 아래 구석에 위치해 있는데, 장애를 병리화하는 극도의 객관주의적 입장을 보여준다. '포스트모던 패러다임(postmodern paradigm)'과 관련해서는 저자들이 일반적으로 장애 이론화에 대한 거시-주관적 입장을 취하는데, 여기에서 장애를 구성하는 폭넓은 사회문화적 과정이 여전히 중심에 있고 강한 주관성이 가정된다. 개인적 경험과 개인의 신체에 관한 포스트모더니즘적 연구가 그림에서 미시 범위로 들어가는 수직선에 의하여 제시되고 있다. '역사적 유물론적 패러다임(historical-materialist paradigm)'(전통적인 '강한 사회적 모델')의 우세는 격자 상에서 꽤 중앙의 위치로 나타내어진다. 이 패러다임에서, 분석이 주관성에 가까워질 수 있긴 하지만, 폭넓은 사회적 과정이 주로 구조주의적 · 객관적 관점에서 분석된다. 마지막으로, 장애학에서 또 하나의 전통적인 패러다임인 '해석주의(interpretivism)'(미시-주관적)는 비록 사회적 맥락 내에 놓여 있는 것일지라도 개인적 경험으로서의 장애를 강조한다(Gabel & Peters, 2004).

 Gabel & Peters(2004)는 위 네 가지 패러다임과 그 관련 이론 내에서의 공통적인 것은 저항이라는 주제라고 하였다. 이것은 네 개의 사분면 모두를 교차하는 큰 'R'로 그림 3.1에 나와 있다.

 사실, Priestley(2003)도, 1998년과는 달리, 표 3.3에서 서술한 네 가지 이론적 접근법을 장애의 개별적 모델이나 사회적 모델 둘 중 하나에 딱 들어맞는 별개의 개념적 '박스'로서보다는 중첩되는 영역으로 보는 것이 더 적절할 수도 있다고 말하였다. 이런 식으로 장애를 보면 장애의 복합성은 더욱 분명해진다(그림 3.2).

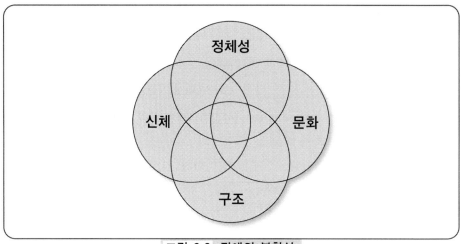

그림 3.2 장애의 복합성

출처: Priestley, 2003, p. 17

Ⅴ 페미니스트 장애 이론[6]

장애학은 페미니스트 이론으로부터 득을 볼 수 있고, 페미니스트 이론도 장애학으로부터 득을 볼 수 있다. 페미니스트 장애 이론은 바로 이 양자의 강점을 기반으로 한다.

가장 기본적으로, 페미니스트 장애 이론의 목표는 우리가 인간의 다양성, 신체의 물질성, 다문화주의, 그리고 신체적 차이를 해석하는 사회구성체(social formation) 등을 이해하는 방식에서의 제한에 맞서는 것이다. 페미니스트 장애 이론은 '여성'이라는 범주의 단일성, '체험된 몸(lived body)'의 지위, 외모의 정치, 신체의 의료화, 정상(正常)에 따르는 특권, 성적 취향, 정체성의 사회적 구성, 통합에 대한 헌신 등과 같은 광범위한 페미니즘적 관심사를 다룬다. 또한 이 이론은 '소수자화 관점(minoritizing view)'을 대체할, Eve Sedgwick이 장애의 '보편화 관점(universalizing view)'이라고 불렀던 것을 도입한다. 이 이론에 있어서 그 기반은 장애 여성만이 아니라 우리 모두로서, 장애는 경험 중 가장

---

6) Garland-Thomson(2013, pp. 333-348)을 참고하였다.

인간적인 것이며, 모든 가족 그리고 ― 우리가 충분히 오래 산다면 ― 우리 모두에게 관련된 것이다.

페미니스트 장애 이론의 급진적 비평은 어떤 종류의 신체적 변형에 낙인을 찍는 만연한 문화 체계로서의 장애에 대한 폭넓은 이해 여하에 달려 있다. 페미니스트 장애 이론은 장애는 누군가에 있어 잘못된 어떤 것이라는 지배적인 가정을 몰아냄으로써 장애의 본성을 바꾼다. 이 이론은 비판 이론의 기본 전제 중 몇 가지를 끌어들인다: ① 재현이 현실을 구조화한다, ② 주변부가 중앙을 규정한다, ③ 성별(또는 장애)은 권력관계를 보여주는 한 방법이다, ④ 인간의 정체성은 다양하고 불안정하다, ⑤ 모든 분석과 평가는 정치적인 함의를 가지고 있다.

페미니스트 이론의 세 가지 기본적이고 상호관통하는 영역은 재현, 신체, 정체성이다. 첫째, 장애가 다른 재현 체계들과 함께 어떻게 기능하는지를 이해하는 것은 어떻게 모든 체계가 교차하여 상호 간에 서로를 구성하는지를 명백하게 해준다. 둘째, 페미니스트 장애 이론은 여성의 신체가 현대에서 의료화되어 온 방식에 대해 특히 신랄한 분석을 제공한다. 그런데 여성뿐만 아니라 장애인도 의학적으로 비정상적인 것으로 ― 전형적인 '아픈' 사람으로 생각되어 왔다. 셋째, 정체성 형성은 페미니스트 이론의 중심에 있다. 페미니스트 장애 이론은 또한 퀴어학 및 민족 연구와 같은 또 다른 정체성 기반 비판적 관점과의 교차·수렴 지점을 두드러지게 할 수 있다. 예를 들어, 장애 커밍아웃 이야기는 정치 공동체에 들어가기 위하여 이전에는 숨겨지고 사유화되고 의료화되었던 것을 드러내기 위하여 게이·레즈비언 정체성 서사에게서 차용한다.

Ⅵ 상대적 상호작용론 관점

이 접근법은 '상대적 상호작용론적(relative interactionist)' 장애 이해로 특징지어지는데, 스칸디나비아의 소위 '장애의 상대적 정의'에 종종 의존한다. 원래 이 정의는 전통적이고 좀 더 개인적 본질주의적인 장애 정의에 대한 대안으로서 스칸디나비아의 '환경친화적 전환(environmental turn)'과 관련하여 1960년대와 1970년대에 도입되었다. 오늘날에도 상호작용론적 관점은 본질주의에 대한 대안으로 이해되며, 어떤 원시적인 분석 수준에 대한 가정을 거부하고 오히려 몇 가지 서로 다른 분석 수준에서 장애를 연구하는 것을 지지하는 입장을 취하는 이론적 관점, 즉 다층적 접근을 강조하고 있다(Gustavsson, 2004). Söder(1999: Gustavsson, 2004에서 재인용)는 이러한 이론적 관점을 '상대적 관점(relative perspective)'이라 불렀다.

장애의 상대적 정의는 스칸디나비아의 장애 연구자들에 의하여 생산적인 관점으로 종종 확인되어 왔지만, 이 관점을 분명히 설명하기 위한 시도는 거의 보고되지 않아 왔다. 그러나 아래와 같이 최근에 이 관점의 네 가지 좀 더 분명한 형태가 생겨나고 있는 것으로 보인다(Gustavsson, 2004).

1. ICIDH와 ICF

상호작용론적 접근법의 첫 번째 형태로서, 장애의 상대적 정의에 대한 스칸디나비아의 발상은 WHO(World Health Organization, 세계보건기구)의 국제 장애 분류인 ICIDH(International Classification of Impairments, Disabilities, and Handicaps, 손상, 행위 무능력 및 관계 불리에 관한 국제 분류)와 ICF(International Classification of Functioning, Disability, and Health, 기능, 장애 및 건강에 관한 국제 분류)에 연관되어 있다. ICIDH에서 분석 수준은 손상, 행위 무능력, 관계 불리라는 세 가지 주요 분류 개념에 기초하고 있었으며, 분석은 특정 개인에 있어서 손상이나 행위 무능력이 불리(관계 불리)로 변하는 조건에 초점을 맞추었다. ICF의 도입 이후에는 분석이 신체 기능·구조, 활동, 참여, 정황적 요인이라는 새로운 주요 개념 면에서 수행되었다(Gustavsson, 2004).

2. 비판적 실재론

상대적 상호작용론 접근법의 두 번째 형태는 Danermark(2001)에 의하여 '비판적 실재론(critical realism)'7)의 면에서 개략적으로 설명되어 왔다(Gustavsson,

2004에서 재인용). 어느 정도 Danermark의 이론적 접근법은 장애는 '단지' 사회적 구성이라고 주장하는 급진적인 구성주의적 입장에 대한 비판으로 이해될 수 있다. Danermark(2001, p. 294)는 약한 사회적 구성주의, 즉 "우리 자신과 무관한 실재(reality)가 있으며, 우리가 학제적 방식으로 분석하려고 하는 현상에 영향을 미친다."라는 것을 지지하였다(Gustavsson, 2004, pp. 63-64에서 재인용).

비판적 실재론적인 접근법에서, 예를 들어 개인적 현상과 사회적 현상 사이의 상호작용은 실재의 서로 다른 계층 간 상호작용의 면에서 이해된다. Danermark는 사회적 · 심리적 · 생물학적 · 분자적 수준이라는 네 가지 다른 수준에서 계층 체계를 서술한 바 있는데, 여기에서 각각의 수준은 그 자신의 방법론과 이론을 전개시켜야 한다. 그러나 비판적 실재론은 서로 다른 수준에서 온 지식의 통합을 용이하게 할 일종의 메타 이론을 제공한다. 또한 보다 낮은 수준이 보다 높은 수준에 영향을 미치지만, 비판적 실재론은 특정 메커니즘의 생산과 영향 간에 구별을 한다. 예를 들어, 신체의 기능 부전은 손상을 생산하지만, 장애에는 영향을 미친다. 또한 뇌의 어떤 기능 부전은 우리가 오늘날 난독증이라 부르는 장애의 필요조건을 성립시키지만, 난독증이라고 말할 수 있기 위해서, 우리는 읽고 쓰는 것에 기초한 한 사회에 살고 있어야 한다. 이런 의미에서, 뇌의 기능 부전뿐만 아니라 우리 사회의 특징도 우리가 난독증이라 부르는 현상의 필요조건을 성립시킨다(Gustavsson, 2004).

3. 관찰 이론

장애의 각 측면, 예를 들어 의료적 측면과 경제적 측면 사이의 상호작용을 이해하는 세 번째 방식은 Michailakis(2003)에 의하여 제시되어 왔다. Luhmann(1995)의 '현상학적 체계 이론(phenomenological systems theory)', 좀 더 구체적으로 말하자면, '관찰 이론(theory of observation)'에 의지한 그는 장애가 서로 다른 체계의 관점에서 다르게 관찰된다고 주장하였다. 관찰 이론은

---

7) 지각(知覺) 내용의 관념성을 인정하면서도 주관(主觀)으로부터 독립된 대상을 다 같이 인정하려는 인식론의 한 이론이다(국립국어연구원, 1999).

생물 체계, 정신 체계, 사회 체계를 구분한다. 따라서 비판적 실재론자와 관찰 이론가 양쪽 다 장애와 같은 현상은 서로 다른 관점에서 다르게 이해된다는 것을 강조하지만, 그들 사이에 중요한 차이점은 관찰 이론가들은 연구를 위해 접근하기가 어려운 것으로 장애 실재를 이해한다는 것이다. 실재 그 자체가 부정되는 것이 아니라 그것은 특정 체계 관점에서만 현상이 관찰될 수 있다는 점에서 사회적으로 구성되는 것이다(Gustavsson, 2004).

관찰 이론에서 중요한 가정은 우리가 "있는 그대로의 실재"(Michailakis, 2003, p. 224)를 관찰할 수 없으며 전체 실재가 관찰되거나 이해될 수 있는 메타 관점이란 있을 수 없다는 것이다(Gustavsson, 2004).

생물 체계, 정신 체계, 사회 체계, 또는 다시 말해서, 유기체, 의식, 의사소통이 있다. 그러나 이 모든 것을 포괄하는 체계 통합이나 상위 체계는 없다. … 유기체는 (생물학적 측면에서) 생명에 기반하여 통합되는 데 반해, 사회 체계와 정신 체계는 의미에 기반하여 통합된다. (Michailakis, 2003, p. 219)

그러므로 의료적 관점과 경제적 관점 사이의 차이점은 실재 자체의 층화를 배경으로 해서 이해되는 것이 아니라 그 관점들이 상이한 사회 체계로부터의 관찰에 기반을 두고 있다는 사실을 배경으로 해서 이해된다. 의료적 관점에서 장애는 질병, 결함, 기능 부전, 손상, 또는 치료 대상으로 관찰되고, 경제적 관점에서 장애는 오히려 경제적 자원의 부족, 지불 불능, 또는 빈곤으로 보이는 것이다(Gustavsson, 2004).

4. 비판적 해석

ICF에서 제시된 것과 같은 생물-심리-사회적 표현은, 체계 이론가들이 주장하기로는, 불가능한 프로젝트이고 '소박실재론(naive realism)'[8]의 표출이다. 이

---

8) 일상적으로 사람들은 의식되는 외적 사물이 의식으로부터 독립적으로 존재하며 이것을 의식이 받아들인다는 견해를 가지고 있는데, 이 입장을 소박실재론이라고 한다. 이것은 자연 발생적인 유물론이다(철학사전편찬위원회, 2009).

런 의미에서, Michailakis에 의해 제시된 것으로의 관찰 이론도 어느 정도 상호작용론적 접근법에 대한 ICF의 발상에 비판적이다. 그러나 이는 장애의 몇 가지 측면을 동시에 분석하는 것이 불가능하다는 것을 의미하지는 않는다. 다만 요점은 하나의 특정 관점으로부터 분석이 수행되어야 한다는 것이다. 상대적 상호작용론 접근법을 이해하는 이 특정 방식은 '비판적 해석(critical interpretation)'이라 불리며, 상대적 상호작용론 접근법의 네 번째 형태의 특징이라 할 수 있다(Gustavsson, 2004).

이 접근법은 비판적 실재론 및 체계 이론 둘 다와 유사점을 갖고 있다. 비판적 실재론과 비슷하게, 비판적 해석은 서로 다른 분석 수준에서 온 지식의 통합을 추구한다(Gustavsson, 2004). 다만 여기에서 이 통합의 열쇠는 서로 다른 수준에서의 현상·과정이 내부자와 외부자 모두 또는 어느 한쪽의 입장에서 의미하는 것에 대한 해석이다(Gustavsson, 2001). 그러나 체계 이론과 비슷하게, 비판적 해석은 장애의 통합적 메타 이론이라는 발상을 받아들이지 않는다. 여기에서 의미의 해석은 항상 생활세계(life-world)의 관점에서 행해지며, 예를 들어 분자적 또는 생물학적 연구 결과를 결코 충분히 보여 줄 수는 없게 된다. 그러나 이것은 그러한 연구 결과들을 무시해야 한다는 것을 의미하지는 않으며, 그러한 연구 결과들의 의미는 장애의 다른 측면의 의미와 함께 분석에 포함될 수 있다(Gustavsson, 2004).

대부분의 비판적 해석 연구에서 그 해석 과정은 다소 함축적이다. 그러나 사용되는 전형적인 방법론적 절차는 장애의 개인적 측면의 분석과 사회적 측면의 분석 양쪽 다를 결합하고 나서 해석을 요약하는 면에서 이 분석의 결과들을 제시하는 것이다. 이런 방식으로, 예를 들어 개인적 연구 결과와 사회적 연구 결과 사이의 상호작용이 조사될 수 있고, 특정 사례에서 그러한 연구 결과들의 상대적 중요성이 결정될 수 있다(Gustavsson, 2004).

Ⅶ 결론

이상에서 장애의 이론적 틀로서 의료적 모델을 포함한 개별적 모델, 사회적 모델, 네 가지 패러다임과 그 변형, 페미니스트 이론, 상대적 상호작용론 관점을 정리하였다. 물론 이 장에서 장애와 관련하여 현재의 이론적 틀을 빠짐없이 철저하게 검토하였다고는 볼 수 없으나, 추후 한국에서의 장애학 이론의 발전을 위한 기초는 제공하였다고 본다.

또한 이 장에서 제시된 이론적 틀의 순서에 있어서도 그 틀의 발전 과정에 따라 배치한 것은 아니었다. 그러나 도덕적 모델, 결손 모델, 사회 진화론 모델, 우생학 모델이 다소간 한국 사회에 여전히 존재하고 의료적 모델이 계속해서 우세하지만, 20세기 후반 이후에 우리가 개별적 모델에서 사회적 모델을 향해 천천히 이동하고 있는 것은 사실이다.

한국에서는 사회적 모델 중에서도 '사회적 창조주의 모델'(역사적 유물론적 패러다임)이 장애 운동에서 그 힘을 결집하는 데 있어서 중심이 되는 장애 이론이었다. 그러나 장애를 초래하는 장벽을 낮추고 장애인에게 기본적 권리와 선택을 보장하는 일련의 법률과 정책이 형식적이나마 만들어진 지금, 한국의 장애 운동은 그 추진 동력을 잃고 있는 느낌이다. 그에 반해 일련의 법률과 정책에도 불구하고 장애인을 바라보는 비장애인 사회의 언어적·문화적 가치와 표상은 근본적인 변화를 보이지 않고 있다. 그렇다면 이제는 한국의 장애계가 사회적 창조주의 관점으로 법률과 정책을 내실화하는 작업을 계속 하면서도 '사회적 구성주의 모델'(포스트모던 패러다임)로 장애인들이 직면하는 문제의 원인을 바라보기 시작할 때가 되었다.

한편, 우리가 항상 사회적 모델의 영역에 대한 고수만을 주장할 수는 없다. 이론적 틀이 생각을 제한하고 순응을 강요하는 눈가리개가 아니라 사고를 선명하게 하는 렌즈 역할을 해야 한다면(Hammell, 2006), 우리는 개인적 수준의 영역에 대한 고려도 할 필요가 있다. 이것은 물론 우리가 의료적 모델로 다시 돌아가야 한다고 말하는 것은 결코 아니다. 이와 관련해서 본 저자는 제시된 장애의 이론적 틀에 입각하여 두 가지 제언을 하고자 한다.

첫째, 사회적 모델의 원칙에 대한 헌신을 잃지 않으면서도 재현 체계, 신체, 정체성 연구의 중요성을 인식하며 행동하기 위해서는 페미니스트 장애 이론을 도입할 필요가 있다. 장애인을 위해서뿐만 아니라 모든 사람을 위해서, 장애의 정체를 드러내고 장애를 다시 그려보는, 이중의 과제를 수행하려면 장애를 페미니즘의 맥락에서 연구할 필요가 있는 것이다(Garland-Thomson, 2013).

둘째, 이렇게 명백히 다수준의 접근을 하고 나아가 장애의 서로 다른 측면 간의 상호작용을 탐구함에 있어서는 상대적 상호작용론 관점이 좋은 기회를 제공할 것으로 보인다. 그러나 이 경우에 생물학적 연구 결과의 의미가 장애의 다른 측면의 의미와 함께 하나의 분석에 포함될 수는 있으나, 분석적 관점의 우선순위는 어디까지나 인간의 의미 생산에 있어서의 생활세계 관점에 매겨져야 한다(Gustavsson, 2004).

참고문헌

국립국어연구원 (1999). 표준국어대사전. 서울: 두산동아.

박승희 (2004). 장애 개념화의 진전이 장애인 지원 구축에 지니는 함의. 특수교육학연구, 38(4), 27-65.

오혜경 (1999). 장애 이론에 관한 연구. 사회복지리뷰, 4(1), 7-34.

우주형 (2001). 장애인의 직업재활 법제에 관한 연구. 미간행 박사학위논문, 중앙대학교 대학원, 서울.

이성규 (1999). 장애의 개념에 대한 정치행정 모델에 관한 연구. 1999년 후기 사회학대회 발표문 요약집(pp. 96-98). 한국사회학회, 서울.

정치학대사전 편찬위원회 (2010). 21세기 정치학대사전. 서울: 한국사전연구사.

철학사전편찬위원회 (2009). 철학사전. 서울: 중원문화.

Albrecht, G. L. (1992). *The disability business: Rehabilitation in America*. Newbury Park, CA: Sage.

Albrecht, G. L., Seelman, K. D., & Bury, M. (Eds.) (2001). *Handbook of disability studies*. Thousand Oaks, CA: Sage.

Asch, A., & Mudrick, N. R. (1995). Disability. In *Encyclopedia of social work* (19th ed., Pt. 1, pp. 752–761). Washington, DC: National Association of Social Workers Press.

Bickenbach, J. E., Chatterji, S., Badley, E. M., & Ustun, T. B. (1999). Models of disablement, universalism and the International Classification of Impairments, Disabilities and Handicaps. *Social Science & Medicine*, *48*, 1173–1187.

Brewer, E., Brueggemann, B. J., Hetrick, N., & Yergeau, M. (2012). Introduction, background, and history. In B. J. Brueggemann (Ed.), *Arts and humanities* (pp. 1–62). Thousand Oaks, CA: Sage.

Disabled World (2022). *Models of disability: Types and definitions*. Retrieved January 17, 2023, from https://www.disabled-world.com/definitions/dis-ability-models.php

Gabel, S., & Peters, S. (2004). Presage of a paradigm shift? Beyond the social model of disability toward resistance theories of disability. *Disability & Society*, *19*(6), 585–600.

Gabel, S., & Peters, S. (2005). Presage of a paradigm shift? Beyond the social model of disability toward resistance theories of disability. *Disability & Society*, *20*(2), 227.

Garland-Thomson, R. (2013). Integrating disability, transforming feminist theory. In L. J. Davis (Ed.), *The disability studies reader* (4th ed., pp. 333–353). New York: Routledge.

Gilson, S. F., & DePoy, E. (2000). Multiculturalism and disability: A critical perspective. *Disability & Society*, *15*(2), 207–218.

Gustavsson, A. (2001). Studying personal experiences of disability — What happened to verstehen when Einfühlung disappeared? *Scandinavian Journal of Disability Research*, *3*(2), 29–40.

Gustavsson, A. (2004). The role of theory in disability research — Springboard or strait-jacket? *Scandinavian Journal of Disability Research*, *6*(1), 55–70.

Hammell, K. W. (2006). *Perspectives on disability & rehabilitation: Contesting assumptions, challenging practice*. Philadelphia: Churchill Livingstone.

Harris, J. (2000). Is there a coherent social conception of disability? *Journal of Medical Ethics*, *26*(2), 95–100.

Lang, R. (2001, June). *Understanding disability from a South Indian perspective*. Paper presented at the 14th annual meeting of the Disability Studies Association, Winnipeg, Manitoba, Canada.

Leplège, A., & Hunt, S. (1997). The problem of quality of life in medicine. *The Journal of the American Medical Association, 278*(1), 47-50.

Luhmann, N. (1995). *Social systems* (J. Bednarz, Jr. & D. Baecker, Trans.). Stanford, CA: Stanford University Press. (Original work published 1984).

Mackelprang, R. W., & Salsgiver, R. O. (2000). A call to dialogue. *SCI Psychosocial Process, 13*(4), 197-199.

Marks, D. (1999). *Disability: Controversial debates and psychosocial perspectives*. London: Routledge.

Michailakis, D. (2003). The systems theory concept of disability: One is not born a disabled person, one is observed to be one. *Disability & Society, 18*(2), 209-229.

Moxley, D. (1992). Disability policy and social work practice. *Health and Social Work, 17*(2), 99-103.

Price, J., & Shildrick, M. (1998). Uncertain thoughts on the dis/abled body. In M. Shildrick & J. Price (Eds.), *Vital signs: Feminist reconfigurations of the bio/logical body* (pp. 224-249). Edinburgh, UK: Edinburgh University Press.

Priestley, M. (1998). Constructions and creations: Idealism, materialism and disability. *Disability & Society, 13*(1), 75-94.

Priestley, M. (2003). *Disability: A life course approach*. Cambridge, UK: Polity Press.

Read, J. (1998). Conductive education and the politics of disablement. *Disability & Society, 13*(2), 279-293.

Reid-Cunningham, A. R., & Fleming, V. C. (2009). Theories of disability: Findings from an analysis of textbooks on human behavior and the social environment. *Journal of Human Behavior in the Social Environment, 19*(1), 10-25.

Reindal, S. M. (1995). Discussing disability — An investigation into theories of disability. *European Journal of Special Needs Education, 10*(1), 58-69.

Reindal, S. M. (2000). Disability, gene therapy, and eugenics — A challenge to John Harris. *Journal of Medical Ethics*, *26*(2), 89–94.

Retief, M., & Letšosa, R. (2018). Models of disability: A brief overview. *HTS Teologiese Studies / Theological Studies*, *74*(1), 1–8.

Rothman, J. C. (2003). *Social work practice across disability*. Boston: Allyn and Bacon.

Sapey, B. (2004). Disability and social exclusion in the information society. In J. Swain, S. French, C. Barnes, & C. Thomas (Eds.), *Disabling barriers — Enabling environments* (pp. 273–278). London: Sage.

Shakespeare, T. (1997). Cultural representation of disabled people: Dustbins for disavowal? In L. Barton & M. Oliver (Eds.), *Disability studies: Past, present and future* (pp. 217–236). Leeds, UK: The Disability Press.

Swain, J., Finkelstein, V., French, S., & Oliver, M. (Eds.) (1993). *Disabling barriers — Enabling environments*. London: Sage.

장애 연구 방법:
질적 연구 방법을 중심으로

김경미

Ⅰ 서론

사회과학 연구에서 '수'가 지배적인 역할을 하였던 것에서 나아가 '언어와 상징'의 중요성이 자각되며 질적 연구 방법에 관한 관심이 커졌다(김인숙, 2016). 장애 연구 또한 그동안은 장애인이 일상생활 속에서 겪는 어려움과 제약을 측정하는 양적 연구에 기반을 두었지만, 양적 연구가 문제상황을 단순화하여 장애가 갖는 다양한 사회적 체계성을 간과한다는 점에서 장애 연구에서의 질적 연구 방법의 필요성이 대두되었다(조한진 외, 2013). 사회구조와 그 안에서의 인간의 경험을 포괄하기 위해서는 경험과 의식이 구조화되는 방식에 영향을 미치는 언어의 역할을 간과할 수 없다.

질적 연구는 무엇보다 우리가 만나는, 그리고 함께 일하는 사람들에 대한 진솔한 이야기이다. 또한 질적 연구는 사람들이 꾸려 왔고 꾸려 가고 있는 삶의 과정과 역경을 그 속에 몸을 담아 구체적으로 연구하는 것으로, 사람들의 삶의 복잡성과 다양성, 그리고 그 내용적 풍부함을 길어 올리고, 그럼으로써 사람들이 자신의 삶을 스스로 기획하고 자신들이 속한 사회를 스스로 바꾸어 나가도록 하는 데 기여할 수 있는 진정한 과학이다.

이 장에서는 연구 방법의 철학적 가정 및 연구 패러다임의 유형 — 실증주의(positivism), 해석주의(interpretivism), 비판주의(criticism) —을 비교하고, 질적 연구의 구체적인 접근 방법으로 내러티브, 현상학, 근거이론, 문화기술지, 사례연구를 설명한다. 다음으로는 질적 연구 방법의 절차 중에서 자료 수집과 자료 분석을 자세히 다루고, 연구윤리와 연구의 엄격성에 대해서도 언급한다. 마지막으로 발달장애인과 함께 연구하는 방법에 관해 기술한다.

Ⅱ 연구 방법의 철학적 가정과 연구 패러다임의 유형

이 절에서의 '패러다임'이라는 개념은 쿤(Thomas Kuhn)이 1962년에 "과학혁명의 구조"에서 제시한 '패러다임의 전환(paradigm shift)'에서 시작되었다. 패러다임이란 포괄적인 신념 체계, 세계관, 프레임을 말한다(Wilis, 2007, p. 9: 김인숙, 2016에서 재인용). 지배적 패러다임으로 설명할 수 없는 현상들이 나타나면 이를 설명하기 위해 새로운 패러다임이 출현하고 이로 인해 과학의 발전이 이루어진다고 본다. 연구를 하는 데 있어서도 다양한 연구 패러다임이 존재하며, 이를 잘 이해함으로써 연구방법론을 잘 적용할 수 있다.

1. 연구 방법의 철학적 가정

어떤 연구 패러다임을 선택하느냐에 따라 연구 질문, 연구 방법, 분석, 결과, 타당성 확보 방법이 결정되고 달라진다(김인숙, 2016). 가정 및 해석 틀(패러다임 관점 및 이론적 지향)은 연구 과정에도 영향을 미친다. 질적 연구를 수행할 때 연구자가 전제하는 네 가지 철학적 가정은 존재론[실재(reality)의 본질], 인식론(무엇이 지식으로 간주되고, 지식 주장이 어떻게 정당화되는지), 가치론(연구에서 가치의 역할), 방법론(연구 과정)이다(Creswell & Poth, 2021).

1) 존재론

존재론(ontology)은 실재의 본질 및 그 특성과 관련되어 있다. 연구자가 질적 연구를 수행할 때, 그들은 다양한 실재에 대한 의견을 채택한다. 질적 연구의 연구 참여자와 독자가 그러하듯 연구자들도 서로 다른 실재를 받아들인다. 개인을 연구할 때, 질적 연구자들은 이러한 다양한 실재를 보고할 목적으로 연구를 수행한다. 개인이 사용한 언어에 토대를 두어 광범위하게 인용을 하고 개인의 상이한 관점을 제시하는 등 하나의 주제에 대한 다양한 종류의 증거들을 사용하여 다양한 실재를 입증할 수 있다. 예를 들어, 연구자들이 현상학과 관련한 연구를 할 때, 그들은 연구 참여자가 그들 자신의 경험을 어떻게 다르게 보는지 보고한다(Creswell & Poth, 2021).

2) 인식론

인식론적 가정에 기반을 두어 질적 연구를 수행한다는 것은 연구자가 연구 참여자와 최대한으로 가까워지기 위해 노력한다는 것을 의미한다. 따라서 주관적 증거가 개인적 관점을 기반으로 수집되고, 이와 같이 지식은 사람들의 주관적 경험을 바탕으로 획득된다. 그러기에 실제로 질적 연구자들은 연구 참여자가 살거나 일하는 현장에서 연구를 수행하는 것이 중요하며, 이는 참여자가 말하고자 하는 것이 무엇인지 이해하기 위한 중요한 맥락이 된다. 연구자가 연구 참여자들을 알기 위해 더 오래 현장에 머물거나 참여자들을 알게 될수록, 체험에 의해 얻은 정보를 통해 그들이 알고 있는 것을 더 많이 알 수 있다. 예를 들어, 좋은 문화기술지 연구는 연구자가 연구 장소에서 오랫동안 체류할 것을 요구한다(Wolcott, 2008a: Creswell & Poth, 2021에서 재인용). 연구자는 그 자신과 연구 참여자들 간의 객관적인 분리 혹은 거리를 최소화하기 위하여 노력한다(Guba & Lincoln, 1988, p. 94: Creswell & Poth, 2021에서 재인용).

3) 가치론

모든 연구자는 연구에 가치를 부여한다. 그러나 질적 연구자들은 이러한 가치를 명백하게 제시하기를 원한다. 이것이 질적 연구를 특징짓는 가치론적 가정이다. 그렇다면 연구자들은 실제로 이러한 가정들을 어떻게 실현할까? 질적 연구에서 연구자는 연구의 가치 개입적인 특성을 인정하며, 현장으로부터 수집된 정보의 가치 개입적인 특성뿐만 아니라 자신의 가치와 편향을 적극적으로 나타낸다. 우리는 연구자들이 연구의 맥락 및 배경과 관련하여 그들의 위치성을 식별함으로써 자신의 자리매김을 한다고 말한다. 이러한 양상 중에는 연구자의 사회적 지위(예: 성별, 연령, 인종, 이민 여부), 개인적인 경험, 정치적·직업적 신념 등이 있다(Creswell & Poth, 2021). 예를 들어, 해석적 전기에서는 연구자의 존재가 텍스트에 드러난다. 그리고 연구자는 말로 표현된 이야기가 연구 참여자만큼이나 자신의 해석과 표현도 나타낸다는 것을 보여 준다(Denzin, 1989: Creswell & Poth, 2021에서 재인용).

4) 방법론

질적 연구의 절차 혹은 방법론은 귀납적이고 생성되며, 자료 수집과 분석에서 연구자의 경험에 의해 형성된다. 질적 연구자가 따르는 논리는 귀납적이며, 연구자의 관점이나 이론으로부터 전적으로 하향 전달되기보다는 하부에서 상부로 향하는 상향식으로 형성된다. 때때로 연구 질문들은 연구 문제를 이해하는 데 필요한 더 나은 질문 유형들을 반영하기 위해 연구 중간에 수정되기도 한다. 이에 따라 연구 이전에 계획되었던 자료 수집 전략은 새로운 질문에 따라 수정될 필요가 있다. 자료 분석을 하는 동안 연구자들은 연구 주제에 대한 더욱 상세한 지식을 개발하기 위해 과학적인 자료 분석을 실시한다(Creswell & Poth, 2021).

2. 연구 패러다임의 유형

질적 연구는 양적 연구와는 다른 패러다임을 가지고 있다. 즉, 지식이란 무엇이며 어떻게 획득될 수 있는가에 대한 인식론 측면에서 양적 방법과 질적 방법은 차이가 있다. 양적 연구는 실재가 인간의 인식 밖에 객관적으로 존재하므로 가설의 수립과 검증을 통해 진리를 밝혀낼 수 있다는 입장을 취한다. 반면, 질적 연구는 실재는 인간의 인식과 상호작용하면서 재구성되기 때문에 서로 다른 경험 세계를 발견하고 이해하는 것이 중요하다고 본다. 일반적으로 양적 연구는 실증주의 패러다임에, 질적 연구는 해석주의 패러다임에 토대한다. 그러나 이러한 이분법적 분리가 실제 연구에서 명확히 구분되는 것은 아니다. 질적 연구자는 다양한 연구 패러다임을 이해함으로써 질적 연구의 특징을 더 잘 이해할 수 있다. 가장 대표적인 연구 패러다임은 실증주의 패러다임, 해석주의 패러다임, 비판주의 패러다임이다(김인숙, 2016).

각 패러다임 군은 고정된 것은 아니며, 연구자에 따라 각 패러다임을 다른 명칭으로 부르기도 한다. 어떤 용어는 다양한 패러다임과 연관되어 있다는 면에서 더욱 복잡하기도 하다. 얼마나 많은 패러다임이 있으며 연관된 방법론이 어떻게 구분되어야 하는지에 대해서도 사회과학자들 사이에 일치된 바가 없다. 제시된 패러다임의 분류는 수행하는 연구가 가진 목적과 의미에 따른 이해를 돕는 역할을 할 것이다(Glesne, 2017).

1) 실증주의

실증주의는 실험과 관찰, 과학적 방법을 지식의 중요한 근원으로 여기는 패러다임이다. 실증주의가 전제하는 가장 핵심적인 것은 세상에 대한 진리를 발견하는 일차적이고 유일한 방법은 과학적 방법을 사용하는 데 있다는 것이다. 실증주의가 지배적 패러다임이 되면서, 오직 과학만이 확실한 지식을 담보할 수 있다는 과학주의가 자연과학은 물론 인간과 사회를 이해하는 학문 영역에도 확산되었다(김인숙, 2016).

실증주의라는 용어는 19세기 프랑스 철학자인 콩트(Auguste Comte)에게서 시작되었다. 그는 사회과학에서 믿을 수 있는 구체적인 지식을 얻기 위한 시도에서 자연과학에서 사용되는 모델링 연구를 적용할 것을 옹호하였다. 다양한 전공 분야의 사회과학자들은 타당도, 신뢰도, 객관성, 일반화 가능성과 같은 실증주의적 방법과 개념을 연구에 적용하였다. 그러나 1930년대와 1940년대에, 정해진 실재가 존재하며 측정 가능하다는 논리적 실증주의에 기초한 존재론이 엄청난 비판을 받기 시작하였다. 오늘날 이 패러다임을 따라 연구하는 사람들 대부분은 세상은 확신을 갖고 알기 어려우며 측정은 틀리기 쉽다는 것을 받아들인다. 또한 완전한 객관성은 불가능하며 모든 연구자는 자신의 역사적 맥락과 사회문화적 경험에 따라 편견을 가질 수 있음을 인정한다. 그럼에도 불구하고 이들은 과학적 방법과 연관된 절차와 용어에 가치를 두고 있으며, 과학은 사회적 행동과 관련된 예측과 일반화를 목적으로 한다는 것에

동의한다. 그러나 경험으로 확증할 수 없는 개념이나 명제는 연구할 의미가 없고 사회과학의 명제도 물리학과 같이 분석될 수 있다고 생각한 '논리 실증주의(logical positivism)'를 포퍼(Karl Popper)를 비롯한 다수의 사회과학자가 강하게 비판하면서 '후기 실증주의(post-positivism)'로 불리는 수정된 실증주의를 형성하게 되었다(김인숙, 2016; Glesne, 2017). 후기 실증주의에 의하면, 실재는 객관적으로 존재하지만, 인식주체에 의해 불완전하게 이해될 수 있기 때문에 비판적으로 검토되어야 하고, 검증이 아니라 반증에 의해 실재가 규명되어야 한다. 또한 반복하여 발견된 결과라도 반드시 진실이 되는 것이 아니라, 진실일 수도 아닐 수도 있다(김인숙, 2016).

실증주의는 현재 사회과학에서 양적 방법론의 연구 논리와 전략에 토대가 되는 패러다임이다. 실증주의는 동일한 도구로 동일한 결과를 도출할 수 있다는 신뢰성에 대한 전제를 가능하게 하였다. 또한 실재가 가설과 검증, 실험적 조작을 통해 파악될 수 있다는 인식은 가설 연역적 검증방식을 선호하게 하였다. 이울러 보편법칙이나 일반법칙의 확립을 목표로 함으로써 통계적 상관관계나 통계적 규칙성을 중시하였고, 관찰 불가능한 개념이나 용어는 과학적 지식의 대상이 될 수 없다고 인식하였다. 실증주의는 사회과학에서 주류적·지배적 패러다임으로 자리 잡으면서 소위 '인정된 관점'의 지위를 얻게 되었다(김인숙, 2016).

2) 해석주의

해석주의는 과학주의와 실증주의에 대한 비판으로부터 출현하였다. 해석주의자들은 사회과학을 자연과학적으로 접근하는 것에 반대하였고 실증주의 패러다임이 사회과학 연구에서 갖는 한계를 지적하였다. 실증주의에서 말하는 관찰의 객관성은 존재하지 않으며 실증주의는 사회과학에서의 '의미'와 '이해'의 중요성을 간과하고 있다고 주장한다. 자연과학의 목적이 과학적 설명이라면, 해석주의의 목적은 사회적 현상의 의미를 파악하고 이해하는 것이다(김인숙, 2016). 해석주의의 기반을 마련한 딜타이(Wilhelm Dilthey)는 이해는 사회과학 연구의 목적이고 사회과학 연구의 주제는 인간의 살아 있는 경험이라고 주장하였다. 또한 자연이라는 실재는 사회라는 실재와 동일하지 않으며, 따라서 사회적 실재를 연구하기 위해서는 실증주의가 아닌 다른 연구 방법이 필요하다고 하였다(Wilis, 2007, pp. 50-52: 김인숙, 2016에서 재인용).

해석주의에 따르면, 사회적 세계는 단순한 인과관계로 이해될 수 없다. 사람들의 행동을 이해하려면 그 행동을 안내하는 의미에 다가가야 하고 그들이 세계를 어떻게 해석하는지를 이해해야 한다는 것이다. 이는 그들이 어떤 이동 과정을 거치고 있는지, 각 이동과정에서 그들이 경험하는 삶의 실체와 의미가 무엇인지를 알고자 하는 것이다. 실증주의가 인과법칙을 통해 세계를 설명하는 방식이라면, 해석주의는 이해와 의미를 통해 세계를 이해하려는 방식이다. 사회과학에서 해석주의는 질적 연구 방법론의 연구 방법에 많이 반영되어 있다. 관심을 갖는 연구 주제가 행위의 인과법칙보다는 행위로 인한 경험과 그 의미·이해·과정에 있는 점, 연구의 목적이 검증보다는 발견에 있고 내부자의 경험 세계를 중시하는 점, 인식주체의 시각을 중요시하여 연구자의 가치와 입장을 명확히 하는 것 등이 그 예이다. 해석주의 패러다임은 20세기 중반에 들어오면서 많이 인정되고 있지만, 실증주의 패러다임에 비하면 사회과학에서 여전히 주변적 위치에 있다. 이는 해석주의 패러다임이 실용적 우위에서 뒤처지고 있기 때문이다. 현실의 정책결정자와 실천가들이 의사결정의 증거로서 명쾌하고 간결한 실증적 자료를 요구하고 있는데 대해, 해석주의 패러다임은 이 면에서 적극적 대응을 못 하고 있다. 근거이론, 문화기술지, 현상학적 연구, 사례연구, 생애사 연구, 담론연구, 대화분석, 내러티브 연구 등 많은 질적 접근 방법들이 계속 분화를 거듭하고 있는데(김인숙, 2016), 너무 다양한 질적 방법들이 쏟아짐으로써 오히려 해석주의 패러다임이 위기에 처하고 있다고도 한다(Hammersely, 2008, p. 2: 김인숙, 2016에서 재인용).

해석주의와 함께 자주 논의되지만 구별되어야 할 것으로 '구성주의 패러다임(constructivism paradigm)'이 있다. 구성주의 패러다임은 해석주의 패러다임과 상당한 부분 공통점이 있다. 해석주의나 구성주의 모두 연구 참여자가 실재에 부여하는 의미를 이해하는 데 관심이 있으며, 이 의미의 세계를 이해하려면 해석이 필요하다는 점에서 공통적이다. 하지만 구성주의는 해석주의뿐 아니라 실증주의, 혹은 아래에서 설명할 비판주의와는 다르게 실재에 대해 상대주의적 입장을 가진다. 실재는 객관적으로 존재하지도 않으며 본질 같은 것은 없다고 본다. 실재는 객관적으로 존재하지 않고 언어나 인지, 사회적으로 구성되어 가기 때문에 다원적이고 가변적인 것이다. 구성주의 패러다임에서 모든 지식은 어떤 관점으로 세계를 보느냐 그리고 어떤 이해관계 속에 있느냐에 달려 있기 때문에 객관적 사실은 있을 수 없다. 그 결과, 구성주의에서 실재에 대한 지식은 연구자와 피연구자의 상호작용 과정을 통해 산출되고, 따라서 지식은 '발견되는 것'이 아니라 연구자와 피연구자 사이에서 '만들어지는 것'이 된다. 반면, 해석주의는 사회적 현상의 의미를 파악하고 이해하는 과정에서 주관성은 피해야 할 것으로 간주한다. 해석주의자들에게 해석은 사회 세계의 실재를 발전하기 위한 새로운 방법론이자 도전이다(Denzin & Lincoln, 1994, pp. 118-119: 김인숙, 2016에서 재인용).

3) 비판주의

비판주의 패러다임은 실증주의나 해석주의와는 다른 실재를 주장한다. 실증주의에서 실재는 인식주체와 독립적으로 시간과 맥락을 초월해 존재하고 그것은 인과법칙의 형태로 나타난다. 해석주의에서 실재는 경험과 문화의 의미구조에 의해 조건화되어 있으므로 이 의미의 구성에 대한 해석과 이해를 통해 실재가 드러난다. 비판주의 패러다임은 해석학자들이 의도하는 '있는 그대로'의 기술을 넘어서서 '무엇이 되어야 할지'를 추구한다(Thomas, 1993: Glesne, 2017에서 재인용). 비판이론에서 '비판적(critical)'이라는 용어는 인간의 자유, 정의, 민주주의를 제한하는 신념과 관행을 찾아내고 폭로함을 칭한다(Usher, 1996, p. 22: Glesne, 2017에서 재인용). 비판이론 연구에서는 억압의 역사적·구조적 조건을 비판하고 이와 같은 조건을 변형시키고자 한다. 비판이론 연구의 주요 개념은 이데올로기가 실재를 왜곡시키는 작용을 한다는 것이다. 비판이론가의 역할은 이처럼 왜곡된 이데올로기와 이와 연관된 구조·메커니즘, 이를 유지하도록 돕는 과정을 비판하고 드러내는 것이다(Prasad, 2005: Glesne, 2017에서 재인용). 모든 개인적·사회적 사건은 근본적으로 사회적·역사적으로 구성되는 권력관계에 의해 매개되고 사실이란 이념이나 가치와 떨어져 생각할 수 없으며 사회 내 어떤 집단은 다른 집단보다 더 많은 특권을 갖는다고 전제한다. 이런 전제하에서 실재는 가치가 반영된 결과이기 때문에 비판주의 탐구의 본질은 가치에 의해 결정된다고 말할 수 있다(Denzin & Lincoln, 1994, p. 139: 김인숙, 2016에서 재인용).

비판주의 패러다임은 연구 행위를 바라보는 관점과 연구자가 가진 가치를 연구 과정에서 어떻게 처리할 것인가에 대한 연구 방법을 숙고한다. 비판이라는 말에서 알 수 있듯이, 비판주의 연구는 연구자의 정치적·해방적 의식과 맞닿아 있다. 전통적 연구자들이 자신들의 과업을 실재의 한 조각을 묘사하고 해석하는 것으로 보는 반면, 비판주의 연구자들은 그들의 연구작업을 부정의를 해소할 수 있는 정치적 행동의 한 형태로 본다(Denzin & Lincoln, 1994, pp. 139-140: 김인숙, 2016에서 재인용).

비판적 패러다임 하에서 장애에 관한 연구는 장애학의 입장을 따른다. 장애는 손상을 갖고 있는 개인들과 장애를 야기하는 사회적 환경 사이의 지속적인 상호작용을 통해 형성되는 사회적 구성물인 것이다(김인숙, 2016). 여기에서, 제한을 가하는 사회적 환경이란 건강할 수 있는 개인들에게 부과되는, 장애를 야기하는 제약들이라고 이해될 수 있다. 장애는 사회적 억압의 한 특수한 형태인 것이다. 그러므로 장애 연구에서는 장애를 갖고 있는 사람들을 사회가 어떻게 주변화하고 낙인을 찍으며 범주화하는가 그리고 사회가 어떻게 그들의 욕구와 목적에 보다 효과적으로 반응하도록 조정될 수 있을 것인가를 검토하는 것이 중요하다(김인숙, 2016). 이에 장애 연구는 연구자와 장애인들과의 상호협조적인 관계들 속에서 이루어지며, 정치적·사회적·경제적·물리적 환경들을 겨냥하여 기존의 장벽들을 제거하는 것을 목표로 삼게 된다(김인숙, 2016). 장애를 가진 개인을 결핍이 아닌 차이의 관점에서 바라보는 것은 연구 과정, 개인에게 부여될 명칭, 장애인 집단에 이득이 되는 자료 수집 방법에 대한 고려, 의사소통 방식의 적절성, 권력관계를 존중하는 방식으로 자료를 보고하는 방법 등에 반영된다.

📖 질적 연구의 접근 방법

질적 연구 방법에는 다양한 접근 방법이 존재한다. 여기에서는 다양한 접근 중 장애 연구에서 활용도가 높은 접근 방법에 대해 제시하고자 한다. 질적 연구자가 질적 연구의 다양한 접근 방법들을 잘 이해하고 있을 때, 연구 질문에 적합한 접근 방법을 선택할 수 있으며, 타당하고 신뢰할 수 있을 만한 연구 설계를 구성해 낼 수 있다(김인숙, 2016). 이에 이하에서는 내러티브, 현상학, 근거이론, 문화기술지, 사례연구에 관해 설명하고자 한다(그림 4.1).

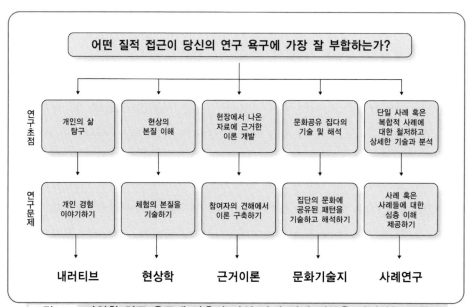

그림 4.1 다양한 연구 욕구에 맞추어 다섯 가지 질적 접근을 사정하는 흐름도

출처: Creswell & Poth, 2021, p. 101

1. 내러티브

내러티브 연구(narrative research)는 한두 사람을 연구하는 데 초점을 두고, 그들의 이야기를 수집함으로써 자료를 모으며, 개별적인 경험을 보고하고, 이러한 경험의 의미를 연대기적으로 나열하는 것으로 이루어진다. 내러티브 연

구에서는 개인의 인생을 이론화하고, 내러티브에서 확인된 의미의 패턴들에 주목한다. 내러티브 연구는 개인의 경험에 가치를 둘 뿐 아니라, 개인의 경험 이 과거와 현재에 구성되고 형성되며 실행된 사회적·문화적·가족적·언어 적·제도적 전반을 탐색한다(Creswell & Poth, 2021).

내러티브 연구를 명확히 정의하고 경계 지을 수 있는 요소가 존재하는 것 은 아니지만, 많은 내러티브 연구에서 보여 주는 특징적인 요소는 다음과 같 다. 내러티브 연구는 연구자와 참여자들 간의 대화 혹은 상호작용을 통해 이 야기를 얻게 된다는 점이 특징적이다. 내러티브 연구자는 개인이 살아온 경험 에 관한 이야기를 수집하는데, 개인적인 경험 속에서 개인의 정체성 및 자기 자신을 바라보는 방식이 드러난다. 내러티브 연구는 일반적으로 면접방식을 활용하고, 그 외에 관찰, 문서, 사진 등 다양한 형태의 자료를 수집한다. 이후 다양한 전략을 사용하여 수집한 자료들을 분석한다. 이야기된 것에 관해 분석 이 이루어질 수도 있고(주제 분석), 스토리텔링 특성에 대해 분석할 수도 있으 며(구조 분석), 이야기의 대상에 관해 분석할 수도 있고(대화·행위 분석), 말과 동시에 이미지를 해석하거나 이미지를 시각적으로 분석할 수도 있다(시각적 내 러티브 분석)(Riessman, 2008: Creswell & Poth, 2021에서 재인용).

내러티브 연구에는 다양한 유형이 존재하는데, 그중 몇 가지 활발히 활용되 는 유형은 '전기 연구(biographical study)', '자문화기술지(autoethnography)', '생 애사(life history)', '구술사(oral history)'이다. 전기 연구는 연구자가 타인의 삶의 경험에 대해 기록하고 글을 쓰는 내러티브 연구의 한 유형이다. 자문화기술지 는 연구 대상인 개인에 의해 기록되고 쓰이는 방식이다. 생애사는 개인의 전 생애를 묘사하는 방식이고, 구술사는 한 개인 또는 여러 개인으로부터 사건 및 그것의 원인과 영향에 대한 개인적인 성찰을 모으는 방식으로 구성된다 (Creswell & Poth, 2021).

2. 현상학

현상학적 연구(phenomenological research)는 하나의 개념이나 현상에 대한, 여러 사람의 체험에서의 공통적 의미를 기술한다. 현상학적 연구는 공유된 경험 이면에 본질이 있다고 가정한다. '본질'이란 어떤 현상을 같이 경험한 결과로 상호이해되는 공통의 의미를 말한다. 즉, 현상학적 연구는 인간이 의식으로 경험한 현상의 본질을 탐구한다(김인숙, 2016; Creswell & Poth, 2021).

모든 현상학적 연구에 포함되는 특징은 다음과 같다. 현상학적 연구에서는 단일한 개념 혹은 아이디어의 형태로 표현되고 탐구되는 현상을 강조한다. 예를 들어, '슬픔'이라는 심리학적 개념, '전문적 성장'이라는 교육적 개념 등이 있고, 이러한 현상을 온전히 경험한 여러 개인과 현상을 탐구한다. 현상학적 연구는 자료 수집을 위해 일반적으로 면접을 진행하는데, 이 외에 관찰, 일기, 시, 문서와 같은 다양한 자료원을 포함하기도 한다. 자료 분석의 진행은 좁은 분석 단위에서 넓은 분석 단위로 이어지는데, 의미 있는 진술에서 시작하여 의미 단위로 이어지며 이어 더 넓고 포괄적인 분석 단위로 구성된다. 그리고 개인들이 '무엇'을 경험했는지와 '어떻게' 경험했는지의 두 가지를 요약한 상세한 기술로 넘어가는 체계적인 절차를 따른다(Creswell & Poth, 2021). 현상학은 개인들이 무엇을 경험했는지와 어떻게 경험했는지를 통합하여 개인 경험의 본질을 논의하며 연구를 마무리한다. 현상학적 연구의 궁극적인 측면은 본질에 대한 파악과 이해라고 할 수 있다(Creswell & Poth, 2021).

현상학에 대한 두 가지 두드러지는 접근이 존재하는데, van Manen(1990)의 해석학적 현상학과 Moustakas(1994)의 경험적·초월론적·심리학적 현상학이 이에 해당한다. 해석학적 현상학에서의 연구자들은 하나의 현상을 향하여 지속적이고 진지한 관심을 갖는다. 그 과정에서 그들은 체험의 특성을 구성하는 본질적인 주제들을 살핀다. 현상학은 기술(記述)일 뿐만 아니라 연구자가 체험의 의미에 대해 해석하는 해석 과정이다. 초월론적 또는 심리학적 현상학은 연구자의 해석에 대해서는 초점을 덜 두는 반면에, 연구 참여자의 경험에 관한 기술에 더 초점을 둔다. 또한 Moustakas는 Husserl의 개념인 '판단중지' 혹은 '괄호 치기'에 초점을 두는데, 여기에서 연구자는 연구 중인 현상에 대한 신선한 관점을 갖기 위해 가능한 한 자신의 경험을 제쳐 놓는다. 따라서 '초월론적'이라는 말은 모든 것이 마치 처음인 것처럼 신선하게 인지되는 것을 의미한다(Creswell & Poth, 2021).

3. 근거이론

근거이론(grounded theory)은 연구자가 많은 수의 참여자들의 관점에 의해 형성된 과정·행동·상호작용에 대한 일반적인 설명(이론)을 창출하는 질적 연구 방법이다. 근거이론은 이론개발을 목적으로 한다. 검증이 아닌 발견이 근거이론의 목적으로, 기술(記述) 수준을 넘어서 과정 혹은 행동을 위한 통일된 이론적 설명, 즉 이론을 생성 또는 발견하는 것이다(김인숙, 2016; Corbin & Strauss, 2007, p. 107: Creswell & Poth, 2021에서 재인용).

근거이론은 자료를 수집하고 분석하기 위한 일련의 전략, 절차, 분석적 단계를 제시하고 있다. 자료 수집은 주로 면접을 통해 이루어진다. 개인이 과정을 어떻게 경험하는가(그 과정은 무엇인가)를 이해하고 그 과정에서의 단계(그것은 어떻게 전개되었는가)를 확인하는 데 면접 질문의 초점을 맞춘다. 면접의 대상이 되는 참여자는 연구자가 이론을 가장 잘 형성하도록 돕기 위해 이론적으로 선택(이른바 이론적 표본추출)된다. 현장을 몇 차례나 방문해야 하는가는 정보의 범주들이 포화되었는가(보통은 더 이상 새로운 아이디어가 나오지 않을 때 포화상태에 도달하였다고 간주함), 그리고 이론이 복합적으로 충분히 정교화되었는가의 여부에 달려 있다. 처음 면접 질문 후 연구자는 다시 참여자에게 돌아가 축 코딩 단계를 형성하기 위해 다음과 같은 구체적인 질문을 한다: 그 과정에 중심적인 것은 무엇인가(중심 현상), 이 현상이 발생하도록 영향을 미치거나 원인이 된 것은 무엇인가(인과 조건), 그 과정 동안 채택된 전략들은 무엇인가(전략), 어떤 결과가 발생하였는가(결과). 요점은 모델을 완전히 발전(또는 포화)시킬 만큼 충분한 정보를 수집해야 한다는 것이다(Creswell & Poth, 2021).

이후 자료 분석과정에서 코딩은 개방·축·선택 코딩으로 이루어진다. 개방 코딩에서 연구자는 정보를 분할하여 연구하는 현상에 대한 정보의 범주를 만든다. 각 범주 내에서 연구자는 여러 가지 속성이나 하위 범주들을 발견하고, 차원화를 위한 자료들을 찾거나 속성의 연속선 위에 있는 극단적인 가능성을 제시한다. 축 코딩에서 연구자는 개방 코딩 이후 새로운 방식으로 자료를 결합한다. 이러한 구조화된 접근에서 연구자는 코딩 패러다임 또는 논리적 다이

어그램(시각적 모델)을 제시하는데, 여기에서 연구자는 중심 현상(현상에 대한 중심 범주)을 확인하고, 인과 조건(현상에 영향을 미치는 조건들의 범주들)을 탐색하며, 전략(중심 현상의 결과로 나타나는 행동이나 상호작용)을 구체화하고, 맥락과 중재 조건(전략에 영향을 미치는 협소한 조건들과 광범위한 조건들)을 확인하며, 이 현상의 결과(전략의 결과들)를 묘사한다. 선택 코딩에서 연구자는 범주를 연결하는 스토리 라인을 작성할 수 있다. 대안적으로, 예상되는 관계를 진술하는 명제 혹은 가설을 구체화할 수도 있다. 모델은 범주 간의 관계를 시각적으로 보여 주는 데 유용하다. 이와 같은 분석과정의 구체성과 완결성은 근거이론이 갖는 강점이다(Creswell & Poth, 2021).

4. 문화기술지

문화기술지(ethnography)는 내부자의 관점에서 어떤 집단이나 문화를 기술하는 과학으로 정의된다(김인숙, 2016). 문화기술지는 사회문화적 특성을 공유하는 집단이 갖는 가치, 행동, 신념, 언어 등의 공유되고 학습된 패턴을 기술하고 해석하는 질적 연구 설계의 한 형태이다(Harris, 1968: Creswell & Poth, 2021에서 재인용). 문화기술지의 목표는 해당 집단 구성원의 행동과 인식 너머에 작용하고 공유되는 문화 혹은 문화적 의미체계를 파악하는 것이다. 문화기술지가 관심을 갖는 궁극적 질문은 "해당 집단에 속한 사람들의 문화는 어떠한가?"이다(Patton, 1990: 김인숙, 2016에서 재인용). 문화기술지는 문화집단이 작동하는 방식을 기술하고 신념ㆍ언어ㆍ행동 그리고 집단이 직면한 권력ㆍ저항ㆍ지배와 같은 이슈를 탐색하는 데 적합하다(Creswell & Poth, 2021). 문화기술지를 통한 분석은 문화공유 집단이 활동하는 방식, 그것이 기능하는 방식의 본질, 집단의 생활양식 등에 대한 이해를 가져온다. 문화기술지는 주로 참여관찰에 기반하여 특정 사회문화적 환경을 탐구한다. 문화기술지 연구자는 사람들의 행동이나 의식을 기술하는 것을 넘어서 그 행동이나 의식이 왜, 어떤 상황에서 일어났는가를 사람들의 행동 맥락 안에서 이해해야 한다. 또한 문화는 통합된 전체이고 개인은 전체의 맥락 내에서 이해될 수 있기 때문에, 문화기술지는 개별적인 관찰을 넘어 문화에 대한 총체적인 개념을 구성해야 한다(김인숙, 2016).

　문화기술지 연구자는 일상적인 상황에서 상호작용하는 사람들을 살피고 생애 주기, 사건, 문화적 주제와 같이 스며들어 있는 패턴들을 구별하려 시도하는 것으로 연구를 시작한다(Creswell & Poth, 2021). 문화기술지 연구에서 연구자는 문화를 연구하는 사람들이 일반적으로 탐구하는 개념, 사회문화적 체계의 의미, 문화인류학 등을 이해해야 한다. 문화는 집단 구성원들의 말과 행위로부터 추론되고 연구자에 의해 이 집단에 명명되기 때문에, 연구자는 현장에서 장기간의 시간을 보내고 추가적으로 자료를 수집하는 데에도 많은 시간을 소요한다. 그 외에도 연구자는 검사와 측정, 서베이, 내용 분석, 유도 방식 등 다양한 유형의 자료를 활용하기도 한다. 문화기술지는 자료를 수집하는 데 있어 연구자의 많은 노력이 수반된다. 즉, 문화기술지는 연구자가 직간접적으로 일정 기간 사람들의 일상에 참여하며 그곳에서 일어나는 상호작용을 포착하는 것이 중요하다(김인숙, 2016). 문화기술지 연구의 최종 산물은 집단의 욕구를 옹호하거나 사회의 변화를 제안하는 연구자의 해석, 그리고 참여자 모두에게서 나온, 집단에 대한 총체적인 문화적 묘사이다(Creswell & Poth, 2021).

5. 사례연구

　사례연구(case study research)는 선택된 사례에 대한 심층 분석을 시도하는 연구이다. 연구자는 선택한 사례를 통해 연구하고자 하는 바에 대한 답을 찾는다. 사례는 개인, 소집단, 조직, 파트너십과 같이 구체적인 독립체일 수 있다. 사례연구는 연구 질문, 설계, 분석 방법 등에서 유연성과 개방성을 가진다. 사례연구는 발견과 검증 모두를 위해 활용될 수 있는 접근이어서, 발견적이고 귀납적인 방식은 물론 검증적이고 연역적인 방식까지도 포괄한다(김인숙, 2016).

　사례연구는 연구자가 분명하게 확인할 수 있는 경계를 가진 사례가 있고 사례에 대해 깊이 이해하거나 여러 사례를 비교하고자 할 때 좋은 접근이다(Creswell & Poth, 2021). 사례 선택에서 연구자는 사례에 대한 정보를 수집하기 위한 의도적 표본추출 전략의 근거를 수립해야 한다(Creswell & Poth, 2021). 사례연구는 연구자가 연구 목적에 적합한 사례를 선택한다는 데에서 핵심적인 특징을 갖는다. 연구자는 분명하게 확인할 수 있는 특정한 시간과 장소라는 물리적 경계를 가지면서 그 사례를 통해 연구자가 발견할 수 있는 것을 최대화할 사례를 선택한다. 이때 사례는 그 자체로 독특해 연구될 필요가 있는 경우에 이를 '본질적 사례'라고 부르고(Stake, 1995: Creswell & Poth, 2021에서 재인용), 사례연구의 목적이 특별한 이슈나 관심사이고 그러한 문제를 잘 이해하고 그에 대한 답을 얻기 위한 사례의 경우에 이를 '도구적 사례'라 부른다(Creswell & Poth, 2021). 자료를 정리하는 단계에서는 사례를 통해 배운 교훈을 글로 보고한다(Creswell & Poth, 2021).

사례연구는 평가연구에서 가장 많이 활용된다. 평가연구는 주로 정책이나 프로그램의 실행과정·성과·효과를 검토함으로써 해당 정책과 프로그램에 대한 제고의 근거를 제공한다. 따라서 사례연구는 장애인 정책, 실천 현장 프로그램 등을 평가하기 위해 매우 유용한 접근 방법이다. 이 외에도 정책이나 프로그램이 어떤 결과나 효과를 가져오는지 아직 알려지지 않았을 때 이를 탐색하려는 목적으로 사용될 수 있고, 평가를 목적으로 하여 이루어진 사례연구를 대상으로 다시 평가하는 메타평가 차원에서도 활용될 수 있다(김인숙, 2016).

지금까지 언급된 다섯 가지 접근법을 기본적인 고려사항, 자료 수집·분석 절차, 연구 보고 등의 차원과 관련하여 비교하면 표 4.1과 같다.

Ⅳ 질적 연구 방법의 절차 및 관련 이슈

질적 연구는 연구 질문을 만들고 자료를 수집·분석하고 글을 쓰는 절차를 따른다. 연구 목적은 연구자의 개인적 목적, 실용적 목적, 지적 목적에 따라 달라진다. 개인적 목적은 연구를 수행하는 데 어떤 동기를 가지고 시작하느냐와 관련이 된다. 실용적 목적은 연구를 통해 무엇인가를 변화시키거나 성취하고자 할 때 사용되며, 지적 목적은 무엇인가를 이해하는 데에 집중된다. 연구

표 4.1 다섯 가지 접근법의 비교

	내러티브	현상학	근거이론	문화기술지	사례연구
연구 초점	개인의 삶을 탐색함	경험의 본질을 이해함	현장에서 나온 자료를 근거로 이론을 개발함	문화공유 집단을 기술하고 해석함	단일 사례나 여러 사례에 대한 심층적인 기술·분석을 전개함
분석 단위	1명 이상의 개인을 연구함	경험을 공유해 온 여러 개인을 연구함	많은 개인이 관련된 과정·행동·상호작용을 연구함	같은 문화를 공유하는 집단을 연구함	사건, 프로그램, 활동, 1명 이상의 개인을 연구함
가장 적합한 연구 문제 유형	개인적인 경험에 관한 이야기를 할 필요가 있음	체험한 현상의 본질을 기술할 필요가 있음	연구 참여자의 관점에 이론의 근거를 둠	집단의 문화의 공유된 패턴을 기술하고 해석함	단일 사례나 사례들에 대한 심층적인 이해를 제공함
자료 수집 형식	주로 면접과 문서를 활용함	문서·관찰·예술작품도 고려될 수 있지만, 주로 개인과의 면접을 활용함	20~60명 정도의 개인과의 면접을 주로 활용함	주로 관찰과 면접을 활용하지만, 현장에서 장시간 동안 다른 자료원을 수집할 수도 있음	면접·관찰·문서·인공물과 같은 다양한 자료원을 활용함
자료 분석 전략	종종 연대표를 사용하여, 이야기를 위하여 자료를 분석하고, '다시 이야기'하며, 주제를 전개함	의미 있는 진술, 의미 단위, 원문 기술과 구조적 기술, '본질'의 기술을 위하여 자료를 분석함	개방·축·선택 코딩을 통하여 자료를 분석함	문화공유 집단에 관한 기술 및 집단에 대한 주제를 통하여 자료를 분석함	사례에 걸친 주제뿐 아니라 사례와 그 사례의 주제의 기술을 통하여 자료를 분석함

표 4.1 **다섯 가지 접근법의 비교(계속)**

	내러티브	현상학	근거이론	문화기술지	사례연구
결론 형식	의미의 패턴을 해석함	경험의 '본질'을 기술함	이론을 제시함	문화적 묘사를 사용하여 문화공유 집단이 어떻게 작동하는지를 기술함	사례연구 주장을 하고 종결 삽화를 제시함

출처: Creswell & Poth, 2021, pp. 150-151

질문은 하나의 질문 또는 여러 질문을 제시함으로써 어떻게 연구 문제에 답할 것인가에 대해 기술한다. 이 절에서는 자료 수집과 분석에 초점을 두고 설명하고자 한다. 더불어 질적 연구자가 연구를 수행하는 데 있어서 고려해야 할 것 중에서도 특히 중요한 이슈인, 연구윤리와 연구의 엄격성에 대해 언급하기로 한다.

1. 자료 수집

질적 연구에서의 자료는 면담, 관찰, 일기, 사진, 양식, 문서기록, 산문의 글, 상담일지, 영상물 등의 실재를 기록한 자료 및 자료를 수집·분석하는 과정에서 연구자의 관찰과 경험 등을 기술한 것으로 이루어진다(Yin, 2011). 이하에서는 질적 연구의 자료 수집 방법 중 면담, 관찰, 문서 수집·조사에 관해 구체적으로 살펴보고자 한다.

1) 면담

면담에는 여러 가지 유형이 존재하나, 구조화된 면담과 비구조화된 면담으로 나눌 수 있다. 먼저 구조화된 면담에서는 질문할 모든 질문을 목록화한 형식적인 질문지를 사용하여 면담 전반을 진행한다. 연구자는 면담 참여자의 반응을 이끌어내기 위해 노력하면서도 공식적으로 주어진 면담자의 역할을 한다. 또한 면담자로서의 연구자는 모든 참여자와 면담을 진행할 때 일관된 행동과 태도를 취해야 한다. 구조화된 면담에서는 일반적으로 가능한 한 동일한 자료를 수집하는 것을 목표로 한다(Yin, 2011).

비구조화된 면담은 질적 연구 방법에서 가장 많이 쓰이는 면담 방법이다. 면담 진행 과정에 있어서 연구자와 연구 참여자 사이의 관계가 엄격하게 구조화되어 있지 않고, 구조화된 면담에서 사용하였던 질문 목록을 가지고 있지도 않다. 연구자는 어떤 연구 질문을 할지에 대한 준비는 되어 있지만, 연구 참여자에게 자유로운 언어로 면담의 맥락과 상황에 따라 질문을 할 수 있다. 연구자의 행동이나 태도 또한 모든 면담 참여자에게 통일되게 적용을 하지 않아도 된다. Brenner(2006)는 비구조화된 면담이 "연구 참여자들 자신의 용어로 그리고 그들이 자신의 삶, 경험, 인지 과정의 의미를 어떻게 만들어 가는지 연구 참여자들을 이해하는 데 목적이 있다"라고 하였다(Yin, 2011, p. 135에서 재인용).

(1) 심층 면담

심층 면담은 현상에 대한 깊이 있는 정보와 깊이 있는 이해를 찾으려는 면담이다. 심층 면담에서 '심층'은 몇 가지 의미를 포함하는데, 먼저 연구 참여자의 일상 활동, 사건, 장소에 대한 깊은 정보와 이해를 찾는 것이다. 또한 이것은 연구 참여자의 경험만이 아니라 그 경험의 맥락을 탐색함을 의미한다. 이러한 심층적인 이해를 통해 더 광범위하고 구조적인 맥락을 드러낼 수 있다. 심층 면담은 연구 참여자의 구체적인 행위와 맥락 속으로 깊이 들어가 그 이면에 숨겨진 의미·구조를 포착하기 위한 목적으로 이루어진다(Gubrium & Holstein, 2001: 김인숙, 2016에서 재인용).

(2) 생애사적 면담

생애사적 면담은 구술사와 생애사로부터 발전된 면담 방법이다. '생애사'란 지나온 자기의 삶을 다른 사람에게 이야기한 기록을 의미한다(유철인, 1998: 김인숙, 2016에서 재인용). 생애사 연구는 자료를 수집할 때 스토리 중심으로 이야기를 모은 뒤 그 의미를 밝힌다. 생애사적 면담은 태어나서 현재까지 겪은 중요한 사건·경험·느낌을 생애 시기별로 묻는다. 생애 스토리는 전체 삶에서 가장 중요한 측면의 조망이면서 개인의 전반적 경험에 대한 서사라고 말할 수 있다(김인숙, 2016).

(3) 포커스 그룹 면담

포커스 그룹 면담(focus group interview)은 중간 규모의 그룹을 위한 주된 면담유형으로 간주된다. 그룹은 미리 어떤 공통의 경험이나 관점을 가진 개인을 모아 이루어진다. 이러한 그룹들과 대화할 때 연구자는 촉매자의 역할을 수행하게 되는데, 이는 그룹원들이 의견을 표현할 수 있도록 모든 그룹원을 유도하고, 필요하다면 최소한의 지시를 하는 역할이다. 포커스 그룹 면담은 동시에 여러 사람과 이야기를 할 수 있어 효율적이지만, 특정 참여자로부터 얻을 수 있는 정보가 적어진다는 점에서 손실이 있다. 하지만 어떤 경우에 그룹에 속해 있을 때 자신을 더 쉽게 표현할 수 있다고 판단될 수도 있다. 이러한 경우에는 포커스 그룹 면담을 진행하는 것이 바람직하다(Yin, 2011).

2) 관찰

관찰은 면담과 함께 질적 자료를 수집하기 위한 주된 방법이다. 면담이 의도적이고 목적을 가진 대화라면, 관찰은 어떠한 의도나 개입 없이 자연스러운 상황과 구체적인 맥락 안에서 일어나는 상호작용 행위에 주목한다. 관찰의 가장 큰 장점은 자연스러운 맥락 하에서 행위나 사건을 조망할 수 있다는 점이다. 하지만 이러한 장점에도 불구하고 관찰은 관찰자의 주관성 때문에 과학적 자료로서 엄격성과 타당성에 대한 문제가 제기된다는 단점을 가진다. 그래서 관찰 자료는 있는 그대로의 현상을 담아내기 어렵고 자료로서의 객관성을 확보하기 어려운 방법으로 여겨진다. 이러한 문제를 해결하기 위해 피관찰자의 말을 그대로 직접 인용하여 기록한다든가, 조건이 다른 관찰자로 하여금 동시에 관찰하게 한다든가, 동일 현상이 일어나는 다른 시간이나 장소에 다른 사람이 관찰하게 한다든가 하는 방법 등이 제안되고 있다(김인숙, 2016).

3) 문서 수집과 조사

문서 수집은 연구 주제와 관련된 대상을 모으고 축적하는 것을 말한다. 수집된 대상이 어떤 것이든 다양한 언어적 자료, 수적 자료, 그래픽 및 그림 자료를 만들 수 있다. 자료는 사진 등으로 확인 가능한 물리적·사회적 환경에 대한 것일 수 있지만, 직접 관찰하지 못하는 추상적인 주제나 인간관계, 역사적인 정보일 수도 있다. 수집된 자료는 연구 참여자와의 면담으로부터 얻어낸 자료를 보완하는 기능을 할 수 있다. 이때 일기, 사진 등 연구 참여자가 직접 만들어 낸 자료도 수집의 대상이 될 수 있다(Yin, 2011).

현장에서 자료를 수집하는 것은 가치 있는 일이지만, 시간이 오래 걸리는 작업이다. 이때 자료 수집을 생산적으로 하는 방법은 가능한 문서의 수나 범위 혹은 통계적 자료에 대한 기록의 크기와 범위와 같이 수집할 대상의 유형이 어떠할지 전체적인 윤곽을 초기에 생각하는 것이다. 이를 통해 조사 대상에 해당하는 전체 범주에 대한 조사를 진행할 것인지, 표본을 수집할 것인지를 결정할 수 있다. 다음으로는 예비 자료를 수집한 후 결과를 도출할 수 있는지 자료를 즉시 검토하는 것이다. 그 자료가 핵심적인 내용을 담고 있는지, 연구를 위해 유용할 것인지를 확인한다면, 문서 수집 과정을 중간 점검할 수 있다(Yin, 2011).

2. 자료 분석

질적 자료 분석은 무질서한 자료를 조직화하여 자료 속에서 질서를 찾아내는 것이다(김인숙, 2016). 자료 분석은 연구자가 보고, 듣고, 읽은 것을 조직해서 배운 것과 경험한 바를 이해할 수 있도록 해준다. 자료를 갖고 작업하면서 연구자는 기술하고 비교하며 설명하고, 연구자의 이야기를 다른 이야기와 연결시키게 되며, 어쩌면 가설을 제기하고 이론을 개발하게 된다(Glesne, 2017). 질적 자료를 분석하는 데 있어 획일화된 방법이나 일정한 매뉴얼이 존재하는 것은 아니다. 하지만 모든 것이 연구자의 재량에 맡겨진 채 공유된 방식이 전혀 없는 것은 아니다. 질적 연구를 수행할 때 일반적으로 5단계의 순환과정을 따른다(Yin, 2011). 5단계의 순환과정은 ① 모으기, ② 나누기, ③ 재배열하기(배열하기), ④ 해석하기, ⑤ 결론 내리기이다.

첫 번째 단계인 모으기는 자료를 형식적인 데이터베이스에 모으는 것으로, 원자료를 주의 깊고 체계적으로 구조화하는 것을 요구한다. 두 번째 단계인 나누기는 데이터베이스의 자료를 다시 나누는 것이다. 여기에서 나눈 작은 부분을 연구자가 정한 새로운 명칭이나 코드에 맞게 배정하는 형식적인 코딩 절차가 수반될 수 있으나, 반드시 그래야 할 필요는 없다. 세 번째 단계인 재배열하기(배열하기)에서는 나눈 부분들을 다른 그룹과의 위계들로 재구조화하기 위해 중요한 주제 혹은 코드의 묶음을 활용한다. 배열을 통해 도출된 양상을 파악하는 것은 단순한 기술적 측면보다는 연구자의 성찰을 통해 이루어진다. 네 번째 단계인 해석하기는 재배열한 자료를 이용하여 원고 초안의 핵심 분석 영역이 될 수 있는 새로운 내러티브를 만드는 것이 해당한다. 마지막 단계인 결론 내리기에서는 전체 연구로부터 결론을 도출하는 것이 요구된다. 이때의 결론은 네 번째 단계의 해석과도 관련되어야 하고, 이것을 통해 순환과정에 있는 다른 모든 단계와도 관련되어야 한다(Yin, 2011).

각각의 과정은 순서대로 이루어지는 것이 아니라 순환적으로 이루어지는 것이다. 그림 4.2를 통해 5단계의 순환과정을 제시한다.

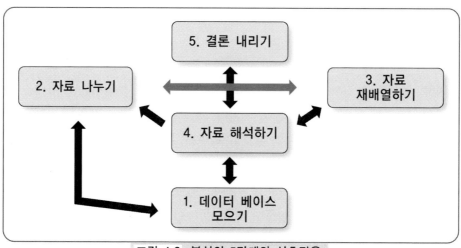

그림 4.2 분석의 5단계와 상호작용

출처: Yin, 2011, p. 178

여기에서 쌍방향의 화살표는 두 단계 사이를 앞뒤로 이동할 수 있음을 의미한다. 이 5단계의 순환과정은 연구자에 따라 그 과정과 절차, 소요되는 시간 등에서 차이를 가진다. 모든 질적 연구자가 이 5단계를 같은 수준으로 수행하는 것은 아니다(Yin, 2011).

질적 자료 분석을 지원하기 위해 특별히 고안된 컴퓨터 소프트웨어 프로그램들이 존재한다. 가장 널리 알려진 프로그램으로는 ATLAS.ti, NVivo, MAXQDA가 있다(Yin, 2011). 다양한 소프트웨어 프로그램들은 일반적으로 '컴퓨터보조 질적 자료 분석 소프트웨어'(computer assisted qualitative data analysis software, CAQDAS)로 지칭되는 프로그램에 해당한다(Yin, 2011). 시간이 지남에 따라 CAQDAS의 수준도 꾸준히 향상되어 왔다. 비록 각 기능이 보다 복잡한 컴퓨터 지원 절차와 검색 규칙을 수반하고 있지만, CAQDAS의 기능성은 분석하는 데 가장 필수적인 단계를 모방하고 있다. 그럼에도 불구하고 이러한 소프트웨어를 이용할 때는 몇 가지 유의사항을 고려해야 한다. 먼저 분석적 사고와 관련된 모든 것은 직접 수행해야 한다. 질적 분석이 야기하는 문제는 분석과정에 어떤 특정 공식이 없다는 것이다. 양적 연구와 같이 미리 정해진 공식을 요청할 수 없으며, 스스로 문서의 일부를 정렬하고 코딩하며 결합하고 재결합하는, 연구 전반에 걸친 중요한 절차를 개발해야 한다. 이후에는 전체 진행 과정의 논리와 타당성에 대해 변호해야 한다. 이러한 점에서 양적 분석과 질적 분석에 대한 컴퓨터의 역량은 매우 다르다. 그렇기 때문에 특정 CAQDAS를 이용하여 자료를 분석한다면, 특정 CAQDAS가 제시하는 설명에만 전적으로 의존해서는 안 된다. 그러므로 CAQDAS를 이용하고자 한다면, 각 프로그램의 장단점과 유의사항을 파악하는 것이 필요하다(Yin, 2011).

1) 데이터베이스 모으기

자료를 모으는 것으로 분석적 순환과정의 첫 시작이 이루어진다. 일련의 순서에 따라 기록이나 데이터베이스를 모으는데, 이때의 목표는 형식적인 분석을 시작하기 전에 질적 자료를 체계적인 방식으로 구조화하는 것이다. 순서대로 정리되어 있는 자료는 연구자가 자신의 현장 노트와 자료를 찾고 접근하는 데 도움을 준다. 이러한 구조화는 자료 분석을 도우며, 보다 엄격한 질적 연구를 진행할 수 있게 한다(Yin, 2011).

모으기 단계에서 연구자는 자신의 현장 노트에 익숙해져야 한다. 연구자는 이 단계에서 자신의 현장 노트와 각종 기록을 지속적으로 검토한다. 다시 읽기는 어떤 문서 혹은 증거와 관련된 기타 출처의 사용에 대해 초기에 읽었던 것뿐만 아니라 현장 관찰 및 면담에 대해서도 생각나게 한다. 자료를 검토하는 시기는 더 이상 현장 연구를 진행하고 있지 않은 시점일 것이다. 그렇기 때문에 정보를 보다 철저하고 완전하게 이해할 수 있다. 이때 연구에서 눈에 띄는 특징은 무엇인지, 연구와 관련 있는 자료를 수집하였는지, 잠재적으로 새로운 통찰이 도출되었는지를 전체적인 분석과정에서 생각하여야 한다(Yin, 2011).

자료를 모으는 과정은 일관된 형식을 갖춰야 한다. 순서대로 모은 자료는 초기의 형태와는 다를 것이다. 해당 자료를 배열하는 과정에서 보다 정돈된 양식으로의 재배열이 필요하거나 배열된 자료 안에서 같은 의미의 내용을 완전히 다른 형태로 표현한 상황 등이 존재할 수 있다. 이처럼 비일관적인 자료의 형태는 명백하게 정리되어야 한다. 자료를 일관된 형식으로 모으는 것은 그 자료를 일련의 기록으로 정리한다는 것을 의미하기도 한다(Yin, 2011).

기록을 모으기 위해 컴퓨터 소프트웨어를 이용할 수 있다. 소프트웨어는 자료를 좀 더 형식적으로 모으는 데 도움을 준다. 각 파일에 대해 파일명, 날짜, 기타 가능한 식별자를 요구할 것이고, 용어의 일관적인 사용을 위해 용어 사전을 이용하게 할 것이며, 각 기록에 대한 메모도 가능하다(Yin, 2011).

2) 자료 나누기

자료 나누기 단계는 순환적으로 이루어질 수 있다. 한 단계에 머무는 동안 이전 단계에서 이루어진 것을 바꾸기 위해 되돌아갈 수도 있고, 앞으로 진행될 방향을 미리 살펴보기 위해 앞으로 나아갔다 다시 이전으로 돌아올 수도 있다. 이처럼 진행 단계의 전후로 필요에 따라 자유롭게 이동할 수 있는 것이다. 이는 다섯 가지 단계 중 다른 단계와의 순환도 의미하지만, 자료 나누기 단계 안에서의 순환 또한 포함한다(Yin, 2011).

순환되는 단계 속에서 사고 과정의 기록이 필요하다. 필요에 의해 각 단계를 이동하고 자료 나누기 안에서도 지속적으로 아이디어가 수정될 수 있는데, 이때의 생각이 모두 기록되면 귀중한 자료가 될 수 있다.

자료는 여러 방법으로 나눌 수 있다. 연구 주제에 따라 자료를 코딩할 수도 있고, 그렇지 않을 수도 있다. 자료를 코딩하는 경우에 그 목적은 항목을 상위 개념적 수준으로 구성하는 데 있다. 유사한 집단 혹은 유사하지 않은 집단끼리 정렬하고, 서로 다른 기록으로부터 얻은 항목을 정렬한다. 그 이후에 집단의 특징을 조사하거나 이에 대한 성찰을 가질 수 있다. 근거이론가들은 코딩을 세 가지 유형으로 정의해 왔다. 개방 코딩, 축 코딩, 선택 코딩이 그것이다. 개방 코딩에서 분석자는 범주 및 범주의 특징을 만드는 데 관심이 있고, 축 코딩에서는 범주들이 체계적으로 개발되고 하위 범주들과 연결되며, 선택 코딩에서는 분석자들이 범주를 통합하고 정교화하는 과정에 관심이 있다(Strauss & Corbin, 1998, p. 143: Yin, 2011에서 재인용). 이들 세 가지 코딩 유형은 '과정 코딩'을 동반하는데, 이것은 "시간과 장소에 걸쳐 일어나는 행위·상호작용의 일련의 전개되는 순서"를 묘사하는 데 도움을 준다(Yin, 2011, p. 187). 물론 코딩을 하지 않고 자료를 나눌 수도 있다. 많은 연구자가 형식적인 코딩 없이 자료를 나누고자 한다. 창의적인 아이디어가 더욱 빠르고 원활하게 진행되는 것처럼 느껴지기 때문이다. 하지만 코딩하지 않을 경우에 비체계적이고 비일관적인 판단을 할 수 있어 이에 유의해야 한다. 연구자는 자신의 원자료로 여러 차례 되돌아가는 과정 속에서 자신이 나눈 주제가 원자료를 충분하게 대변하는지 확인해야 할 것이다(Creswell & Poth, 2021; Yin, 2011).

자료를 나누는 데 있어 컴퓨터 소프트웨어를 활용할 수 있다. 특히 데이터베이스의 규모가 크고 형식적인 코딩을 원한다면 도움을 받을 수 있다. 소프트웨어는 코드화된 자료를 확인하고 재확인할 때, 자료를 검색하고 조작할 때, 후에 자료를 그다음 수준의 범주 코드에 배정할 때 많은 이점을 제공한다. 하지만 코딩은 소프트웨어가 하는 것이 아닌, 연구자 자신이 하는 것임을 명심하고, 소프트웨어 작동 과정에 주의를 기울여야 한다.

3) 자료 재배열하기

자료를 배열하는 과정에서는 양상을 찾는 것이 중요하다. 자료를 나누는 동안 자료의 광범위한 의미에 대해 생각하고, 도출된 양상과 연구의 흐름에 대해 지속적으로 생각해야 한다. 도출된 양상이 의미가 있는지, 그 양상이 실질적으로 연구 주제의 중요한 차원에 도달하는지, 양상이 연구를 시작할 때 가졌던 개념이나 가설에 어떻게 관련될 것인지 등에 대해 지속적으로 생각해야 하는 것이다(Yin, 2011).

재배열의 과정은 자료를 서로 다른 배열과 주제 하에서 생각하고 그다음 무엇인가 만족할 만한 것이 도출될 때까지 배열과 주제를 변경하고 재변경하는 것을 의미한다. 자료를 재배열하는 방식에는 연구자의 직관에 따라 자료를 배열하는 것과 자료를 구조화된 양식으로 배열하는 것이 있다(Yin, 2011).

자료를 구조화된 양식으로 배열하기 위해 위계적 배열을 만들 수 있다. 위계를 구축하는 방법은 가장 구체적인 데이터베이스 항목을 이용하여 더 상위 수준에서 그 데이터를 포괄할 수 있는 추상적인 개념을 만드는 것이다. 즉, 위계의 각 수준은 유사한 항목들을 모아 해당 항목을 포괄할 수 있는 더 큰 수준의 그룹으로 합치는 것이다. 자료를 재배열하며 유사한 자료는 유사한 개념에 포함하고 유사하지 않은 자료는 분리된 개념에 속하게 하여, 위계가 서로 다른 그룹을 구분할 수 있다. 이렇게 형성된 위계를 통해 그룹 사이의 연관성을 제시할 수도 있다. 해당 단계에서 코딩을 포함하든 포함하지 않든 그 여부는 연구자의 선택에 의한다. 자료를 배열하는 또 다른 일반적인 방식으로 매트릭스 설계가 있다. 매트릭스 설계의 가장 기본적인 형식은 행과 열로 이루어진 표이다. 행과 열은 각각 하나의 차원을 대표한다. 매트릭스는 수많은 형태가 있을 수 있는데, 시간 순서(예: 연대순), 역할 순서(예: 사람들의 역할에 따라), 개념적 순서(예: 다른 것들과 대비하여 정렬된 일련의 범주) 등으로 매트릭스를 논의할 수 있다(Miles & Huberman, 1994: Yin, 2011에서 재인용). 매트릭스는 가로 행과 세로 열 외에 가로 행과 세로 열이 이루는 셀을 가지게 되는데, 각 셀에 두는 자료의 양과 특성은 자료를 훑어보는 과정에 영향을 준다. 이를 긍정적인 방향으로 이끌기 위해서는 유의해야 할 부분이 존재한다. 첫째로 자료 입력은 실제 자료를 바탕으로 이루어져야 한다. 둘째로 자료의 축약된 버전이 원자료를 대표하기에 충분한지 그 관계를 확인해야 한다. 마지막으로는 셀의 내용에 연구자의 개인적인 의견이나 결론을 포함해서는 안 된다. 분석 단계에서는 자료를 재배열하는 것이 주된 목적이 되어야 하고, 매트릭스는 의견을 제시하는 것이 아닌 단지 문서의 한 형태로 작용해야 한다. 위의 사항을 유의하여 매트릭스를 구성하면, 이제 자료는 일련의 순서를 가지고 개념적 의미가 있는 양상으로 재배열된다. 이 외에 다른 유형의 배열방식 또한 다양하다. 연구방법론적 문헌에는 흐름도와 논리 모델, 구조도, 개념적 지도, 다이어그램과 같은 시각적인 배열 등 다양한 방식들이 있다. 배열의 과정에는 연구자의 선호도에 따라 다양한 방식이 존재하는 것이다(Yin, 2011).

재배열하기의 과정에서는 세 가지 절차가 중요하게 포함되어야 한다. 첫 번째는 지속적으로 자료를 비교하는 것으로, 자료 내 항목들 사이에 존재하는 유사점과 차이점을 살펴보는 것이 이에 해당한다. 이를 통해 도출해 낸 주제가 모든 상황을 포괄하고 있는지를 확인할 수 있다. 두 번째는 부정적 사례를 살펴보는 것으로, 각 항목을 세세히 조사할 때 드러날 수 있는 부적절한 결과를 찾아볼 수 있다. 마지막으로는 '상반적 사고(rival thinking)'에 지속적으로 관여하는 것으로, 초기관찰에 대한 대안적인 설명을 갖는 것이다. 초기자료를 통해 판단한 결과를 확실한 결론으로 내리기 전에 이에 상충하는 설명에 대한 증거 혹은 증거의 부족에 대해 명확히 밝히는 것이 필요한 것이다. 재배열의 과정에서 지속적인 비교, 부정적 혹은 모순되는 사례에 대한 충분한 탐색, 상반적 사고에 대한 주의를 기울이는 것을 통해 연구의 정확성과 엄격성을 높일 수 있다(Yin, 2011).

자료를 재배열하는 과정에서 컴퓨터 소프트웨어를 활용해 볼 수 있다. 위계를 구축하는 데 CAQDAS의 도움을 받을 수 있고, 이를 통해 도출된 결과를 시각적으로 나타낼 수도 있다. 하지만 유의할 점 또한 존재한다. 연구자가 구성하고자 하는 배열방식을 미리 설정하지 못한 경우에는 배열방식을 발견하기 위해 코드나 범주를 다시 살펴보아야 한다. 또한 소프트웨어는 창의적인 배열방식을 개발하는 것에는 도움을 주지 못한다. 유연한 생각을 통해 배열방식을 개발하는 것은 연구자의 몫이다. 마지막으로 단순히 단어의 발생빈도를 세기 위해 소프트웨어 프로그램을 사용하는 것은 추천되지 않는다. 다만, 연구의 주제와 목적으로 빈도를 구체적으로 추정해야 하는 등의 경우에 이를 질적인 관점과 연결하는 것은 연구자의 능력에 달려 있다(Yin, 2011).

재배열을 성공적으로 해냈을 때 전체 분석과정에서 더 큰 주제와 전반적인 개요를 볼 수 있게 된다. 큰 주제를 도출해내지 못한 경우에 이전 단계로 되돌아가야 하며, 주제를 성공적으로 도출한 경우에는 다음 단계인 해석하기와 결론 내리기로 넘어갈 수 있다(Yin, 2011).

4) 자료 해석하기

해석은 맥락을 고려하여 현상을 이해하는 것이다(김인숙, 2016). 해석하기 단계에서는 자료에 대해 실증적인 것에 기반하여 해석을 어떻게 제시할지 생각해야 한다. 해석하기는 자료의 배열 혹은 재배열에 있어 자신만의 의미를 부여하는 것이다. 이 단계에서는 자료의 숨은 의미 및 연구 주제에 중요하게 작용할 부분에 대해 다루면서 해석 기술을 광범위하게 사용해야 한다. 단순히 자료를 해석하는 것이 아니라 특정 자료를 통해 연구의 전반을 제시하는 포괄적인 해석을 하는 것이 목표이다. 이를 위해 고려해야 할 속성으로는 완전성, 공정성, 실증적 정확성, 가치개입, 신빙성이 있다. 완전성은 해석의 시작·중간·끝이 체계적으로 구성되는 것과 관련되고, 공정성은 해석적 입장에서 다른 사람들도 같은 해석을 내릴 것인지와 관련된다. 실증적 정확성은 해석이 자료를 정확히 나타내고 있는가와 관련되고, 가치개입은 단순히 주제를 반복하여 말하는 것이 아닌 해석을 통해 새로운 결론에 도달하게 되는지의 여부와 관련된다. 마지막으로 신빙성은 해석의 결과가 수용할만한지와 관련된다(Yin, 2011).

질 높은 해석이 이루어질 때 연구 자료는 힘을 가질 수 있다. 그러나 해석 시 주의해야 할 부분이 있다. 두 가지 극단적인 사례를 들자면, 첫째는 많은 자료를 가지고 있지만 연구자가 자료를 온전히 파헤치는 해석을 하지 못한 채 표면적 해석만 하는 것이다. 둘째는 자료가 가지고 있는 의미와 질을 초월하여 과한 해석을 하는 경우이다(Yin, 2011). 연구자는 이러한 경우를 주의하며 자신의 자료 내에서 연구를 통해 나타내고자 하는 바를 가장 잘 드러낼 수 있도록 노력해야 한다.

해석의 타당성은 질적 연구에서 중요한 부분이다. 연구자들은 해석 과정에서 자신이 한 해석이 맞는 해석인지에 대한 의구심을 갖기도 한다. 그러나 해석을 하는 데 있어 확정적으로 정해진 하나의 방식이 있는 것은 아니다. 올바른 하나의 해석이 있다면, 모든 설명이 획일화될 것이다. 실재와 연구 결과 간에는 약간의 거리가 존재한다. 연구자에게 필요한 것은 거리를 좁히기 위한 노력이다. 해석 과정에서 어려움을 겪을 시 연구자는 연구의 내용이나 설계에 대해 알고 있고 질적 자료 분석에 대한 지식을 가지고 있는 동료에게 도움을 받을 수 있다. 연구 자료에 대한 여러 사람과의 소통 속에서 통찰력 있는 해석 틀을 만들 수 있을 것이다(김인숙, 2016; Yin, 2011).

5) 결론 내리기

결론 내리기 단계에서는 앞서 해석한 자료에 연구자의 생각을 투입해 결론으로 이끌어내야 한다. 결론은 앞서 진행한 해석단계 및 연구의 중심이 되는 자료들과 연관성을 가져야 한다. 설득력 있는 결론은 연구 전반에 거쳐 일관성을 갖는다. Yin(2011, p. 220)은 "결론은 더 높은 개념적 수준이나 더 광범위한 사상까지 연구 결과를 끌어올리는, 어떤 종류의 중요한 진술 또는 일련의 진술들이다"라고 언급하였다. 연구의 결론은 연구의 중요성을 표현한다. 또한 결론에서는 연구의 다른 어떤 부분에서보다 연구자가 자신의 연구 전반에 대해 많은 추론을 한다(Yin, 2011).

결론을 내리는 방법에는 여러 가지가 있다. 몇 가지를 제시하자면, 연구자는 새로운 연구를 요구하는 결론을 내릴 수 있다. 앞으로 이루어지길 바라는 혹은 연구될 필요성이 있는 연구를 제안하는 결론을 작성할 수 있는 것이다. 또한 연구자는 기존에 존재하는 일반화에 도전하는 결론을 제시할 수 있다. 그동안 많은 질적 연구를 통해 사회적으로 일반화되어 있는 전제에 맞서는 것이다. 이를 통해 비주류의 문화와 사회적 성향을 다룰 수 있고, 사회 속의 더 다양한 상황을 드러내는 것이다. 또 다른 방법으로는 새로운 개념 및 상황에 대한 발견을 제시하는 것으로 결론을 내릴 수 있다. 새로운 개념과 이론의 유용성을 입증하며, 광범위한 학문적 의미를 통해 새로운 사고를 제안할 수 있는 것이다. 물론 이 외에도 다양한 방식으로 결론을 내릴 수 있으며, 이는 연구자의 선택에 의한다(김인숙, 2016; Yin, 2011).

3. 연구윤리

질적 연구를 계획하고 설계하는 과정에서 연구자는 연구 과정에서 발생할 수 있는 윤리적 이슈를 고려해야 한다(Creswell & Poth, 2021). 연구자들은 자신의 연구에 참여한 연구 참여자들을 보호할 방법에 대해 고민하고 그 방법을 신중하게 선택하여 실천해야 하는 것이다(Yin, 2011).

인간 대상 연구의 윤리 문제와 IRB(Institutional Review Board, 임상시험심사위원회) 승인은 필연적으로 관련되어 있다(Yin, 2011). 1970년대에 미국 연방정부는 인간 피험자를 포함하는 모든 연구를 진행하는 모든 대학에 IRB를 의무적으로 설치하게 하였다. IRB는 해당 기관에서 계획하고 진행한, 인간 피험자를 포함한 모든 연구를 검토하여 연구 참여자들이 윤리적인 대우를 받으며 보호될 수 있도록 하는 책임을 졌다.

논문계획서를 검토받고자 IRB에 신청할 때는 다음의 네 가지가 기본적으로 고려되어야 한다. 첫째, 연구 참여자들은 연구 참여에 대한 고지된 결정을 내리기 위해 충분한 정보를 갖고 있어야만 한다. 이때 '고지된 결정'이란 연구 참여자가 연구의 목적과 본질을 이해한 뒤 자발적인 동의 하에 연구에 참여하는 것을 의미한다. 연구 참여자는 충분한 정보를 토대로 연구에 참여해야 하는 것이다. 둘째, 연구 참여자들은 연구의 어느 시점에서라도 불이익 없이 연구 참여를 그만둘 수 있어야만 한다. 연구 참여의 통제권을 연구자가 아닌 연구 참여자들이 갖고 언제든 연구 참여를 중단하고 싶다면 중단할 수 있는 자율성이 보장되어야 한다. 셋째, 연구자는 연구에서 야기될 수 있는 손상·해로움·유익을 진단하고, 연구 참여자가 갖게 될 손상을 최소화해야 한다. 이때 손상은 신체적·심리적·사회적·경제적·법적 손상 및 인간 존엄성 측면에서의 손상을 포괄한다. 연구자는 연구 참여자가 연구에 참여함으로써 얻게 되는 피해가 없도록 하기 위해 연구의 전 과정에 걸쳐 연구 참여자에게 발생할 수 있는 손상이 존재하는가에 대해 사전에 철저히 고려해야 한다. 또한 면담 중 민감한 성격의 질문을 하여 감정적인 고통이 생기는 일이 없도록 하고, 연구자가 기록한 연구 참여자들의 말과 행동이 어떠한 해도 주지 않도록 연구 참여자들의 비밀보장에 유의해야 한다. 이에는 컴퓨터상의 녹음과 녹화 자료에 대한 모든 것을 포함하여 연구 참여자의 신분을 추측할 수 있는 모든 것이 해당한다. 넷째, 어떤 집단의 사람도 불공평하게 연구에 포함되거나 제외되지 않도록 연구 참여자를 정당하게 선택해야 한다(Strike, 2006, p. 69; Glesne, 2017에서 재인용).

4. 질적 연구의 엄격성: 신뢰성·타당성

신뢰성과 타당성은 질적 자료 분석의 엄격성을 확보하기 위한 중요한 기준이다. 질적 연구에서 엄격성은 반드시 추구되어야 한다(김인숙, 2016). 질적 연구에서의 신뢰성은 일관성 있는 절차를 거쳤는가로 판단되고, 타당성은 자료의 수집과 분석이 적절하여 연구의 결론이 연구의 대상이 된 실재 세계를 정확하게 반영하고 대표하는가와 관련된다(Glesne, 2017; Yin, 2011).

신뢰성과 타당성을 확보하기 위해 고려해야 할 것들은 다음과 같다. 첫째, 장기적이고 집중적으로 참여 관찰을 한다. 또한 관찰, 면담, 다른 유형의 상호작용을 위해 현장에서 장기간에 걸쳐 시간을 보낸다. 둘째, 삼각 측정(triangulation)을 한다. 삼각 측정이란 다양한 관점에서 자료를 수집하고 분석하여 실재의 모습을 재현하려 하는 방법이다. 삼각 측정은 타당성을 확보할 수 있는 강력한 방법이다. 삼각 측정에는 여러 가지가 있는데, 면담이나 관찰처럼 다양한 자료를 수집하는 '자료 삼각 측정(data triangulation)', 여러 연구자에 의해 자료를 분석하는 '연구자 삼각 측정(investigator triangulation)', 다양한 이론적 관점을 분석에 적용하는 '이론 삼각 측정(theory triangulation)'이 있다. 삼각 측정의 가장 큰 장점은 연구 상황의 복잡성과 다른 관점들을 포괄해주는 데 있다(Leacey & Luff, 2009, p. 27; 김인숙, 2016에서 재인용). 셋째, 풍부하고 심층적인 기술을 해야 한다. 관찰, 면담 전사본을 활용해 묘사적인 글쓰기를 함으로써 독자들이 연구자의 해석을 이해하도록 하는 것이다. 넷째, 상반적 해석과 설명을 사용한다. 자료에 대한 해석이 특정 관점을 표명해 줄 때도 분석의 질을 향상시키기 위해서 분석을 끝내지 않고 상반적 해석을 계속해서 시험하는 것이다. 제시되는 자료에 대한 대안적 설명이나 반대 설명에 관해서도 연구자의 연구 결과로 그 근거를 제시할 수 있을 때 설명에 대한 확신을 높일 수 있다(Kim, 2009: 김인숙, 2016에서 재인용). 다섯째, 연구 참여자로부터 피드백을 받는다. 연구 결과에서 진술은 연구 참여자로부터 나온 것이기에, 연구 참여자에게 피드백을 받으며 연구자가 연구 참여자의 생각을 정확히 묘사하였는가에 관한 확인을 받는다. 여섯째, 연구자의 편견과 주관성을 명시한다. 연구자는 자신의 편견과 주관성을 성찰하여 연구 과정에서 고려하여야 한다. 일곱째, 연구 과정의 기록으로 연구와 관련된 모든 문서를 조직하고 보관해야 한다. 이때 문서는 현장 기록지, 연구 저널, 코딩 계획 등 모든 자료이다. 질적 자료 분석 과정은 표준화되기 어렵다. 그러므로 연구자가 자신의 연구의 신뢰성을 확보하기 위해서는 질적 자료에서 주제·개념·이론을 산출하는 구체적인 과정을 기록으로 남겨놓을 필요가 있다(김인숙, 2016; Glesne, 2017).

Ⅴ 발달장애인과 함께 연구하기

2021년 기준으로 등록 장애인 수는 264만 5천 명이고, 이는 전체인구의 5.1%에 해당한다. 그런데 전체 장애 인구 중 가장 높은 비율을 보이는 지체장애인이 2011년 52.9%에서 2021년 45.1%로 감소세를 보인 것과 비교하여 발달장애인은 2011년 7.3%였던 것에 비해 2021년 9.6%로 증가세를 보였다. 그러므로 발달장애인이 필요로 하는 다양한 정책적·제도적 변화를 이끌어내기 위해서는 발달장애인을 대상으로 하는 다양한 주제의 연구가 활발히 이루어져야 한다. 이때 발달장애인의 적극적인 참여는 필수적이다(유수정, 2022).

기존의 연구에서는 장애인들을 조사해야 할 대상으로 간주하면서 그들의 목소리를 주체적으로 반영할 방안의 마련에는 소극적인 모습을 보였다. 또한 각종 연구와 정책 입안에서 전문가들은 당사자의 입장을 파악하기보다는 자신들의 방식대로 문제점을 파악하고 그에 대한 대안을 모색하였다. "장애인과 함께하는 연구라기보다는 장애인에 대한 연구"였던 것이다(Oliver, 1992: 김진우, 2008, p. 86에서 재인용). 하지만 최근 변화의 움직임 속에서 장애인 당사자들이 의사결정 과정에서 적극적으로 참여하여 자신의 이야기를 들려주고 의견을 제시할 기회가 확대되었다. 실제로 연구 분야에서 신체장애인이 정보제공자로 참여하기도 하였다(곽지영, 2005, 김미옥, 2002, 이은미, 2006: 김진우, 2008에서 재인용). 이는 긍정적인 함의를 가지나, 그 영향력이 발달장애인에게까지 미친다고 보기는 어렵다.

우리나라에서는 발달장애인들의 의사소통이 어렵고, 그렇기 때문에 그들이 표현한 내용의 사실 여부를 확증하기 어려워 의미 있는 내용 전달자의 역할을 하기 어렵다고 이해되어 왔다. 그러므로 발달장애인의 이야기를 듣고자 할 때 당사자와 직접 면접을 하기보다는 보호자 혹은 현장 전문가에게 의견을 구해왔다. 결과적으로 대다수의 사회구성원이 발달장애인 당사자와 소통하는 것보다 그들의 보호자와 소통하는 것을 주된 소통 방식으로 여기게 되었다. 그로 인해 발달장애인은 주체적인 대화 상대자로 소통할 기회를 갖기 어려워졌고, 그 결과로 상호작용의 기회를 박탈당해 사회적 관계를 맺는 데 있어 악순환이 계속되고 있다(김진우, 2008).

그러나 발달장애인의 입장을 대변하는 데 있어 당사자만큼 명확한 의견을 제시할 수 있는 사람은 존재하지 않는다. 그렇기 때문에 발달장애인이 정보제공자로 등장할 때 언어를 매개로 한 의사소통 능력이 부족하다고 하여 연구 과정에서 아예 배제하는 것은 바람직하지 않다. 그러므로 신체적·정신적 손상 및 언어를 매개로 한 의사소통 능력에만 초점을 두는 것이 아니라, 언어 구사 능력을 보완할 수 있는 다양한 의사소통 방식을 개발하는 것이 필요하다. 신체적·정신적 손상 자체로 연구 과정에서 배제와 분리가 되는 것이 아니라, 손상에도 불구하고 그로 인해 파생되는 추가적인 욕구에 대해 사회가 적절한 대응책을 마련해 더 이상 배제와 분리 등 사회적 불리함으로 이어지지 않도록 하는 사회적 책임을 다해야 한다는 것이다(김진우, 2008, 2014).

우선, 발달장애인의 동의 능력에 대한 의구심을 해결하여 발달장애인이 연구에서 주체적인 역할을 할 수 있도록 하는 것이 필요하다. 충분한 정보에 의한 동의가 필요한데, 이때 발달장애인의 눈높이에 맞는 연구 참여 설명문을 개발할 필요가 있다. 어렵지 않은 단어를 사용하고 발달장애인이 이해할 수 있을 때까지 천천히 쉬운 언어로 이해를 돕는다면 발달장애인 또한 연구에 대해 이해하는 것이 가능함이 Horner-Johnson & Bailey(2013)의 연구 결과를 통해 확인된 바 있다(유수정, 2022에서 재인용). 이를 위해 기관위원회에서는 연구계획 심의 시 활용 가능한 윤리적 고려사항 및 심의 평가표를 마련하여야 한다(유수정, 2022).

자료를 수집하는 단계에서도 연구를 설명하는 과정과 동일하게 의사소통에 주의를 기울이는 것이 필요하다. 복잡한 문법적 구성을 간단히 하고, 쉬운 단어를 사용하며, 말하는 속도를 늦추어 소통하고자 하는 바를 효과적으로 전달해야 한다. 비장애인을 면접하는 것과 동일하게, 라포(rapport) 형성 또한 풍부하고 다양한 정보를 얻는 데 있어 중요한 역할을 한다. 이때 고려할 점은 정보제공자마다 의사소통 능력에 차이를 가지고 있고 체력적 여건이 다르기 때문에 면접 시간과 상호작용 방식을 융통성 있게 구성해야 한다는 것이다(김진우, 2008; 유수정, 2022).

자료 분석과정에서는 언어적 정보와 비언어적 정보를 모두 알 수 있는 대화분석 방법이 구체적이고 총체적인 정보를 제공할 수 있다는 점에서 언어표현에 어려움을 가지는 발달장애인이 면접에서 이야기한 내용을 깊이 있게 제시하고 분석할 수 있도록 돕는다. 그런데 만약 면접에서 나눈 진술의 사실 여부를 파악했을 때 진술이 사실이 아닌 경우가 존재할 수 있다. 하지만 이러한 경우라 하더라도 해당 내용을 분석에서 제외하기보다는 정보제공자가 왜 이러한 내용을 이야기하였는지에 대한 내재된 맥락을 파악하려는 노력을 기울여야 한다(김진우, 2008).

위와 같은 절차와 방법을 적용하여 연구를 진행할 경우에 발달장애인 또한 연구 과정에서 주체적인 역할을 하는 것이 가능하다. 또한 대화 구조와 방식을 발달장애인에게 맞게 수정·변형하고 다양한 분석 방법을 적용해 분석한다면, 발달장애인이 전달하고자 하는 바를 연구에 포함시킬 수 있다. 발달장애인의 삶을 드러내는 데 있어 비장애인이 제3자의 입장에서 관찰하는 것이 아니라 발달장애인이 자신의 삶을 주체적으로 제시함으로써, 발달장애인은 대상화되고 객체화되는 것에서 벗어날 수 있다. 이를 통해 비장애인들이 발달장애인의 삶을 발달장애인의 관점에서 이해할 기회를 갖게 되고, 이를 바탕으로 우리는 우리 사회가 나아가야 할 방향에 대해 논의할 수 있을 것이다(김진우, 2008, 2014; 유수정, 2022).

Ⅵ 결론

질적 연구를 한마디로 정의하는 것은 쉽지 않다. 질적 연구의 다양한 연구 접근 전략, 분석 전략을 표준화하여 제시하기가 어렵기 때문이다(김인숙, 2016). 그러므로 질적 연구를 수행하는 데 있어 올바른 하나의 방식은 존재하지 않는다. 질적 연구는 특정 접근 방법에 얽매이지 않으며, 특정 철학적 가정에 한정해 적용할 수 있는 방법이 아닌 것이다(김인숙, 2016). 그렇기 때문에 질적 연구는 다른 사회과학 방법들과는 다르게 우리 사회에서 일어나는 모든 일을 연구의 주제로 삼을 수 있다(Yin, 2011). 우리는 질적 연구를 통해 각자가 처한 상황과 경험한 사건 속의 맥락을 파악하고 경험의 이면을 탐구하며 귀납적 지식을 축적할 수 있다. 이제 질적 연구 방법은 양적 연구 방법의 보조적인 역할을 하는 것에서 벗어나 양적 연구 방법이 포괄할 수 없는 영역 혹은 설명할 수 없는 방식의 새로운 지식을 산출하는 과정에서 독자적인 역할을 하는 방법론으로 자리 잡았다(김인숙, 2016).

질적 연구 방법은 특정 사람들이 자신의 이야기를 공유할 수 있도록 능력화할 수 있다는 점, 자신의 목소리를 세상에 드러낼 수 있도록 한다는 점, 그리고 연구를 통해 사회를 변화시킬 수 있다는 점에서 장애인과 함께 연구하는 데 매우 유용하다. 그러므로 장애 특성을 고려하여 적절한 연구방법론을 활용함으로써 장애인의 연구 참여를 이끌어내는 것은 표준화된 틀의 적용이 아니라 질적 연구 방법을 통해서 가능할 것이다.

한편, 그동안 간과된 발달장애인을 대상으로 하는 연구에 당사자가 직접 참여하여 자신의 목소리를 내는 것은 매우 중요하며, 이들의 경험에 토대를 두고 발달장애인 서비스와 정책이 개발될 필요가 있다. 이렇게 발달장애인이 연구참여자로 연구에 참여하는 것은 자기결정권 확대에 기여하고, 궁극적으로 연구를 통해 장애로 인한 차별을 축소하는 데 기여할 수 있을 것이다(김진우, 2014).

참고문헌

김인숙 (2016). 사회복지연구에서 질적 방법과 분석. 파주: 집문당.

김진우 (2008). 장애 연구에의 지적장애인의 참여를 둘러싼 쟁점에 대한 고찰. 한국사회복지학, 60(3), 83-106.

김진우 (2014). 시민권과 발달장애인의 배제 및 참여: 장애 연구(Disability Research)에의 참여 수준 제고를 중심으로. 기억과 전망, 30, 10-51.

유수정 (2022). 발달장애인의 연구 참여 보장을 위한 의사결정 지원 방안. 생명, 윤리와 정책, 6(1), 69-91.

조한진, 강민희, 정은, 조원일, 곽정란, 전지혜, 정희경 (2013). 한국에서 장애학 하기. 서울: 학지사.

Creswell, J. W., & Poth, C. N. (2021). 질적 연구방법론: 다섯 가지 접근(4판) (조흥식, 정선욱, 김진숙, 권지성 역). 서울: 학지사. (원출판연도 2017)

Glesne, C. (2017). 질적 연구자 되기(5판) (안혜준 역). 파주: 아카데미프레스. (원출판연도 2014)

Moustakas, C. (1994). *Phenomenological research methods*. Thousand Oaks, CA: Sage.

van Manen, M. (1990). *Researching lived experience: Human science for an action sensitive pedagogy*. Albany, NY: State University of New York Press.

Yin, R. K. (2011). *Qualitative research from start to finish*. New York: The Guilford Press.

제2부

장애의 맥락

제5장 **장애의 정치경제학**

강민희

Ⅰ 서론

장애인의 사회적 차별과 배제 그리고 이로 인한 사회적 지위를 설명하는 이론과 틀은 매우 다양하지만, 이러한 설명들 중 특히 장애의 정치경제학은 장애 차별을 설명하는 데 매우 중요한 메커니즘이라 할 수 있다. 그 이유 중 하나는 우리가 장애의 정치경제학을 통해 일상적인 삶에 와닿는 다른 중요한 영향들을 이해할 수 있기 때문이며, 또한 우리가 경험하는 장애의 모든 것들이 정치·경제와 분리시킬 수 없는 일들이기 때문이다(Hartsack, 1983). 다시 말해, 우리 삶의 기반이 되고 있는 문화적·가족적·성별·인종적·이데올로기적·종교적·법적 구조들은 모두 서로 밀접히 연관되어 있고, 한 개인과 집단, 신념 체계, 사회구조, 이데올로기들은 서로 간의 관계에 따라 자리매김하는 것으로 이들은 모두 넓게 보아 정치·경제적 구조라고 볼 수 있기 때문에, 일상생활에서부터 국가적 체제에서까지 모두 경험하게 되는 장애 차별은 정치·경제적 관계 안에서 이해될 수 있는 것이다.

정치·경제적 구조는 차별과 억압을 이해할 수 있는 틀인 지배·복종의 체계나 우월·열등의 이데올로기를 만들어내는 생산 주체라고 볼 수 있으며, 동시에 그 체계나 이데올로기의 생산물이다(Hartsack, 1983). 장애 역시 이러한 맥락에서 이해될 수 있는데, 장애의 정치경제학을 통해 장애인과 비장애인 간의 우월과 열등의 이데올로기가 만들어지며, 이로 인한 억압의 사회 체계가 구조화되면서 장애인의 일상이 배제와 차별로 점철되게 되는 결과를 불러오게 된다. 바로 이러한 이유로 장애의 정치경제학은 장애인의 억압과 차별을 설명하는 중요한 메커니즘이 되는 것이다.

이에 이 장은 장애의 정치경제학을 소개하는 데 그 목적을 두고 장애가 어떠한 과정을 통해 차별과 배제의 대상이 되어 왔는지를 설명하려 한다. 이에는 경제를 기반으로 하는 사회구조 안에서 어떤 과정을 통해 사회의 주요 활동에서 장애인이 멀어질 수밖에 없는지 또 장애를 가지지 않은 사람들과의 관계에서 열등한 위치에 놓이게 되는지에 대한 설명과 이러한 과정 자체가 다분히 정치적이라는 설명이 주를 이룰 것이다. 이 장에서는 먼저 왜 장애를 정치·경제의 결과물로 보아야 하는지에 대해 간략히 설명한 후, 자본주의 경제구조 안에서 장애가 계급화되고 억압되며 산업화되는 과정을 설명하고자 한다. 그리고 난 후 국가의 사회 정책이 어떤 방식으로 장애인을 통제하거나 배제하게 되는지에 대해 설명하려 한다. 더불어 이러한 사회 정책 자체가, 의도하지는 않았지만, 장애인의 정체성 형성과 인식 변화라는 결과를 초래하게 됨에 대해서도 설명할 것이다.

Ⅱ 정치·경제의 결과물로서의 장애

장애를 정치·경제의 결과물이라고 이해하는 것은 장애라는 개념의 형성 자체가 정치·경제적으로 의도된 부분이 크기 때문이다. 이는 장애를 어떻게 정의해 왔는가를 살펴보면 알 수 있다. 장애의 의미와 그에 따르는 정의와 범위는 시대와 사회, 그리고 문화에 따라서 상당히 유동적으로 변화되어 왔으며, 사회의 요구와 필요에 따라 달라졌다. 현대 이전의 사회에서는 장애로 인식되지 않은 몸의 증상이나 상태가 현대 사회에서는 장애로 인식되기도 하고, 한 국가에서는 장애로 인정되는 질병 등이 다른 국가에서는 장애의 범주에 포함되지 않는 경우가 있다. 또한 한 국가가 그 유지의 위기에 직면했을 때, 정부가 장애에 대한 정의와 그 범위를 축소화하고 수급권의 수준을 낮추는 경우도 한 예가 될 수 있다.

　분명한 것은 장애가 자본주의와 밀접한 관계를 가지고 있으며, 특히 자본 축적의 필요에 근본적으로 연관되어 있다는 사실이다. 장애인이 전 사회적으로 경제 활동에서 배제되어 있다는 사실이 이를 잘 뒷받침해 준다. 이는 장애가 노동관계에 근원을 두고 사회적으로 생성된 범주이며 자본주의 사회의 경제 구조적 결과라는 의미로 해석될 수 있다는 뜻이다. 장애와 자본 축적의 관계를 살펴보면, 자본주의 사회에서는 장애의 의미가 매우 중요함을 알 수 있다. 장애란 자본가 계급이 부를 축적할 수 있게 해주는 조건으로서 '불구'의 육체를 만들어 낸 것이라 볼 수 있는데, 이는 노동력이 낮은 사람들을 노동시장에서 배제함으로써 노동자 집단이 생산력을 경쟁적으로 높일 수 있도록 하고 자본가의 드러난 영향력 없이 노동자들이 자발적으로 노동시장을 자본가에 유리하게 형성할 수 있도록 한다는 것이다(Oliver, 1990). 산업사회의 특징을 생각해보면, 농업이 주가 되었던 사회보다 다치거나 치명적인 부상을 입을 가능성이 더욱 커 장애를 가지게 되는 사람들의 수가 늘어날 수밖에 없는 구조임에도 불구하고 '불구자'라는 집단을 형성하여 '생산성이 떨어지는 사람들'로 인식하게 함으로써 여기에 속한 사람들을 사회에서 배제하는 동시에 '장애인'이라는 낙인을 찍는다. 장애인이 된다는 것은 사회적으로 가장 중요한 노동에 참여할 수 없음을 의미하고, 자본주의 사회의 핵심인 경제력을 획득할 수 없는 사람이 되어 근본적으로 사회활동의 참여가 불가능하게 되는 결과를 불러온다. 장애인이 되는 이러한 일련의 과정은 장애가 정치·경제적 사회관계의 결과라고 이해할 수 있는 가장 중요한 부분이기도 하다. '장애'라는 단어는 장애를 가지게 된 이유나 동기와 상관없이 '생산성이 떨어지는 사람', '필요한 일을 수행하지 못하는 사람'의 이미지를 극대화시켜 장애를 가지게 된 사람을 '가치 없는 존재'로 인식되게 함으로써 장애를 가진 사람으로 하여금 자발적으로 노동시장에서 빠져나오거나 혹은 그 곳으로 진입조차 할 수 없게 하는 역할을 한다. 동시에 장애에 수반되는 '무능력'이나 '열등함'이라는 이미지를 고착시키면서 부정적인 사회·문화적 개념을 확산시킨다.

　장애인을 사회로부터 배제시키는 이러한 과정은 자본주의 체제 내에서 장애인이 사회의 부담감으로 우선 의미 지어지게 하고 따라서 장애를 가진 모든 사람들은 그 개인이 사회에 어떤 방식으로 기여하는가와 상관없이 사회가 책임져야 할 대상으로 인식된다는 점에 주목해야 한다. 또한 장애를 가진 사람들을 위해 사회가 이행하는 부분이 큰가 적은가와 상관없이 장애를 가지지 않은 사회구성원들이 장애를 가진 사람들을 책임져야 한다는 생각을 갖게끔 하기도 한다. 그 한 예로 아프리카의 HIV 보균자나 AIDS 환자들은 국가가 제공하는 치료를 대다수가 받지 못하고 있음에도 불구하고 사회적으로 엄청난 경제적 부담과 스트레스를 주는 존재로 인식될 뿐 아니라 다른 사회구성원들이 먹여 살려야 하는 골치 아픈 집단으로 분류된다는 점을 들 수 있다.

이러한 이유로 자본주의 사회에서는 장애를 가진 사람을 '불구자', 또는 부정적 의미가 강한 '장애인'이라는 임의적인 범주로 분류하고 때에 따라서는 억압적 기관에 감금하는 등 장애를 가진 사람들을 상대로 아주 부정적인 조치를 취하기도 하였다. '빈곤한 것이 당연한 사람'으로 인식됨으로써 장애인들이 임금노동 체계로부터 배제되는 것은 현대 생활의 모든 측면에서 차별을 경험할 수밖에 없는 현상의 핵심이라 볼 수 있다. 이러한 측면에서 정치·경제의 결과물로서의 장애는 곧 자본주의의 결과라고 보아도 무방할 것이다.

1. 장애의 계급화

자본주의 사회의 경제 구조적, 정치적 결과물로서의 장애는 계급화되는 특징이 있다. 경제활동에의 참여가 매우 어려워짐으로써 장애는 곧 빈곤을 수반하게 되고, 이는 장애인들이 자본주의 사회에서 낮은 사회적 계급을 형성하게 됨을 의미한다. 빈곤계급이라는 낮은 사회적 지위는 장애라는 범주와 결합하여 '가난한 장애인'이라는 또 다른 하나의 집단적 특성을 만들어 내면서 그들로 하여금 빈곤계급의 하위층을 형성하게 한다. 여기에 비장애인들과 다르게 장애인은 이미 사회활동에의 참여가 매우 어렵다고 인식되어 있어 빈곤이라는 굴레를 벗어나기 힘든 집단이라는 편견이 덧씌워지게 된다. 이로 인해 다른 집단과 다르게 장애인 집단은 빈곤계급으로부터의 탈출이 거의 불가능하다는 사회적 인식이 강하게 작용하고, 이는 장애인 집단이 빈곤계급의 하위층에 머물러 있게 하는 중요한 이유가 된다. 또 다른 측면으로, 빈곤계급의 사람들은 의료적 치료를 받을 경제력이 없거나 빈곤으로 인한 질병과 장애를 가질 가능성이 매우 크므로, 빈곤은 장애라는 사회적 범주를 만드는 가장 중요한 역할을 한다고도 볼 수 있다. 어느 것이 원인이 되든지, 빈곤과 장애는 밀접한 관계를 유지하면서 장애인 집단을 사회의 하위계급에 위치 지어지게 한다. 한쪽에서는 장애가 빈곤을 더욱 악화시키는 역할을 하고, 동시에 또 다른 한쪽에서는 빈곤이 장애를 만들어 내는 것이다. 이것의 결과로서 장애인은 가난한 집단에 속할 수밖에 없게 되며, 그 집단 가운데서도 '가난한 장애인'이라는, 계급 상승의 가능성이 매우 낮은 하위의 지위를 부여받게 된다. 이러한 현상은 사회적 지위를 떨어뜨리는 다른 사회적 범주와도 연관성이 있다.

물론 충분한 재정적 자원을 가진 경우라면, 사실상 장애가 빈곤 및 낮은 사회 계급적 지위와의 연관 관계에 메이지 않을 수도 있다. 그 이유는 개인적 측면에서 최신 휠체어와 타 보장구의 활용, 재활치료와 정신과치료 등의 의료적 도움, 활동보조인과 운전기사 등의 인적 도움 등을 구하면 장애로 인한 활동 제약은 어느 정도 해결될 수 있기 때문이고, 국가적 측면에서는 충분한 사회안전망을 구축해 장애인들의 기본적인 욕구 충족을 가능하게 하고 장애인들이 일정 정도의 경제력을 확보하게 할 수 있기 때문이다. 그러나 이러한 경우라 하더라도 '장애'라는 단어에 덧씌워진 부정적인 이미지는 부유한 장애인 역시 '능력이 부족한' 사람 혹은 '완전하지 못한' 사람이라는 편견에서 자유로울 수 없게 하기 때문에, 장애인은 결국 사회로부터 차별받거나 배제될 수밖에 없게 된다.

장애뿐 아니라 성, 인종, 국적, 종교 등에 따른 모든 배타적 사회 기제는 한 개인의 사회적 열등성을 악화시킬 수 있다. 남성 집단과 여성 집단은 사회적 차별의 경험이 서로 다르다. 또한 백인과 흑인, 내국인과 외국인, 기독교 국가에서의 무슬림 등 많은 집단의 사람들이 다양한 형태로 사회적 차별을 경험한다. 문제는 이러한 사회 배제 기제들이 장애에 따른 타 사회 배제 기제와 결합했을 경우에는 그 영향이 더욱 커진다는 것이다. 그래서 장애인과 여성이 비장애인과 남성에 비해 사회적 차별을 경험하게 되는 경우가 더 많다는 사실은 동일하지만 장애남성과 장애여성의 경험은 이러한 단일 기제에 의한 차별과는 분명히 다르며, 이는 장애와 성에 따른 배제 기제의 다중적 결합이 만들어내는 결과로 장애여성의 사회적 배제는 장애남성의 사회적 배제보다 그 정도와 유형이 더욱 가중되고 다양화된다. 장애를 가진 남성과 여성은 같은 장애인 집단에 속한다 하더라도 그 차별의 정도와 유형이 달라, 결과적으로 장애여성은 장애남성보다 훨씬 강하고 다양한 장애 차별을 경험하게 되고 사회적으로는 장애남성보다 더욱 열악한 상황에 처해질 수 있으며 더욱 낮은 사회적 지위에 위치 지어질 수 있는 것이다. 같은 맥락에서 백인인 장애인과 흑인인 장애인은 한 사회 내에서도 각각 다른 유형과 정도의 차별을 경험할 수 있으며, 이들 역시 같은 장애인 집단에 속한다 하더라도 흑인 장애인이 사회적 배제를 더욱 크게 경험하는 약자 집단일 수 있다. 이처럼 빈곤과 같은 사회 현상적 기제와 밀접한 관계 속에서 장애는 다른 사회적 특성보다 낮은 사회적 지위를 가지게 할 수 있으며, 장애인이라는 동일한 집단 내에서 역시 다른 배제 기제들의 영향을 받아 그 구성원들을 또다시 계급화하는 결과를 초래한다.

2. 장애인에 대한 억압

앞에서 설명한 것처럼, 자본주의적 사회 시스템은 장애인에 대한 억압을 초래한다. 장애인에 대한 일차적 억압은 임금노동자의 신분을 갖출 수 있는 자격에서 배제하는 것이다. 물론 일자리가 있다는 것이 항상 빈곤선 이상의 삶으로 연결되는 것은 아니지만, 역사적으로 장애인들이 노동으로부터 끊임없이 배제되어 왔다는 것을 보더라도 자본주의적 사회시스템이 그들의 빈곤에 막대한 영향을 미쳤다는 점에는 논란의 여지가 없다(Stewart & Russell, 2001). 장애인이 빈곤선 이하에서 살아야 할 가능성은 비장애인보다 몇 배가 높을 뿐 아니라, 개발도상국에서 살고 있는 장애인의 경우 선진국의 장애인보다 훨씬 더 고용될 가능성이 낮고 아무런 사회안전망도 없이 절대적 빈곤 속에서 살고 있다(Charlton, 2009).

자본주의 하에서 인간의 육체는 점점 기계화되었고, 고용주들은 노동자들에게 더욱 더 빠른 속도로 생산할 것을 요구하였으며 이러한 요구들은 생산 기준이 되어 갔다. 이 생산 기준은 이전의 유연한 직무 패턴을 깨뜨려, 전에는 어떤 형태의 노동에라도 참여했던 장애인들을 이제는 더 이상 노동할 수 없게 만들었다. 노동자들은 정밀한 동작을 수행하는 기계처럼 빠르고 연속적으로 반복할 것을 요구받게 되었고, 이에 장애인들은 이러한 요구를 충족하기에는 부적합한 사람들이 되었으며 임금노동으로부터 점점 배제되어 간 것이다 (Finkelstein, 2004). 한편, 어렵게나마 노동시장으로 진입한 장애인 노동자들은 자본주의 체제에 내재된 경제적 차별에 역시 직면하게 되는데, 그것은 숙소, 통역사, 보조인, 주변 환경, 상해보험, 의료보험 등에서 비장애인에 비해 장애인을 고용할 때 더 많은 비용을 부담해야 할 것이라는 고용주들의 주장에서 비롯되는 것이라 볼 수 있다(Russell, 1998). 이런 과정에서, '장애'란 어떤 사람에게는 일자리가 제공되어야 하고 혹은 제공되지 말아야 하는지를 정의하는 사회적 기준이 되어 버렸다. 19세기 노동시장이 작동하는 방식은 이렇게 효과적으로 모든 부류의 장애인들을 시장에서 배제시킴으로써 장애인들이 극단적인 빈곤을 경험하며 살게 만들었다(Russell, 1998).

이러한 결과로 장애인들은 사회의 골치 아픈 존재로 인식되었고, 이는 그들을 노역장이나 수용소, 감옥, 구제기관, 특수학교 등 다양한 제도의 주 대상으로 편입시킴으로써 사회로부터 그들을 분리시키는 데 정당성을 부여하게 되었다. 이러한 장애인에 대한 사회적 억압은 사회적 다윈주의자들에 의해 더욱 합리화되었는데, 이들의 주장에 의해 자본시장에서의 열등함은 사회 전 분야에서의 열등함을 의미하게 되었고, 노동력의 열등성은 장애인 집단이 사회적으로 퇴화되어야 하는 집단이라는 근거 없는 믿음에 대한 암묵적인 동의를 형성하게 하였다(Thomson, 1998). 장애인에 대한 강요된 불임이나 장애아의 낙태 등이 국가적으로 합리화되는 과정이 이를 잘 보여 주는 것이라 할 수 있는데, 나치 치하 독일의 장애인 학살이나 20세기 초반 유럽과 아시아 그리고 다른 대륙에서의 낙태 합법화가 이것의 좋은 예이다.

3. 장애의 산업화

장애를 정치 · 경제적 사회관계의 산물로 보는 관점에서는 장애를 가진 육체가 의료화되거나 상품화되는 과정 역시 이해가 가능하다. 장애가 있는 사람의 몸은 대부분의 경우 의학적 치료가 반드시 수반되어야 하거나 의학적 치료를 통해 좀 더 '정상적인' 상태에 가까이 갈 수 있다는 이유로, 장애를 갖게 되면 의학적 치료를 우선순위로 이행하는 경우가 대부분이다. 그러다보니 장애가 있는 몸은 의학적 치료 분야에서 매우 중요하다. 물론 의학의 발달로 없어지거나 치료되는 질병의 종류가 늘어난 것도 사실이지만, 또한 질병이나 상해가 끊이지 않고 생겨나거나 갈수록 진화하고 있어서 사실상 장애는 의료사업에서 지속적이고 무한한 이익을 창출해 내는 대상의 하나이다. 이러한 실정을 놓고 보면, 장애가 주로 의료적 관점에서 인식되고 장애를 매개로 한 산업이 케어산업과 건강보조산업 등 그 유형을 다양화시키며 확장해 가는 것을 이해하기는 어렵지 않다.

1) 몸의 의료화

장애의 정치·경제적, 사회·심리적 측면 등 다른 부분을 고려하지 않고 의료적 측면의 원인과 결과, 그리고 치료법만을 강조하는 의료화의 핵심 아이디어는 바로 장애를 가진 육체가 '치료 가능한 결함'이라고 생각하는 데에 있다. 즉, 치료를 통해 몸의 '결함'을 없애는 것이 가장 중요하다고 생각하며, 이를 위해 의학 전문가들은 자신이 가진 지식과 치료 경험, 그리고 치료법 처방으로 장애가 있는 몸을 자신의 판단에 따라 움직이려 한다. 의학과 의술은 무엇이 장애이고 어떤 사람이 장애인인가를 정의하고 이에 대한 치료가 무엇인지를 판정하는 데 결정적인 권한을 가지게 되어, 장애와 장애인에 대한 의료 전문가의 통제의 과정은 사회적으로도 매우 윤리적이라고 받아들여지게 된다. 이렇게 장애는 전적으로 의료의 한 부분으로 인식되게 되고, 의사들은 장애인들의 삶을 좌지우지하는 유일한 집단으로 받아들여지게 된다. 태아가 이상한지 그렇지 않은지, 장애를 가진 태아를 없애야 하는지 그렇지 않은지, 장애인이 어떤 치료를 받아야 하는지 등, 장애인이 원하든 원하지 않든, 그들의 삶과 관계되는 모든 과정을 의사들이 결정하고 지시하면 장애인이나 장애아를 가진 사람들은 이들의 결정에 따라야 한다는 사회적 합의가 진행된 것이다.

물론 이러한 과정이 어떤 측면에서는 합당하다고도 볼 수 있다. 예를 들어, 현실적으로 구분할 수 있을 정도의 몸의 상태를 어떤 병으로 이해해야 하는지, 그에 따른 현실적인 치료적 조치가 어느 정도 개발되어 있는지, 질병에서 벗어나기 위해 가능한 의료적 치료가 어떤 것이 있는지, 어느 정도의 치료가 현실적으로 가능한 것인지에 대한 사실을 확인할 수 있는 방법은 의료 전문가로부터 설명을 듣는 것이기 때문이다. 그러나 이러한 지식을 모두 소유하고 있는 의료 전문가의 절대적 권위와 통제가 장애인의 '몸의 능력(body ability)'의 부분까지 개입하게 되었다는 사실은 깊이 생각해 볼 문제이다. 그래서 휠체어와 같은 보조기구의 처방, 교육과 국가보조의 결정, 노동력과 노동 가능성의 측정 등 장애인의 삶에 있어 중요한 결정의 대부분에서 의료 전문가의 의견과 그들의 결정이 반드시 반영되어야만 하게 되어 있다. 이런 직접적인 의료 분야 외에도 물리치료나 작업치료 등 건강과 케어에 관련되는 다양한 임상 분야에서 의사들의 권위는 역시 절대적이어서 의료적 모델에 의존한 사회적 담론은 의료 전문가에 대한 장애인 당사자의 종속화를 더욱 심화시키고 있다고 볼 수 있다. 이러한 과정을 통해 의료 전문가는 장애를 가진 개인과 집단의 몸에 대한 통제권을 차지하게 되고 사회적으로도 역시 장애인의 몸에 관한 전적인 권위를 넘겨받게 되었다고 볼 수 있다.

의료적 지식에 의존한 전문가들의 통제와 의료적 권위에 대한 사회적 인정은 질병의 경험을 이해하지 않은 상태에서 장애를 설명한 것이라 볼 수 있다. 사실상 많은 현대적 질병들은 생물학적 원인을 전혀 알 수 없는 경우가 있고, 의료적 치료가 전혀 도움을 줄 수 없는 경우도 많다. 따라서 의료적 모델은 문화적 요인이 '장애'와 '장애인'이라는 범주를 형성하고 장애인의 배제에 얼마나 지대한 영향을 미치고 있는지에 대해 명쾌히 설명하는 모델이라고 보기 힘들다. 몸의 기능 향상과 이에 따른 삶의 질의 향상이라는 명제를 두고 볼 때 의학적 처방은 매우 중요한 부분임에 틀림이 없지만, 몸에 대한 경험으로서 장애를 이해하기 위해서는 의료적 사실이라는 단순한 측면보다 더욱 다양한 측면에서의 접근과 고려가 필요하다. 그러나 장애 자체가 의료적 범주 안에서 결정되고 치료에서부터 학교나 일자리의 형태 등 모든 처방들이 의료 전문가들에 의해 결정되는 현실에서는 장애인의 하루하루의 일상생활이 의료화되어 간다고 해도 과언이 아닐 것이다. 미국의 경우 노골적으로 장애가 노동시장과의 관계 속에서 정의되고 있는데, 한 예로 노동자 보상 규정에서 노동자의 육체는 기능적 부분 각각에 가해진 손상의 정도에 따라 평가된다(Berkowitz, 1987).

Foucault(1995)는 이러한 몸의 의료화에 주목하고, 그것은 곧 몸에 대한 '통제·관리(governance)'라고 하였다. Foucault는 광기(狂氣)에 관한 연구를 통해 사회의 다양한 가치들이 병리학의 일정한 범주로 전환되며, '광기를 가진 사람들', 즉 '미친 사람들'은 정상적인(평범한) 사회적 삶에서 배제되어 전문가의 영역 안에 고립되게 된다는 점을 지적하였다. 이와 함께 그는 병리학 역시 사회적 인식의 영역과 무관하지 않다는 점을 지적하였는데, 그는 '정상적' 혹은 '미치지 않은'이라는 개념 없이 '광기' 혹은 '미친', 그리고 '비정상적인'이라는 개념은 성립되지 않는다고 설명하며 정상과 비정상의 개념은 임의로 구분되고 정의될 수 있음을 주장하였다. Foucault의 설명을 바탕으로 생각해보면 장애 또한 마찬가지로 해석될 수 있다. 앞에서 설명하였듯이, 이러한 '정상적인 몸'의 개념은 현대 사회로 들어오면서 자본주의의 가치와 밀접한 관계를 가지고 임금노동에 적합한 육체만이 가치 있는 몸으로 받아들여지게 되었고, 자본시장의 요구에 부응하지 못하는 육체는 배제를 통해 사회 의식적으로 또한 사회 구조적으로 통제당하게 되었다. '몸의 다름' ― 장애를 가진 이유로 ―은 (장애가 없는) 사람들이 하는 것과는 다른 역할을 이행함으로써 충분히 그 가치를 인정받을 수 있는데도 불구하고, 이러한 다름은 자본주의적 가치가 지배하는 사회에서는 임금노동의 요구를 만족시킬 수 없는 '미흡하고 모자란 것'으로 우선 인식되어 그 가치를 인정받을 수 있는 메커니즘을 쉽게 찾을 수 없게 된다. 결국 장애를 가진 몸은 '정상이 아닌 몸'이 되며, 그 기준은 의료 전문가들이 만든 장애 분류법에 의거한다. 따라서 장애와 장애 분류의 의료화는 '정상'과 '장애'의 분할에 매우 중요한 역할을 하고 있으며, '정상'의 범주에 포함되기 위해서는 의료 전문가의 판단에 전적으로 의존해야 한다.

2) 장애의 상품화

의료화된 몸은 관련된 모든 것의 상품화와 직결된다. 앞서 설명한 것처럼 의료적 판정과 의료적 처방에 의존하는 장애인의 몸은 의료의 경계선 내에서 그 치유 방법도 찾아야 한다. 이러한 이유로 자본주의 사회에서는 너무도 당연히 의료적 치료와 관련되는 모든 부분은 상품화된다. 산업사회는 장애인들에게 제공할 수 있는 재활, 교통, 보육, 고용, 주거, 서비스라는 특별한 장치를 만들어 왔는데, 관련 산업은 이러한 수단, 즉 보조교통수단, 특수학교, 생활서비스와 관련되어 장애인들을 주류 사회와 격리시킴으로써 엄청난 돈을 벌고 있는 것이 사실이고, 장애인들이 이러한 자본의 힘에서 벗어날 수 없음 또한 사실이다(Charlton, 2009). Albrecht(1992)도 기업가들과 의료 전문가들이 장애를 거대한 사업으로 형성하며 손상된 육체를 시장 가치에 따라 상품으로 전환시킴으로써 장애인의 몸을 이용한다고 지적하였다. 장애와 관련한 기업의 이러한 대응은 정책을 통한 국가의 공공 지출이 자신들의 사업을 통해 수입을 보장하고 있기 때문이며, 이는 장애인을 이윤 증식에 사용할 수 있다는 기업 등의 자본가의 깨달음에 기반하고 있다(Russsell, 2001).

장애가 상품화되는 구체적인 예를 살펴본다면, 특히 케어산업에 주목할 수 있다. 케어산업의 세입은 엄청난 규모로 증가하고 있는데, 각 국가와 문화들 간의 차이는 있을 수 있겠지만, 이는 이익과 시장의 경제력이 재활과 건강 유지를 위한 공공 정책의 영향력 아래 커져 가고 있음에 기인한다. 물론 이와 관련된 사업들은 분명히 많은 부분에서 장애인의 필요를 충족시키고 심리적인 만족감을 주고 있지만, 이는 장애인들에게 또 다른 부정적인 영향력을 행사하고 있음도 사실이다. 예를 들어, 각 국의 휠체어 산업을 생각해보면, 회사의 단기 수익을 극대화할 필요로 인해 독점을 통해 가벼운 휠체어의 개발을 방해하거나 보험회사나 병원 등과의 협력관계 등을 이용해 구매를 강요하는 등으로 높은 수익률을 올리고 있는 경우가 매우 많다. 또한 요양원 사업을 살펴보면, 공동체 등의 생활을 통해 지역사회로 통합될 수 있는 프로그램을 늘리기보다는 개인의 재활을 도울 수 있는 정부 재정을 삭감하고 요양시설을 늘이면서 관련된 사업체에 거대한 이익을 보장하는 결과를 초래하는 현상도 볼 수 있다.

Ⅲ 통제와 배제의 메커니즘으로서의 사회 정책

사회적 장애를 구성하는 데 있어서 사회 정책이 다양한 방법으로 중요한 구실을 한다는 사실을 부정할 수는 없을 것이다. 물론 장애는 적절한 사회 정책의 개발을 통해 해결될 수 있는 부분도 있다. 그러나 이러한 장애 정책의 배후에는 특정한 사실에 대한 가정 혹은 이데올로기가 숨어있다는 사실 또한 부정할 수는 없을 듯하다. 장애 정책의 배후에 있는 이러한 가정 혹은 이데올로기는 장애인에 대하여 사회에 만연한 편견과 다르지 않으며, 따라서 이것은 사회 정책이 다른 사회 시스템과 같이 사회 이데올로기에서 자유로울 수 없다는 사실을 잘 보여 준다. 다시 말해, 장애인에 대한 부정적인 사회 이데올로기가 사회 정책의 곳곳에 그대로 스며들어 반영된다는 의미이다. Hahn(1985, p. 211)은 장애와 사회 정책의 깊은 관련성에 대해 아래와 같이 언급하면서, 공공 정책이 장애의 원인과 그 영향에 대해서는 별 의미를 부여하지 않고 오히려 장애로 인한 부정적인 결과만을 강조한다고 주장하였다.

기본적으로 장애는 공공 정책에 의해 정의된다. 정책에서 언급하는 것이 곧 장애일 수 있다. 이러한 시각은 장애를 보완이나 개선이 필요한 문제 혹은 불이익으로 보는 당국의 인식을 구체화한다. 따라서 문제가 개인에게 있는지 환경에 있는지 여부는 관심 밖이다. 게다가 인식된 불이익에 대한 반응의 결과를 이론적으로 확인하려 하지도 않는다. 그런데도 정책은 불리한 환경이 장애를 구성하는 것이 아니라 장애가 불리한 환경을 구성한다는 것을 강조한다.

장애와 관련한 정책들이 장애인의 능력을 의심하거나 폄하하는 성격이 짙다면 장애인은 비장애인에 비해 그만큼 더 인정받지 못하게 되고, 이는 공공 정책을 통해 장애인과 비장애인 간의 격차가 더욱 커지는 결과를 불러오는 동시에 개인의 능력과 상관없이 장애인 집단과 비장애인 집단 사이에 권력 혹은 사회적 힘의 계급화를 불러온다.

1. 통제의 메커니즘

많은 부분에서 그리고 다양한 형태로 사회 정책이 장애인을 통제하는 역할을 이행해 왔음은 사실이다. 이 중 장애인을 주류 사회로부터 분리시키는 시설화는 공공 정책을 통한 장애인 통제의 대표적인 형태라 할 수 있다. 장애인의 시설화의 과정은 각 사회가 장애인들을 얼마나 인위적으로 위험 집단 혹은 혐오 집단으로 몰아갔는지를 극명하게 보여 주는 예이다. 학자들은 대규모의 폐쇄적 시설의 구조가 시설의 존재 자체가 가지는 억압성을 설명하기에 충분하다는 지적을 많이 해 왔다. 즉, 그 크기에 따른 운영 스타일, 원만한 운영을 위해 선택하는 직원의 태도나 행위, 그리고 부족한 자원의 문제는 시설화의 끊임없이 지적되어 온 문제점들이다(French, 2004). 많은 수의 사람들이 한 건물 내에서 생활하기 위해서는 규칙과 규정이 앞세워지게 되고, 집단생활의 유지를 위한 일치성이 개개인의 특성보다 우선순위로 고려되며, 그 규칙과 규정이 지켜지지 않은 상황에서 개인에게 가해지는 처벌만으로도 시설거주인들의 생활이 만족스럽지 않을 가능성이 높다. 특히 영·미 사회의 연구들에서 시설의 문제를 거론할 때 지적되는 또 하나의 사실은, 지금까지의 시설의 운영 상황으로 미루어 보았을 때 시설거주인의 이익보다 그 안에서 직업적 노동을 이행하고 있는 직원들의 권리가 시설 유지의 중요한 이유가 되어 왔다는 것이다(Swain, Finkelstein, French, & Oliver, 1993). 따라서 관련 연구들은 전문가 집단, 특히 케어 담당자들을 부정적 시설 환경의 일부라고 보기도 한다(Morris, 1993).

시설은 그것이 태동할 시기, 즉 중세기 빈민을 위한 작업장을 세우던 시기부터 그 내재적 이데올로기를 명확히 드러낸 것으로 이해된다. 중세기에는 사회 문제의 중심에 있었던 빈곤의 문제를 사회 불평등의 구조적 결과로 보지 않고 빈곤을 경험하는 개개인의 윤리적 문제로 해석함으로써 그 문제의 해결을 개인의 처벌과 교정에 두면서 부당한 처우를 정당한 사회 교화 방식으로 합리화시켰다(Rimlinger, 1971). 이는 빈곤을 경험하지 않는 지배 세력의 권력을 유지하는 데 유용하였으며, 많은 수를 차지하는 빈민들의 저항을 막을 수 있는 '합리적' 대처 방식이었다. 중세기 이후에도 지속된 장애인들의 시설 입소와 그곳에서의 지속적 생활의 강요는 사회적 자원의 불공평한 분배 방식에 저항하지 않게 하는 방법이라 볼 수 있으며, 특히 시설 유지를 위해 규율에 대한 복종을 강요하며 거주인들의 자유를 제한 혹은 박탈하거나 순종을 당연한 의무라고 여기게 함으로써 권력을 가진 집단의 지배를 정당화해 왔다고 볼 수 있다(Foucault, 1995). 이런 의미에서, 규제된 생활을 강요하는 어떤 시설도 사실상 지배 이데올로기를 재생산하는 도구적 역할을 한다는 비판에서 자유로울 수 없다.

거주시설의 역사에서 볼 수 있듯이 처음에는 빈민들을 수용하던 시설로 시작해 1330년경에 신체장애인들을 대상으로 한 병원과 1403년에 정신장애인들을 위한 병원을 열면서 그 다양성을 꾀하며 시설의 수가 큰 폭으로 늘어나게 되었다(Andrews, Briggs, Porter, Tucker, & Waddington, 1997). 어떠한 종류의 집단을 수용하든, 시설은 거주인들 사이에서 '장애를 가진 집단'으로서의 동질성과 동일계급 의식을 강화하는 역할을 하기도 한다(Foucault, 1995). 한 터전에서 생활한다는 공통점을 찾기도 하고 같은 처지에 놓여 있다는 공감대를 형성하기도 하면서 서로를 동일한 집단으로 인식하게 되는 것이다. 그러나 이러한 집단의식이 비판적 사고의 형성과 같은 긍정적 측면으로 발달하지 않고 그 반대의 방향으로 발전할 경우에, 서로 간의 처지를 더욱 비관하고 함께 생활하는 상대를 더 비하하는 태도를 가지게 만들 수도 있다.

시설 체계가 시사하는 또 다른 점은 그것이 시설거주인 집단의 '사회로부터의 격리'를 합당한 방법이라고 간주하게 한다는 것이다. 즉, 시설의 존재가 시설거주인 자신들뿐 아니라 사회 성원들에게도 장애인들의 격리를 매우 합리적인 처사로 여기게 만드는 것이 더욱 큰 문제이다. Swain et al.(1993)은 전통적 시설, 즉 작업장, 수용보호소, 기숙형 특수학교 등의 설립이 장애를 사회적으로 바람직하지 못한 특성이라 규정함과 동시에 그 특성을 가진 사람들을 집단적으로 분리시키는 행위를 합리화하였고 그 정당성을 그들의 특성에 의미 지어진 위험성과 불건전성에서 찾았으며 이렇게 만들어진 정당성을 근거로 1960년대와 1970년대에 영국에서 장애인들의 격리 수용시설의 수가 큰 폭으로 증가했다고 설명하였다. 이러한 시설의 고립이 가져오는 영향력은 장애인 집단 전체에 부정적으로 작용하여 사회로의 통합을 점점 불가능하게 만든다. 격리를 목적으로 한 장애인 시설은 지리적으로 고립되어 있어 주류를 형성하는 비장애인과의 접촉이 용이하지 않다. 그러다보니 오랜 시간 사회로부터 떨어져 주류 사회와의 관계를 단절하고 살아가면서 다양한 사람들과 만나지 못할 뿐 아니라 가족이 있는 사람들의 경우에도 가족과의 관계조차 제대로 형성하지 못하여 가족 성원으로서의 소속감도 기르지 못하게 된다. 또한 장애인끼리만 생활을 해야 하므로 인간관계 형성에 가장 중요한 부분인 관계 성립의 사회적 기술을 다양한 통로를 통해 습득할 수가 없다. 격리 생활은 이처럼 인간의 삶의 근본적 구성요소인 사회화를 초기부터 차단하는 역할을 한다. 이처럼 지리적 고립은 곧 사회적 고립을 초래하게 되고 장애인의 집단별 분리화가 그 결과로 나타나게 되며, 이는 사회와의 차단 상태에서 사회적인 어떠한 행위도 할 수 없는 삶을 살아야 한다는 뜻이 된다(Goffman, 1963; Morris, 1993; Swain et al., 1993).

근래에 행해진 많은 연구들에서도 증명되듯이, 장애인들과의 잦은 접촉은 장애인에 대한 거부감과 두려움을 없애고 사실적이지 않은 잘못된 인식들을 깨는 데 중요한 역할을 한다. 자주 만나는 장애인들과 개인적 관계를 형성하면서 비장애인들은 장애인들이 자신과 그리 다르지 않은 부류의 사람이라는 생각을 하게 되고 서서히 그들을 사회의 성원으로 인정하게 되는 것이다. 그러나 자신의 활동 영역 밖에 있어서 전혀 만날 수 없는 사람들이 사는 장소는 다른 세계처럼 생각되기 쉬우며, 따라서 시설은 비장애인으로 하여금 근접해서는 안 되는 금기의 영역으로 인식되거나 온갖 불미스러운 일이 벌어지는 범죄의 영역이라고 인식되게 된다. 바로 이런 거리감과 이질성의 형성이 사회의 또 다른 잘못된 인식을 보편화시키는 것이다. 심지어는 특정한 집단, 특히 위험과 결부되어 인식되는 집단, 예를 들어 흑인이나 다른 유색 인종, 장애인, 특정 국적을 가진 사람들을 통제하기 위한 방법으로 행해지는 학대와 같은 비이성적 행위조차도 그들을 사회와 떼어 놓기 위해 어쩔 수 없이 선택하는 한 방법이라는 사회적 담론이 만들어지기도 한다. 그럼에도 불구하고 시설을 통한 사회적 분리와 통제의 방식은 지금까지도 그 형태를 바꾸어가며 계속되어 왔다고 볼 수 있다. 그러나 장애 학생을 분리시켜 놓은 특수학교 및 정신적 문제 등을 이유로 외부와의 접촉을 잘 허락하지 않는 정신병원 등은 장애인들을 일정한 공간에 밀집시킨 후 비장애인들과의 관계 형성을 금하게 하거나 그들만의 집단적 특성을 강조해서 사회로 섞여 들어가지 못하게 하는 효과를 그 목적으로 한다는 의미에서 현대 사회에 존재하는 또 다른 시설 정책이라고 볼 수 있다.

2. 배제의 메커니즘

장애와 관련된 사회 정책은 통제뿐 아니라 배제까지도 그 결과가 될 수 있음을 주지할 필요가 있다. 연구자들이 주장하듯이 법률과 정책은 사회적 의존성을 창조하는 한 영역이라 볼 수 있는데, 이는 장애인들이 자신의 필요에 부응하지 못하거나 경우에 따라서는 원하지도 않는 정책·서비스의 수동적 수혜자가 될 수밖에 없어 국가 정책에 의존하게 되는 경우가 많기 때문이다. 이는 장애인이 주류 경제활동과 사회·문화 활동의 주체가 될 수 있는 기회로부터 그리고 사회 문화를 향유할 수 있는 기회로부터 배제되게 만드는 역할을 한다. 여기에서 의존성과 배제의 관계는 매우 중요한데, 그것은 바로 국가의 의무와 책임을 이행하는 수단, 즉 기본적 권리 보장을 위한 법·정책과 사회서비스 정책들을 통해 장애인의 집단적인 국가 의존성을 높이고 이에서 벗어나지 못하게 하는 속성이 있기 때문이다. 이러한 이유에서 국가적 지원 정책은 장애인 집단으로 하여금 사회적 힘을 키우지 못하게 하고 권력 구조에서 멀어지게 하기도 하며 동시에 사회 중심적 역할을 이행하는 데 상당히 큰 걸림돌이 되어 사회 중심부에서 배제되게 하는 원인이 되기도 한다.

한 예로 장애 관련 법을 생각해 보면, 이는 장애인을 위한 서비스의 제공을 주목적으로 하고 있어 장애인이 필요한 기회를 갖게 하는 지원 정책이라기보다 장애의 결과로 경험할 수 있는 차별을 금지한다든지 혹은 비장애인과의 경쟁에서 평등한 기회를 부여받지 못한 경우에 보상할 수 있는 방안들로 그 내용이 구성되어 있다. 이러한 정책의 내용과 방향은 장애인이 어떤 이유에서든 무력한 사람이라는 사회적 인식을 강화하는 역할을 하게 된다. 우리나라의 장애인복지법을 살펴보면, 그 주요 내용으로 재활과 자립을 위한 지원 서비스, 의료비 지급, 자녀교육비 지급, 세금 면제, 자금 지원, 생업 지원 등을 명시하고 있는데, 이러한 내용들은 장애인들의 경제적 어려움과 일상생활의 어려움 등을 '일부' 해결하려는 법의 실질적인 목적을 명확히 드러내는 것이다. 그러나 이러한 법적 지원 정책은 생활 유지에 필요한 기본적 서비스와 지원을 위한 것임과 동시에 장애인들이 그러한 기본적인 삶의 조건조차도 갖추지 못하고 살아가고 있음을 드러내는 것이기도 하다. 법적 지원은 분명히 많은 장애인에게 필요한 국가적 도움이겠지만, 문제는 이러한 지원이 개개인에게 필요한 형태와 양만큼 지원된다기보다는 장애인 집단을 일률적으로 정의하고 분류하여 일괄적인 형태로 시행된다는 점이고, 이를 통해 '혜택'을 보아 온 사람들은 충분하지 않은 이러한 국가 지원에라도 더욱 매달릴 수밖에 없는 상황에 처하게 되며 동시에 생존과 생활 유지를 위한 다른 수단을 찾지 않거나 못하게 된다는 점이다. 이러한 현상은 장애인의 기본권의 보장을 위한 최소한의 국가 의무가 오히려 장애인의 집단적 무력화의 원인이 되어 장애인이 경제적 활동 등 사회의 주류 영역에서 멀어지게 하고 결과적으로 배제되도록 한다. 이러한 관점에서 보면 생활 보존을 위한 법·정책들은 장애 자체가 원인이 되어 국가의 도움을 받아야 하는 것으로 인식하게 할 가능성이 크고, 동시에 장애인을 이렇게 '도움 받아야 하는 집단'으로 규정함으로써 기본적인 장애인의 권리를 보장하기 위한 근본적인 해결책으로서 기능하고 있다고는 보기 힘들다. 이처럼 사회 정책이 수행되는 방식을 통해 의존성이 강화된다는 사실을 곰곰 생각해보면, 어떤 측면에서는 장애인에 대한 지원을 명시하는 법률 자체가 장애인의 사회적 의존성 창조에 기여하고 있다는 사실을 부정할 수는 없을 듯하다.

주류로부터의 배제는 법·정책뿐 아니라 장애인과 관련된 여러 가지 사회서비스에서도 역시 잘 나타난다. 그래서 장애인의 삶을 보장하기 위해 시행되는 각종 감면과 할인 혜택 등 경제보조 정책, 주택 정책, 그리고 각종 서비스 지원 정책 등 다양한 정책 분야에서 장애인이 빈곤한 집단이라는 이미지를 심어주거나 장애인들로 하여금 만족스럽지 못할 만큼의 국가 지원에도 연연하게 하는 것을 흔히 볼 수 있다. 장애인 경제보조 정책에서는 장애인의 소득을 보장하려는 목적으로 장애인연금과 장애수당, 그리고 장애아동수당을 지급하고 있는데, 이의 지급 수준이 2만 원에서 38만 원 정도로 실제적으로 소득 보장의 주요한 역할을 할 수 있을 만큼의 지원이라고는 보기 힘듦에도 불구하고 적지 않은 수의 장애인들이 이의 수급을 위해 판정을 다시 받거나 하는 등의 노력을 하고 있다. 각종 감면이나 할인 혜택 역시 이러한 측면에서 이해될 수 있는 부분이 있다. 대부분 국가의 감면과 할인 혜택은 장애 조건에 대한 인센티브 정책이 대부분인데, 우리나라의 경우 각종 감면과 할인 혜택으로 자동차세 면제, 철도·지하철 요금 할인, 고속도로 통행료 할인 등이 있으나 이러한

'혜택'이 장애인의 욕구를 해결해 줄 수 있을 만큼 적절히 운영되는 전달체계가 갖추어져 있지 않아 자원 배분의 형평성과 효율성을 상실하게 되는 경우가 많다(남찬섭, 2002). 또한 장애인연금이나 장애수당과 같은 지원의 수급을 위해 불필요한 장애 판정을 받는 인구를 증가시킬 가능성이 크고, 장애 판정을 통한 목록 등재를 통해 일괄적으로 장애 인구를 통제할 수 있게 하는 결과를 낳을 수 있다.

장애인을 사회 주류로부터 배제시키는 부분은 주거 정책에서도 찾아볼 수 있다. 장애인을 위한 주거 정책의 대표적인 형태는 공공임대주택의 제공인데, 이는 시장에서 주거 수요를 충족하지 못하는 계층을 위한 주택 공급 수단이며 장애인 세대에 저렴한 임대료로 안정된 주거를 제공하는 것이 목적인 정책이다. 그러나 여러 연구에서 이미 지적된 바와 같이 저소득자들을 위한 이러한 국가적 주거 지원 정책이 그 목적과 다른 결과를 초래하고 있는데, 그것은 지원 정책의 대상에게 가난한 사람이라는 사회적 낙인을 부여한다는 점이다. 공공임대주택 등의 특별 공급은 흔히 공급자가 시혜적으로 배분하는 것이라고 받아들여지므로, 이를 공급받는 이들은 빈곤자의 이미지에서 벗어나기 힘든 것이다. 더욱이 공공임대주택의 특별 공급은 정책적인 수준에서 계획되는 것이 아니라 사업 주체가 임의적으로 결정할 수 있는 부분이기 때문에 장애인을 위해 확보된 지속적인 지원 정책이라고는 볼 수가 없다. 결국 소수에 해당하는 대상자만이 '혜택'을 볼 수 있는 정책이고, 결과적으로 주택 공급을 필요로 하는 대다수의 비혜택 장애인들은 사회적 약자를 위한 국가의 책임에서 소외되는 경험을 할 수밖에 없다.

국가 기반시설이나 건축 환경 등도 역시 장애인의 물리적인 접근과 이용을 불가능하게 만들어, 이들 시설·환경을 통해 이루어지는 사회 참여로부터 배제되게 하는 결과를 초래한다. 공공·민간 건물에 있어서 화장실 등 출입구에 휠체어가 통과되지 않는 경우, 바닥 턱으로 인해 이동이 불가능하게 되는 경우, 승강기와 경사로, 안내 설비가 설치되지 않아 높은 층으로의 접근이 허용되지 않는 경우 등이 있다. 또한 개인 주택의 경우에 자기 소유가 아니라면 편의에 맞게 개조할 수 없는 등 주거공간의 이용이 불가능하게 되기도 한다. 이러한 이유로 많은 국가들은 법안을 마련하여 공공·민간 건물, 그리고 주택 환경의 물리적 접근성을 높이려 노력하고 있다. 즉, 장애인만을 위해 특별히

법을 제정하는 경우는 흔하지 않더라도 이동약자 집단 전체를 대상으로 하는 법규 등을 적용하여 일정한 시설이나 설비를 갖추게 하거나 신축·재건축·증축 시, 특히 오래된 공공건물의 개조 시 장애인의 접근성을 보장하도록 하고 있다. 또한 주택 내 장애물을 제거하고 필요한 시설 설치를 지원하거나 접근성 확보를 위한 대안적 방안으로 인적 서비스를 제공하는 경우도 있다. 그러나 이러한 법·제도 및 지원 정책이 최소한의 접근권을 보장하는 역할을 하고 있기는 하지만, 타 사회 구성원들과 동등하게 사회 참여를 보장받을 수 있을 만큼 충분하지는 못하다는 것을 부인할 수는 없다.

이처럼 각종 사회 지원 정책들이 그 지원의 범위와 대상을 넓혀가고 있기는 하지만 법규 등으로 정해놓은 규정 준수의 정도가 원칙적인 의무 수행을 이행하라는 수준이어서, 언급한대로 장애인에 대한 최소한의 지원 조건을 만족하는 것일 뿐 이들의 사회 참여를 위한 충분한 지원책이라고는 볼 수 없다. 이러한 이유로 장애인은 사회 참여 자체에서 소외되거나 오히려 국가를 상대로 끊임없이 요구하는 대상자로, 즉 사회의 불만 세력으로 인식되게 된다.

Ⅳ 사회 정책의 의도하지 않은 결과

위에서 설명한 것처럼 사회 정책은 여러 측면에서 통제나 배제의 역할을 하며 장애인을 사회로부터 멀어지게 하는 부분이 많다. 또한 정책의 의도와 상관없이 부정적인 방식으로 장애인과 비장애인 간의 집단적 차이를 형성하게 한다는 점도 인정하지 않을 수 없다. 그러나 어떤 측면에서는 장애와 관련된 사회정책이, 비록 의도하지는 않았으나, 장애인들이 집단적 응집력을 키우는 결과를 가져오기도 하고 집단적 요구로 인한 현실적 변화를 통해 장애인 개인의 의식의 변화 등을 초래하기도 한다. 장애인과 관련된 공공 정책의 개선을 위해 장애인이 계급과 성 등 장애인 집단 내의 차이를 드러내지 않고 일원화된 요구를 형성하기도 하고, 집단 간 갈등을 뛰어넘어 연합체를 구성하여 단합된 모습을 보이기도 하는 것이다. 정책을 매개로 하는 이러한 단일화와 연합화의 현상은 결과적으로 장애인의 집단적·개인적 임파워먼트에 있어서 중요한 측면이라 할 수 있다.

1. 정체성 형성의 메커니즘

사회 정책이 장애인 집단의 임파워먼트를 초래한다는 것은 그 자체가 가지고 있는 특성 때문이라 볼 수 있다. 일반적으로 사회 정책은 인종, 국적, 성, 계급, 장애, 연령 등 사회를 형성하는 특징적 범주를 기준으로 계획되고 시행된다. 예를 들자면, 흑인과 아시아인을 위한 교육·고용 지원 정책, 여성 지원 정책, 저소득층 지원 정책, 장애인 지원 정책, 노인 지원 정책 등이 있다. 물론 장애여성 지원 정책, 다문화 아동 지원 정책, 저소득 모자가정 지원 정책 등 한 범주 내 특별한 소집단을 대상으로 하는 정책도 시행되고 있기는 하지만, 이런 정책들은 대상 집단 중에서도 특별히 그 지원의 수위가 높아야 한다거나 중첩된 지원이 아니면 기본적인 권리 보호가 힘들다는 사회적 동의가 형성된 이후에 시행되는 것들이다. 그러므로 보통의 경우에는 성, 장애, 연령 등 사회구성원들이 소속감을 가질 수 있는 범주를 중심으로 정책의 대상과 범위가 결정되고 구체적인 사항들이 이행되게 된다. 이렇게 사회 정책은 일반적으로 그 포함 대상이 광범위하고 또한 정책의 대상이 되는 집단은 동질화되는 특성이 있다. 즉, 여성이든 남성이든 흑인 혹은 백인이 인종이라는 한 개의 범주로 동질화되는 특성이 있고, 각각의 계층들도 한국인이라는 국적으로 동질화되며, 학력이나 소득 수준의 차이와 상관없이 장애라는 범주 내에서 하나의 동질화된 집단이 되는 것이다.

이렇게 동질화된, 여성이나 장애인 등 사회적 약자 집단의 경우에 소득이나 학력과 상관없이 기존의 사회 정책의 개정이나 새로운 정책의 제정을 위한 협의체를 형성하여 구성원 간 의견 차이를 조정하고 단일화된 정책안이 반영될 수 있도록 노력하며, 이러한 과정을 통해 구성원들은 집단적 정체성을 형성하게 된다. 집단 구성원 간 동질성을 강조하여 일원화된 입장을 최대한 정책에 반영해야 하고 이를 통해 정책으로부터 얻을 수 있는 이익을 최대화해야 하기 때문이다. 결과적으로 정책 대상 집단은 동질성을 강조할 수 있는 특성을 중심으로 정체성을 강화할 수밖에 없는 측면이 있다. 한 예로, '장애인차별금지 및 권리구제 등에 관한 법률'(이하 장애인차별금지법)의 제정 과정을 살펴보면, 각각 상이한 목적을 추구하는 58개의 장애인 단체가 '장애인차별금지법제정추진연대'를 구성하여 법 제정 방향과 내용에 대해 단일화된 요구를 정부에 전달하고 장애 유형이나 단체의 지향성과 상관없이 장애인차별금지를 위한 법의 제정이라는 목적 아래 장애인 집단으로서의 단일화된 정체성을 확립하는 과정을 볼 수 있었다. 이렇게 정책의 대상이 되는 집단은 그들 스스로의 응집력을 강화하려는 속성이 있다.

이러한 정책 수립 과정을 통해 집단의 구성원들은 개인적 정체성 또한 형성하게 된다. 개인적 정체성은 소속된 집단별로 형성될 수 있기 때문에 상황에 따라 다른 정체성을 내세우는 등 매우 유동적일 수 있다. 이는 한국인, 여성, 노인, 혹은 장애여성, 장애아동 부모 등 정책 대상으로 소속되는 집단이 필요에 따라 바뀔 수 있기 때문에 한 개인의 정체성도 여러 가지로 형성될 수 있다는 의미이다. 즉, 어느 한 순간에는 장애인으로서, 다른 한순간에는 여성으로서, 또 다른 순간에는 노인 등으로서 자신을 규정하고 여기에 관련된 정책 수립·시행 과정에 참여하며 특별히 일체화해야 할 집단을 자신의 개인적 정체성으로 생각하게 되는 것이다. 또한 어떤 집단의 정치적 특성에 부합하는지 혹은 어떤 집단의 정치적 특성을 선호하는지에 따라 소속감의 정도가 달라질 수 있는데, 개인의 선호도나 특별한 집단에의 귀속감이 떨어질수록 적극적인 행위를 줄이고 정책 수혜의 대상으로만 머물게 되는 반면에, 귀속감이 높을수록 관련 정책에 대한 관심을 높여 적극적으로 정책 과정에 참여하게 된다. 관련된 정책의 지원이 미비한 경우에는 이의 개선을 위해 많은 소속 집단 중 특별한 집단과 자신을 일체화하여 그 집단의 행위에 더욱 적극적으로 참여해 법을 개정하기도 하고 새로운 지원 정책을 만들기 위해 노력하기도 하는 것이다.

2. 인식 변화의 메커니즘

개인적·집단적 정체성의 형성 과정은 개인의 인식이 변화되는 과정이기도 하다. 그 이유는 개인적·집단적 정체성이 형성되면서 자신이 속한 집단과 관련된 사회 정책에 대해 다양한 입장을 정립하게 되고 이러한 과정을 거치면서 자연스럽게 사회에 대한 비판적 의식이 생겨날 수 있기 때문이다. 정책 대상이 그들의 요구를 표현하고 또한 관련 정책에 대한 개선을 요구하면서, 대상 집단의 인식 변화와 이에 기반을 둔 요구에 따라 많은 정책들이 그 내용이 달라지거나 새로운 내용으로 구성되기도 한다. 예를 들어, 그동안 우리 사회에서 여성 정책에 많은 변화가 있었다. 특히 여성의 인권 보호가 강조되면서 공공 정책과 일상생활에서 법 규정이나 공공기관의 설립 등을 통해 여성의 권리 옹호를 위한 사회적 배려가 적극적으로 이루어졌다.

사회 정책은 또한 사각지대에 숨겨져 있는 집단의 존재가 사회 전면에 드러나고 이에 따라 타 집단의 인식 역시 변화되는 결과를 초래하기도 한다. 예를 들어, 장애여성 집단은 1990년대에 소규모 당사자 모임을 시작으로 지역과 중앙의 연대를 형성하며 빠른 시간 안에 사회의 주목을 받을 만큼 정치화되었다. 전국 규모의 '여성장애인연합'이 결성된 1990년대 후반까지도 한국 사회의 사람들에게는 '여성장애인'이라는 단어가 매우 낯선 것이었다. 한국 사회는 장애인으로만 알려져 있는 집단 내에 성·계급·빈곤·폭력이라는 사회 문제를 동시에 경험하며 사는 사람들이 있다는 사실을 잘 알지 못하였던 것이다. 그러므로 장애여성들이 중첩된 사회 문제 한가운데서 기본적인 보호조차도 받지 못하고 있다는 사실을 한국 사회가 알게 된 것은 장애여성들 스스로 자신들의 처지와 문제를 적극적으로 알리고 동시에 이를 정치이슈화하며 사회 정책의 대상 집단으로 등장하면서부터이다. 장애여성 집단이 자신들의 고통을 드러내며 기본적 권리 보호를 위한 사회의 책임을 요구하였을 때, 비로소 사회의 타 집단들은 이들의 존재를 알게 되었고 이들을 위한 국가의 책임 이행이 필요하다는 사실을 받아들였다. 지금의 한국 사회는 사회적 약자 중의 약자 집단으로 장애여성을 우선순위로 꼽는 데 주저하지 않을 만큼 이들이 직면하는 문제를 인식하고 있고, 또한 이들을 위한 지원이 당연하다고 생각한다. 이런 이유로 여성가족부, 보건복지부, 교육부 등 장애여성과 관련된 정책을 담당하는 부서에서도 이들에 대한 지원 정책을 빠뜨리지 않고 시행하게 되었다.

이처럼 사회 정책은 대상 집단 자체의 인식이 변화하게 되는 동시에 사회 내 타 집단의 인식 역시도 변화하게 되어 결국 전체 사회의 인식이 변화하게 되는 결과를 초래하기도 한다. 또한 여성 정책의 경우처럼, 사회 정책의 개선에 따라 여성의 사회적 위상이 높아지고 이에 따라 삶의 질 등에서 그 효과가 체감되면서 점점 더 많은 여성이 사회 정책에 관심을 가지게 되고 긍정적이든 부정적이든 정책에 대한 의식이 발전되기도 한다. 장애인의 경우도 역시 마찬가지라 할 수 있는데, 장애인 정책이 개선될수록 사회 정책에 대한 장애인 당사자와 비장애인의 관심은 높아지게 되고 이는 사회 정책과 관련한 국민 인식의 변화에 큰 영향을 미칠 것이다. 이렇게 사회 변화에 부응하여 시행되는 정책은 여러 측면에서 대상 집단의 실제적 삶의 향상이라는 효과를 낳을 수 있다.

또한 정책에 대한 국민 의식의 반영도가 높아질수록 정책 수립 과정에서 정책 대상자가 주도권을 차지할 가능성은 커질 수 있다. 장애인 정책의 경우에도 당사자의 욕구와 필요 그리고 이에 따르는 해결책이 장애인 당사자 중심으로 수립될 수 있고 그 이행 방법에서 또한 당사자들의 요구가 최대한 반영될 수 있게 되는 것이다. 특히 최근 20여 년간 장애인의 권리가 강조되면서 비장애인 장애 전문가들이 정책 주도권을 가졌던 과거와 달리 장애인 당사자들이 직접 정책 결정 과정에 참여하는 비율이 증가하고 이들의 요구가 정책에 반영되고 있다. 장애인의 사회 참여를 지원하기 위한 장애인활동지원제도 및 동등한 시민권 확보를 위한 장애인차별금지법이 이의 좋은 예라 할 수 있다. 장애인 정책의 이러한 개선은 또한 장애인 정책이 시혜적 복지 중심이라는 사회구성원들의 인식을 바꾸고 있다. 여러 연구들에서 국가는 장애인의 권리를 보호하고 이들의 기본권을 보장하기 위한 정책 사업을 더욱 활성화시켜야 한다는 결과가 나오고 있음이 이를 증명한다고 할 수 있을 것이다(노종채, 2009; 연세대학교 사회복지연구소, 2009; 인제대학교 산학협력단, 2010).

Ⅴ 결론

장애를 정치·경제적 맥락에서 이해하는 것은 장애인 차별의 연구에서 매우 중요하다. 그 이유는 장애인 차별의 근원이 되는 우월과 열등, 지배와 억압의 이데올로기가 정치·경제적 사회관계 안에서 만들어지기 때문이다. 정치·경제의 결과물로서 장애를 이해하기 위해서는 세 가지 현상을 주목해야 하는데, 그중 한 가지는 장애가 계급화된다는 것이고 다른 하나는 장애인이 억압 받는다는 것이며 나머지 하나는 장애가 의료화와 상품화를 통해 산업화된다는 것이다. 첫째는 경제활동에의 참여가 매우 어려워짐으로써 장애는 곧 빈곤을 수반하게 되고 이는 장애인들이 자본주의 사회에서 낮은 사회적 계급을 형성할 수밖에 없게 된다는 것을 의미한다. 둘째는 자본주의적 사회 시스템이 장애인에 대한 억압을 초래하는데, 장애인에 대한 억압은 임금노동자의 신분을 갖출 수 있는 자격에서 배제하는 것이고 부정적 인식이 사회로부터 장애인을 분리시키는 데 정당성을 부여하였다는 것이다. 셋째는 장애를 가진 몸이 의료적 치료를 통해 재활할 수 있다는 사회적 믿음이 절대적이며, 바로 이런 이유로 장애가 케어산업과 건강보조산업 등의 의료산업에서 지속적이고 무한한 이익을 창출하는 대상의 하나가 되었음을 의미한다.

또한 장애와 관련된 사회 정책은 정치·경제적 사회관계의 대표적인 결과물로 볼 수 있는데, 그 이유는 장애와 장애인에 대한 부정적 이데올로기의 영향을 매우 크게 받기 때문이다. 따라서 사회 정책은 장애인의 부정적 이미지에 기인하여 장애인을 통제하거나 배제하는 역할을 해 왔음을 부정할 수 없다. 정신병원이나 폐쇄적 거주시설 등 장애인을 주류 사회로부터 분리시키는 시설화는 공공 정책을 통한 장애인 통제의 대표적인 형태라 할 수 있으며, 지원 대상이 매우 협소한 장애인 관련 법이나 지원 정책 역시 다수의 장애인을 지원 대상에서 배제하여 이들로 하여금 더욱 큰 박탈감과 소외감을 느끼게 하는 메커니즘이 된다.

반면에 사회 정책은 의도하지는 않았더라도 장애인의 임파워먼트라는 중요한 결과를 초래하기도 한다. 정책을 매개로 대상 집단이 서로의 차이를 넘어 일원화된 주장을 만들어 정책의 개정이나 제정의 여론 형성에 중대한 역할을 하고 이러한 정책 형성 과정의 직간접적인 참여는 장애인의 집단적·개인적 정체성의 형성이라는 결과를 가져 오기도 하는 것이다. 한편, 긍정적으로 형성된 사회관계 내에서는 장애인에 대한 부정적인 인식과 이미지로 인해 나타나는 결과를 줄일 수 있다. 이를 위한 방법 중 하나는 장애인의 권리 향상을 추구하는 사회 정책의 개발이라 할 수 있다. 이는 이러한 사회 정책을 통해 사회적 구조를 바꾸어 장애인이 지금보다 조금 덜 불리한 상황에서 지금보다 조금 더 많은 기회를 부여받으며 살아가게 할 수 있기 때문이며, 동시에 사회 구성원들의 인식을 변화하게 만들어 장애인들의 지지자가 되게 함으로써 차별 없는 사회에 좀 더 가까이 갈 수 있기 때문이다.

이제 장애는 과거와 달리 더 이상 운명적인 것 그리고 불운한 것이 아닐 수 있다. 이는 다름과 포용의 정치경제학이 억압과 배제의 정치경제학을 대신하는 사회가 된다면 장애인과 비장애인의 정치·경제적 관계가 더 이상 불공평하지 않을 수 있기 때문이다.

참고문헌

남찬섭 (2002). 복지개혁 및 복지체제 성격 논쟁의 논점과 향후 논의 방향. 사회복지정책, 14, 9-25.

노종채 (2009). 장애인 주차공간의 관련법규와 이용에 관한 연구. 미간행 석사학위논문, 전남대학교 교육대학원, 광주.

연세대학교 사회복지연구소 (2009). 장애인차별개선 모니터링체계 구축을 위한 정책연구. 서울: 보건복지가족부.

인제대학교 산학협력단 (2010). 장애인차별금지법 이행 및 차별개선 모니터링 연구. 서울: 보건복지부.

Albrecht, G. (1992). *The disability business: Rehabilitation in America*. London: Sage.

Andrews, J., Briggs, A., Porter, R., Tucker, P., & Waddington, K. (1997). *The history of Bethlem*. New York: Routledge.

Berkowitz, E. (1987). *Disabled policy: America's programs for the handicapped.* Cambridge, UK: Cambridge University Press.

Charlton, J. I. (2009). 우리 없이 우리에 대한 것은 없다 (전지혜 역). 서울: 울력. (원출판연도 2000)

Finkelstein, V. (2004). Representing disability. In J. Swain, S. French, C. Barnes, & C. Thomas (Eds.), *Disabling barriers — Enabling environments* (pp. 13-20). London: Sage.

Foucault, M. (1995). *Discipline & punish: The birth of the prison* (2nd ed.). New York: Vintage.

French, S. (2004). Disabled health and caring professionals: The experiences of visually impaired physiotherapists. In J. Swain, S. French, C. Barnes, & C. Thomas (Eds.), *Disabling barriers — Enabling environments* (pp. 212-218). London: Sage.

Goffman, E. (1963). *Stigma: Notes on the management of spoiled identity.* Englewood Cliffs, NJ: Prentice Hall.

Hahn, H. (1985). Toward a politics of disability: Definitions, disciplines, and policies. *The Social Science Journal, 22*(4), 87-105.

Hartsack, N. (1983). *Money, sex, and power: Toward a feminist historical materialism.* London: Longman.

Morris, J. (1993). *Independent lives?: Community care and disabled people.* London: Macmillan.

Oliver, M. (1990). *The politics of disablement.* London: Macmillan.

Rimlinger, G. (1971). *Welfare policy and industrialization in Europe, America and Russia.* New York: John Wiley & Sons.

Russell, M. (1998). *Beyond ramps: Disability at the end of the social contract.* Monroe, ME: Common Courage Press.

Stewart, J., & Russell, M. (2001). Disablement, prison, and historical segregation. *Monthly Review: An Independent Socialist Magazine, 53*(3), 61-75.

Swain, J., Finkelstein, V., French, S., & Oliver, M. (Eds.) (1993). *Disabling barriers — Enabling environments.* London: Sage.

Thomson, M. (1998). *The problem of mental deficiency: Eugenics, democracy, and social policy in Britain, c. 1870–1959.* Oxford, UK: Clarendon Press.

제6장

장애 정체감·자부심, 그리고 장애 문화의 가능성의 탐색

전지혜

173

Ⅰ 서론

장애인에 대한 사회의 지배적인 이미지는 비정상적인 존재, 비장애인보다는 못한 존재, 많이 아픈·가여운 존재, 그리고 사회와 가족이 보호해야 할 대상일 것이다. 반면에 때로는 이러한 장애인이 사회적으로 성공하였을 때 우상화되어 특별한 존재라는 이미지를 갖기도 한다. 장애인에 대한 이러한 이미지화 작업은 여러 대중매체를 통해서 그리고 학교나 가정의 교육을 통해서 더욱 강화되고 있다. 드라마나 영화 속에 나타난 장애인의 이미지나, 뉴스나 신문에서 들려주는 성공한 장애인의 영웅담은 우리 사회가 장애인을 어떻게 바라보고 있는지를 여실히 드러내주는 대목일 것이다.

이러한 부정적인 장애인관을 바꾸기 위해 장애계는 장애 인식 개선을 위한 다양한 노력들을 시도해 왔다. 장애를 열등한 개인의 문제가 아닌, 인간의 다양성에 대한 수용이 부족한 사회의 문제로 장애 모델을 바꾸는 패러다임의 전환에서부터 각종 캠페인이나 장애인차별금지법의 도입에 이르기까지, 많은 장애 인권 운동 노력의 초점은 사회의 지배적인 부정적 장애 인식과 태도를 바꾸는 것이었다. 이러한 운동은 사회가 변해야 한다고 주장하는 동시에, 장애인 내적으로도 자기인식 상에 변화를 도모해야 한다고 주장한다. 열등한 존재가 되거나 영웅이 되는 등의 왜곡된 장애에 대한 고정관념과 편견을 바꾸기 위해 장애인 스스로가 장애 열등감이나 장애수치심 대신에 '장애 자부심

(disability pride)'을 갖자는 것이다. 그렇다면 장애 인식 개선 운동은 비장애인이나 사회에 대해서도 필요하지만, 장애인 당사자들에게도 필요한 것이다. 이와 유사하게 사회복지 영역에서는 장애에 대한 자기 수용이나 임파워먼트의 개념으로 접근하여 장애인들이 장애인으로서의 삶에 대해 긍정을 하고 자신의 강점을 발휘할 수 있도록 하는 데 초점을 두기도 한다. 그러나 임파워먼트에서 한걸음 더 나아가 장애 인권 운동가들은 보다 적극적이고 주체적인 표현으로서 장애 자부심을 언급하고 있다.

흑인 인권 운동의 역사를 보면, 흑인임에 대한 자부심을 논한 것이 그 시작이었다. 킹(Martin Luther King) 목사는 "우리의 마음이 노예 상태에 있는 이상, 우리의 몸 역시도 자유로울 수 없다"고 하였고, 맬컴 엑스(Malcolm X)도 "흑인임을 사랑하자"고 주장하면서 "흑인이 정신적으로 새로 태어나기 위해서는 정신 깊숙이 자리하고 있는 인종적인 자기혐오로부터 스스로 탈식민화해야 한다"고 하였다. 이들의 주장과 마찬가지로, 장애 인권 운동가들은 장애인 스스로 부정적인 장애인관으로부터 벗어나고 장애인임을 사랑하며 마음 깊숙하게 내재된 장애 억압으로부터 벗어나는 일이 장애 인권 회복을 위한 지름길이라고 주장한다.

'장애와 자부심(Disabled and Proud)'이라는 모임에서의 장애 자부심의 정의를 살펴보면, "이는 우리의 신체적·정신적·인지적인 부분에서의 다름이 잘못된 것이 아니라는 생각에서 출발하는 것으로, 인간으로서의 위엄과 자부심을 갖는 것이다. 우리의 장애가 다양한 사람의 모습 중의 일부로서 자연스러운 것이라는 우리의 믿음을 공표하는 것이고, 장애에 낙인을 두는 사회구조에 대한 도전이며, 오랫동안 장애 억압적인 사회가 규정한 장애에 대한 부정적인 태도와 믿음과 느낌들로부터 우리 자신들을 자유롭게 하려는 시도인 것이다."라고 밝히고 있다(Triano, 2004).

즉, 장애 자부심이란 기존의 사회가 만들어 온 장애 이미지에 대한 장애인 스스로의 도전이며 역량강화된 자기 인정이고 외부 세계에 대한 긍정적·주체적 자기표현이다. 최근 장애인들의 지역사회 내 자립생활과 함께 자기인식이나 역량강화의 중요성이 강조되고 있고, 장애인들은 과거와 달리 사회에 대하여 자신들의 목소리를 내고 있으며, 장애 관련 전문가들에게 그들의 삶을 더 이상 맡기지 않고 스스로의 삶·문화·가치를 창조해 나가고자 하고 있다.

'장애학'이라는 학문의 등장도 이런 연유에서 가능하였을 것이라 보인다. 또한 장애인들은 주류 사회가 오랜 세월 동안 만들어온 장애 억압을 벗어나 장애인들 스스로가 주권을 찾고 독립적인 삶을 만들기 시작하였으며, 장애인들만의 삶의 양식이 부끄럽지 않은, 그대로의 가치가 있는 문화로서 인정받도록 노력하고 있다. 본 저자는 그 가운데에 정신의 탈식민화로서의 장애 자부심이 작동하고 있을 것이라 조심스레 추측해 본다.

이러한 시점에서 이 장은 장애 자부심이라는 것이 장애인계의 주장이나 바람으로서만 존재하는 것은 아닌가 하는 의문에서 시작한다. 장애는 개인적인 차원에서 수치심이나 열등감을 불러일으키는, 고프먼(Erving Goffman)의 표현에 따르면, '드러내고 싶지 않은 것(passing)'으로 주로 인식되었고, 장애 패러다임이 바뀌고 있다고 하지만 이 땅의 다수의 장애인들은 현실적으로 의료적 모델의 장애인관에 바탕을 두고 장애를 부정적인 것으로 생각하고 있었다. 그렇다면 과연 장애를 자랑스러운 대상에 대한 자부심이란 용어와 함께 쓸 수 있는 어떤 근거가 있는지, 아직 알려지지 않은, 장애인만이 인식하는 장애로 인한 자부심이 실재하는지, 있다면 그것은 무엇에 대한 어떤 자부심인지, 어떤 방식을 통해 이런 인식이 가능한지를 이 장에서 알아보고자 하는 것이다. 또한 이 장에서는 장애 자부심이란 것이 어떤 변화를 가져올 수 있는지 탐색해 보고자 한다.

그러나 장애 자부심에 대한 선행연구는 그동안 별도로 이루어지지 않았다. 다만 다행스럽게도 장애인이 주관적으로 인지하는, 자신의 장애에 대한 심리적 태도인 장애 정체감을 통해 장애 자부심을 살펴볼 수 있을 듯하다. 장애인의 자기인식인 장애 정체감의 다양한 모습 중에 장애 자부심이 자리할 수 있기 때문이다. 이에 이 장에서는 장애 정체감에 대한 기존의 연구를 우선적으로 정리해 보았다. 더불어 장애 정체감의 개념과 형성 과정, 다양한 논쟁점들을 살펴볼 것이며, 장애 자부심에 대한 논의도 이 과정 속에서 이루어질 것이다. 마지막으로 장애 자부심에 바탕을 둔, 장애인 고유의 삶의 양식으로서의 장애 문화의 형성 가능성에 대한 탐색도 해보고자 한다.

다시 말해, 이 장에서는 장애 정체감에 대한 기존 연구들을 이해하면서 장애에 대한 장애인 개인의 주관적 감각이나 심리적 태도를 통해 장애와 사회의 관계를 보다 면밀히 알아볼 것이다. 물론 장애 자부심이나 장애 문화에 대한 부분이 매우 탐색적인 수준에서만 논의가 이루어져 이 장의 당초 목적을 충분히 달성하지 못하였을 수 있으나, 장애학적 관점에서 장애 정체감의 연구들을 둘러싼 많은 화두를 던지고, 특히 장애 자부심이나 이에 바탕을 둔 장애문화의 가능성을 언급한다는 것만으로도 후세대 장애학도들에게 생각할 문제들의 단초를 제공할 수 있을 것이라는 면에 있어서는 의미가 있을 것이다.

Ⅱ 장애 정체감에 대한 이해

1. 장애 정체감 연구의 역사적 배경

1960년대 초까지만 하더라도 장애에 대한 개념화는 의료적인 관점에서만 이루어졌었다. 재활 관련 산업의 성장과 특수교육의 제도화가 있었다고 해도, 장애인은 단지 무엇을 할 수 있고 없고의 기준으로 기능적 차원에서 판단되거나 혹은 어떻게 타인과 상호작용하는가와 관련해서 관찰의 대상이 되었던 것이다.

그러나 1963년 고프먼의 고전 "스티그마: 장애의 세계와 사회적응(Stigma: Notes on the management of spoiled identity)"을 통해 이러한 기존의 장애에 대한 생각은 변화의 전기를 맞게 되었다. 그에 따르면, 장애인은 깊은 수치심과 열등감을 경험하고 있으며, 복잡한 방어기제와 선택적 인지체계를 동원하여 이를 극복하고자 한다. 장애인이 스스로 다른 장애인들을 회피하거나, 숨길 수 있다면 비장애인인 듯 보이고자 장애를 숨기고 다니거나 '정상성'을 회복하려고 노력하는 것들이 이에 해당한다는 것이다. 고프먼의 이러한 논의는 장애를 사회 심리학적인 차원에서 조명한 첫 시도로서 그 의미가 크다고 볼 수 있다. 고프먼 이후에서야 의료적인 맥락을 벗어나 무언가 다른 차원에서, 있는 그대로의 장애인을 바라보고 장애를 해석하려는 시도들이 나타났기 때문에 그의 장애인에 대한 심리 사회적 분석은 장애 정체성 연구의 역사적 배경이 되는 것이다. 이후 고프먼의 연구에 바탕을 둔, 장애에 대한 사회 심리학적 후속 연구들이 몇십 년간 이어졌다. 다수의 연구들은 장애인이 장애라는 불쾌

한 상황에 적응하고 정상적이고 건강한 심리 상태를 회복하는 것에 목적을 둔다고 장애인의 태도를 해석하였고, 이러한 연구들은 장애에 대한 책임을 개인에게 귀속시키는 특징이 있었다(Gill, 1997). 또한 성공한 장애인이란 개인의 가치와 열망을 그 개인의 신체적인 능력에 맞추어 적응한 사람이라고 전제하는 연구들이 다수 있었다. 이에 장애에 대한 사회적인 문제 제기를 하는 급진적 장애학자들은 고프먼의 연구와 그의 연구에 바탕을 둔 후속 연구들을 비판하곤 하였다.

하지만 그럼에도 불구하고 오늘날 고프먼을 사회 심리학적 장애 연구의 역사적 배경이 되는 존재로 고려하는 이유는 그의 연구가 심리 사회학적 차원에서 장애인을 바라본 초기 연구로서 가치가 있으며, 장애와 사회의 관계를 알아보는 장애학의 주요 논점이 사회적 모델에 근거를 두고 있으나 장애에 대한 장애인 개인의 주관적 인식인 장애 정체감에 대한 연구에는 사회적 모델이 적합한 분석틀로 적용되기 어렵기 때문이다. 즉, 고프먼이 장애 정체감이라는 용어를 사용한 것은 아니지만, 장애인이 자신의 장애를 어떻게 인식하고 받아들이는가에 대해 연구한 것만으로도 장애 정체성 연구에 대한 초석이 되었으며, 그 이후 장애학계에서의 논의나 비판은 다양한 장애 정체감 연구의 밑바탕이 되었던 것이다.

최근 장애 정체감에 대한 연구들은 장애에 대한 사회적 모델에 대한 비판으로 더욱 주목받게 되었다. 장애와 사회의 관계에 있어 사회의 변화를 주로 강조한 사회적 모델뿐만 아니라 장애와 장애인을 이해하기 위해서는 장애인 개인의 심리내적 기제와 사회와의 관계를 조망할 필요성이 있다고 주장하며, 장애인의 개인적 경험을 강조하는 문화적 다양성과 페미니즘에 배경을 둔 장애학자들이나 의료사회학자들이 장애인의 보편적 특성보다 개별적 특성과 경험들을 강조하며 심리 사회학적 장애 연구들을 수행한 것이다. 이에 일부에서는 의료적 모델로서의 장애인관으로 퇴보하는 것 아닌가 하는 비판도 있었으나, 이런 연구들은 장애학계에서 장애와 사회의 관계를 이해하는 다양한 담론들의 출현으로 이해할 수 있을 것이다.

2. 장애 정체감의 개념

장애인이든 비장애인이든 우리는 인간으로서 사회와 상호작용하면서 자아 정체감을 갖게 된다. 자아 정체감은 "나는 어떤 존재인가?"에 대한 답으로, 에릭슨(Erik Erikson)에 의해 처음 정의되었다. 이는 개인이 속하고 있는 집단에 대한 소속감 또는 일체감과 함께, 고유한 존재로서 개인만이 가지고 있는 독특한 정체 의식을 포함한다(이익섭, 신은경, 2005). 자아 정체감은 출생 이전부터 타고나거나 저절로 형성되는 것이 아니라 출생 이후 자신이 속한 사회의 다양한 관계망 속에서 여러 체계들과 상호작용하는 경험을 통해 형성되며, 고정불변의 것이 아니라 인생 전 주기에 걸쳐 지속적으로 변화 발전한다(오혜경, 2006). 즉, 자신의 독특성에 대한 자각인 자아 정체감은 사회적 맥락 속에서 형성된다.

이러한 자아 정체감은 한 가지 특성으로 대표되지는 않는다. 정체성은 자신에 대한 인식이자 역할로서 대변되기도 하는데, 어떤 이는 여성이고 학생이며 딸이자 친구로서 사람들과의 관계 속에서 자신의 다양한 중첩된 역할 정체성을 나타내기도 한다. 또한 상황에 따라 긍정적인 자아 정체감을 갖기도 하고 무언가에 실패하였을 때에는 부정적인 자아 정체감을 갖기도 하는 등 가변적이며, 상황, 나이, 본인에 대한 기대 수준 등에 따라 매우 다른 양상으로 나타난다. 즉, 자아 정체감이란 한 개인에게 있어서도 이렇게 매우 다양하게 나타나고 있어 단정하기가 어렵다. 개인이 속한 가족이나 사회 문화의 특징에 따라 다를 수 있으며, 시대나 상황에 따라서도 다르고, 개인이 가진 기질이나 특성에 따라서도 다른 것이다.

같은 맥락에서, 장애인의 자아 정체감은 비장애인의 자아 정체감과는 다를 것이라 기대된다. 장애라는 독특성이 개인의 자아 정체감에 영향을 미치는 구별되는 특징이 되기 때문이다. 장애 정체성을 다룬 기존의 연구들은 장애인의 자아 정체감이 사회적 맥락 속에서 비장애인과는 다르게 나타난다고 하였고, 최근의 연구들에서는 이를 장애 정체감 또는 장애 정체성이라는 용어로 표현하여 일반적이고 포괄적인 자아 정체감과는 구별하여 사용하였다. 즉, 장애인의 경우에 개인이 갖는 다양한 자아 정체감들 중에서 장애 정체감이라는, 자신을 의미하는 또 하나의 정체성이 존재하는 것이다.

그러나 장애 정체감이라는 용어가 자주 사용되어 왔음에도 불구하고 그 개념 자체에 대한 연구를 찾아보기는 어렵다. 국외의 연구들에서는 연구자들마다 장애 정체감을 다르게 개념화하여 각 연구에 적용하고 있으나, 보편적으로는 자신의 장애에 대한 주관적 감각과 심리적 태도로 정의한다. 국외 연구자들의 논문에서는 장애 정체감의 영역과 속성도 다양하게 나타나고 있다. 반면, 국내에서는 이익섭, 신은경(2006)이 귀납적 개념 도출을 통해 장애 정체감이란 '장애인만이 가질 수 있는, 장애 및 장애인의 삶에 대한 태도와 이를 받아들이는 정도'라고 정의하였다. 외국의 연구자들이 부정적인 장애 정체감 등의 다양한 측면들을 각각 고려한 데 반하여, 이익섭, 신은경의 연구는 긍정적인 장애 수용의 상태를 장애 정체감으로 이해하였다. 그들은 여러 연구들을 토대로 장애 정체감의 10가지 하위 항목[1]을 정리하였는데, 그 내용을 정리하면, 장애 정체감이란 자신이 더 이상 부끄럽거나 열등한 존재가 아님을 알고 당당히 장애인으로서 세상에 커밍아웃하는 심리적 해방의 경험이며 동시에 장애 문제를 정치적·사회적으로 해결할 수 있다고 깨닫는 것이라 할 수 있다.

---

1) (1) 장애인으로서 자부심을 갖는 것이다. (2) 장애로 인한 사회적 차별에 대하여 인식한다. (3) 신체적인 편견은 장애인 당사자의 실제 능력이 아니라 외모에 대한 평가에 기인한다고 믿는다. (4) 장애 경험은 개인적인 사건이 아니라 공통적으로 경험하는 사회적 문제라고 인식한다. (5) 사회문화적·물리적 환경 속에 장애에 대한 외적 장애물이 존재하며 이는 제거될 수 있다고 믿는다. (6) 한 인간으로서 가치 있다고 스스로를 인정한다. (7) 열등한 존재라고 장애인을 낙인한 것은 사회이며 사회가 장애인을 평가절하했다고 생각한다. (8) 장애인도 사회적 기여를 할 수 있다고 믿는다. (9) 장애 정도와 상관없이 장애인도 가정과 사회에서 사회적 역할을 수행할 시민적 권리를 갖는다고 생각한다. (10) 오랜 세월 지속된 장애 억압의 문제를 정치적으로 해결할 수 있다는 신념을 갖는 것이다.

3. 장애 정체감의 차원

1) 심리적 차원에서의 장애 정체감

심리적 차원에서 장애 정체감은 장애 수용의 측면에서 다루어졌다. '수용'이란 불행스러운 사건이나 상태에 대하여 참고 받아들이는 소극적인 차원에서부터 기꺼이 다른 선택 범위가 있다고 하더라도 이를 선호한다는 적극적인 차원의 의미까지 포괄한다. 장애 수용도 마찬가지이다. 장애인이 자신의 장애를 있는 그대로 받아들이는 것이 장애 수용이다. 장애로 인해 인간으로서의 자기 자신의 가치가 절하되지 않으며 장애를 감추기 위한 긴장과 열등감으로 더 이상 괴로워하지 않는 상태를 말한다. 이에 장애 수용은 장애 정체감의 출발점이라고도 할 수 있다. 그러나 심리적 자기 수용이 어떤 이에게는 개별적으로 나타나기도 하며, 어떤 이에게는 장애인 집단에 대한 소속감으로 나타나 정치적 행동으로 이어지기도 한다.

에릭슨은 장애 정체감에 초점을 두지는 않았으나, 보편적인 자아 정체감에서도 유사한 문제에 대해 집단적 정체감과 개별적 정체감을 구분하여 적용하였다. 집단적 정체감은 자신이 속한 집단에 대한 일체감을 의미하며, 개별적 정체감은 고유한 존재로서 자신만이 갖는 독특한 자기의식이다. 자신이 속한 집단에 대한 주관적 판단이 어떠한가는 그 개인의 정체감에도 영향을 주며, 개인이 자신만의 고유 정체감을 발달시키지 못했을 때는 사회에서 해당 집단에게 부여하는 가치의 정도가 곧 자신의 가치라고 판단하게 된다. 장애인 집단에 대한 사회의 부정적인 인식을 그대로 내재화하여 자신을 평가절하하기도 하는 것이다. 즉, 개별적 정체감과 집단적 정체감은 서로 상호작용한다.

이와 관련해서 Galvin(2003)은 장애인 집단의 정체성을 장애인 개인의 정체성과 같다고 볼 수 있는가 라는 의문을 제기하기도 하였다. 결론적으로 그는 장애인 집단으로서의 정체성은 복합적이라고 설명하였다. 장애인 집단도 집단 내적으로 다양하게 파편화된 다른 스펙트럼 선상에 놓인 사람들이 집단을 이루기 때문이다. 즉, 집단적 정체감과 동시에 개별적 정체감을 갖기 때문에 장애인들은 저마다 다른 심리적 정체감을 갖는다. 어떤 장애인들은 장애 억압을 관통하고 있는 가치들이나 사회로부터의 분리를 그대로 인정하면서 서로 간의 입장의 차이에 초점을 두기도 하고, 또 한편 어떤 장애인들은 주류 사회에 통합되기 위한 목표를 두고 장애인 집단의 힘을 정치적으로 이용하기도 하는 것이다.

　장애인 집단의 공동체성과 주체성을 강조하는, 최근에 등장한 개념인 당사자주의도 장애 정체감의 한 단면으로 이해할 수 있을 것이다. 이익섭(2003)은 당사자주의에 대한 개념적 정의를 내리면서, 장애인 개인이 느끼는 특수성과 보편성을 포함하는 개념이며 사회운동과 정치를 포함하는 복합적 개념이라고 하였다. 또한 장애인이 사회에서 억압된 자신을 발견하는 개인적 경험이 특수성이고, 그러한 장애인으로서 경험하는 억압이 세계 어느 곳에나 공통된 문제로 존재한다는 것을 아는 것이 보편성이라 하였다. 심리적인 자기 수용으로서의 장애 정체감은 개별적인 정체감으로서만 존재하는 것이 아니라, 사회 속 장애에 대한 의미를 인식하면서 집단적·보편적인 정체감으로서의 정치적 성향도 갖는 것이다.

2) 정치적 차원에서의 장애 정체감

　사실, 가장 강한 장애 정체감은 장애인으로서의 자부심으로 표현된다. 이는 강한 장애인 집단에의 소속감을 갖는 동시에 인간으로서의 가치를 회복하는 개별적 정체감이 함께 균형을 이룰 때 나타나는 자아 정체감이다. 이러한 장애 자부심은 장애인들의 대대적인 단합과 협력을 통해 가시화되기 때문에, 장애 정체감은 심리적 차원을 갖는 동시에 정치적 차원도 갖는다. 임파워먼트는 인간으로서 그리고 시민으로서 누릴 기본권에 대하여 국가에 요청하는 과정 속에서 일어난다. 이는 모든 사회생활 속에서 장애인들이 차별을 받고 있다는 전제 하에 이루어지는 집단적인 협상의 과정이기도 하고, 장애를 개인의 비극이 아닌 사회 저변에 깔려 있는 억압으로 이해하는 장애인 개인과 장애인 집단 스스로의 깨달음으로 인한 투쟁이기도 하다.

　소수인종 모델을 근거로 하는, Hahn(1997)이나 Shur(1998)의 연구에서도 장애 정체성의 정치적 차원을 볼 수 있다. 이들은 장애에 대한 사회적 모형을 전제하였는데, 특히 Hahn은 정치적 요인을 덧붙여 해석하였다. 장애 문제에 대하여 장애 사회 내에 존재하는 사회적·신체적 불공평함을 해결하고 장애인에 대한 편견과 차별을 시정하기 위한 사회 정책적 노력이 요구된다고 본 그는 장애 정체감 역시도 정치적인 것으로 이해하였다. 그는 장애 정체감이 심리적 산물이나 동시에 정치성을 가지며 여성주의 정체감이나 인종주의 정체감이 가졌던 사회 운동적, 정치적 방향성과 같은 속성을 지닌다고 보았다. 이전에는 의료적 모델에 근거하여 장애를 가진 자신을 부정적으로 바라보다가 사회적 모델을 알고 장애를 긍정적인 것으로 재평가하면서 생기는 내적 소산물이 장애 정체감이나 이것이 역동적인 정치적 정체감이 될 수 있다고 본 것이다.

Shur(1998)는 척수 손상 장애인이 정치 참여를 하는 데 있어서의 심리에 대해 연구하였는데, 장애 정체감을 심리적인 영역의 문제로 국한시키지 않고 정치적 행동주의, 개인적 특성 간의 관계, 장애 권리 운동과 관련하여 4가지 속성을 이끌어내었다. 그는 첫째, 일상생활에서 장애로 인해 차이가 발생한다고 인식하고, 둘째, 사회정치적 환경에서 발생하는 장애는 또한 사회정치적으로 제거할 수 있다고 믿으며, 셋째, 장애의 문제를 혼자만의 고민으로 남기지 말고 다른 사람들도 같은 고민을 하고 있다는 것을 인식하고, 넷째, 다른 장애인과 자신을 동일시하는 것이 장애 정체감이라고 하였다. 그러므로 앞서 심리적 차원에서 다룬 장애 정체감 중 '집단적 정체감'(장애 문제에 대한 보편성 인식)의 개념이 보다 적극적으로 전향되면 정치적 차원으로서 이해될 수 있을 것이다.

Charlton(1998)은 장애인으로서의 정체성을 확립하고 동시에 장애인을 특정 집단으로 구별하고 차별화하는 그 구분을 파괴할 때 비로소 가난하고 힘도 없고 사회적으로 가치 절하된 개인(장애인)들의 현실을 바꿀 수 있다고 하였다. 장애인으로서의 강한 집단적 소속감과 정체성은 장애의 사회 문제를 정치적으로 조직화하여 집단 대응하는 방식으로 해결할 수 있다는 집단적 장애 운동의 시작점이 되는 것이다.

3) 문화적 차원에서의 장애 정체감

장애 정체감은 장애인 집단이 가지는 하나의 문화로서 이해할 수 있다. 장애를 신체적 열등감의 상징으로 보지 않으며, 정치적 차원을 지니는 사회 변혁을 외치는 집단적 정체감과는 별개로, 비장애인과는 다른 삶의 양식을 갖는 존재로서의, 있는 그대로의 장애인의 정체감을 문화적 차원의 장애 정체감이라 볼 수 있을 것이다. 일반적으로 문화란 구성원에 의하여 습득·공유·전달되는 행동양식이나 생활양식의 과정 및 그 과정에서 이룩해 낸 물질적·정신적 소득을 통칭하는 말로서, 의식주를 비롯하여 언어, 풍습, 종교, 학문, 예술, 제도 등을 포함한다. 즉, 다른 집단과 구별되는 삶의 양식으로 세대 간에 전승되기도 하는 것이 문화이며, 그렇기에 문화는 기본적으로 소속 집단에 대한 애정과 자부심이 있을 때 비로소 존재할 수 있는 것이기도 하다. 장애인의 문화로서의 장애 정체감도 장애 자부심에 바탕을 둘 때 비로소 명쾌해질 것이다.

정치적 차원에서의 장애 정체감에 대한 논의가 그간 장애 운동계에서 활발히 논의된 반면, 장애인들의 문화적 차원의 정체감은 거의 논의되지 않았다. 장애인들의 문화라고 할 때, 대개 장애인이 예술 활동에 얼마나 주체로서 참여하는지 또는 문화 예술을 얼마나 향유하며 살고 있는지에만 관심을 두었을 뿐, 장애인들의 독자적이고 차별화된 삶의 양식이라는 차원에서 문화의 본질적인 부분들은 국내적으로는 거의 논의되지 않은 것이다. 외국 장애학계에서도, 장애인의 삶의 방식이나 생활 패턴, 먹을거리 문화, 패션, 건강관리 등 다양한 삶의 방식들이 논의되고 있고 삶의 노하우로서 때로는 자부심으로서 후세대나 동료 장애인들과의 사이에서 종종 논의되기도 하지만, 이에 관한 연구가 아직 풍부하게 진행되고 있지는 않다.

그렇다면 한국 사회에는 장애인 문화가 존재하는가? 앞서 언급하였듯이 문화는 집단적 소속감과 이에 바탕을 둔 자부심이 있을 때 비로소 형성된다. 그러나 현실적으로 장애인들은 장애 억압적 사회구조 속에서 장애에 대한 자부심을 갖기 힘들었다. 단지 최근에 와서야 집단적 공감대를 만들고 생존을 위한 방편이나 장애 인권 운동의 형태로서 세상에 커밍아웃하고 있을 뿐이다. 그럼에도 불구하고 문화적 차원에서의 장애 정체감의 예를 찾아보자면, 대표적으로 농문화를 들 수 있다. 이는 청각장애인들의 집단적 정체성을 소개할 때 주로 언급된다. 청각장애인의 경우에 그들만의 언어가 존재하고 이미 사회문화적인 관점에서 소수자 집단으로 이해되고 있다. 그들은 열등한 존재로서의 장애인이 아닌, 수화라는 다른 언어체계를 가진 타 문화권의 사람들로, 그들의 독자적인 문화를 포함하여 그들만의 연대감을 갖고 있는데, 이것이 곧 청각장애인의 문화적 장애 정체감이라 할 수 있다. 농문화 외에 다른 장애 집단들의 경우에도, 문화라는 어휘를 사용하고 있지는 않지만, 문화적 차원에서의 집단적 정체성을 갖고 있는 예를 또한 생각해 볼 수 있다. 장애 유형별 자조모임이나 연대체들의 특성을 보면, 정치적 성향을 보이면서 사회 변혁을 주장하는 단체나 모임도 있지만, 그들만의 삶의 양식을 공유하고 문화를 만들어 나가는 모임도 발견되는 것이다. 척수 손상 장애인의 모임을 예로 들자면, 각종 문화 예술, 스포츠 활동 등을 위한 모임을 만들고 그 속에서 그들의 소통 방식, 삶의 양식을 공유하고 새내기 장애인들에게 계승하기도 한다. 이러한 형태의 자조집단이 장애 억압적 사회에서 고군분투하며 살아남기 위한 노력을 하는 장애인 개인들에게 개인적·의료적 차원에서만 도움이 된다면 장애 문화의 형성이라기보다는 재활 치료를 위한 도구적 모임이 되겠으나, 현실적으로 이러한 장애인들의 자조모임은 장애인의 사회문화적 활동의 축이 되고 있으며 그들도 인식하지 못하는 사이에 연대감에 기초한 그들 고유의 문화를 생산해 내는 기초 집단이 되고 있는 듯하다.

4. 장애 정체감의 형성 과정

앞서 심리적·정치적·문화적 차원에서의 장애 정체성에 대해 살펴보았는데, 여기에서는 그러한 장애 정체감이 형성되는 과정에 대한 선행연구 세 개를 살펴봄으로써 장애 정체감 형성 과정의 일반적 특징을 알아보고자 한다.

먼저 사회심리학·장애학 연구가 Gill(1997)의 연구를 들 수 있다. 그는 4단계를 통해서 긍정적인 장애 정체성이 형성된다고 보았다. 첫 번째 단계는 인간의 기본권을 누릴 자격이 있다는 것을 인식하는 것이다. 그녀는, 오랜 시간 동안 사회가 체계적으로 장애인은 주류 사회에 위치할 수 없다고 동정과 시혜의 자리에 있으라고 살아 있다는 것만으로도 감사하라고 가르쳤기 때문에, 인간으로서의 기본권을 인식하는 일도 최근에서야 가능했다고 지적하였다. 두 번째 단계는 다른 장애인들과 교류하고 공통된 경험과 인식들을 공유하는 과정이다. Gill은 이 과정을 '집으로 오는(coming home)' 과정이라고 표현하였다.

하지만 이 과정 속에는 장애인에 대한 부정적인 생각들을 내재화하고 다른 장애인들과 자신을 동일시하고 연합함으로써 더 큰 사회적 낙인을 경험할 수도 있으며 시설에서의 생활이나 특수교육과 관련하여 부정적 기억이 되살아나는 등 많은 심리적 장벽이 있다고 한다. 세 번째 단계는 장애인들이 그들 자신의 '다름'과 '같음'을 통합하는 단계이다. 이 단계에서 장애인들은 자신의 장애를 수용할 수 있는 것으로 받아들이고 장애란 내 인생의 부속물이며 다른 방식으로 장애를 넘어설 수 있어야 한다고 생각한다. 이는 첫 번째나 두 번째 단계의 흐름과는 다소 충돌의 소지가 있는 흐름이지만, Gill에 따르면, 장애 문화와 비장애인의 지배적인 문화 사이에서 장애인은 둘 다 피할 수 없으며 이 두 가지를 모두 안고 살아가는 장애인일수록 긍정적인 자아상을 지니고 비장애인의 세계와 더욱 잘 관계를 맺는다. Gill(1997, p. 44)의 글을 한 구절 옮기자면, "긍정적인 장애 정체성을 갖는 것은 우리의 다름을 거부하는 사회의 가치체계를 거부하는 것이다. … 그러나 우리는 지배 문화에 깊이 관계 맺고 있기 때문에 비장애 세계를 가르쳐 바꿔 나갈 수 있는 것이다." 네 번째 단계는 타인에게 자신을 표출시키는 데 있어서 얼마나 편안한가 하는 것이다. 이는 장애를 보상하는 다른 능력을 보여 주거나 최대한 장애를 숨기는 태도 등을 넘어서서 어떠한 환경에서도 충분히 편안한 상태를 말한다. Gill은 이와 같은 커밍아웃의 과정을 게이나 레즈비언, 흑인 등 사회적 약자들이 공통적으로 경험한다고 하였다.

다음으로 청각장애인의 장애 정체성에 대하여 Glickman(1993)이 개발한 이론을 살펴보자. 이 이론은 문화적인 관점에서 청각장애 정체감을 건청 정체성, 주변 정체성, 몰입 정체성, 이중문화 정체성으로 구분하였는데, 총 4단계의 정체감을 거쳐 청각장애인들이 자신의 장애를 열등함으로 보지 않고 문화적 코드로 이해하게 된다고 보았다(표 6.1).

건청인의 정체성을 가진 단계에서는 청각장애인에 대해 병리적으로 해석하고 부족하고 정상이 아닌 상태로 이해하여, 자신의 청각장애를 인정하지 못한 채 우울하거나 절망에 빠져 있다. 여기서 한 단계 나아가면 주변인적 정체성을 갖게 되는데, 이 단계에서는 자신을 아픈 건청인으로 볼 때도 있고 청각장애인으로 볼 때도 있어 청각장애인의 집단에 어울리거나 그들의 문화에 참여하는 것에 대해 다소 긍정적으로 보기도 하고 부정적으로 보기도 하는 등 혼

표 6.1 **청각장애인의 장애 정체감의 구분**

구분	준거 집단	청각장애인에 대한 시각	청각장애 집단에 대한 시각	정서 상태
건청 정체성	건청인	병리적	전통적	우울, 절망
주변 정체성	교환	병리적	좋다 혹은 나쁘다	혼란
몰입 정체성	청각 장애인	문화적	긍정적, 비상호적	청각장애에 대한 사랑, (정치적 투쟁과 관련된) 분노
이중문화 정체성	청각 장애인	문화적	긍정적, 통합적	자아 수용, 집단 자부심

출처: Glickman, 1996, p. 145

란스럽고 이중적인 상태에 놓인다. 개인에 따라서는 이렇게 건청 정체성이나 주변 정체성에 머물 수도 있고, 나아가 청각장애 문화에만 몰입하는 몰입 정체성, 또는 비장애 문화와 청각장애 문화에 대해 독자성을 인정하는 이중문화 정체성을 갖게 되기도 한다. 이 두 가지 정체성의 단계에 있는 이들은 자신을 청각장애인으로 인정하며, 청각장애인 집단을 문화적 코드가 비장애인과는 다른 집단이라고 이해한다. 이 중 몰입 정체성을 가진 장애인은 청각장애인 집단에 대한 강한 애착을 갖는 반면, 비장애인 사회에 대해서는 배타적인 태도나 분노를 보인다. 한편, 이중문화 정체성을 갖는 이는 청각장애 집단의 문화와 비장애인의 문화를 독자적인 것으로 인정하며 청각장애인 집단에 대한 자부심도 갖고 비장애인 집단과도 소통하는 열린 태도를 보인다.

마지막으로 국내 연구를 보면, 이익섭, 신은경(2005)은 Sue & Sue(1990)의 소수인종 집단 정체감 모델을 적용하여 장애 정체감의 단계를 다섯 단계로 제시하고 있다(표 6.2).

첫 번째 단계인 '순응'은 장애 발생 직후의 단계로 자신의 장애를 병리적으로 인식하고 자기를 포함한 장애 공동체를 비하하는 상태에서 장애에 대한 체념적이고 부정적인 순응이 이루어진다. 두 번째 단계인 '부조화'에서는 장애에 대한 사회적 관점이 형성되기 시작하며 장애 공동체에 대해서는 비하와

표 6.2 **장애 정체감의 발달 단계**

		준거 집단	장애에 대한 시각	장애집단에 대한 시각	비장애인에 대한 시각
1 단계	순응	비장애인	병리적	비하	비장애인적 가치관 선호
2 단계	부조화	장애인/비장애인	병리적/사회적	비하/공감	선호/저항
3 단계	저항과 몰입	장애인	사회적	무조건 긍정	분노
4 단계	자기 반성	장애인	사회적, 자율적 개인을 인정	문화적 다양성으로 이해	비장애인의 규범을 인정
5 단계	통합적 자각	장애인/비장애인	사회적, 문화적 다양성을 인정	장애 특성에 따른 이해의 지평 확대	선택적 존중

출처: 이익섭, 신은경, 2005, p. 516

긍정적인 수용이 오가고 비장애인에 대해서도 선호와 저항이 오가는 혼란을 겪게 된다. 세 번째 단계인 '저항과 몰입'에서는 준거 집단을 장애인 집단으로 하고 장애의 사회모델을 적극적으로 수용하여 사회적 차별과 배제가 장애 문제의 핵심이라고 인식하게 된다. 더불어 비장애인에 대해서는 적대적인 감정을 가지면서, 같은 유형의 장애인에게는 강한 소속감과 동질감, 다른 유형의 장애인에 대해서는 이질감과 배타심을 가지게 된다. 네 번째 단계인 '자기반성'에서는 사회적 모델의 기본적 관점을 가진 채로 장애인의 개별적 가치를 강조하게 되어, 이 단계의 장애인은 책임 있는 의사 결정을 하는 자율적인 인간으로 묘사된다. 다섯 번째 단계인 '통합적 자각'에서는 온전한 장애 수용이 이루어지며, 개인의 가치와 함께 문화적인 다양성을 존중하게 된다. 이 단계의 장애인은 온전히 사회에 적응하면서도 권리 주장에 자유로운 사람으로 묘사된다.

지금까지 제시된 장애 정체감 형성 과정에 대한 세 개의 모델들을 간단히 요약하면, 개별적·심리적 장애 수용이 보편적 사회 문제라는 인식이 이루어질 때 정치적 장애 정체감으로 발전하고, 이것이 인간의 다양성에 근거한 문화적 차원의 문제라는 것을 인식하고 또한 장애인과 비장애인이 대립하는 것이 아닌 공존하며 다른 문화를 형성해나가는 집단이라는 것을 알게 될 때 문화적 장애 정체감으로 다시 발전한다. 물론 모든 장애인이 같은 경험을 하지는 않을 것이다. 즉, 장애 정체감은 개인에 따라 심리적 수용의 단계에 오지 못하기도 하고, 어떤 경우에는 정치적 장애 정체감의 단계에 머물 수도 있으며, 심리적 수용에서 정치적 정체감을 통과하지 않고 문화적 장애 정체감의 단계에 온 사람도 있을 것이다. 또는 각 단계를 순차적으로 거치면서 문화적 장애 정체감을 갖게 되기도 할 것이다.

Ⅲ 장애 정체감을 둘러싼 논의들

앞서 제시한 장애 정체감의 차원이나 형성 과정이 일반론이라면, 이하에 제시되는 내용은 그와 관련한 반론들이나 고려해 볼 이슈들이다.

1. 장애인 개인의 정체성, 그 다양한 스펙트럼

장애인이 집단적 정체감과 개별적인 정체감의 균형을 찾아가는 데 있어서, 장애인 내적으로도 정체성에 있어 다양한 입장과 분열이 일어난다. 따라서 단순히 위에서 나열한 장애 정체감의 심리적·정치적·문화적 차원 외에도 다루어 볼 만한 요소들이 많다. 고프먼이 언급했던 passing을 다시 생각해보면, 장애를 감출 것인가 드러낼 것인가 하는 선택은 그 때의 상황에 달려 있다. 장애인들이 그들이 처한 특정 상황 속에서의 역할과 정체성에 따라 자기표현을 다르게 한다는 것이다. 만약에 장애인 공동체와 활동 시에는 의수족을 사용하지 않고 비장애인들과 교류 시에만 의수족을 사용한다면, 이는 하나의 좋은 예가 될 것이다. Olney & Brockelman(2003)은 이를 두고 '상대하는 상황에 따른 사회정체성 이론(vis-a-vis social identity theory)'으로 해석할 수 있다고 하였다. 즉, 장애 정체성은 상황적이라는 것이다.

한편, Watson(2002, pp. 513, 525)은 장애란 자아상에 있어서 긍정적이지도 부정적이지도 않은 요소라고 말하였다. 그저 장애인 스스로 자아를 돌아볼 때, 장애가 자아 정체성에 기여하는 대단한 것이 아니라는 것이다. 이 연구자는 나는 누구인가라는 질문에 대해 "장애인이라는 답을 우선순위에 두지 않는 장애인의 경우, 즉 강한 장애인으로서의 정체감이 없을 때, 그 사람의 장애로 인한 경험들은 어떻게 연구될 수 있을까? 또한 강한 장애 정체성이라는 것이 존재한다면, 장애를 부정적인 자아정체감을 형성하는 요인으로 바라보는 장애인들의 경우에 사회 속에서의 장애 경험은 긍정적인 장애 정체성을 가진 사람과 어떻게 다른가?"라고 물으면서, 장애 정체감을 강한 긍정적 자기 수용이라고만 이해하는 기존의 연구에 비판을 가하였다. Watson은 장애인의 자아 정체감이 반드시 정치적 속성의 장애 정체감을 따르는 것은 아니라고 보았으며 개인적인 장애 정체감의 요소들을 강조하였다.

Lezonni & Israel(2000)은 왜 장애인으로서의 정체성이 모호하고 복잡한가를 설명하였다. 그들의 연구에 따르면, 장애인들은 공적 서비스의 혜택이나 편의 시설 등의 권리를 누리기 위해 장애인으로서의 정체성을 가장하고 혜택을 주장한다는 것이다. 또한 반면에 시각장애인이나 지체장애인과 같은 명백한 손상이 있는 경우에도 자신을 장애인이라 단정하지 않는 사람들이 있음을 보이면서, 그 사람들에게 있어서 장애 경험은 삶의 수많은 경험 중에 한 단면이고 세상과 소통하는 여러 삶의 방식 중의 하나일 뿐이지 특정 심리적 정체성을 형성하지는 않는다고 하였다.

장애 정체성의 이와 같은 복잡한 양상을 고려하여 Darling(2003)은 장애 정체성의 유형론을 제시하였다. 제시된 유형은 6가지로, '정상화(normalization)적 정체성', '용사(crusadership)로서의 정체성', '주창자(affirmation)적 정체성', '상황적(situational) 정체성', '체념(resignation)적 정체성', '고립된 주창자(isolated affirmation)적 정체성'이 그에 해당한다. 하나씩 살펴보면, 먼저 정상화적 정체성을 가진 장애인들은 비장애인과 같은 생활 행동 방식을 취하고자 하는 사람들을 말한다. 이들은 사회적 낙인을 심리적으로 내재화하였을 수도 있고 아닐 수도 있지만, 분명한 것은 이들은 자신의 정상성을 강조하고 있으며 때로는 다른 장애인과 교류하는 것을 꺼려 한다. 두 번째, 용사로서의 정체성을 가진 이들은 자신을 장애인이라고 인정하고 있으나 또한 정상화를 추구하는 사람들을 말한다. 예로 크리스토퍼 리브(Christopher Reeve)와 같은 사람을 들 수 있는데, 영화 '슈퍼맨'의 주인공이었던 그는 사고 이후에 척수손상을 치료하기 위한 일에 지치지 않는 종군자로서 역할을 다하였다고 평가된다. 그는 자신을 장애인으로 인정하고 장애인 집단의 일원으로 자신을 받아들였으나, 치료를 통해 정상성을 회복하고자 하는 입장을 강경히 보이면서 장애인으로서의 다양성의 가치, 다름의 가치를 거부하였다. 다음으로, 주창자적 정체성을 보이는 이들은 자신을 장애인이라고 단호하게 인정하는 이들로서, 대중 앞에 장애인으로서 커밍아웃을 하고 장애에 대한 자부심을 드러내며 주류 사회와는 대비되는 가치를 지닌, 특정 집단으로서의 정체성을 언급하는 사람들이다. 이들은 장애인 집단으로서 특정 문화를 형성하고 정치적으로 행동하기도 한다. 네 번째, 상황적 정체성은 말 그대로 상황에 따라 다른 정체성을 가지는 것이다. 비장애인들과 교류할 때에는 장애를 숨기고자 하는데, 이들은 얼마나 편한 사람들과 교류하는가에 따라 자신의 장애를 노출하는 태도가 다르다. 장애인들과 교류할 때에는 자신의 장애에 대해 긍정적으로 말하며 자부심을 드러내기도 하다가 비장애인에 둘러싸이면 최대한 자신의 장애를 숨기고자 하는 사람들이 이에 해당한다. 다섯 번째, 체념적 정체성은 정상화를 포기한, 그러나 장애인 집단에 접근하지 않는 사람들의 정체성이다. 이들은 장애에 대한 사회의 부정적인 시각들을 심적으로 내재화하고 있고, 그러기에 장애인 집단에 자신을 귀속시키고 싶어 하지 않는다. 여섯째, 고립된 주창자적 정체성은 장애인 집단의 장애 문화를 접해보지 못한 개인이 장애인 당사자로서의 가치를 깨닫는 등 주창자적 정체성의 속성을 스스로 갖게 되는 경우를 의미한다. 장애 인권 운동을 시작하였던 에드 로버츠(Ed Roberts)와 같은 리더들이 이 고립된 주창자적 정체성을 갖고 있었으며, 이들이 장애 인권 운동을 하고 장애 문화를 형성하면서 주창자적 정체성이 자리매김을 할 수 있었다. 오늘날에는 혼자서 고립된 주창자적 정체성을 갖게 된 개인들의 경우 쉽게 장애 문화나 관련 집단 활동에 참여할 것이다. Darling은 위와 같이 장애 정체성의 유형을 설명하면서 동시에, 장애인이라고 스스로를 긍정적으로 인정하고 장애인 집단에 스스로를 귀속시키는 경우가 많다고 하더라도, 사실, 장애에 대한 당사자들의 생각이 긍정적이지만은 않다는 점을 언급하였다. 장애인들 다수가 장애에 대한 부정적인 이미지를 내재화하고 있다는 것이다. 특히 비장애인과 동료 관계를 맺지 못하는 경우에 더욱 그러하다고 한다.

즉, 장애인 개인의 정체성은 개인의 장애 수용이라는 심리적 차원에서부터 장애 문제의 사회적 속성을 깨닫고 사회 변화를 요구하는 정치적 차원의 장애 정체감을 넘어 장애가 다양한 인간의 문화로서 인정될 수 있다는 문화적 차원의 정체성으로 발전하는 양상을 보이는 것이 아니라, 개인이 환경과 어떻게 상호작용하고 있고 개인이 어떻게 자신의 장애를 받아들이고 대처하는가에 따라 다양한 양상을 나타낸다고 볼 수 있다. 그렇기에 장애 정체성에 대한 연구들은 방향성을 갖고 단계별로 변화해가는 것이 아닌, 파편적으로 존재하는 장애 정체감의 다양한 양상도 고려해야 할 것이다.

2. 다중적 자아 정체감 속에서의 장애 정체감

사람들은 저마다 한 가지의 자아 정체감만 갖고 있지는 않다. 나는 누구인가에 대한 답은 한 개인에게 있어 한두 가지에서 수십 가지 이상이 될 수도 있는 것이다. 즉, 사람들은 다중적 자아 정체감을 갖고 있다고 볼 수 있는데, 장애인의 경우 자신의 장애에 대하여 어떻게 생각하는가가 장애 정체감을 만든다. 또한 자신을 특징짓는 다른 요소들과 긴밀하게 상호 영향을 주고받으며 더욱 강하게 장애 정체감이 자아 정체감에 영향을 미칠 수도 있는 반면, 어떤 장애인에게는 장애 정체감이 별로 의미가 없을 수도 있다.

장애노인의 예를 들어 보면, 노화의 과정 속에서 장애를 갖게 된 경우에 해당 노인들은 그 신체적 변화를 노화로 인식할 뿐 장애라고 인식하지는 않는다. 노인으로서의 정체감을 가질 뿐 장애인 집단에 대한 집단적 소속감이나 장애 문화 등에는 전혀 관심이 없는 것이다(오혜경, 2006). 이익섭, 김성연, 최지선(2007)의 연구에서도 연령이 낮은 장애인일수록 장애 정체감이 높게 나타났다. 젊어서 장애인이 된 경우와 노화의 자연스런 과정에서 장애인이 된 경우에 신체적 장애의 특성은 같을지라도 그에 따르는 개인의 심리적 태도는 전혀 다른 것이다.

장애여성의 경우에는 여성으로서의 정체성도, 장애인으로서의 정체성도 가지고 있어 장애노인과는 다른 양상으로 나타난다. 또한 이중차별의 논의도 있어 왔는데, 사회에서 억압받는 여성이라는 집단에 속하고 동시에 장애인이라는 집단에 속함으로써 차별과 억압을 이중으로 경험하고 있다는 것이다. 이중차별에 대한 논의에는 소수자 집단으로서 특수성을 지닌 제3의 집단으로 바라보아야 한다는 의견들도 있다. 여성도, 장애인도 아닌, 장애여성이라는 또 다른 정체성을 갖는다는 것이다. 이에 대하여 Stuart(1992)는 장애여성의 차별은 특유의 경험으로 여성으로서도 장애인으로서도 느낄 수 없는 고유의 것이라 보고, 이중차별 경험이 아닌 질적으로 다른 경험으로 다루어져야 한다고 하였다. 또 다른 여성주의 장애학자들은 성 정체성과 장애 정체성의 교차점에 존재하는 것으로 장애여성의 정체감을 설명하기도 하였다(Whitney, 2006).

그 밖에도 장애는 모든 인종, 종교, 문화, 민족, 성, 성적 성향 등과 관련하여 교차점들을 갖는다. 흑인 여성 힌두교 장애인일 수도 있고, 한국인 남성 게이 장애인일 수도 있는 것이다. 개인은 많은 다른 집단의 구성원인 동시에 그가 속한 문화 속에서 구분 지어지는 다양한 하위 집단에 속한다. 그리고 다중적 자아 정체감 속에서 개인들은 저마다 자신을 이해하고 표현하는 데 있어서 정체성 선택의 문제에 놓이게 된다. 따라서 한 개 이상의 집단적 소속감과 동질감을 느낀다면, 그는 두 가지 정체성을 각각 갖게 되거나 또 다른 제3의 정체성으로서 장애여성 정체성처럼 특유의 소수자 정체성을 가질 것이라 생각할 수 있다. 사회적 관계 속에서 결국 정체성은 자신의 역할이 무엇이고 사회가 나를 어떻게 바라보고 있으며 이에 대해 개인이 어떻게 대처하는가의 문제이므로, 주로 이와 같은 정체성 논의는 사회적 소수자 집단의 경험과 관련된 연구에서 다루어진 이슈들이었다. 특히 장애 경험과 또 다른 소수자 집단으로서의 경험은 주류 사회로부터 억압당해 왔다는 공통점을 지닌다. 그렇기에 다중적인 소수자의 특성을 갖는 개인들은 더욱 정체성 선택에 있어서 고유의 다양한 사회적 억압이 한꺼번에 반영된 특유의 정체성을 형성해 나가지 않을까 한다. 그러므로 Stuart(1992)가 지적하였듯이 장애와 소수자 집단으로서의 교차점에 존재하는 수많은 다양한 정체성의 문제들은 질적으로 다르게 취급되어야 할 것이다.

다중적인 정체성을 갖는 개인들은 환경과 개인의 특성의 상호작용 속에서 정체성을 선택할 때 다양한 변수들의 영향을 받고 있다. 다양한 장애 경험과 관련된 기존의 연구들에서는 소득, 계층, 성별, 성적 선호도, 장애 기간, 인종,

장애 손상 정도, 사회적 차별 경험, 장애 집단과의 유대 정도 등에 따라 장애 정체감의 양상이 달라진다고 보았다.

Trieschmann(1986)은 장애 손상의 시기, 장애 정도, 장애 지속 기간에 따라 자신의 장애를 다르게 받아들이고 이해한다고 설명하였다. Charmaz(1997)도 장애 손상 정도나 일상생활에 미치는 제약 정도에 따라 자신의 장애에 대해 장애인들이 다르게 인지한다고 하면서, 손상 정도가 낮은 장애인들이 보다 가치 있는 인간으로 자신을 평가한다고 분석하였다(Putnam, 2001에서 재인용). 또한 장애가 선천적 장애인지 후천적 장애인지에 따라, 즉 얼마나 오래 장애인으로서 사회와 상호작용한 경험이 있는가가 장애인의 장애 정체감에 영향을 미친다. Shakespeare(1996)는 계층이 장애 경험을 결정짓는 강력한 요인이라 보았으며, 자신의 성별과 계층이 장애 요인보다 직업이나 소득 수준을 결정하는 데 더 큰 영향을 미친다고 언급하였다. Galvin(2005)의 연구에서는 일, 외모, 성이 장애 정체감에 영향을 미치는 요인으로 분석되었다. Putnam(2001)은 인종과 소득에 따라 장애 정체감의 양상이 다르게 나타난다고 보았으며, 장애 상태에 따라서도 장애 경험이 달라진다고 하였다. 즉, 이들의 연구는 직업, 소득, 계층 등의 개인 요인들이 장애 정체감에 영향을 미쳐 장애 정체감을 강화시키기도 약화시키기도 한다는 것이다.

또한 사회적 관계 속에서 자신의 장애가 어떤 기능을 했는지도 장애 정체감 형성에 기여하는데, Shur(1998)는 공공장소에서 차별을 많이 당한 장애인이 더욱 강한 장애 정체감을 갖는다고 하였고, Munger(2004)는 장애에 대한 부정적인 사회 인식으로 인하여 만성질환이나 보이지 않는 장애를 가진 사람들은 장애 정체감을 갖고 있지 않았다고 분석하였다.

장애인 집단과의 관계 맺음의 정도에 따라 장애 정체성은 또한 달라진다. Shur(1998)는 장애인 지지집단이나 자립생활센터 등에서 활동한 사람들에게서 장애 문제에 대한 정치적 관심도가 높았다고 밝혀 정치적 장애 정체감에 장애인 집단과의 유대가 영향을 미치고 있음을 보여 주었다. 또한 Zola(1993)도 장애에 대한 부정적인 생각을 바꾸려면 장애에 대한 지지적인 가족의 역할이 중요하며 장애 집단 문화에 참여하는 것이 중요하다고 밝혔다. 즉, 장애 억압적인 사회 이데올로기에 도전하고 내재화된 자기 열등감으로부터 벗어나려면, 장애인 집단들에 대한 유대와 참여가 중요한 것이다. 그 속에서 장애인으로서의 다른 삶의 가치를 발견하고 장애 문화를 형성해 나가는 것이 가능하기에 그렇다.

요약하자면, 장애 정체감은 개인이 갖는 다중적인 자아 정체감 중에서 선택의 문제에 놓여 있는 것이며, 소수자 집단의 경험으로서 다양한 변수의 영향을 받고 있다. 모든 장애인에게 장애라는 보편적 특성이 있긴 하지만, 장애에 대하여 개인이 갖는 심리적 태도와 주관적 느낌은 앞서 제시한 수많은 변수들의 영향과 소수자 집단의 교차점 속에서 매우 다양하게 나타날 수 있다.

Ⅳ 장애 자부심에 바탕을 둔 장애 문화의 가능성

이제까지 장애 정체성에 대한 논의들을 다양한 관점에서 알아보았다. 마지막으로 이 장에서의 탐색적인 작업인, 장애 정체성으로서의 장애 자부심과 장애 문화에 대한 논의를 전개해 보고자 한다. 바로 앞 절에서 다루었듯이 장애 정체감에는 파편적인 특수성들이 분명히 존재하지만, 이 절에서는 장애 정체감에 대하여 심리적 차원, 정치적 차원, 문화적 차원의 발달 과정을 지난다는 장애인의 보편적 장애 정체감 형성에 초점을 두고자 한다.

먼저 Zola(1993), Shur(1998), Shakespeare(1996)는 긍정적이며 강력한 장애 정체감을 갖는 데 큰 장벽이 장애인 개인의 심리적 식민지화에 있다고 지적하였다. 즉, 장애인 스스로가 열등하다고 생각하고 무력감을 내재화하고 있는 상태가 정치적·문화적 차원의 장애 수용을 하는 데 걸림돌이 되는 것이다. 이에 대해 장애학자들은 장애 억압에 대한 내재화인 심리적 식민지로부터 벗어나려는 노력이 중요하다고 보았으며, 대개의 경우 장애인 집단들과의 유대를 통해 이 과정이 더욱 강화되고 구체화된다고 보았다(Charlton, 1998). 즉, 장애 억압으로부터 벗어나 장애에 대한 수치심이나 열등감이 아닌 적극적인 장애 정체감으로서의 장애 자부심을 가질 수 있는 길은 장애인들 간의 만남을 유지하고 유대를 형성하고 정치적·문화적 차원의 장애 정체감을 갖는 것에 있다(Shakespeare, 1996). 정치적·문화적 차원의 장애 정체감을 가진 장애인은 인간으로서의 다름을 인정하고, 장애 억압적인 사회를 인지하고 이에 도

전하며, 인간으로서의 가치와 위엄을 갖고자 할 것이다. 즉, 이러한 장애 정체
감에 대한 적극적인 표현으로서 장애 자부심을 갖는다고 볼 수 있는 것이다.
장애 자부심은 장애 문화를 만들어 갈 수 있다(Morrison & Finkelstein, 1992).
물론 문화라는 것이 자신이 속한 집단에 대한 긍정과 자부심에서 나오는 것
이고, 장애인들이 자부심을 가질 만한 특성에는 무엇이 있는가에 답하기 위해
서는 장애 자부심을 가진 장애인들에 대한 질적 연구들이 더 수행되어야 할
것이다.

장애 문화를 정의하기는 어려우나 문화의 사전적 정의를 빌려 적용해 볼
수는 있다. 즉, 장애 억압적 사회구조 속에서 장애인은 공통의 경험과 공통의
정체성을 가지며, 이에 근거한 자신들의 삶에 대한 표현이 곧 장애 문화이다.
또한 동시에 장애인들만의 역사와 예술적 표현들, 언어, 유머에 이르는 문화
를 생각해 볼 수도 있다. 그러므로 장애 경험이 녹아 들어간 장애인의 생활양
식의 과정들, 그 속에서 나온 정신적 · 물질적 산물들이 장애 문화인 것이다.

식민지 시대의 한국인들의 문화, 흑인들의 문화, 오랜 세월 억압된 여성들
의 문화 등을 고려해보면 장애 문화도 비현실적이지만은 않다. 억압에 대한
공통적 경험은 이들 소수자 집단이나 장애인 집단에 유사하게 적용된다. 다만
다른 소수자 집단에 비해 장애라는 특성상 이동의 제약이나 소통의 제약이
좀 더 있어서 연대하고 공통의 경험을 나누기가 힘들었기 때문에, 장애 문화
에 대한 논의가 이제야 시작되고 있는 것이다. 흑인들의 경우에는 소수자로서
그들의 문화를 오랜 세월 창조해 왔다. 이는 가족 구성원 모두가 흑인인 경우
가 많고 혈연에 바탕을 두며 세대를 통해 계승되는 흑인들만의 문화가 있었
기 때문이다(Wright, 1983). 이에 비하여 장애 문화는 언급조차 되지 못하였다.
장애인은 비정상적이고 부족하고 열등한 존재로 치부되었고 가족 내에서도 한
두 명의 장애인만이 존재할 뿐이었기 때문에 가족의 욕구가 장애 문화의 형
성에 있지 않았던 것이다. 대신에 비장애인 사회에서 어떻게 장애인이 적응하
고 살아남게 할 것인가에만 초점을 두어 재활, 교육, 복지에만 관심을 두었었
다. 그러나 문화란 자부심에 바탕을 두고 공통적 경험을 가진 사람들끼리 연
대할 때 형성될 수 있다.[2] 물론 장애인들의 장애 정체감이 다른 소수자 집단

---

2) 사회학의 주요 개념인 하위문화론에 따르면, 빈곤 문화와 같이, 긍정적 소속감과 정체감
   과 무관하게 공통된 생활 경험을 하고 있는 사람들 안에서 하위문화가 형성된다는 주장

에 비해 좀 더 파편화된 경향이 있으나, 많은 장애인 단체들이 인권 향상을 위한 정치적 요구를 하면서 이룩해 온 성과들을 볼 때 장애 문화 형성의 가능성은 충분하리라고 본다.

　장애 문화에 대한 선행연구들은 최근에 나타나기 시작하였다. 정의도 광범위하고 장애 문화에 대해 연구자마다 가진 정의도 달라서인지 구글(google)에서만 검색해도 장애 문화에 대한 검색 결과가 70,000개가 넘는다. 그중에 대표적으로 장애 문화에 대해 심리적 관점에서 글을 쓴 Gill(1995)의 연구에서는 문화적 정체성으로서의 장애 수용이 왜 필요한지 그 이유를 4가지로 밝히고 있다. 그에 따르면, 장애 문화를 갖게 되면 우선, 장애인들의 장애에 대한 파편화된 생각들이 응집되고 장애인들의 삶을 풍요롭게 하는 공동체로서의 가치를 표현하는 장애 정체성이 강화될 것이다. 둘째, 소득, 나이, 성별, 종교, 장애 특성 등 각기 다른 인구사회학적 특성을 지닌 장애인들을 단일화하는 데 기여할 것이다. 한국 장애계가 고민하고 있는 부분 중에 장애인 단체들의 분열이 가장 큰 문제인데, 장애 문화의 형성이라는 화두로 다양성과 차이를 인정하고 단일화도 동시에 이끌어 낼 수 있지 않을까 한다. 셋째, 장애인들이 예술, 상징물, 언어들을 생산해 내면서 장애인 당사자성이나 장애인으로 살아가는 삶의 방식을 세상에 알리고 소통할 수 있다. 문화적 코드를 통해 비장애인이나 세상과 소통하고 장애인을 열등한 존재가 아닌 다른 개성을 가진 존재로서 알릴 수 있는 것이다. 장애인이 등장하는 영화가 대중의 장애 인식에 얼마나 큰 영향을 미치는지 생각해 본다면, 장애인의 관점에서 생산되는 예

이 있다. 이는 자신이 속한 집단에 대한 소속감과 자부심이 전제될 때 문화 형성이 가능하다는 이 장의 논지와 대립되는 면이 있는 것으로 오해할 수 있다. 그러나 하위문화는 전체 문화와는 구별되는 독자적 문화로서 사회의 지배적인 전체 문화에서 충족시키기 어려운 욕구를 충족시켜 줌으로써 지배 문화를 유지·존속시키는 데 기여하기도 하지만, 때로는 지배 문화에 대항하는 문화로 기능하기도 한다. 히피 문화 등이 그 예이다. 그러므로 장애 문화는 사회학의 하위문화론의 시각에서 보자면, 대항문화로서의 하위문화라 하겠다. 빈곤 문화에서는 빈곤을 문화로 받아들이고 빈곤 상태에서의 무력감, 패배감, 열등감 등을 세대 간에 전승한다고 한다. 따라서 이는 자본주의라는 계급 체제에 순응한 형태의 하위문화로 이해될 수 있는 것이다. 또한 빈곤 문화는 생활 터전의 동질성, 소득 수준의 동질성, 가족 구성원들 간의 동질성이나 연대감이 전제되기에 의도적으로 특정 문화를 형성하지 않는다 하더라도 자연스럽게 세대 간 전승이 이루어질 수 있다. 이에 반해 장애 문화는 공통의 문제를 가진 사람들끼리 의도적으로 연대하지 않으면 형성되기 어려우며 전승되기도 어렵다.

술, 상징물, 언어들은 상당히 강력한 장애 인식 개선의 도구가 될 것이다. 넷째, 후세대 장애인들의 정신 건강에 긍정적인 영향을 미칠 것이다. 즉, 장애 문제로 고민하는 장애인들의 커밍아웃을 도우며 장애 정체성으로서의 장애 자부심을 갖게 할 것이므로, 장애 문화의 형성은 매우 중요한 것이다.

그러면 문화적 차원에서의 장애 정체감의 형성을 돕고 장애 자부심을 고취시켜 장애 문화를 형성해 나가고 있는 미국의 행사를 살펴보자. 미국의 '장애와 자부심'이라는 모임에서는 '장애 자부심 퍼레이드(Disability Pride Parade)'를 20여 년간 계속해오고 있다. 이 행사는 대중들 앞에 공적으로 장애인임이 자랑스럽다고 발표하는 것으로, 장애 어린이부터 성인 장애인과 비장애인 모두 참여할 수 있는 거리 행진이다. 굳이 정치적 연대체로서의 장애 인권 단체에서 활동을 하는 장애인이 아니더라도 자유롭게 가족들과 함께 행진에 참여할 수 있다. 이는 파편화된 다양한 장애 정체성을 갖는 많은 사람들이 심리적 부담감 없이 다른 장애인들과 유대감을 나누고 공동체성을 경험할 수 있는 좋은 기회라 여겨진다. 최소한, 세상이 부여한, 장애에 대한 수치를 벗어 던지고 자랑스러운 장애를 가졌다고 외치는 이 과정은 일종의 커밍아웃을 경험하는 것으로 보인다. 이 행사는 장애인이라는 것을 하나의 문화적 코드로 보아 달라는 사회적 요청을 하는 행사인데, 참가자들은 장애인 단체의 집회나 시위와 같은 집단행동을 하지 않는다. 또한 장애인의 날 행사처럼 유명 가수나 유명한 장애인들이 나와서 쇼를 하지도 않는다. 다만 수많은 장애인들이 자신의 장애인으로서의 개성을 강조하는 복장을 하고 장애 자부심을 외치며 편하게 거리 행진을 할 뿐이다. 장애인임을 인정하는 이 커밍아웃의 문제는, 요약하자면, 장애인이라 스스로 인정하는 과정이고 세상과 나의 관계를 인지하는 것으로, 개인 고유의 장애인으로서의 정체성을 갖게 하는 것이다. 이는 복지카드에서 어느 정도의 장애라고 일러주는 것과는 별도로, 심리적으로 일종의 해방감을 경험하는, 장애인으로서의 자기 인정의 과정이다. 또한 장애인에 대한 사회적 억압을 깨고 심리적 식민지화를 통해 오랜 세월 화석화된 자기 열등감으로부터 벗어나는 과정이다. 이러한 경험은 장애 문화를 형성하는 초석이 된다. 그것은 장애에 대한 우리 사회의 지배적인 오해와 편견들을 없애고자 하는, 장애인 집단 스스로 임파워먼트를 향해 다가서려는 노력이기 때문이다. "장애에 대한 자부심을 갖자"는 장애 자부심은 시대의 변화, 사고의 변화를 요청하는 장애인들의 외침이고, 특히 장애인 스스로를 억압하던 마음의 식민지 상태에서 벗어나 자유로이 자신의 장애를 사랑하게 되는 심리적 해방의 탈출구이다. 이와 같은 행사는 장애인들에게 문화적 차원의 장애 정체감을 갖게 하고 후세대 장애인들에게 장애에 대한 열등감과 수치심을 벗어던질 기회를 제공하며 장애인들 간의 연대를 도모한다는 차원에서 의의가 크다.

이제 한국 사회에서도 장애 자부심에 바탕을 둔 장애 문화의 형성에 관심을 두어야 할 것이다. Gill의 연구에서 밝히고 있듯이 장애 역사에 대한 장애 문화의 긍정적 기여도는 매우 높다. 따라서 장애 인권 운동을 통한 사회 정책적 변화가 2000년대의 장애계의 화두였다면 2020년대 장애계의 화두에는 장애 문화가 자리하지 않을까 하는 생각도 든다. 비록 미국의 퍼레이드 행사만을 예로 들었지만, 실질적인 장애 문화는 장애인들의 일상 속에서 그들만의 삶의 방식으로 꽃피고 있다. 문화 예술 활동으로 나타나는 문화가 아닌, 삶의 과정과 일상 속에 녹아 있는 모든 모습들이 문화가 되기 때문이다. 중증장애인의 자립생활도 삶의 하나의 일상적 양식을 만들어 내고 있으며, 장애인의 통합된 사회생활 문화, 장애인들이 먹는 음식 문화, 체육활동에서의 문화, 장애인의 주거 문화, 장애인의 댄스 문화 등, 한국인에게 한국인의 정체성과 문화가 있고 흑인들에게 흑인 문화가 있듯이, 장애인들에게는 장애인 고유의 문화가 분명히 있다. 다만 너무나 오랜 세월 억압받고 장애인의 삶의 방식이 비정상이거나 열등한 것으로 치부되어 온 나머지, 문화라고 이름 붙여지지 않았을 뿐이다. 그러나 장애인이 비장애인처럼 살고 비장애인처럼 행동하고자 한다면, 이는 장애 문화가 아니다. 이제 한국 사회에서도 장애인들이 장애인답게 사는 것이, 부족하고 이상하고 열등한 것이 아니라, 하나의 문화로서 자연스런 삶의 양식으로 이해되고 전승되었으면 한다.

Ⅴ 결론

이 장에서는 장애 정체감에 대하여 알아보았고, 적극적 장애 정체감으로서의 장애 자부심에 대하여 언급하였으며, 장애 문화 형성의 가능성에 대하여 간단히 알아보았다. 장애 정체감이란 다중적인 자아 정체감들 중 하나이고, 장애인이 자신의 장애에 대하여 주관적으로 느끼는 태도로 심리적 차원, 정치적 차원, 문화적 차원의 특징을 지니며, 단계적으로 발전한다. 또한 장애 정체감은 다중적인 자아 정체감의 하위 요소 중의 하나로서 개인에 따라 자신을 표현하는 데 선택될 수도 있고 아닐 수도 있으며, 다양한 개인 요인과 환경 요인의 영향을 받아 파편적으로 나타나기도 한다. 장애 자부심은 적극적인 장애 정체감으로서 장애 열등감에서 벗어나 인간으로서의 위엄과 가치를 회복한 상태로 정치적·문화적 차원의 장애 정체성을 가지고 있는 것을 말한다. 이러한 장애 정체성으로서의 장애 자부심은 장애 문화를 형성할 수 있는 기초가 된다. 열등의 상징으로 여겨지던 장애인의 삶의 양식과 결과물들을 인간의 다양성에 대해 인정하고 자부심을 갖자는 취지에서 장애 문화로 탈바꿈시킬 수 있다는 것이다. 양쪽 팔이 없는 것이 비너스의 몸으로 인식되고 한쪽 눈이 없는 것이 개성 있는 눈이 되며 누군가의 도움을 필요로 하는 생활을 자립생활이라 이름하에 영위해가고 장애인이 즐기는 스포츠들을 개발해내고 하는 등의 것이, 재활의 이름으로 이루어지는 것이 아니라 장애 문화로서 이해될 수 있는 것이다. 장애 자부심에 바탕을 둔 장애 문화는 이미 곳곳에서 시작되고 있다. 다만 사회에서 그것을 다문화의 하나로서 이름 붙이지 않았을 뿐이고, 사회의 보편적인 생각으로 인정하고 있지 않을 뿐이다.

그러나 앞으로는 장애 문화가 더욱 개발되어 장애인의 삶의 양식을 가치 있는 것이라 전할 수 있기를 기대한다. 이를 위하여 장애 문화 박물관이 하나의 도구가 될 수 있을 것이다. 문화가 있으면 대개 박물관이 있다. 박물관은 과거에 대한 기록으로 후세대에 전승하고자 하는 목적을 가지고 있으며, 자랑스러움을 보여 주는 공간이라 하겠다. 그래서 김치 박물관, 옹기 박물관, 커피 박물관 등 사람들이 관심을 가진 것에 대하여 역사적 기록으로 남기고 있다. 그러나 세계 어느 곳에 가도 장애 문화 박물관은 거의 없다. 보장구를 전시하거나 장애 인권 운동의 역사 정도를 일시적으로 전시하기는 하지만, 장애인의 삶과 문화를 계승하고자 하는 박물관에 관해서 본 저자는 거의 들어보지 못하였다. 이는 장애가 전 세계적으로 오랜 세월 억압의 대상이고 수치의 상징이었을 뿐 자부심이 되지는 못하였기 때문일 것이다. 그러나 이제는 장애 자부심에 바탕을 둔 장애 문화를 형성하고 이를 후세대에 전하고자 하는 노력을 해야 할 때이다.

또한 그동안 장애 억압에 대한 사회 변화를 외치는 정치적 활동이 장애인 집단의 목표였다면, 이제는 장애 정체감에 바탕을 둔, 장애인으로서의 자부심을 개발하고 장애인들만의 문화를 개발해 나갈 때가 아닌가 한다. 그러기 위해서는 장애인들 간의 네트워크와 이후 장애 세대들에 대한 장애 자부심 교육이 필요하다. 구세대 장애인들이 장애로 인한 열등감을 교육받고 내재화하였다면, 이제 신세대 장애인들에게는 다양한 신체적 개성으로서의 장애나 문화적 다양성 차원에서 해석되는 장애와 함께 장애 자부심을 의도적으로라도 교육해야 한다. 이것이 장애 문화를 만들고 장애에 대한 후진적인 사회 인식을 바꾸는 첫걸음일 것이다.

이를 위해서는 장애 인권 운동이 장애 문화 운동으로 변모될 필요가 있다. 즉, 장애에 대한 애정과 자부심을 바탕으로 장애인의 관점에서 역사도 다시 쓰고, 언어적 표현(특히 장애에 대한 부정적인 언어들, 치료, 재활, 특수, 장애 극복, 열등 등)도 바꾸며, 장애인에 대한 종교계의 관점도 바꾸게 하고, 장애인의 삶이 드러나는 문학작품이나 예술작품들이 나오는 환경으로 변해가야 할 것이다. 이렇게 장애인이 주류가 되는 사회로 변하려면 단순히 장애인 몇 명이 정치 참여를 한다거나 대정부 투쟁을 하는 방식으로는 어렵다. 장애인들 간의 삶의 연대를 통해 장애인의 문화, 자부심, 장애 정체성 등이 확립될 때, 장애인의 역사적 위력이 드러나고 오랜 역사를 통해 박탈당한 사회적 지위도 찾을 수 있는 것이다. 또한 장애 억압에서 벗어나 긍정적인 장애 정체성을 확립하고 장애 자부심을 갖는다면, 장애 후세대들에게는 멋진 장애 문화, 아름답고 자랑스러운 장애 문화의 역사를 가꾸어 물려줄 수도 있지 않을까 한다.

이 장에서는 다소 탐색적인 수준에서 장애 자부심과 장애 문화에 대한 가능성을 살펴보았다. 따라서 후속 연구로 보다 심도 깊은 장애 자부심에 대한 논의가 이루어졌으면 한다. 특히, 장애인들이 공유하거나 자부심을 가질 만한 특성에는 무엇이 있는가를 알아보는, 장애 자부심에 대한 질적인 연구들이 수행되어야 할 것이다. 또한 장애 문화의 구체적 내용이나 장애 문화가 장애 역사에 어떻게 기여할 수 있는지에 대한 연구도 필요하다.

참고문헌

오혜경 (2006). 장애인의 정체성에 관한 연구. 한국장애인복지학, 4, 5-47.

이익섭 (2003). 장애인 당사자주의와 장애인 인권 운동의 배경과 철학. 장애와 사회, 2, 14-31.

이익섭, 김성연, 최지선 (2007). 지체장애인의 장애 정체감 영향 요인에 대한 탐색적 연구. 재활복지, 11(3), 56-76.

이익섭, 신은경 (2005). 장애 정체성 개념화 연구: 포커스 그룹 면접과 심층 면접을 중심으로. 한국심리학회지, 10(4), 509-530.

이익섭, 신은경 (2006). 장애 정체감 척도 개발에 관한 연구. 한국장애인복지학, 5, 111-141.

Charlton, J. (1998). *Nothing about us without us: Disability oppression and empowerment*. Berkeley, CA: University of California Press.

Darling, R. B. (2003). Toward a model of changing disability identities: A proposed typology and research agenda. *Disability & Society*, *18*(7), 881-895.

Galvin, R. (2003). The making of the disabled identity: A linguistic analysis of marginalisation. *Disability Studies Quarterly*, *23*(2), 149-178.

Galvin, R. D. (2005). Researching the disabled identity: Contextualizing the identity transformations which accompany the onset of impairment. *Sociology of Health & Illness*, *27*(2), 393-413.

Gill, C. J. (1995). A psychological view of disability culture. *Disability Studies Quarterly*, *15*(4), 16-19.

Gill, C. J. (1997). Four types of integration in disability identity development. *Journal of Vocational Rehabilitation*, *9*, 39-46.

Glickman, N. S. (1993). Deaf identity development: Construction and validation of a theoretical model. *Dissertation Abstracts International: Section A. Humanities and Social Sciences*, *54*(06), 2344A.

Glickman, N. S. (1996). The development of culturally deaf identities. In N. S. Glickman & M. A. Harvey (Eds.), *Culturally affirmative psychotherapy with deaf persons* (pp. 115-153). Mahwah, NJ: Lawrence Erlbaum Associates.

Hahn, H. D. (1997). An agenda for citizens with disability: Pursuing identity and empowerment. *Journal of Vocational Rehabilitation*, *9*, 31-37.

Lezonni, L., & Israel, B. (2000). Disability: The reluctant identity. *Journal of Health Politics, Policy and Law, 25*(6), 1157–1167.

Morrison, E., & Finkelstein, V. (1992). Culture as struggle: Access to power. In S. Leeds (Ed.), *Disability arts and culture papers: Transcripts of a disability arts and culture seminar, November 20th 1991* (pp. 8–12). London: Shape.

Munger, K. M. (2004). *Disability identity in individuals with chronic and invisible illnesses.* Unpublished master's thesis, University of Illinois, Chicago.

Olney, M., & Brockelman, K. (2003). Out of the disability closet: Strategic use of perception management by select university students with disabilities. *Disability & Society, 18*, 35–50.

Putnam, M. (2001). Individual disability identity: A beginning exploration into its nature, structure, and relevance for political coalition building. *Dissertation Abstracts International: Section A. Humanities and Social Sciences, 62*(08), 2876.

Shakespeare, T. (1996). Disability, identity and difference. In C. Barnes & G. Mercer (Eds.), *Exploring the divide: Illness and disability* (pp. 94–113). Leeds, UK: The Disability Press.

Shur, L. (1998). Disability and the psychology of political participation. *Journal of Disability Policy Studies, 9*(2), 3–31.

Stuart, O. (1992). Race and disability: Just a double oppression? *Disability, Handicap and Society, 7*(2), 177–188.

Sue, D. W., & Sue, D. (1990). *Counseling the culturally different: Theory and practice.* New York: Wiley-Interscience.

Triano, S. (2004). *The definition of disability pride.* from http://www.disabilitypride parade.org/whypride.php

Trieschmann, R. B. (1986). *Aging with a disability.* New York: Demos.

Watson, N. (2002). Well, I know this is going to sound very strange to you, but I don't see myself as a disabled person: Identity and disability. *Disability & Society, 17*(5), 509–527.

Whitney, C. (2006). Intersections in identity — Identity development among queer women with disabilities. *Sexuality & Disability, 24*(1), 39–52.

Wright, B. A. (1983). *Physical disability: A psychological approach* (2nd ed.). New York: Harper & Row.

Zola, I. K. (1993). Self, identity and the naming question: Reflections on the language of disability. *Social Science & Medicine, 36*(2), 167–173.

조원일

I 서론

우리 사회에 있어 장애 문화란 무엇인가? 그에 앞서 장애 문화라는 자체가 과연 존재하였을까? 전통적인 장애 문화는 하위문화로서 동정과 시혜로 대표되는, 구태의연한 타파의 대상으로 생각될지도 모르겠다. 반면에 직선적인 역사관을 갖고 있는 사람이라면 현재의 문명이 지금까지 인류가 이루어 온 최고의 단계로 생각하여 장애 문화도 최고로 진화된 상태라 볼지도 모르겠다. 그런데 과연 그럴까? 본 저자는 적어도 현재가 인류의 최고 문명이라는 생각에 쉽게 동의할 수 없다. 적어도 장애를 둘러싼 사회적 변천 양상을 두고 보면 결코 그렇지 않다. 예를 들어, 수십 년 전만 해도 버스를 타면 장애인뿐만 아니라 노인, 임산부 등에게 자리를 양보하고 서 있는 사람 ― 대중교통 이용이라는, 일상생활에서의 제약을 받고 있으므로 장애인 범주에서 크게 벗어나지 않는다 ―의 가방을 받아주는 것이 너무나도 친숙하였던 시대가 있었다. 그러나 지금의 지하철이나 버스의 우선석을 보면 장애인을 포함한 교통약자들에 대한 사회적 배려가 도대체 얼마나 훼손되었기에 그런 문구마저 필요하게 되었을까 하는 생각에 씁쓸하다. 또 다른 시각으로, 가끔 번잡한 출퇴근 시간에 우선석 자리가 비어 있어도 또 감기에 걸리거나 피곤해도, 우선석에 앉았다고 심지어 생면부지의 사람들로부터 꾸지람을 듣는 모습을 보면서 장애인, 노인, 임산부뿐만 아니라 일상생활 등에 어려움이 있는 사람에 대한 '배제의 오류(exclusion error)'를 목격하기도 한다. 이처럼 배려에서 배제로, 또다시 배제의 주체와 대상이 순식간에 아무렇지도 않게 변질되어 가는 모습에 우리 사회에 장애를 둘러싼 패러다임에도 크나큰 변화가 있음을 감지할 수 있다.

한편, 김도현(2007, p. 43)은 고려와 조선 시대의 장애 문제를 인문학적 관점에서 살펴본 국문학자 정창권 교수의 저서 "세상에 버릴 사람은 아무도 없다"라는 표제가 우리 사회에서 장애인이 거치적거리는 존재, 무능력한 존재로 인식되고 있음을 역설적으로 보여주고 있음을 간파하고 있다. 환언하면 한국 사회의 장애 문화에 대해 역사적으로 반추해 볼 때 한국인의 전통적인 장애인관은 객관적으로는 멸시와 조롱으로, 주관적으로는 열등감으로 특징지어진다. 이러한 관점은 한국 민족 특유의 동질 의식으로 인한, 보편적 인간의 지향과 완전의 지향에서 비롯된 것으로 볼 수 있다. ('비장애'라는) 동질 의식은 ('장애'라는) 이질성을 강하게 배척하는 성향으로 나타나고, 같은 민족만으로 같은 언어와 같은 문화를 누리며 수천 년을 살아오다보니 이질성에 미숙하게 되어 평균 · 보편의 것에 가치를 두게 되며, 평균과 동떨어진 이질적인 개성은 비가치화되는 것이다. 따라서 사람의 경우도 평균 인간, 동질 인간, 보편 인간을 지향하게 되며, 그 기준에서 이탈될수록 존재의 가치를 상실하게 된다(함미애, 1998, p. 10).

그러면 당사자인 장애인에게 문화란 어떠한 의미를 지닐까? 장애인이 대체로 빈궁하고 그들이 필요로 하는 것이 의식주 해결을 기본으로 한 시혜적 정책에 국한되는 사회에서 장애 문화란 사치로 비쳐질지도 모른다. 실제로 대부분의 나라에서는 장애인뿐만 아니라 저소득층, 노인, 아동 등 사회적 약자 혹은 취약계층에 대한 사회적 서비스의 내용이 대체로 경제와 보건의료 등의 기본적인 생활권 보장에 초점을 두고 있다.

그러나 복지의 개념이 잔여적 복지에서 보편적인 행복추구권으로 확대됨에 따라 생활권 보장을 넘어 쾌적한 환경을 누리거나 문화 · 예술을 즐기는 것들이 점차 복지 영역에 포함되고 있다(오혜경, 2005). 최근 서구의 장애 연구 또한 의료나 사회복지의 관심을 넘어 중요한 문화 연구의 한 영역이 되고 있다. 특정 역사나 문화 속에서 장애에 대한 태도를 파악하거나 여러 문헌이나 문학 작품을 분석하여 장애의 문화적 의미를 찾아내려 하고 있는 것이다(정창권, 2005, p. 5).

이렇듯 장애 문화란 필연적으로 문화적 맥락에서 장애를 바라봄을 전제하는 것이며, 장애인이 갖는 '결손'의 의미는 생물학적 본질을 넘어 그가 처한 사회적 상황에 의해 형성되는 것이다(Ingstad & Whyte, 2011). 이에 장애 문화의 이러한 상대적, '맥락 지향적(context-bound)' 특성에 따라 장애 문화의 방법론적 검증이 지극히 광범위하고 어려운 작업임을 감안하면서, 이 장에서는 우리 사회의 장애인이 역사적으로 어떻게 인식되어 왔는지를 살펴보고자 한다. 특히 농문화(Deaf culture)는 장애 문화 중에서도 특수한 경우로 별도의 장을 할애하여 언급하려 한다. 이어 장애인에 대한 비장애인의 종래의 관점에 대한 반동으로서의 장애 문화 운동에 관해 소개하고, 마지막으로 문화 향유의 객체 또는 주체로서의 장애인의 위상은 어떠한가를 사례를 들어 살펴보고자 한다.

II 장애 문화의 지역적 다양성과 역사적 굴곡

시대와 장소에 따라 장애 문화의 모습이 매우 다양할 수 있는데, 그러면 전술한 장애 문화란 어떻게 그 개념 정의를 내릴 수 있을까? 장애학 관점에서 동서양을 망라하면서 장애(인)에 관한 광범위한 주제를 다루고 있는 "장애 백과사전(Encyclopedia of disability)"[1]에서는 문화에 관한 보편적인 정의로 문화를 행동, 믿음, 생활양식, 특정 집단이나 사회의 물질적·인공적 특성에 관한 총체로 규정하였다. 나아가 장애 문화와 같이 문화에 관한 독특한 정의는 많은 다양한 형태를 취하는데, 가장 중요한 특징이 맥락 지향성이라고 하였다. 즉, 문화의 개념이 장애의 개념만큼이나 다양하다 하더라도 장애의 경험은 문화 및 문화의 사회적 관계 안에 놓여 있다는 것이다.

"장애 백과사전"에서는 장애 문화에 관해 장애인을 둘러싼 체계의 차원별 정의로 역사적, 사회적·정치적, 개인적·심미적의 세 가지 사고방식이 있다

---

1) 이 백과사전은 장애의 다양한 측면에 대한 권위 있는 참고자료를 소개한 최초의 시도를 대표하는데, 500명 이상의 저명한 학자들이 1,000개가 넘은 주제에 대해 명료하고 이해하기 쉽게 저술하여 모든 학생들과 연구자 등에게 장애의 일상적 경험을 보다 친근하게 경험하게 해준다. 이 백과사전은 2005년 미국 도서관협회로부터 '최우수 참고문헌상(Best Reference Award)'을 수상하였다.

고 하였다. 장애 문화에 관한 역사적 정의는 장애인에 의해 전개된 예술[2],
시, 언어, 사회적 커뮤니티에 초점을 맞춘다. 장애 문화에 관한 사회적 · 정치
적 정의는 사회경제적 정의(正義), 급진적 민주주의, 자기 역량강화 등의 일상
적 가치와 구분되는 소수자 집단에 초점을 둔다. 마지막으로, 장애 문화에 관
한 개인적 · 심미적 언급은 장애를 가진 상태에서의 삶의 방식과 긍정적 정체
성을 강조한다.

　장애 문화에 관한 세 가지 사고방식은 개별적이지만 실제로는 밀접하게 연
관되어 있고 끊임없이 구성되어 간다. 예를 들어, 길거리나 지하철에서 구걸
을 하거나 물건을 파는 남루한 노파나 중증장애인 등과 조우했을 때 독자들
은 어떤 생각을 하게 되는가? 그들의 재활 내지 자립생활을 바라는 마음이 들
기도 하지만 동시에 당장 그들의 끼니를 걱정하는 동정어린 마음으로 적은
돈이라도 건네줘야 할지 어떨지를 고민할 것이다. 아예 무관심한 경우는 별개
이지만, 이러한 마음의 형성과 그것의 구체적인 행동까지의 과정을 살펴보면,
거기에는 인간에 대한 사랑 · 연민과 같은 지극히 개인적인 성향과 더불어 그
러한 처지에 빠질 수밖에 없는, 사회 문제로서의 소수자 문제와 같은 사회적
맥락이 복잡하게 관여되어 있음을 알 수 있다.

　그럼 여기에서 서구가 아닌 아시아권의 장애 문화의 역사적 단면에 눈을
돌려, 일본의 장애 문화와 한국의 그것을 부분적으로나마 비교해 보도록 하
자. 그것은 장애인을 둘러싼 사회적 가치관에 있어 일본이 한국과 비교적 유
사하면서도 장애 자부심이나 장애의 사회적 측면에 관한 연구 축적에 있어서
는 한국보다 긴 역사를 갖고 있어 한국의 장애 문화 발굴과 발전 가능성에
대한 실마리를 얻을 수 있기 때문이다.

　일본 장애 문화의 대표적 연구자로 중증의 뇌성마비인인 하나다 슌쵸(花田
春兆)는 일본 역사 속에 면면히 흐르고 있는 장애 자부심을 다양한 장애 유형

---

2) 장애 문화의 구체적 발현으로서의 장애 예술을 정의하는 것 또한 지난한 과제이다. "무
엇이 장애 예술인가?"와 "누구를 장애인 예술가로 볼 것인가?"에 관해서는 명확한 기준이
없다. 일반적으로 장애 예술은 장애인이 창작 · 표현한 예술 작품을 뜻하지만 넓은 범위
에서는 장애와 장애인을 소재로 한 예술 작품까지 장애 예술로 보아야 한다는 의견이
있다. 또한 예술 작품을 창작하거나 표현하는 장애인이면 모두 장애인 예술가로 볼 수
있지만 장애인으로서의 삶에 대한 경험이 예술 작품에 투영될 때에만 장애인 예술가로
보아야 한다는 의견도 있다(박혜신, 2010, p. 4).

과 영역별로 소개하고 있다(石川, 長瀬, 2009). 예를 들어, 일본판 아담과 이브에 해당하는 이자나기노미코토(伊耶那岐命)와 이자나미노미코토(伊耶那美命)의 사이에 태어난 최초의 아이인 에비스(恵比寿)는 칠복신(七福神)의 하나로 오른손에 낚싯대를, 왼손에 도미를 안은 바다·어업·상가(商家)의 수호신으로 여겨지는데, 사실 이 에비스는 뇌성마비를 연상하게 하는 중증장애아였다(그림 7.1). 그래서 하반신은 능숙하지 않았고 몸은 흐물흐물하였으며 말도 못하였던 것 같다. 오사카(大阪) 신사(神社)의 에비스는 귀도 들리지 않았다고 전해진다. 어쨌든 에비스는 늦어도 에도(江戸) 시대 중기에는 칠복신 신앙의 필두에 올랐을 만큼 일반 서민에게 침투하여 실재감을 강화해 갔던 것으로 보인다. 그 밖에 앞에서 언급한 칠복신의 하나로, 다이코쿠텐(大黒天)은 오른손에 요술 망치를 들고 왼쪽 어깨에 큰 자루를 둘러메고 쌀섬 위에 올라앉아 1년 내내 웃고 있는 복덕(福徳)의 신으로 여겨지는데, 이 신은 지적장애인이었다(그림 7.2).

그림 7.1 에비스 상

그림 7.2 다이코쿠텐 상

일본에서 '불구'가 복인 것에는 복자(福子) 신앙이라는 것도 관련되어 있다. 요즘으로 말하면, 장애아가 태어나면 그 집이 번성한다는 것이다. 예를 들어, 지체장애에 있어서는, '지혜의 주머니'로 여겨지고 있는 스쿠나히코나노미코토(少彦名命)의 등장에 중요한 역할을 한 쿠에비코(久延毘古)는 움직일 수는 없지만 천하의 모든 것을 아는 신이었다. 쿠에비코의 별칭은 야마다노소호도(山田之曾富騰)이었는데, 이는 현대어로 번역하면 다리가 하나인 허수아비를 뜻한다. 이 허수아비는 "발로는 못가도 하늘 아래 모든 것을 안다"라고 평을 받을 만큼 정평 있는 박식가로, 결실의 가을이 끝나고 임무가 끝난 허수아비에게 잘 했다고 신은 포상으로 발을 두 개 주었다. 그러나 한 발에 익숙해져 있었던 허수아비는 두 개 된 발이 서로 얽혀 오히려 비틀거리면서 산으로 되돌아갔다 한다. 이는 요즘 말로 하면, 의료로 '정상화'되는 것이 절대·최선의 방법이 아니며 장애인에게는 장애에 적합한 독자적 생활 방법이 있다는 것이다.

또한 원시 시대의 전통적 가정에서 시각장애인은 난롯불을 지키는 사람으로서 마을의 이야기꾼이었는데, 이들은 수렵이나 농경 등에 동원된 적이 없는, 직접적 생산력으로서는 기대되지 않는 사람들이었다. 조정에서 공식적으로 대우를 받아 이야기꾼의 대표적·상징적 존재이었던 어떤 사람도 고령으로 인한 맹목이었다고 전해진다. 또 다른 예로, 한국에도 잘 알려져 있는 배우 겸 감독인 키타노 타케시(北野武)의 2003년 영화 '자토오이치(座頭市)'3)는 극중 인물인 전맹 협객 '이치(市)'의 활약을 그린 것으로, 주인공은 과연 눈이 안 보이는 것일까 의심받을 만큼 정안인(正眼人)을 완벽히 제압한다.

이제부터는 현대 일본의 장애 문화에 대해 살펴보자. 먼저 장애 문화 중에서도 특정 장애 유형에 '문화'라는 단어를 붙일 수 있는 유일한 장애는 '농'이라 할 수 있겠는데, 시코쿠가쿠인(四国学院) 대학에서는 일반교양의 외국어 과목으로 '일본 수화'를 채택하고 있다. 이 수업의 개요 상 수업 목적에는 "이 강의에서는 일본 수화로 기본적인 회화력을 익히기 위한 기본적인 강의와 실기를 행한다. 강의에서는 복지 시책 등 농인을 둘러싼 사회의 환경 및 일본 수화의 문법에 관해 배우고, 실기는 자신이 알지 못하는 새로운 화제에 대해 회화가 가능할 정도의 수준을 목표로 한다."고 되어 있다. 이 수업 목적을 보면, 전반부에 기본적인 회화력을 익히도록 한 것은 여느 외국어 수업과 유사하나, 첫째, 농인을 둘러싼 사회의 환경에 관해 배울 필요성을 언급하였다는 점과, 둘째, '농인'이라는 표현을 사용하였다는 점은 전형적인 사회 모델적 시각에 입각한 것으로 판단할 수 있다. 일본 장애인복지법에서 사용하고 있는 용어는 한국과 마찬가지로 청각장애이다. 하지만 이 용어 대신에 '농인(Deaf)'이라는 표현을 사용한 것은 들리지 않는 것을 장애로 인식하고 있지 않음을

---

3) 자토오(座頭)는 무로마치(室町) 시대 맹인 비파(琵琶) 법사의 관직명이었으며, 에도 시대에는 승려 차림의 맹인으로 비파, 사미센(三味線) 등을 켰다(goo 辞書, 2013).

드러낸 것이다.[4] 심지어 하마마츠(浜松) 대학의 경우에는 수화뿐만 아니라 점자도 제2외국어로 채택하고 있다. 통상, 농문화라는 농 고유의 시각은 인정하고 있지만, 이렇게 맹에 대해서도 그러한 시각을 보이는 것은 드문 사례라고 할 수 있다.

또한 일본에서는 1990년대 이후 장애인에 의한 작품에 대해 그 가치가 적극적으로 인식되기 시작함과 더불어 높은 예술적 가치가 있는 작품을 탄생시킨, 주위의 이해와 지원에 대한 재고가 일기 시작하였다. 곧, 중중 장애를 가진 사람들의 자기표현과 자기표현을 할 수 있는 기회를 만드는 것의 중요함이 이해되기 시작한 것이다. 더불어, 자기표현의 기회가 한정되거나 기회를 완전히 얻을 수 없는 것 자체가 그 사람의 인권에도 영향을 미치는 것이라는 인식이 생겨 이러한 기회 확보의 중요성이 새롭게 인식되고 있다. 이러한 움직임은 주로 복지 분야의 활동으로부터 비롯된 것이지만, 이제는 모든 분야에서 다시 생각해 보아야 할 과제로 여겨지고 있다. 이런 중에 일본에서 장애인 예술이 일반적인 인지를 얻게 된 중요한 단서는 1993년에 세타가야(世田谷) 미술관에서 개최된 전시회 '패러렐·비전: 20세기 미술과 아웃사이더·아트(パラレル·ヴィジョン: 20世紀美術とアウトサイダー·アート)'이었다. 현재는 '보더레스·아트 박물관(ボーダレス·アートミュージアム)' NO-MA나 '아틀리에 인커브(アトリエ インカーブ, atelier incurve)'의 활동에서 보이듯이, 전국 각지의 시설이나 단체에서 장애인 예술을 특색 있게 추진해오고 있다. 또 다른 예로, 2012년에 제12회를 맞이하는 '전국 장애인 예술·문화제 대회'는 한국의 보건복지부에 해당하는 후생노동성과 해당 지방자치단체가 주최하는 대규모 대회

---

4) 이와 같은 인식은 서구의 일부 지역에서는 매우 보편화된 현상으로 여겨지기도 하는데, 예를 들어 미국 동부 연안의 '마서즈 비니어드(Martha's Vineyard)' 섬에서의 수화 사용이 그것이다. 초기 이민 정착자 중 일정 수(10~20%)의 농인이 농업과 어업 위주의 고립된 생활을 하고 있던 이 섬에서 청각장애는 사회생활과 노동을 하는 데 별다른 큰 장애가 되지 않았던 것이다. 만약 외부와 고립되어 농업과 어업을 위주로 한 곳이 아니라 같은 섬이라도 싱가포르처럼 상업과 교류가 번성한 곳이었다면, 자본주의적 노동이 발전하였을 터이고 외부로터의 빈번한 인구 유입 등으로 현재와 같은 수화 문화는 발생하기 어려웠을 것이다. 역으로 발상하자면 이 섬처럼 수화가 거리낌 없이 받아들여지기 위해서는 몇 가지 조건이 불가결할 것인데, (1) 일정 수의 농인이 존재할 것(사회 문제화 되지 않을 정도의 양적·질적 요건), (2) 하나의 커뮤니티를 형성할 것(지리적 공간과 이해관계를 같이 할 것), (3) 자본주의적 속성에서 벗어나 있을 것 등이 그것이다.

로, 3일간에 걸쳐 미술·문예 작품(전국에서 공모한 작품 중 우수작)의 전시, 무대예술의 발표, 배리어프리 영화의 상영, 수산(授産) 제품의 전시·판매, 복지용구의 전시 등이 이루어지고 있다(佐賀県, 2013).

위에서 언급한, 장애인 문화·예술 활동에 대한 사회의 반응을 단계별로 제시하면 다음과 같다.

1단계(자선으로서의 예술): 중증 장애인의 작품이 다른 사람과 동등하게 표현된 것에 대한 놀람과 발견. 또한 그러한 기회를 만들어 주는 것과 같은 은혜적인 반응.

2단계(독특한 예술): 다른 사람들에게는 없는 표현의 발견, 특이한 가치로서 보이기 시작함.

3단계(매우 특별한 예술): 다른 예술 활동에 비해 손색없는 새로운 가치가 있는 예술 활동으로서의 평가.

4단계(모든 사람들의 예술): 중증의 장애를 가진 사람들의 예술·문화 활동이 다른 사람들과 동등한 가치를 갖는다는 인식의 파급.

시기상 1990년대 일본의 상황을 보았을 때는 3단계에 들어섰고 4단계의 맹아가 보이기 시작하였다고 일컬어지고 있다. 그러나 사실 1~4단계에서 한 단계를 거쳐 다른 단계로 이동하였다기보다는, 장애인에 대한 사회의 시각이 장애 이론의 개별 모델과 사회 모델의 혼재 양상으로 나타나듯이, 현재 시점에서도 각 단계가 여전히 혼재해 있다고 보는 것이 옳을 것이다.

그럼 한국으로 눈을 돌려 보자. 장애 문제를 인문학적 관심의 차원으로 살펴본 대표적인 연구자인 정창권(2007)에 의하면, 전통 시대 장애인의 삶과 사회적 인식이 현대에 비해 훨씬 열악했다는 오해는 한국 장애인사에 대한 왜곡된 인식일 뿐 실제로 장애인의 삶과 사회적 인식은 조선 후기와 근현대를 거치면서 오히려 후퇴하였다. 전통 시대에는 장애인들 스스로도 대단히 활달한 성향을 갖고 있었다. 그들은 현대의 장애인처럼 위축되어 있기보다 남의 이목에 크게 개의치 않고 살았으며, 또 동정을 바라지도 않았다. 조선 전·중기만 해도 도교나 불교적 색채가 여전히 남아 있었고, 신분이나 성별에 따른 차별이 심하지 않았으며, 첩과 서자(녀), 기녀, 의녀 등 소수자에 대해서도 그리 배타적이지 않았다.

　　그러나 조선 중기 이후 완고한 유교 사회, 곧 수직적 위계질서를 강조하는 주자학 일변도의 사회로 전환하면서 사정은 점차 달라졌다. 예를 들어, "심청전"을 보자. 한국인이라면 누구나 심청이를 효녀로 인정할 것이다. 그러나 그 부친인 심학구의 입장에서 본다면 심청이는 결코 진정한 의미에서의 효녀라고 보기 어렵다. 그녀는 아버지가 시각장애인임을 내세워 임당수에 몸을 던지는 자기 독단적 판단과 행동을 실천하였던 인물에 불과한 것이다. 개인적 차원에서 보아도 자신의 눈을 뜨게 하기 위해 꽃다운 딸이 목숨을 던진다고 하면 세상 어느 부모의 여생이 과연 행복하다고 할 수 있을까? 사회적으로는, 구걸도 하나의 직업으로까지 여겨졌던 시대와 달리 장애인의 가치가 절하되었다. 장애인의 이러한 위상 저하는, 첫째, 사회적 약자인 장애인의 입장은 무시되어도 좋다는 조선 후기 사람들의 장애인관을 단적으로 반영한 것이다. 나아가 여기에는 상대방의 입장을 배려하지 않는 유교적, 특히 조선 후기의 일방적이고 극단적인 주자학적 효 사상의 한계도 있었다. 둘째, 장애인의 무능력하고 무가치한 존재로의 전락은 근대 이후 자본주의 산업사회로의 전환과 밀접한 관련을 맺는다.[5] 근대 이후 물질이 모든 것을 좌우하는 물질만능주의 사회가 되면서 장애인은 쓸모없는 인간으로 전락하고 말았으며, 이에 근래에 들어서까지 장애인에 대해서는 수용시설에서의 보호적 처우가 최선의 정책으로 여겨지게 된 것이다(정창권, 2007, pp. 184-185, 191-193, 195).

　　반면에 토착 문화가 강한 사회로 갈수록 신체적 기능에 의한 장애의 이해보다는 사회적인 기능의 장애에 더욱 비중을 둔다. 예를 들어, 한 부족이 다른 부족의 압박하에 놓였을 때라든가 개인의 삶이 사회적으로 적응되지 못할 때 장애라는 단어를 쓸 뿐 신체 기능에 이상이 있는 경우에는 아예 장애를 쓰지 않는 사회도 있다(김홍덕, 2010, pp. 22-25).

---

5) 자본주의 산업사회 이전의 1차 산업 위주의 사회상을 영화 등으로 재현한 것은 장애인의 사회적 가치를 재조명하는 데 좋은 자극제가 된다. 예를 들어, 1900년대 초 중국 청나라 때의 실존 인물인 무인 곽원갑을 소재로 한 영화에서, 주인공은 세속과의 인연을 끊은 후 어느 한적한 시골 마을의 조손녀 가정에 기거하게 되었다. 여기에서 신체 건강한 곽원갑은 마을의 모내기를 빠른 스피드로 돕고자 하나, 마을 사람들은 각자의 속도대로, 산들바람이 주는 여유를 만끽하면서 일을 계속하였다. 결국 곽원갑의 빠른 일처리는 무용지물이 되었고, 맹인 손녀는 느리지만 익숙한 손놀림으로 모내기를 마무리하였다.

이처럼 장애라는 현상은 지극히 상대적인 것으로, 이러한 상대성이야말로 절대적이라 할 수 있다. 예를 들어, 장애의 개념에 있어 근래 장애의 범주가 점점 확대되어 가는 추세(예를 들어, 암환자나 AIDS 감염자, 의사소통이 불가능한 외국인 등)는 현상 그대로 이전에 없었던 새로운 장애의 출현을 의미하지만, 그렇다고 그 장애 자체가 반드시 새롭게 창조된 것이라고 단정 지을 수는 없다. 장애의 개념과 그에 따른 대상이 상대적으로 확장될 수 있다는 것은 현실 정책에 있어서는 비장애인에 대해 장애인 정책의 필요성을 설득하는 유력한 근거가 되기도 한다. 예를 들어, 우리 모두가 '예비 장애인'이며 따라서 기존 장애인에게도 배려하자는 주장은 언제인가 우리한테도 발생할 수 있는 '불운'에 대비하기 위한 보험과 같은 것으로, 종전의 장애 이미지를 바꾸는 계기로 작용할 수 있다. 어느 누구도 시혜와 동정심으로 자신을 바라보는 것을 원하지는 않을 테니 말이다.

물론 일부 서구 국가에서의 위와 같은 새로운 장애 유형의 출현이나 장애인의 증가 추세를 역사적 맥락에서 고찰하지 않고 한국의 상황과 단순 비교하는 것은 무리가 될 수 있다. 즉, 설득 전략으로서의 위와 같은 '예비 장애인'론은 장애 이미지를 개선하고 관련 정책을 마련하기 위한 단기적 수단은 될 수 있을지언정 장애 문제의 궁극적인 해결책이 될 수는 없다. 그러므로 서구와는 다른, 한국의 장애 역사성에 천착한 장애 문화의 발굴 및 관점의 혁신이 이루어져야 하며, 그런 의미에서 최근 대두되고 있는 장애 자부심의 개념이나 한국적 재해석에 관한 지속적인 연구와 관심이 필요하다.

III 농문화와 이에 대한 관점

2011년 가을 들어 매스컴을 들썩이게 한 사건이 있었다. 약 500만 명의 관람객을 불러 모은 영화 '도가니'의 흥행이었다. 공지영이라는 작가와 공유라는 유명 배우의 이름값을 십분 감안한다 해도 솔직히 이 영화가 이렇게까지 주목받으리라고는 상상하지 못했었다. 그런데 왜 이렇게까지 주목을 받게 된 것일까? 이에 관해서는 먼저 농의 특수성을 떠올릴 수 있다. 우리나라 장애인복지법상 장애 유형이 총 15가지가 있지만, 이 중 장애와 비장애의 경계선 상에 있는, 다시 말하면 가장 '덜 장애스러운' 장애 중 하나가 농이라 할 수 있다. 농인은 지적으로 지극히 '정상적'이며, 신체적으로도 '말만 안 하면' 비장애인(청인)과 구분을 할 수 없기 때문이다. 또한 들리지 않음은 청각장애가 아닌, 다만 의사소통 상의 개성에 지나지 않는다는 관점도 있다. 그리고 보면 의사소통 안 되는 것이 어찌 장애인만의 일인가? 외국인을 만나도, 심지어 같은 모국어를 써도 수많은 오해와 다툼을 경험하는 것이 우리네 일상생활이다. 그렇다면 영화에 나온, 성폭력을 당하는 청각장애 학생이 그저 내 아들딸, 형제자매의 일처럼 오버랩 되었을지도 모른다. 하지만 청각장애에 대해 모두가 이같은 시각을 갖고 이 영화를 관람하였을 것이라고는 생각되지 않는다. 오히려 귀도 들리지 않는 어리고 불쌍한 학생을 능욕한 어른들에 대한 분노가 더 크지 않았을까? 만약에 후자의 입장이었다면, 우리는 농인에게 성폭력과는 차원이 다른, '동정'과 '낙인'이라는 사회적 차별을 다시 한번 부여한 셈이다.

한편, 들리지 않음이 장애가 아니라 하나의 개성이라는 관점에서 '농'이라는 표현을 쓰며, 농인들의 이러한 독특한 문화를 '농문화'라 한다. 그러면 전술한 바와 같이 사회적 맥락에서 농문화의 개념은 어떻게 정의 내릴 수 있겠는가? 우리나라의 특수교육학 분야에서는 농문화를 청각장애인들에 의하여 형성된 청각장애인 고유의 문화로 정의하면서, 수화를 함께 사용하는 공통적인 의사소통 양식으로 인하여 청각장애인들 간에 집단 정체감의 형성이 농문화와 밀접한 관계가 있다고 보고 있다(국립특수교육원 편, 2009). 여기에서는 농문화를 개념 정의하면서 농인이 아닌 청각장애인으로 언급하는 모순은 있지만, 농문화의 주요 개념 구성 요소로 수화의 사용과 농 정체성을 들고 있다.

농인들의 문화는 일반 사회의 문화와 분리된 문화로서, 농인들은 일반 사회에서는 보기 드문 독특한 문화를 형성하고 있다. 즉, 자기들만의 유대가 매우 깊으며, 그들만의 고유한 사회 문화를 형성한다. 그들은 자기들끼리 수화라는 공통된 의사소통 수단을 가지며 그들만의 공동체 의식을 발달시킴으로써 농아인에 대한 자긍심과 긍정적인 자아 개념을 발달시켜 나간다. 그리고 농인의 문화로 이루어진 사회는 매우 좁고 결속력이 강하다(김순옥, 2008).

Reagan(1985)은 문화의 네 가지 요소로서 농문화를 정의하였는데, 그 첫 번째가 농문화와 언어이다. 왜냐하면 언어가 문화적·민족적 정체감 형성에 중요한 역할을 하기 때문이다. 두 번째는 농문화와 집단 정체감이다. 집단의 정체감은 사회적·문화적·언어적 요소들에 기반을 두고 있다. 세 번째는 농문화를 향유하는 청각장애인들 간의 족내혼을 들 수 있다. 농인들의 80~90% 정도가 농인끼리 결혼을 하기 때문이다. 네 번째의 특징은 지역적·국가적·국제적 수준에서 집단 응집력과 동료 의식을 유지하는 조직적인 네트워크를 가지고 있다는 것이다(권순황, 2002에서 재인용).

이러한 농문화에 대해서는 부정적 관점과 긍정적 관점이 상존한다. 우선, 부정적 관점의 근원은 사회학적으로 소수자 집단 이론의 관점에서 접근할 수 있다. 소수자 집단 이론의 관점에서는 농인은 다수의 비장애인들이 청각장애인의 통합 기회를 거부함으로써 나타난 사회적 소수자 집단이라는 것이다. 마치 청각장애를 어떤 일탈, 비행, 또는 병리 현상인 것처럼 간주하여 정상적인 삶을 살아가야 할 시민으로서의 농인의 권리를 부정하는 것이다. 이것은 농인 당사자의 입장에서 본다면 비자발적인 것으로, 다수인 비장애인에 의하여 인위적으로 만들어진 상황이다.

또한 농문화의 부정적 관점에 기여한 이론적 모델로서 청각능력 진단 시의 의료모델을 들 수 있다. 청각능력의 진단은 의사에 의해서 진행되며, 청각진단이라는 과정을 거쳐야만 교육과 복지를 비롯한 모든 서비스의 문이 열린다. 그러나 이러한 의학적 접근은 농인의 청각능력에만 집중하기 때문에 시각적인 표시에 의한 의사소통의 가능성을 잘 인정하지 못하는 오류를 낳게 된다. 즉, 그것은 농인의 사회적 맥락보다는 의학적 테두리 안에서 문제를 이해하려는 한계성을 가지고 있는 것이다(김순옥, 2008).

농문화의 현상을 이해하기 위해서 낙인 이론의 관점에서 접근하기도 한다. 낙인 이론은 1950년대, 1960년대 사회학의 비행 이론의 발달과 긴밀한 관계를 갖고 있다. 낙인을 받기 위해서는 몇 가지 특징을 소유해야 되는데, 낙인 이론과 관련하여 사즈(Thomas Szasz)는 낙인 이론의 '희생양'이 되기 위해서는 세 가지 특성을 갖추어야 한다고 하였으며 이것은 농인들에게도 적용될 수 있다고 보았다. 첫째, 희생양에 속하는 집단은 정치적으로 비조직화되어 자신들을 방어할 힘이 없어야 한다. 둘째, 행동 또는 심리적으로 병적이거나 불완전한 특성을 나타내어야 한다. 셋째, 그러한 특성은 그들을 체포나 감금, 또는 치료의 대상으로 간주하게 하여, 인도주의적이라는 미명하에 오히려 그들에게 해가 되는 도움이나 치료를 받게 한다.

이에 농인들은 사회 내에서 특수학교, 농인교회, 구화학교 등 특정 장소와 지역을 할당받는다. 이러한 격리는 그것을 가능하게 하기 위해서 농인과 구별되는, 농인이 아닌 다수의 존재를 전제로 하며, 이때 소수인 농인을 격리하여 따로 취급하는 것이 오히려 그들의 복지를 위한 것이라고 정당화한다. 농인들은 가령 성공을 한다 해도 '농인 박사', '농인 교수' 등 그들이 속한 장애의 범주를 탈피할 수 없다(김순옥, 2008).

이상에서 살펴본, 농문화의 부정적인 관점과는 달리 긍정적인 관점은 의학적, 신체 구조적인 한계를 벗어나 접근한다. 즉, 이 관점은 청각장애의 원인, 진행 경과 못지않게 전인적인 인격의 총체로서 농인의 경험, 언어, 문화, 태도, 상호에 대한 사회적 책임, 삶의 목표, 일상생활의 대처 등을 중시하는 입장이다. 이것은 비행이나 일탈이 아니라 일종의 대처 기능으로서 청각이 아닌 시각 기능을 활용한 언어의 수단을 통하여 그들만의 규범과 가치와 언어와 기술을 다음 세대에 전달한다는 것이다.

이 관점에서 본다면 문화의 차이는 인정하되 그 문화의 독특한 가치를 부인해서는 안 된다. 농인은 농인으로서 끝나는 것이 아니라 하나의 전인적인 인간으로서 독특한 경험·태도·문화, 심지어는 타인에 대한 사회적 의무를 수행하며, 삶의 질의 문제, 일상생활의 과제도 가지고 있는 것이다. 농인의 문화를 이러한 긍정적 차원에서 인식한다면 과거보다는 더 많은 농인들이 사회에 통합될 수 있으며, 의사소통의 문제는 극복할 수 있는 과제로 등장할 수 있다. 또한 긍정적 관점에서는 수화를 언어와 동일한 가치를 갖는 하나의 자연스러운 언어로 인정하며, 그들에게도 비장애인과 동일한 기회와 권리를 부여할 것을 주장한다. 이러한 의미에서 최근의 수화 보급은 농문화의 부정적인 면을 극복하는 데 도움이 되고 있다(김순옥, 2008).

한편, 이렇게 수화가 보급되고 심지어 유행까지 한다면 농인들의 삶이 지금보다 훨씬 편해지기는 하겠지만, 이를 반드시 긍정적인 측면으로만 볼 수 있는 것은 아니다. 일례로 일본에서 1995년에 방영된, 농인을 주인공으로 한 TV 드라마 '별의 금화(星の金貨)'와 '사랑하고 있다고 말해줘'는 '제3차 수화 붐'이라고도 일컬어지는 움직임을 일으키게 하였다. 이에 수화 교본이 불티나듯

팔렸고 지역의 수화 강습회는 수강 희망자로 넘쳐 정원 초과가 되었다. 그러나 수화의 이런 유행에는 부정적인 농 정체성이 내재되어 있다. 이들 드라마에서는 청인이 농인에게 다가가 손을 뻗기 위한 수단으로서 수화가 그려지고, 농인이 청인에게 조금이라도 다가서려는 노력의 상징으로서 소리나 음성의 사용이 묘사되었다. 그러나 여기에서는 귀가 들리지 않는다는 것이 분명히 불편한 것으로 읽히게 된다. 그렇기 때문에 그 마이너스 재료를 경감하기 위해 귀가 들리는 청인이 농인을 위해 음성이 아닌 수화를 사용해 소통하려는 것이 '감동적'으로 그려지고, 농인이 목소리를 내는 행위가 농인 것을 '극복'하고자 하는 노력으로서 '감동적'으로 그려지게 되는 것이다. 결국 농이란 '극복해야 할 상태'인 것이며(石川, 長瀬, 2009, p. 72), 이는 의료 모델의 전형적인 특성이 된다.

Ⅳ 종래의 관점에 대한 반동으로서의 장애 문화 운동

맥락 지향적이면서 복잡다기한 장애 문화에 관한 언급은 20세기 후반에 전개되기 시작하였다. 예를 들어, 영국과 미국에서 장애인 조직들은 그들 구성원들의 의식을 끌어올리고 그들에게 사회 변화 운동을 가져 오게 하였다. 특히 미국에서는 영국과는 달리 장애인을 둘러싼 구조적 · 경제적 차별이 아닌, 장애인에 대한 차별적 인식의 철폐가 강조되었다.

한편, 소위 선진국이라는 공통된 특징하에, 일본의 장애 문화는 서구와는 또 다른 양상을 보이기도 하였다. 예를 들자면, 한국 사회에서도 여전히 보도되고 있듯이, 1970년 5월에 일본 요코하마(橫浜)에서 장애아 살해 사건이 발생하였다. 그러자 이 사건에서 가해자인 어머니에 대해 이웃 주민 및 장애아를 가진 부모들을 중심으로 감형을 탄원하는 운동이 일어났다. 복지 정책의 부족이 어머니를 아이 살해로 몰아넣은 것이므로, 그러한 의미에서 어머니 또한 피해자라는 이유에서였다. 그러나 이에 대해 '푸른 잔디(青い芝)의 모임' 카나가와(神奈川)현 연합회는 감형 반대 캠페인을 전개하였다. 복지 정책이 불충분하다고 해서 장애아 살해가 정당화될 수 없음은 물론, 여기에서 일컬어지는

복지 그 자체가 시설에의 격리·관리라는 형태로, 이는 장애인을 사회에서 배제·말살하는 기민(棄民) 정책과 다름없다고 고발한 것이었다. 장애인 말살에 관한 이 같은 인식은 장애의 원인(책임)을 철저하게 개인과 그 가족에게 귀속시키고자 하는 장애의 개인 모델에 대해 획기적으로 비판하고 있다는 점에서 두드러진 장애학적 인식이라 할 수 있다(杉野, 2010, p. 274). 이러한 운동 안에서 태어난 것은 다음과 같은 다섯 가지 항목으로 이루어진 행동 강령이었다.

하나, 우리들은 스스로가 뇌성마비인 것을 자각한다. 우리들은 현대 사회에 있어 '본래 있어서는 안 되는 존재'로 여겨지는 스스로의 위치를 인식하고, 거기에 모든 운동의 원점을 두지 않으면 안 된다고 믿으며, 동시에 행동한다.

하나, 우리들은 강렬한 자기주장을 행한다. 우리들이 뇌성마비인 것을 자각하였을 때, 거기에 일어나는 것은 자기 자신을 지키고자 하는 의지이다. 우리들은 강렬한 자기주장이야말로 그것을 이룰 수 있는 유일한 길이라고 믿고, 동시에 행동한다.

하나, 우리들은 사랑과 정의를 부정한다. 우리들은 사랑과 정의가 가지고 있는 에고이즘을 날카롭게 고발하고, 그것을 부정함으로써 생기는 인간 응시에 따른 상호 이해야말로 참된 복지라고 믿으며, 동시에 행동한다.

하나, 우리들은 문제 해결의 길을 고르지 않는다. 우리들은 안이하게 문제의 해결을 도모하는 것이 얼마나 위험한 타협에의 출발인지 몸으로 체험해 왔다. 우리들은 계속 문제를 제기하는 것만이 우리들이 할 수 있는 운동이라고 믿고, 동시에 행동한다.

하나, 우리들은 비장애인 문명을 부정한다. 우리들은 비장애인 문명이 만들어 내 온 현대 문명이 우리들 뇌성마비인을 따돌리는 것에 의해 성립되어 왔음을 인식하고, 운동 및 일상생활 속에서 우리의 독자적인 문화를 만들어 내는 것이 현대 문명을 고발하는 것과 통하는 것임을 믿으며, 동시에 행동한다. (石川, 長瀬, 2009, p. 227)

위의 행동 강령은 굉장히 과격하지만 매우 역설적이다. 예를 들어, 스스로
가 뇌성마비인 것을 자각한다는 것은 스스로 빠져 있는 비장애인 환상을 자
각하기 위함이고, 사랑과 정의를 부정한다고 하면서도 사회 정의와 인간애에
강하게 호소하고 있는 것이며, 비장애인 문명을 거부하는 것이지 비장애인 자
체를 거부하는 것은 아니다. 결국 이러한 주장들은 뇌성마비인 내부로만 향한
것이 아니라 비장애인들과의 공생을 간절히 희망하고 있는 것임을 간파해야
한다(杉野, 2010).[6]

우리에게는 생소하게 때로는 과격하게까지 보이는 앞의 사례와 관해서 차이
파와 평등파의 논쟁이 소개되곤 한다. 이 논쟁의 핵심은 비장애인이 장애인에
게 "우리는 모두 같습니다"라는 말과 "당신들은 우리와 다릅니다"라는 말을 던
졌을 때 장애인의 반응이 어떠할 것인가라는 것으로 축약된다. 전자의 경우에
사람이 다 다르고 같은 장애라도 각기 다른데 어떻게 한결같이 같다고 할 수
있을까 하는 이유로, 후자는 사람 위에 사람 없고 사람 밑에 사람 없다는 이
유로 불만을 토로할지 모르며, 이는 각각 차이파와 평등파의 시각을 대별한
다. 평등파는 '비장애인만큼의 생활'을 추구해 온 전통적 장애인운동이며, 차
이파는, 장애를 가진 사람은 행복하다는, 일본에서 말하는 '장애 개성론'에 해
당된다. 결국 평등파냐 차이파냐 하는 것은 '다르지만 평등함'의 논리이며, 따
라서 자동차의 양 바퀴와 같이, 어느 쪽이 중요한 것인가 하는 것은 그때의
상황에 따라 다르게 대처해야 하는 문제이다(杉野, 2010).

이렇게 사회적 맥락에 따라 다양하게 전개되는 장애 문화는 운동의 측면에
서 다음의 두 단계를 거친다(杉野, 2010, p. 256). 첫 번째 단계는 동정의 대상
이라는 전통적인 장애인 이미지를 불식하는 것에서부터 시작된다. 예를 들어,
미국에서의 텔레톤(telethon)이나 이와 유사한 포맷의 우리나라 프로그램인 '사
랑의 리퀘스트' 등이 그러한 이미지를 만들어낸다. 이들 프로그램에서는 기부

---

6) 2011년 상반기에 카이스트 학생들에게 일련의 자살 사건이 발생하였다. 이는 2007년부
  터 시행된 징벌적 수업료 부과 제도와 전 과목 영어 강의 등 교육 현장에서의 경영 혁
  신이 가져온 비극의 결과이었다. 이 사건은 장애인에게 비장애인 환상을 강제로 주입하
  듯이, 대부분이 엘리트인 카이스트 학생들에게 초 엘리트 환상을 강요한 능력주의의 전
  형적 폐해로 보인다.

금을 모집하기 위해 난치병이나 장애의 공포를 극대화시킨다. 또한 장애아동을 출연시켜 시청자의 동정과 슬픔을 불러일으키기도 한다.

장애 문화 운동의 두 번째 단계는 새로운 장애인 이미지를 창조하는 과정이다. 예를 들어, 기존의 협소한 장애 정의에서 암 회복자, 비만자, AIDS 감염자, 외국인 노동자 등 다양한 소수자로까지 정의를 넓혀 가는 것도 장애 문화 운동의 하나로, 이는 미국에서 특히 공민권 운동의 일환으로 이루어지기도 하였다. 이 같은 장애 문화 운동은 '장애 자부심'이나 '장애 정체성'으로, 일본에서는 '장애 개성론'이라는 표현으로 쓰이고 있는데, 그 맥락은 기본적으로 같다. 장애 자부심은 장애인의 신체적·정신적·인지적인 부분에서의 다름이 잘못된 것이 아니라는 생각에서 출발하여 인간으로서의 위엄과 자부심을 갖는 것으로, 장애가 다양한 사람의 모습 중에 일부로서 자연스러운 것이라는 믿음을 공표하는 것이다. 이는 또한 장애에 낙인을 두는 사회구조에 대한 도전이며, 장애에 대해 오랫동안 억압적이었던 사회가 규정한 부정적인 태도와 믿음과 느낌들로부터 장애인 스스로를 자유롭게 하려는 시도이다(전지혜, 2010).

이러한 장애 자부심에 기반을 두고 장애인들은 다른 장애인들과의 집합적이고 정치적인 연합과 사회적 상호작용을 통해 그들의 개인적인 강점과 능력을 깨닫기 시작하였으며, 그들을 세상에 알리는 방법을 모색하기 시작하였다. 그래서 그들은 격리, 사회의 비정의, 그리고 차별로 특징지어지는 외부의 억압에 초점을 맞추었다. 또한 그들의 장애 커뮤니티에 의해 지지받으면서 그리고 대체로 사회와 관련하여 그들 스스로에 대해 생각하는 다양한 방식에 대해 이 커뮤니티를 통해 사회화되기 시작하면서, 장애인들은 독특한 생각·행동·믿음의 내재적 변혁을 창조하기 시작하였다. 이 변혁은 그 자체로 문학, 시, 춤, 영화, 연극, 음악의 독특한 표현에 있어 범문화적이었다(Albrecht, 2005, p. 414).

Ⅴ 문화 향유의 객체 내지 주체로서의 장애인

장애 문화의 개념에 관한 사고방식의 차원별 정의 외에, 장애 문화의 개념을 정의함에 있어 고려해야 할 또 하나의 속성으로 장애(인) 문화(권)의 주체성 여부를 들 수 있다. 장애인 문화권은 장애인들이 문화 · 예술 활동에 있어서 어떠한 제약이나 차별 없이 비장애인과 동일하게 이를 향유할 수 있는 권리를 말한다(방귀희, 김헌식, 2010). 이는 다시 두 가지 하위 수준으로 나누어 볼 수 있는데, 첫째, 예술 · 창작 활동과 같은 문화의 창조자 내지 생산자로서의 장애인 문화권으로, 이는 문화 향유의 적극적 · 직접적 권리로 규정할 수 있다. 둘째, 문화 · 예술 관람 등과 같이 문화의 소비자로서의 장애인 문화권으로, 이는 비장애인과 마찬가지로 장애인이 어느 정도 문화의 향유에 노출되어 있나와 관련된 소극적 · 간접적 권리로 볼 수 있다.

장애인 문화권의 직간접적 향유는 시대적으로 변모해 왔다. 앞서 살펴보았듯이 우리 사회에서 장애인은 그 나름대로의 장애 특성에 대해 배려 내지 존중을 받으면서 사회의 한 구성원으로서 자리매김하고 있었다. 그러나 유교적 위계주의의 심화와 무엇보다도 투입-산출의 비용 효과성을 최우선시하는 자본주의하에서 장애인은 그들만의 내지 비장애인과의 통합된 문화 속에서 배제되기 시작하였던 것이다.

장애의 유형과 정도에 따른 차가 있겠지만, 장애 문화를 거시적 맥락이 아닌 구체적인 문화 활동과 같은 좁은 의미로 파악할 경우에도 기본적인 욕구의 충족이 전제되어야 함은 물론이다. 몸도 불편하고 돈도 없는 데다가 교통수단 등도 변변치 않은 상황에서 생각할 수 있는 문화 행위란 기껏해야 자택에서의 소극적 시간 때우기밖에 상상할 수 없는 것이다. 2020년 장애인실태조사에 의하면, 장애인들은 집밖 활동 시 여러 가지 이유로 비장애인보다도 불편을 더 많이 느끼고 있었다. 장애인들이 집 밖 활동 시 불편 정도를 알아본 결과, '매우 불편하다'가 13.7%(2017년 조사 시 13.1%), '약간 불편하다'가 35.3%(2017년 조사 시 33.5%)이었으며, 40.8%(2017년 조사 시 49.7%)의 장애인이 장애인 관련 편의시설의 부족 등으로 인해 집밖 활동 시 불편함을 호소하고 있었다. 외출 상의 이러한 불편함은 지난 1주일 동안의 문화 · 여가 활동 방법에 관한 질문에 있어 TV 시청이 압도적으로 높은 89.4%를 나타내게끔 하여, 대다수 장애인이 집 안에서 철저히 소외되어 있음을 말해주었다. 평소 문화 · 여가 활동에 대한 장애인들의 만족도를 알아본 결과에서도 41.2%(2017년 조사 시 38.5%)가 '약간 불만'이라고 답하였고, 9.9%(2017년 조사 시 12.2%)가 '매우 불만'이라고 답하였다. 문화 · 여가 활동이 불만족스럽다고 응답한 장애인에 대해 만족스럽게 보내지 못하는 주된 이유를 알아본 결과로는, '경제적 부담' 때문이라는 응답이 26.3%(2017년 조사 시 28.0%)로 가장 많았고, 그다음으로는 '건강이나 체력의 부족'이라는 응답이 24.3%(2017년 조사 시 29.4%)이었다.

사실, 장애 문화에 관한 우리 사회의 관심은 장애인이 문화 향유의 주체(생산자, 직접 참여)냐 객체(소비자, 간접 참여)냐를 논할 수 없을 정도로 매우 저조한데, 그 단적인 예로 장애 문화에 관한 국가 예산의 투입만 살펴보아도 알 수 있다. 2008년 국정감사에서 한나라당 이정현 의원은 장애인 관련 문화 · 예술 예산이 문화체육관광부 전체 예산의 0.1%에 불과하다고 지적한 바 있다. 또한 동 부서가 59건의 각종 경연대회를 개최하고 있었지만 장애인 문화 · 예술 부분은 전무하였다. 장애인복지 관련 예산 내에서도 장애 문화에 관한 예산은 열악한 수준이었다. 400명의 장애인을 대상으로 한 문화생활 실태에 대한 연구(신종호, 2007)에서도 장애인이 스스로 직접 참여하는 활동에는 거의 참여하지 않은 것으로 나타났다. 반면에 관람 형태를 취하는 간접적인 문화 활동에서는 영화 관람(36.8%)에 이어 각종 관람이 높은 비율을 나타내었다. 특히 영화 관람이 대부분의 문화 활동이라는 응답이 시각장애인(72.7%), 농인(57.1%)에서도 높은 비율을 차지하고 있었던 것은 의외의 결과라고도 볼 수 있으나, 이는 타 장르보다 비교적 가격이 저렴하고 영화에 따라서는 자막 내지 음성만으로 충분히 관람할 수 있기 때문이라고 생각된다.

그러나 문화의 생산자 내지 소비자로서의 장애인의 권리는 사실 더 이상 사회의 온정주의적 배려로 좌지우지될 수 있는 사안이 아니며, 법률이라는 제도적 장치에 의해 보장되고 있다. 2007년에 제정된 '장애인차별금지 및 권리구제 등에 관한 법률' 제24조(문화 · 예술 활동의 차별금지)에서는 국가와 지방자치단체의 의무와 더불어 장애인의 문화 · 예술 활동에의 주체적 참여와 이용에 있어 정당한 편의 제공과 관련 정책의 강구를 규정하고 있는 것이다.

한편, 아시아권에서 문화의 주체 내지 생산자로서의, 비장애 문화에 못지않은 진일보한 모습은 일본의 장애인이 주최가 된 최근 일련의 문화 활동에서 확인할 수 있다(石川, 長瀬, 2009).[7] 이 중 우리에게는 다소 생소한 장애 자부심의 한 가지 발현 형태로, 한국은 물론 전 세계적으로도 거의 유례를 찾아보기 힘든, 일본의 장애인 프로레슬링 단체 '독렉스'를 소개하고자 한다.

1991년 4월 27일 세타가야(世田谷) 자원봉사 센터에서 5명의 관중을 두고 뇌성마비인인 두 사람의 레슬러가 격한 싸움을 연기한 바 있다. 독렉스는, 이 세타가야 자원봉사 센터를 거점으로 자원봉사 활동을 계속하고 있었던 비장애인 키타지마 유키노리(北島行德)를 중심으로, 그때까지의 자원봉사 활동에 의문을 품거나 싫증난 사람들이 모여 결성한 그룹이다. 장애 문제가 발생하는 하나의 원인이 비장애인의 무관심에 있다고 생각한 키타지마는 장애인에 의한 표현 활동을 통해 그 살아 있는 모습을 비장애인에게 전하고자 하였다. 그러나 기존의 자원봉사 그룹이 주최하는 음악이나 연극 등의 공연에서는 관객의 대부분을 장애아 부모나 특수학교의 교원, 시설 직원이나 자원봉사 관계자들이 차지하고 있었다. 거기에서는 내용의 좋고 나쁨과는 상관없이 단지 연기하는 사람이 장애인이라는 것만으로 거의 기계적으로 박수가 보내졌었다. 게다가 거기에서 연출되는 장애인의 모습은 어느 것이나 깨끗하고 바르며 아름답고 정형화된 것이었다. 이러한 기존 활동에 대한 안티테제로서 대응하고자 했던 것이 바로 장애인 프로레슬링이라는 시도였다(石川, 長瀬, 2009).

그러나 위와 같은 일본의 사례를 통하여 장애인도 이제는 다양한 문화 영역의 주체로서 나섰다는 것에서 그 시사점을 찾는 것은 현상의 피상적인 단

---

7) 장애인들이 창조하는 예술에 관해 일본에서도 정착된 명칭이 없이 막연하게 '장애인 예술'로 부르고 있으며, 그 외에도 '에이블 아트(able art)'와 '보더레스 아트(borderless art)' 등이 쓰이고 있다. 전자는 장애인들의 예술을 '가능성의 예술'로 보아, 생명력을 잃어버리고 있는 현대사회를 살아가는 사람들이 예술을 통해 인간성을 회복하고 나아가 예술과 사회와의 새로운 커뮤니티를 구축해 나가고자 하는 시민 예술 운동 비영리단체인 '에이블 아트 저팬(Able Art Japan)'이 주도하고 있는 용어이다. 후자는 장애인의 표현 활동의 소개에 중점을 두는 것에 머물지 않고 비장애인 예술가의 작품과 나란히 보여 줌으로써 사람이 갖는 보편적인 표현의 힘을 리얼하게 느끼고 그럼으로써 장애인과 비장애인, 복지와 예술, 예술과 지역사회 등의 다양한 '경계'를 초월한다고 하는 과감한 시도로, 사가현(佐賀県) 소재의 '보더레스·아트 박물관' NO-MA에서 제창한 용어이다(厚生労働省, 2008).

면만을 보게 되는 것에 불과하다. 비단 프로레슬링뿐만 아니라 문학, 예술, 체육 분야 등에서의 장애인 문화 참여 활동과 문화 운동은 차원이 다르기 때문이다. 즉, 이러한 문화 운동을 통하여 대중에게 궁극적으로 전달하고자 하는 것은 장애 여부를 불문하고 사회에 뿌리 깊은 차별과 편견의 무의식을 깨뜨려야 한다는 것이다.

이제 차이를 인정하는 것과 같은 공유된 가치, 애매함에 대한 용인, 그리고 그들 사이의 때로는 '어두운' 익살은 오늘날 세계의 모든 지역에서 눈에 보이는 장애 문화의 특징이 되고 있다(Albrecht, 2005, p. 415). 하지만 일본에서조차 당초부터 장애 문화에 대한 비장애인들의 적극적인 찬의가 있었던 것은 아니었다. 이는 여느 나라와 마찬가지로 장애인에게 필요한 것은 당장 먹고사는 데 필요한 장애인 수당, 세금 감면, 각종 할인 혜택이고 장애인에게 문화는 사치스러운 것으로 여겨졌기 때문이다.

좀 동떨어진 여담이기는 하지만, 일본 장애인자립생활센터 관계자와 본 저자의 인터뷰에 의하면, 일본 자립생활센터의 기능과 역할은 운동성과 서비스 제공 사이에서 그 정체성의 혼란을 겪고 있는 우리의 경우와는 달리 활동보조서비스를 중심으로 한 서비스 제공에 전념하고 있었다. 물론 거기에는 신체장애인들을 중심으로 한 기나긴 자립생활 운동의 성과가 있었지만, 어쨌든 이것은 연간 100만 엔 가까이에 이르는 장애수당으로 필요하면 떳떳이 비장애인 활동보조인을 써가며 문화 · 예술업에 종사할 수 있는 밑거름이 되지 않았나 싶다.

그러나 그보다 더 중요한 것은 장애, 장애를 가진 사람, 장애 예술가에 대한 일반 대중의 관념의 변혁임은 두말할 나위도 없을 것이다. 여기서 말하는 관념의 변혁이란 차이를 인정한다는 것이다. 이는 규정의 대상으로서의 장애인을 넘어 장애인도 문화의 소비와 주체가 될 수 있음을 의미하며, 따라서 장애인이 문화의 대상에서 문화의 주체로 바뀔 때 장애인의 존재는 비로소 사회적으로 확장된다고 할 수 있다.

Ⅵ 결론

자신과 똑같은 사람은 그 어디에도 존재하지 않는다. 어느 누구든 다른 사람과 얼굴 생김새에서부터 기호, 생활방식, 지향점 등이 모두 각각 다를 수밖에 없다. 그러나 그러한 차이들이 존중받지 못하고 어느 한 기준(소위 '정상')에 의해 획일화되고 표준화된다면 우리 사회에는 '정상인'과 '비정상인'의 두 부류밖에 없게 된다. TV의 어느 음료 광고를 보면, 음료와 음료 사이에 얼굴을 두고 처음에는 15cm 간격으로 두 명의 모델이 모두 통과하지만, 다음 12cm 간격에서는 한 명이 탈락한다. 그러면서 V 라인의 예쁜 얼굴을 만들려면 열심히 이 음료를 마시라고 한다. 그러나 주먹만 한 작은 얼굴이 '정상'인 연예인 사회에서 보통 크기의 얼굴은 얼마나 '비정상적'으로 보일 것인가? 그야말로 사회적 장애의 대표격인 안면장애의 취급을 받을지도 모를 일이다. 하지만 개인의 개성과 의견은 무시된 채 규정하는 자의 통일성과 도구적 합리성만을 지향하는 사회에서는 그와 다른 이질적인 사람은 받아들여질 틈이 없다.

새삼 느끼지만, 장애 문화가 무엇이며 우리 사회의 장애 문화의 실체가 어떠한지를 밝히는 작업은 결코 수월하지 않다. 그렇지만 분명한 것은, 모든 사회 문제의 속성이 그러하듯이, 장애 문화 또한 권력 관계의 산물로 다양한 사회적 맥락 속에서 형성되며 장애인과 그들의 문화를 우리 사회가 얼마나 있는 그대로 바라볼 것이냐에 따라 나름대로의 독자성을 띄는 문화로서 자리 잡을 수 있다는 것이다. 반면에 장애인들에 대한 편견과 낙인이 뿌리 깊게 자리 잡고 있는 한, 장애 문화의 주체적 형성은 말할 것도 없고 장애인들에 대한 정책은 사회적으로 무용한 것으로 간주되어 그 결과 정책의 형성에 이르지 못하게 될 것이다. 그러나 모두에서 언급하였듯이 이것은 비단 장애인에게만 적용되는 것은 아니다. 사회적 소수자에의 가능성은 인간이라면 누구나 비껴갈 수 없다고 할 때 그들에 대한 배려의 경험은 그 밖의 사회 문제 해결에 좋은 실마리가 될 수 있기 때문이다.

사실, 이러한 설득 전략은 인간 그 자체로서의 존중과는 다소 동떨어진 요령주의로 보일 수도 있겠다. 또한 차이를 인정하고 나아가 사회 변혁의 단초까지도 제시할 수 있는 장애 문화의 확대는 우리 사회에서 너무나도 요원한 것으로 비춰질 수도 있다. 그러나 근대 사회 이래로 전 세계적으로 이렇게 국내외적으로 많은 고난을 경험한 나라가 없는 가운데, 비록 많은 사회 문제를 동반했을지언정 단기간에 적어도 경제적으로는 많은 성장을 이루어 낼 만큼 우리 사회는 정신적 일체감을 갖고 있기도 하다. 이에, 흔히 역사에 있어 압축은 있어도 비약은 없다고는 하지만, 우리의 길지 않은 장애인운동의 성과에서 볼 수 있듯이 장애 문화도 그 시간과 밀도에 있어서 '짧고' '굵게' 압축적으로 만들어 갈 수 있기를 염원한다.

참고문헌

국립특수교육원 편 (2009). 특수교육학 용어사전. 서울: 하우.

권순황 (2002). 농문화 접근 태도에 따른 청각장애 학생의 언어 선호도 연구. 미간행 박사학위논문, 대구대학교 대학원, 경산.

김도현 (2007). 당신은 장애를 아는가. 서울: 메이데이.

김순옥 (2008). 청각장애인의 사회통합 요인에 관한 연구. 미간행 박사학위논문, 백석대학교 기독교전문대학원, 천안.

김홍덕 (2010). 장애신학. 대전: 대장간.

박혜신 (2010). 장애인 예술가에 대한 인식: 이화여자대학교 학생을 중심으로. 미간행 석사학위논문, 이화여자대학교 정책과학대학원, 서울.

방귀희, 김헌식 (2010). 영화와 예술로 보는 장애인복지. 파주: 양서원.

신종호 (2008). 장애인의 문화생활 실태에 관한 연구. 미간행 석사학위논문, 서울시립대학교 도시과학대학원, 서울.

오혜경 (2005). 장애인의 문화 활동에 관한 연구. 한국장애인복지학, 1, 87-120.

전지혜 (2010). 장애 이미지를 새롭게~! 장애 자부심(Disability pride)에 대하여. http://blog.daum.net/seoulwelfare7/635

정창권 (2005). 세상에 버릴 사람은 아무도 없다. 파주: 문학동네.

함미애 (1998). 한국 신문의 장애에 대한 보도 경향 연구 — 1977~1997년 조선일보를 중심으로 —. 미간행 석사학위논문, 단국대학교 교육대학원, 용인.

金沢貴之 (2006). 聾教育という空間. ましこひでのり, ことば/権力/差別 (pp. 217-234). 東京: 三元社.

杉野昭博 (2010). 장애학: 이론 형성과 과정 (정희경 역). 서울: 한국장애인단체총연합회. (원출판연도 2007)

石川准, 長瀬修 (2009). 장애학에의 초대 (조원일 역). 서울: 청목출판사 (원출판연도 1999)

佐賀県 (2013). 「第12回全国障害者芸術・文化祭さが大会」を開催します！ http://www.pref.saga.lg.jp/web/kankou/kb-ibent/_61401/_61434.html

厚生労働省 (2008). 障害者の文化芸術活動. http://www.mhlw.go.jp/bunya/shougaihoken/sanka/bunka.html

Albrecht, G. L. (Ed.) (2005). *Encyclopedia of disability* (Vols. 1-5). Thousand Oaks, CA: Sage.

goo 辞書 (2013). http://dictionary.goo.ne.jp

Ingstad, B., & Whyte, S. R. (2011). 우리가 아는 장애는 없다 (김도현 역). 서울: 그린비출판사. (원출판연도 1995)

제8장 **장애의 윤리학에 관한 소고**

정은

Ⅰ 서론

인간이라는 존재에 대해, 즉 그 범주나 본질에 대해 어떻게 생각하느냐고 묻는다면 이에 대한 생각은 사람에 따라 매우 다양할 것이다. 그리고 우리는 그 다양한 생각들에 대해 그 사람은 어떠어떠한 인간관을 가지고 있다고 반응할 것이다. 그렇다면 여기에 덧붙여 "당신의 장애인관과 인간관은 동일합니까?"라고 누군가 묻는다면, 나아가 "우리 사회의 장애인관과 인간관은 동일합니까?"라고 묻는다면 사람들은 어떻게 대답할까?

장애인관과 인간관은 다른가? 물론 같다고 답하는 이도 있을 것이고, 다르다고 답하는 이도 있을 것이다. 하지만 분명히 후자가 전자의 상위 범주이고 — 즉, 장애인관과 인간관의 차이에 관해 묻는 것은 철수는 어떤 인간이며 영수는 어떤 인간인가라는 질문과는 다르다 —, 따라서 굳이 구분하여 설명할 수 있다고 하더라도 근본적으로 이 둘은 다를 수 없다. 그러므로 이 물음에 대하여 만약 다르다고 말한다면, 그 맥락에서 장애인은 인간의 범주에 속하지 않는 존재가 된다. 가장 완곡하게 표현해 '매우 특별한 인간'이 곧 장애인일 것이다. 같은 맥락에서 인간관과 아동관에 대해 질문할 수도 있다. 이에 대해 같다고 답하는 이도 있을 것이고, 다르다고 답하는 이도 있을 것이다. 그리고 위의 경우와 마찬가지로 만약 다르다고 말한다면, 그 맥락에서 아동은 인간의 범주 밖의 존재가 될 것이다. 아마도 '미성숙한 인간' 정도로 완곡하게 표현될 수 있을 것 같다. 그런데 이렇게 되면 아동의 인권에 대해 애매한 입장에 빠질 수 있다. 만약 어떤 아동이 인권 침해를 당했을 때 그 문제를 해결하기 힘들어지는 것이다. 실제로 어느 선에서 아동을 보호해야 하는지 어느 선에서 아동의 의견을 수용해야 하는지 모호해질 수 있으며, 과거 우리 사회 역시 이러한 문제를 많이 가지고 있었다. 하지만 아동의 인권과 관련해서 우리 사회는 많은 발전을 이루어 왔고, 한 인간으로서의 아동이라는 인식은 계속해서 확장되고 있다. 그러나 반면에 장애인관과 인간관은 여전히 충돌하고 있다. '신체적 결함을 가진 태아'와 소위 '건강한 태아'의 낙태에 관해 이 사회가 다른 입장을 취하고 있는 것이 쉬운 예일 터인데, 이 장은 바로 이러한 문제 제기에서 출발한다.

철학의 주요한 한 영역인 윤리학은 현대 사회처럼 복잡한 사회적·인적 구성 속에서 특별한 역할을 한다. 장애라는 주제와 불가분의 관계에 있는 생명공학과 관련된 논의들이 곧바로 생명윤리학의 논의로 연결되는 것 또한 윤리학의 이러한 현실적 기능과 관계가 있다.

의료적인 관점에서 생물학적인 결함을 가진 생명체는 그렇지 않은 건강한 생명체와 동등한 권리·가치를 가지는가 그렇지 않은가와 같은 주제는 오래된 논쟁의 대상이며, 현대 생명윤리 분야에서는 더 더욱 핵심적인 논의 주제이다. 이러한 맥락에서 이제껏 역사는 사회 정책적 차원에서 단순 이분법적인 선택을 하기도 하였었고(예: 미국의 우생 정책 및 나치 하의 장애인 대량 학살), 다른 형식을 통해 개인의 자유로운 선택의 영역으로 과제를 넘기기도 하였다(예: 산모의 선택에 의한 태아 건강 검진). 또한 사회와 개인적인 차원에 두루 걸쳐 있어서 그 책임을 어디에 물어야 하는지 정확히 알 수는 없으나 끊임없이 개개인의 윤리적 판단을 요구하는 사안들도 많이 있다(예: 학부모 입장에서 통합교육 찬반 결정, 혹은 장애인 연금 문제에 대한 국민적 합의).

인간과 관련된 사안에 대한 윤리적 판단이라는 것은 이처럼 어느 하나도 용이한 것이 없고, 장애인과 관련된 부분에 있어서는 더욱 그렇다. 짐작건대 아마도 바로 이런 이유로 우리는 보통 '윤리적'이라는 표현에 대해 많이 망설이는 것 같다. 다시 말해 되도록이면 개인적인 부담을 덜고 싶은 것이다. 하지만 한 시대를 같이 살아가는 인간으로서 타인에 대한 윤리적 책무에 관한 고민을 피할 수 있는 사람은 아무도 없다. 심지어 개인적인 차원에서 제 아무리 모든 인간은 동등하며 자신은 개인적으로 장애인에 대한 아무 편견이 없다고 주장한다 하더라도, 이 사회에는 장애인으로 살아가는 사람과 그렇지 않은 사람이 분명 구별되어 존재하고 있음을 인정해야 한다. 이것이 현실이다.

이런 맥락에서 모든 개인은 '언제나 타인과 관계하고 있는 개인'임을 한번 상기해 볼 필요가 있다. 언뜻 생각하기에 바로 이런 이유 ― 타인과 나의 불가분의 관계 ―로 윤리, 윤리적 관계라는 것은 매우 쉬운 문제인 것도 같다. 같은 배를 탔으니 잘 공생할 수 있는 방법을 찾기만 하면 되는 것이다. 하지만 동일한 이유로 역사는 비윤리적인 선택을 위해 무수한 허구적 관념들을 만들어 내기도 하였다는 점을 기억할 필요가 있다.[1] 따라서 이와 같은 오류를 더 이상 범하지 않기 위해서는 우리 시대 속에 던져진 인간의 문제들에 대해 성실하게 근본적으로 사유해야만 한다. 이러한 맥락에서 앞서 언급한 '언제나 타인과 관계하고 있는 개인'의 의미를 다시 풀어 보자면, 이것은 결국 같은 시대를 살아가는 사람들은 서로 일상적으로 얽혀 있다는 의미이다. 나아가 이러한 사실은 또한 한 시대의 담론이 소위 객관적인 사유에 의해서가 아니라 동시대를 살아가는 다양한 사람들의 (주관적인) 사고들이 상호 소통하고 섞이면서 형성됨을 뜻하며, 동시에 시대적 담론의 변화 또한 동일한 과정을 겪어야 함을 말한다.

이 장은 이러한 입장에서 몇 가지 주제를 중심으로 장애에 대한 윤리(학)적 접근을 해 볼 것이다. 이를 위해 먼저 인식의 주체로서 인간(개개인)이 세계와 관계해 나가는 것에 대해 간략하게 살펴보고, 이러한 맥락에서 장애인에 대한 윤리적 인식 문제를 다룰 것이다. 장애인에 대한 윤리적 인식의 문제는 우생학(우생 사상)을 중심으로 하여 살펴볼 것인데, 그 이유는 이제껏 장애와 관련된 철학적 논쟁은 장애 예방이나 안락사(euthanasia)와 같은 우생학 중심 주제에 일정 정도 한정되어 있었다고 해도 과언이 아니며 동시에 이를 계기로 장애의 윤리학이 관심을 받기 시작하였다고 볼 수 있기 때문이다. 이에 우생학적 관점에 대한 개략적 소개 및 장애 예방, 안락사의 문제를 살펴볼 것이며, 마지막으로 21세기 새로운 우생학적 흐름이라고 볼 수 있는 '주의력 결핍 및

---

[1] 그 대표적인 관념 중 하나가 이 장에서 다루고자 하는 우생학(eugenics)이라고도 볼 수 있을 것인데, 과연 이것이 단지 비윤리적인 관념인지 아니면 허구적 관념인지에 관해서는 더 깊은 논의가 필요할 것이다. 이에 관해서는 본문에서 살펴볼 것이다.

과잉행동 장애'(attention-deficit/hyperactivity disorder, ADHD)에 대한 우리 사회의 약물치료 중심 대응의 현실에 관해 비판적으로 살펴 볼 것이다.

Ⅱ 윤리적 인식에 있어서 패러다임의 전환

우리가 세계를 인식하는 행위에 있어서 늘 논쟁이 되어왔던 입장은 크게 객관주의와 주관주의라고 볼 수 있을 것이다. 실제로 대다수의 사람들은 단순히 널리 알려져 있는 지식을 객관적인 것이라고 생각하는 경우가 많으며, 반면 자신이 파악하는 나름의 세계 인식에 대해서는 단지 주관적인 입장이라는 소극적 자세를 취하곤 한다. 하지만 윤리적인 사고(인식)와 관련해서 이러한 입장 차이는 단순한 입장 차이를 넘어 상당히 복잡한 여러 문제들을 야기하는데, 이에 관해 아주 기본적인 위치에서 다시 한번 생각해 보자.

먼저 인간은 객관적인 존재인가? 이 물음에 대해 아마 거의 모든 사람들은 인간이란 지극히 주관적인 존재라고 답할 것이다. 그렇다면 이러한 인간에게 객관적이라는 것은 무엇인가? 먼저 사람들은 보통 객관적인 것이 과학적인 것이며, 혹은 역으로 과학적인 것이 곧 객관적인 것이라고 생각하는 경향이 크다. 하지만 사람들이 객관적인 사실이라고 알고 있지만 사실 과학적이지 않은 사실도 많고, 그 역의 경우도 많다. 그렇다면 객관적이라는 것은 대다수의 사람들이 생각하는 어떤 것 혹은 전문가가 내놓는 의견들을 말하는가? 우리는 전자도 후자도 '객관적'이라는 내용을 설명할 수 없다는 것을 잘 알고 있다. 어떤 사안에 대해 다수의 사람들이 동의하는 내용이 곧 객관적인 것은 아니며, 마찬가지로 전문가들의 관점이 객관적인 것이라고 말할 수 있는 근거도 사실 희박하다. 전자는 그저 다수의 의견일 따름이며, 후자 역시 합의되지 않은 여러 가지의 의견들인 경우가 많기 때문이다. 현실이 이렇다 보니 우리는 여전히 어떤 사안에 대해 개인적으로 그것에 동의할 수 없는 경우 막연히 그것은 객관적이지 못하다며 비판하면서도 동시에 자신의 생각(판단)에 대해서는 단지 주관적 시각일 따름이라며 그 가치를 폄하하곤 한다.

하지만 앞서 언급하였듯이 인간은 지극히 주관적인 존재이며, 바로 이러한 속성으로 인해 모든 인간사적 사안들은 이러한 주관적인 존재들의 상호 협력과 대화 속에서 끊임없이 새롭게 파악되는 앎의 과정을 가능하게 하였다. 한마디로 객관적이라는 용어는 주관적인 인간들이 만들어낸 하나의 관념이며, 그것의 내용은 주관적인 인간인 다양한 개인들의 시각이 얼마나 자유롭게 잘 소통되느냐에 따라 달라질 수 있는 것이다. 이와 같은 입장에서 세계 인식을 설명하는 것이 구성주의인데, "구성주의는 객관주의와 마찬가지로 우리가 경험하는 세계의 존재를 인정하지만, 그 세계는 우리와 독립되어 존재하기보다는 우리에 의해서 의미가 부여된 세계"라고 본다(홍은숙, 2007, p. 80).

객관주의 인식론에 따르면 세계에 대한 우리의 지식은 "인식주체와 무관하게 독립적으로 존재하는 것"으로, "외부 세계는 인식주체와 독립적으로 존재"하며 "지식은 독립적으로 존재하는 외부 세계와 일치했을 때 참"인 것으로 보는 것이다. 하지만 이와 달리 세계는 그 경험하는 주체에 따라 다르게 인식되고 이것은 한마디로 말해 "인식주체와 독립적으로 존재하는 객관적인 지식은 없으며" 따라서 세계를 해석하고 구성하는 다양한 방식에 대해 새로운 의미를 부여할 필요가 있다는 것이 구성주의의 입장이다(홍은숙, 2007, pp. 79-80). 이렇게 보았을 때 올바른 세계 인식을 위한 기본 조건은 열린 자세로 다양한 세계 경험에 임하는 것이라고 할 수 있다. 왜냐하면 무궁무진한 세계에 대한 인식은 결국 인식주체가 담보한 인식의 질에 따라 큰 차이를 나타내게 될 것이기 때문이다. 그렇다면 여기서 인간의 윤리적 인식 과정에 있어서 중요하게 다루어야 할 요소는 무엇일까? 바로 "배제된 사람들"(Freire, 2007, p. 13)과의 소통이다.

저명한 교육철학자이자 교육실천가인 Freire(2007, p. 13)는 지식 구성에 있어 배제된 사람들의 관점에 집중할 것을 요구하고 있다. 이것은 매우 중요한데, 왜냐하면 배제된 사람들이 있다는 것은 곧 '배제된 생각들'이 있다는 것이고, 이런 경우에 세계에 대한 우리의 윤리적 인식은 편협할 수밖에 없을 것이기 때문이다. 따라서 세계에 대한 윤리적 인식 과정은 결국 인간과의, 구체적인 해당 개인(들)과의 전면적이고 총체적인 소통을 필요로 하며, 탁석산(2004, pp. 28-30)은 이를 자신의 현실에서 자신의 사고로 철저하게 사유해나가는 올바른 세계 인식(즉, 자생적 철학)이라고 하였다. Freire(2007, p. 43) 역시 "무엇인가를 안다는 것(어떤 것을 다른 것과 연관 짓는 것)은 항상 그 알게 된 것을 동시에 '소통하는 일' ─ 물론 앎의 과정이 제대로 작동하는 한 ─"임을 강조하는데, 그에 따르면 이것이 곧 "올바르게 생각하는 것"이다. 따라서 올바르게 생각한다는 것은 "고립된 행위나 고립 상태로 되어 가는 어떤 것이 아니라 소통의 행위"이고, 때문에 "이해하지 않고서 올바르게 생각할 수는 없으며, 이러한 이해는 올바른 사고의 관점에서 볼 때 전달되는 어떤 것이 아니라 본질적으로 함께 참여하는 과정"에 속한다.

결과적으로 세계에 대한 올바른 인식(아울러 윤리적 인식)은 인식대상과 인식주체의 관계가 참여적일 때 가능하다고 할 수 있다. 참여 없는 인식, 즉 현장과 괴리된 인식이 어떤 허구적 관념들을 낳는지, 이런 관념들이 어떻게 또 얼마나 현실을 억압할 수 있는지 우리는 쉽게 짐작할 수 있다. 예를 들어, 어떤 사람이 행복한지 불행한지(혹은 고통스러운지 아닌지)에 대해 그 당사자와의 진솔한 소통 없이 가부를 판단하고 이를 일반화시킨다면, 그 결과는 참혹할 것이다. 서론에서 언급한 장애(인)에 대한 우생학적 정책들은 바로 이런 식으로 현장과 단절된 사고가 어떻게 발생되고 또 굳어지는지 잘 보여 주는데, 이러한 맥락에서 레비나스(Emmanuel Levinas)의 윤리철학은 타자(세계)에 대한 전혀 다른 관점을 제시한다. 이를 간단히 살펴보자면 다음과 같다(김연숙, 2002, pp. 71-78).

사람의 의미를 인간의 생존을 위한 도구 사용의 관점에서 보고 인간 존재란 염려하면서 세계 안에 거주한다고 주장하는 하이데거(Martin Heidegger)와 달리, 레비나스는 인간 존재를 근본적으로 향유를 누리면서 세계에 거주하는 존재로 보았다. 즉, 레비나스에게 인간을 포함하여 모든 대상적 사물은 도구가 아니라 궁극적인 것이다. 예를 들어, 산책하는 것은 숨을 들이 마시는 것인데, 이것은 건강해지기 위한 행위가 아니라 신선한 공기 자체를 위한 행위라는 것이다.

그는 대상과 이렇게 관계하는 것을 '향유'라고 표현하고 있는데, 이렇게 내가 대상을 만나는 행위를 통해 대상의 타자성이 극복된다고 말한다. 앞서 산책의 예를 보자면, 내가 숨을 들이 마심으로 공기가 내 몸 속으로 들어와 더 이상 내 행위의 대상으로 존재하지 않고 내가 된다는 것이다. 이것은 내가 어떤 사람을 사랑하게 되면 그 사람이 더 이상 내 행위의 대상으로 존재하는 것이 아니라 바로 나의 일부, 내가 되는 것과 마찬가지 논리이다. 대상의 타자성은 이와 같이 인식주체와의 관계를 통해 극복된다. 그러므로 레비나스의 관점에서 바라보았을 때 장애 태아의 낙태나 님비 현상과 같이 소위 보다 나은 내 삶의 조건을 위해 내가 타인의 상황을 결정한다는 것은 윤리적으로 불가한 발상이다. 대상(타자)과 관계하면서 그의 타자성이 극복된다는 이 말은 결국 상대를 있는 그대로 받아 안는 것이 진정한 윤리적 관계의 시작이고 내용이자 또 형식임을 말한다. 하지만 역사적으로 또 현재에도 우리는 이와 반대되는 사고가 지배적인 사회에 편승해 살고 있다. 다음 절에서는 이런 현실을 가능하게 만든 우생학적 사고의 논리를 반성적으로 살펴 볼 것이다.

Ⅲ 우생학

우생학이란 어원상 well-born을 의미하는 것으로 "유전적 구성을 통해 인간의 종을 개선"하려는 시도라고 볼 수 있다. 이것은 다윈(Charles Darwin)의 조카 골턴(Francis Galton) 경이 1883년에 만든 말로서, 그는 당시 "유전이 재능과 성격을 지배한다"고 확신하였다(Sandel, 2010, p. 104). 이러한 배경 속에서 미국의 우생학 지지자들은 입법을 추진하여 바람직하지 않은 유전자를 가진 사람들에게는 생식을 못하게 하는 법률을 만들었고, 1907년 인디애나주에서는 처음으로 정신 질환자, 수감자, 극빈자에게 강제 불임을 규정하는 법을 채택하였다. 이에 따라 결국 29개 주가 강제 불임법을 채택하였고, 그 결과 유전적으로 '모자란' 미국인이라는 이유로 6만여 명이 불임 수술을 당하였다(Sandel, 2010, p. 107). 한편, 미국에서는 1920년대에 우생학자들이 주 단위 축제에서 건강 콘테스트를 열고 '생존에 가장 적합한 가족'에게 상을 주기도 하였다(조한진, 2010; Sandel, 2010, p. 86l).

히틀러는 독일에서 미국의 이러한 우생학적 입법을 찬성한 사람이었다. 1933년 히틀러가 정권을 잡았을 때 그는 불임법을 공포하였고, 이로 인해 미국 우생학자들의 찬사를 받았다. 히틀러는 나아가 불임을 넘어선 대량 학살과 인종 말살로 우생학을 몰고 갔다. 그러나 제2차 세계대전이 끝날 무렵 나치의

잔행이 뉴스로 보도되면서 미국의 우생학 운동도 후퇴하게 되었다. 몇몇 주에
서는 1970년대까지도 계속되었지만, 미국의 비자발적 불임은 1940~1950년대
에 감소하였다(Sandel, 2010, p. 109).

이처럼 우생학이 점차 인기를 잃어가긴 하였지만, 여전히 우생학은 어떤 인
간의 생명이 다른 인간의 생명에 비해 더 가치 있는 것인가에 대한 자유로운
논의의 장을 제공하고 있다고 볼 수 있다(Dowbiggin, 2007, p. 100). 우생학적
관점에서 비롯된 다양한 비윤리적 발상이 현대 사회에도 그대로 적용되고 있
는 것이다.

이런 맥락에서 1990년대 초 장애 태아의 낙태 및 중증 장애인의 안락사를
찬성하면서 장애계에 큰 파장을 일으킨 Singer의 주장 속에는 지금 현대 사회
가 장애인에 대해 어떤 태도를 취하고 있는지 그 전형적인 모습이 매우 잘
드러나 있다. Singer(2003, p. 402)는 "국가의 힘을 줄이고, 부모들이 그들 자신
을 위해서나 또 그들의 신생아들을 위해서 의사들과 상의하여 삶과 죽음을
결정하는 것을 허용"할 것을 주장하였다. 왜냐하면 "합리성과 자율성 그리고
자의식과 같은 특징"을 결여하고 있는 장애를 가진 유아들을 죽이는 것은 "정
상적인 인간이나 어떤 다른 자의식적인 존재를 죽이는 것과 같을 수 없기 때
문"이었다. 그는 또 나아가 이것은 "치료될 수 없는 정신적 지체 때문에 결코
합리적이고 자의식적인 존재가 될 수 없는 아이들에게만 한정되는 것이 아니
며, 장애가 있든 없든 간에 어떠한 유아도 자신을 일정한 시기에 걸쳐 존재하
는 개별적인 존재로 인식할 수 있는 그러한 존재만큼 강력하게 생명에의 권
리를 갖지 못한다"고 주장하였다(Singer, 2003, p. 218). 그러나 Singer의 이러한
주장에 대해 Jantzen(1998)은 결코 받아들일 수 없는 비과학적인 주장이라고
반박하였다. 태아의 사회적 능력은 이미 과학적으로 입증되었으며(Jantzen,
1994; Trevarthen & Aitken, 1994), 이런 의미에서 우생학이라는 것은 다분히 허
구적인 성격을 가지고 있다고 볼 수 있는 것이다. 이 내용은 뒤에서 다룰 장
애 예방 논의에서 더욱 분명하게 드러날 것이다.

다시 Singer(2003, p. 403)의 주장으로 돌아가면, 그는 이렇게 장애 유아에
대한 선별적 권리를 주장하면서 마지막으로 이렇게 덧붙였다: "사실 나는 어
떤 생명들은 처음부터 너무 심하게 장애가 있어서 계속되지 않는 것이 낫다
고 주장하고 있기는 하지만, 나는 또한 일단 어떤 생명이 발달되도록 허용되

면 그때는 모든 경우에 그 생명이 가능한 한 만족스럽고 풍요로울 수 있도록 만들 모든 일이 행해져야 한다고 믿고 있다."

결과적으로 Singer의 이러한 주장 속에는 경제적인 부담으로부터의 자유와 동시에 보다 나은(건강한, 똑똑한) 인간(삶)을 선택할 자유라는 명분 아래 현대에 우생학적 사고가 어떻게 설득력을 획득하려 하는지 잘 나타나 있는 것 같다. 특히 게놈 시대를 맞아 우생학은 유전공학과 강화의 논리와 사실상 직접적으로 연결되는데,[2] 이러한 의미에서 Sandel[3](2010, p. 110)은 "우생학의 교훈을 분별해내는 일은 강화의 윤리학을 가지고 고심하는 다른 방법이기도 하다"라고 표현하고 있다.

Sandel(2010, p. 19)은 유전학적 강화의 도덕적 정당성에 관해 비판적으로 논의하였는데, 그는 여기서 강화 옹호론자들의 시각이 바로 자유주의 우생학[4]이라고 지적하였다. 예를 들어, 치과 교정이나 키가 작은 아이를 위한 성장호르몬 주입은 치료인가 아니면 강화인가? 교육과 훈련을 통한 아이의 발전과 생명공학을 통한 발전은 원칙상 차이가 없는가? Sandel(2010, pp. 87, 94, 101)은 현대와 같이 치료와 강화의 경계가 흐릿한 현실 속에서 "당황스럽게도 우리를 우생학 가까이로 끌고 가는" 사안들이 너무나 많다고 지적한다. 예를 들어, "건강과 육체적 완벽함을 동일시하는 발상"(조한진, 2010, p. 32) 또는 자녀에 대한 "과잉 양육, 과잉 보호, 우생학적 부모됨"(Sandel, 2010, pp. 102, 124)은 우리가 일상적으로 흔히 경험하는 우생학적 현상이다. 이러한 사고 속에서 다음과 같은 사례는 과거 무조건적인 장애 퇴치와는 또 다른 형태로 진행되고 있는 우생학적 행동이라고 볼 수 있는데, 평등을 위한 배려조차도 더 거대한 흐름인 우생학적 사고에 희석되어 본연의 의미를 퇴색당하고 있는 것이다.

교육심리학자들의 보고에 따르면 시험 보는 시간을 더 얻으려는 목적으로 고등학교 2, 3학년 자녀를 데리고 학습장애 진단을 받아보려는 부모가 늘고

---

2) 유전학적 강화(genetic enhancement)는 유전학적 기술로 덧입히거나 고쳐서 원래의 상태보다 높이거나 강하게 만드는 것을 말한다(Sandel, 2010, p. 19).

3) "정의란 무엇인가"로 우리나라에도 잘 알려져 있는 Sandel 교수는 현재 하버드대학교에서 정치철학, 정치사상사, 윤리학 등을 강의하는 저명한 학자이다.

4) 이와 관련해서는 또한 杉野(2010)를 참고하라.

있다고 한다. 2002년부터 대학시험 관리당국에서 학습장애가 있는 아이들에게 추가 시간을 주고 해당 학생의 점수에 별표로 구별하던 것을 폐지한 이후 급증한 현상이다. [학부모들은 그렇게] 돈을 들여가며 학생을 대신해서 고등학교와 SAT를 주관하는 미국교육평가기구에 증거 자료를 제출한다. 맨처음 찾아간 심리학자가 학습장애 진단을 내려주지 않으면 다른 심리학자를 찾아간다고 한다. (Gross, 2002, p. A1; Sandel, 2010, p. 94)

이와 같은 학력 지상주의적 풍토는 굳이 미국에서뿐 아니라 우리나라에서도 이미 곳곳에서 찾아볼 수 있다(예: 위장 전입, 고액 불법 과외). 부모의 과잉 양육으로 인해 심지어 아동의 인권이 침해되는 사례도 심심찮게 보고된다(예: 유해한 환경으로부터의 보호라는 명분 아래 아동의 자유로운 교우관계 형성을 방해). 또한 아이의 개인차를 인정하지 못하고 무분별하게 발달클리닉을 찾거나 불필요한 조기 중재(교육, 치료)를 아이에게 강제하는 사례는 우리 주위에 얼마든지 있다. 앞서 '당황스럽게도 우리를 우생학 가까이로 끌고 가는' 일들이 너무 많다고 하였는데, 바로 이러한 현대 사회의 일반적인 현상(예: 자녀 똑똑하게 키우기)들이 결국 우생학적 사고를 더욱 공고히 한다. 달리 말해 수많은 일반적인 현상들이 우생학적 사고방식이 일상생활 속에서 자연스럽게 느껴지도록 하는 데 중요한 역할을 하고 있는 것이다.

마지막으로 복지국가와 우생학의 관계 역시 이러한 맥락에서 논의될 필요가 있다. 이치노카와(石川, 長瀨, 2009, p. 152)는 우생학과 복지국가는 정면으로 대립하지만 "동시에 우생학은 정말로 복지국가라는 틀에 있어서만 가능했다고도 말하지 않으면 안 된다"고 지적하였다. 1936년 당시 독일이 우생 정책의 필요성을 국민들에게 호소하기 위해 작성한 포스터[5]는 경제적으로 생산성이 없는 사람들을 부양해야 할 사람들은 바로 '건강한 당신들'이라는 메시지를 전하고 있었는데, 유한한 복지 예산을 감안하였을 때 이들이 곧 '당신' 삶에 부담이 된다는 내용이 설득력을 얻기에 충분하였다. 이치노카와(石川, 長瀨, 2009,

---

5) 포스터의 한 가운데에는 금발의 푸른 눈을 가진 매우 힘이 센 전형적인 아리아인 청년이 그려져 있다. 그리고 그가 짊어지고 있는 멜대의 양다리에는 다음과 같이 쓰여 있다: "너도 함께 짊어지고 있는 것이다! … 한 사람의 유전병 환자가 60세까지 살면 평균 5만 마르크의 비용이 든다." (石川, 長瀨, 2009, p. 152)

pp. 153, 156)는 이러한 맥락에서 복지국가라는 장치가 "근대사회에 새로운 전체주의의 가능성을 부여한다"고 지적하면서 "복지국가라는 장치의 내부에서 작동하는 우생학은 결코 과거의 것이 아니다"는 사실을 상기시켰다. 물론 이러한 주장이 복지국가를 포기하자는 뜻은 아니다. 하지만 그의 표현대로 복지국가라는 장치는 신중하게 운영되어야 한다. 즉, "누구도 혼자 살고 있는 것이 아니라는 사회성의 끈이 폭력으로 전화하는 우회로를 차단"해야 하는 것이다(石川, 長瀬, 2009, pp. 157-158). 그는 이러한 폭력의 가능성을 장애인들의 자기결정 개념과 연결시켜 다음과 같이 설명하고 있다.

> 자기결정의 개념은 타인의 지원과 조력에 [의해] 지탱되는 것을 이유로 이루어지는 폭력이나 개입을 멀리하면서 자신의 생활을 형성하고 지켜가는 권리임을 강력하게 긍정한다. 그러나 그때 자기결정 능력이나 자립 능력이 과대평가되지 않도록 주의하지 않으면 안 된다. 우생 사상은 그러한 능력의 유무를 하나의 징표로 하면서 '저(低) 가치자'를 확정해 간 것이기 때문[이다]. (石川, 長瀬, 2009, p. 158)

실제로 많은 사람들이 장애인들이 일상적으로 다른 사람의 직접적인 지원(도움)을 통해 살아가는 모습을 보면서 장애인의 가치에 대해 근본적인 의문을 품곤 한다. 즉, 장애인은 누군가의 도움 없이는 살아갈 수 없는 존재이므로 비장애인과는 결국 다른 삶의 처지에 있고 이렇게 보았을 때 장애인은 어쩔 수 없이 비장애인에 비해 열등한 것이 사실이라는 우생학적 판단을 하게 되는 경우가 많은 것이다. 하지만 여기에서 '타인의 직접적인 도움'의 의미에 대해 제대로 짚어 볼 필요가 있다.

신체적으로 물리적인 도움을 받거나 지적으로 혹은 정신적으로 타인의 도움을 받는 사람이 장애인뿐인가? 여기서 말하려고 하는 것은 노인이나 어린아이들도 마찬가지라는 식의 답이 아니다. 그보다 더 궁극적인 것이다. 즉, 인간은 누구나 자신의 일상에서 타인들의 지원 속에 살아간다. 예를 들어, 식사를 할 때 중증장애인과는 달리 비장애인은 자신의 손으로 식사할 수 있으므로 장애인보다 낫다고 여기는 사람이 있을지 모르지만, 내가 받는 그 식탁은, 그 음식들은 모두 타인들의 손을 거쳐서 이 자리까지 온 것이다. 어느 하나 오롯

이 '나'의 생산물이 아니다. 또 만약 내가 책을 읽고 이를 통해 정신적 소양과 기쁨을 얻는다면, 그때 그 서적들 역시 나의 생산물이 아니다. 다른 사람들의 치열한 고민의 결과이며, 언급한 모든 것들(식탁, 음식)처럼 기본적으로는 인류의 유산에 속하는 것들이다. 이것이 논리적인 설명이 아닌가?

우리는 누구나 매순간 타인의 직접적인 도움 속에서 살아간다. 그러므로 더 가치 있는 생명 혹은 덜 가치 있는 생명이라는 구분은 지극히 인위적인 것이며 생명의 본체를 설명하지 못한다고 볼 수 있다. 이러한 관점에서 다음 절에서는 이러한 우생학적 사고가 장애 예방 논의와는 또 어떻게 연결되어 있는지 살펴볼 것인데, 장애 예방과 이어서 살펴볼 안락사 논쟁은 인간의 고통의 의미를 재해석하게 하는 주제라는 점에서 또 나름의 특별한 의미가 있다고 하겠다.

Ⅳ 장애 예방[6]

지난 2007년 9월 서울에서 개최된 세계장애인 한국대회에서 정은(2007a)이 문제를 제기한 바 있듯이, 장애인의 태어날 권리는 이제껏 우생학적 맥락에서, 구체적으로는 '장애 예방'이라는 관념 아래, 적극적으로 논의되지 못하였던 주제 중 하나이다. 실제적으로 장애인과 같은 사회에 살아가면서 진행되고 있는 현재의 장애 예방 논의 장면은 당연히 반인권적이다 ─ 단, 이러한 문제 제기가 낙태 찬반 논의와 여과 없이 직결되어 진행되지 않기를 바란다 ─. 하지만 장애가 질병과 혼용되어 이해되고 있는 상황 속에서 장애 예방은 의사(pseudo) 건강권 혹은 행복권 차원에서 공공연하게 이야기되어 왔고, 현대 사회에서 이러한 경향은 더욱 세련되고 뚜렷해진 형태로 드러나고 있다(예: 줄기세포 논쟁). 그런데 정작 천박한 차원에서의 질문이기는 하지만, 지금 논의되고 있는 내용의 장애 예방이라는 것이 정말로 가능한가? 답은 간단하다. 현대 의학으로는 불가능하고 ─ 여기에 대해서는 이론(異論)의 여지가 없을 것이다 ─, 나아가 가능해야 할 이유도 사실 없다. 왜냐하면 다양한 몸은 그 다양성

---

6) 정은(2007a, 2008)을 참고로 부분 발췌하여 수정·보완하였다.

의 양식과 상관없이 스스로 사회적이고 문화적이며 역사적인 자연의 산물이기 때문이다(정은, 2007b; Cheong, 2002; Jantzen, 2003).

이미 태어난 모든 인간(아기)은 충분히 태어날 만한 이유가 있어서 태어났고, 또 앞으로 생존할 수 있는 객관적 가능성(특히 타인과의 대화 능력)을 담보하고 있다. 이것이 최근 학계의 연구 결과이다(Jantzen, 1994; Lotman, 1990; Spitz, 1976; Trevarthen & Aitken, 1994). 따라서 장애라는 것은 생물학적 이유에서 기인하는 것이 아닌 사회문화적 구성물이고, 동시에 소위 '완벽한 몸'을 지향하는 의학적·과학적 기술의 수준은 사실상 엄청난 한계를 가지고 있다. 그리고 Edelman(1993)의 '신경 진화(Neuronaler Darwinismus)' 이론 등 현대의 다양한 이론들은 인간에 대한 그 어떤 유전학적 결정론도 수용될 수 없음을 더욱 뚜렷이 하고 있는데, 이러한 연구 결과는 우생학에 완전히 반대되는 것이다.

이렇게 보았을 때 결국 장애 예방은 편협하고 왜곡된 인간상에서 비롯된 장애관에 기초한, 의료적·사회적 한계를 드러내는 용어일 따름이라고 보아도 과언이 아니다. 문제는 그럼에도 불구하고 마치 그 자체가 인간의 삶과 행복을 위한 중요한 목적인 것처럼 오도되고 있는 사회적 허상의 기능이다. 물론 "아무리 그래도 (신체적) 장애를 가지고 태어나면 이 세상 살아가기 힘들지 않느냐?"고 질문할 수 있을 것이다. 물론 힘들 수도 있다. 그러나 일차적으로 삶의 고달픔과 기쁨은 인간 삶 자체의 문제이지 장애만의 문제로 환원될 수 없으며, 동시에 장애와 고통을 함께 놓고 보는 시각에 대해 우리는 반문해야만 한다. 과연 그 고통의 기준은 누구(의 기준)인가? 절대 그 고통은 어떤 인간 몸 자체에 기인하지 않는다. 오히려 관계적이고 구조적인 가능성이 있다. 보다 정확히 말하자면, 문제가 되는 것은 바로 우리 사회의 '고통 기대 구조'이다. 이런 맥락에서 조한진(2007, p. 18)은 다음과 같이 지적하였다.

물론 장애의 부담에 대해서는 장애인인 본인으로서도 잘 알고 있다. 그러나 어떤 장애인이 태어나거나 살 가치가 없다는 판단은 도저히 받아들일 수가 없다. 모든 삶, 모든 가족, 모든 부모 자녀 관계는 기쁨뿐만 아니라 실망도 포함한다. 모든 인생은 부담을 가지고 있으며, 어떤 것은 장애보다도 훨씬 더 부담스럽다.

그는 이러한 관점에서 장애 예방과 관계하여 "장애아 낙태는 장애를 예방하기 위한 다른 행위와는 구별되는 것이고, 따라서 여성의 산전관리, 아동의 예방접종, 모든 사람의 건강 증진 등과 비교되어서는 안 되며" 이렇게 보았을 때 "장애아 낙태는 사회적 관점을 반영하는 사회적 결정"이라고 주장하였다(조한진, 2007, p. 19). 흔히들 인류 역사상 장애인에 대한 최악의 비윤리적인 사건으로 나치 하의 장애인 대량 학살을 꼽고 있지만, 그는 "장애인에 대한 차별과 억압의 역사는 다른 나라의 것만도 또 과거의 것만도 아니며, 그것은 낙태의 문제뿐 아니라 장애인 안락사의 문제까지, 즉 장애인의 일생에 걸쳐서 재현되고 있다"고 지적하였다(조한진, 2007, p. 19).

모든 인간은 자신의 출생에 대해 책임을 질 수 없다. 태어나 보니 이런 외모, 이런 나라, 이런 성, 이런 부모 등을 가진 사람이 바로 '나'인 것이다. 우리 모두는 바로 이렇게 '나'가 되는 동일한 출발 조건을 가졌다고 할 수 있다. 그리고 이러한 실존적인 사실을 생각하였을 때, 이미 태어나 있는 우리 모두는 사실상 서로서로 '같이 살아갈' 궁리만 열심히 하면 되는 것이다. 즉, 같은 시간을 공유하고 같은 공간에 머물고 그리고 그 속에서 무엇을 할까를 고민하면 되는 것이다. 단, 여기서 윤리 철학적으로 짚고 넘어가야 할 내용은 우리 인간들이 누구와는 같은 시간, 같은 공간을 공유하고 또 누군가와는 그렇지 않게 생을 꾸릴 태생적 권리를 가지고 있지 않다는 사실이다. 즉, 사적으로(개인적으로) 어떤 이와는 가까운 친구로 지내고 또 어떤 이와는 소원하게 지내며 살아갈 선택은 누구나 할 수 있지만, 사회 제도적인 측면에서는(즉, 공적인 영역에서) 그럴 수가 없다는 것이다. 그래서 특히 그 사회에서 아직 정치경제적으로 독립된 삶을 꾸려나갈 수 없는 세대, 즉 모든 영유아, 어린이를 포함한 미성년자는 자신의 갖가지 형편과 상관없이 모든 사회로부터(특히 자신이 살아가고 있는 각기 처한 사회로부터) 보호받을 권리를 가지는 것이고(가져야 하고), 아울러 모든 아픈 사람들은 자신의 심리적 · 정치경제적 · 문화사회적 상황과 상관없이 자신의 건강권을 지킬 권리가 있는 것이다(정은, 2007c). 이러한 맥락에서 Sandel(2010, pp. 82-83)은 다음과 같이 주장하였다.

자녀 양육 … 이 부분에도 생명공학이나 유전학적 강화가 계속 위협한다. 자녀를 선물로 여기는 것은 그들을 있는 그대로 받아들이는 것이지, 부모가 디자인해도 되는 대상이나 의지의 산물, 부모의 야망을 해결하는 도구로 보는 것이 아니다. 부모의 사랑은 아이가 자연적 우연에 따라 부여 받은 소질이나 성격에 달린 문제가 아니다. 친구나 배우자를 고를 때는 매력적인 성격이나 자질을 일부 참고할 수 있다. 그러나 자녀는 그렇게 고르는 게 아니다. 아이들의 자질은 예측할 수 없다. 제 아무리 양심적인 부모라 할지라도 자식의 모든 부분을 전적으로 책임질 수 없는 노릇이다. 바로 이 사실 때문에 신학자 윌리엄 메이는 부모다움이야말로 '우연의 미래로 열린 마음'이라고 말하였다.

그는 이러한 관점에서 인간이 가진 유전적인 재능은 그 재능을 가진 당사자가 권리를 주장할 수 있는 성취가 아니라 주어진 선물이며 이렇게 보았을 때 "시장경제에서 거둬들인 모든 것에 우리 각자가 전권이 있다고 가정하는 것이 잘못이고 자만"이라고 지적하였다. 아울러 그는 이러한 이유로 "우리는 자기 잘못도 아닌데 남들만 한 재능이 없는 사람들과 이익을 공유할 책임이 있다"고 주장하고 있는데, 바로 여기서 연대와 주어진 선물 사이에 연결고리가 생기는 것이다(Sandel, 2010, p. 137).

앞서 모든 이미 태어난 인간(아기)은 충분히 태어날 만한 이유가 있어서 태어났고 또 앞으로 생존할 수 있는 객관적 가능성을 담보하고 있다고 하였다. 이러한 맥락에서 Sandel의 주장과 연결해 생각해본다면, 결국 태어나는 모든 아기의 향후 삶들은 곧 내 삶이며 이것은 선택의 문제가 아니라는 것이다. 하지만 이 절에서 장애 예방 논의를 통해 살펴보았듯이 우리 사회에 뿌리 깊게 박혀있는 장애인 배제 욕구는 결국 중증장애인들의 안락사 및 지금 우리와 함께 살아가는 장애 아동(성인)들에게 사회적 안락사를 종용하는 기본 배경으로 기능하고 있다고 해도 과언이 아니며, 다음 절에서는 이 문제를 다룰 것이다.

Ⅴ 안락사[7]

'안락사'라는 단어는 '훌륭한 죽음(good death)'을 의미하는 그리스어에서 유래하였고, 17세기 초 영국의 철학자인 베이컨(Francis Bacon)에 의해 처음 사용되었다고 한다. 안락사가 사람들에게 의미하는 바는 시대가 변함에 따라 다양한 변화를 겪어 왔는데, 특히 "인간의 역사 속에 언제나 빠지지 않았던 병과 장애는 시간이 흐름에 따라 인간 사회의 도덕 체계를 바꾸어 놓았다"(Dowbiggin, 2007, pp. 10-11). 그리고 이러한 변화 속에서 안락사의 역사는 의료 행위의 기술적 발전과 의료자의 행동 양식의 변화와 함께 변화해 왔다고 할 수 있다(Dowbiggin, 2007, p. 16). 이러한 맥락에서, 예를 들어 현대 사회에서 우리는 누군가의 죽음의 과정 앞에서 어디까지가 자연사 범주에, 어디부터가 인공적인 죽음, 안락사 범주에 속하는지 더 이상 정확히 알 수 없는 상황에 놓여 있다. Dowbiggin(2007, pp. 18-19)이 보고하고 있듯이, 20세기까지만 해도 많은 이들이 실생활 속에서 종종 생생한 죽음의 현장을 목격하였고 이러한 경험은 그들의 삶 안에 섞여 있었다. 그러나 21세기에 접어들면서 사람들은 노화와 죽음에 대해 언급을 피하기 시작하였고, 그 결과 죽음의 병리적·생물학적 중요성에 대해 너무도 무지한 상태에 이르고 말았다. 그래서 현재 안락사를 선택하는 사람들 대다수는 자율적으로 죽음을 맞이하기 위해서라기보다 ― 일정 정도 무지에서 비롯된 ― 죽음에 대한 공포로 인하여 이를 택하고 있다고도 볼 수 있다.

한편, 20세기 초 개인의 자율성과 과학적 지식의 우월성을 찬양한 계몽주의 정신, 그리고 유아 살해, 안락사, 조력 자살 등에 너그러웠던, 기독교 이전 고대의 안락사 개념이 다시 등장함과 더불어 우생학과 다윈의 생물학이 인기를 얻기 시작하면서 안락사에 대한 새로운 인식이 싹트게 되었다(Dowbiggin, 2007, p. 88). 이러한 상황에서 1807년 새뮤얼 윌리엄스는 적극적 안락사를 옹호하는 한 편의 글을 내놓았는데, 그는 여기서 "모든 인간의 생명이 신성하다는 낡은 교리를 버리고 가치 있는 삶에 대한 새로운 개념"을 제안하게 되었다(Dowbiggin, 2007, pp. 91-92). 더욱이 다윈이 주장한 자연의 선택에 의한 진화

---

7) 정은(2008)의 논문 일부를 발췌하여 수정·보완하였다.

론과 같은 이론들은 자연은 인간 생명의 신성함을 존중하지 않는다는 윌리엄스(Samuel Williams)의 주장을 더욱 강화하였다. 잘 알려져 있다시피, 다윈은 자연에 존재하는 먹이는 제한되어 있고 각 개체들은 이것을 두고 치열한 다툼을 벌이는데 이때 자연에 가장 적합한 개체만이 살아남기 때문에 모든 종은 시간이 흐름에 따라 변하게 된다고 주장하였다. 나아가 이렇게 해서 살아남은 '적합한' 개체는 '덜 적합한' 개체에 비해 자신의 특징을 유전을 통해 후대에 전할 수 있는 가능성이 커지면서 종 전체의 진화가 이루어진다고 하였다. 그리고 오늘날 알려져 있는 것처럼 다윈은 이러한 과정을 통틀어 '자연선택'이라고 불렀다(Dowbiggin, 2007, p. 95).

하지만 현대에 들어, 특히 Maturana & Varela(2007)의 자기조직 이론을 통해 이러한 가정은 더 이상 순수하게 받아들여질 수 없게 되었다. 이들의 연구 결과를 소개하면 다음과 같다.

생물이 해체되지 않는 한 생물은 자신의 환경에 적응해 있는 것이라고 우리는 말하였다. 따라서 적응 상태란 변하는 것이 아니다. 그저 유지될 뿐이다. 나아가 모든 생물들은 그것들이 살아 있는 한 이 점에서 차이가 없다. 그런데 사람들은 흔히 진화의 역사 속에서 어떤 생물이 다른 생물보다 더 잘 적응했거나 또는 덜 적응하였다고 말한다. 교과서에 나오는 생물 진화에 대한 여러 서술들이 그렇듯이 이것도 진화 현상에 적합한 기술이 아니다. … [물고기가] 헤엄치는 여러 방식[에 있어서] 어느 방식이 다른 방식보다 더 낫다거나 더 잘 적응한 것이라고 말할 수 없다. 생명체는 그것이 살아 있는 한 적응한 것이다. … '더 잘 적응한' 생물이 살아남는 것이 아니다. '적응한' 생물이 살아남을 뿐이다. 적응은 필요조건의 문제이며, 그것을 충족하는 방식은 다양할 수 있다. 최선의 방식이란 생존이 아닌 다른 기준을 끌어들일 때만 말할 수 있다. 유기체의 다양성이 여실히 보여 주듯이 생명체란 다양한 구조적 경로를 통해 실현될 수 있는 것이지, 어떤 한 가지 관계나 한 가지 가치의 최적화(Optimierung)란 존재하지 않는다. (Maturana & Varela, 2007, pp. 132-133)

이런 입장에서 이들은 '자연 선택'이라는 말 대신 '자연 표류(natürliche Driften)'라는 용어를 사용하였다(Maturana & Varela, 2007, p. 125). 인간의 언어 사용 역사와 관련해서도 이러한 관점은 매우 유용하게 논의될 수 있다. 생존을 위한 사회성을 향상시키고자 ─ 사회적 뇌를 계발시키고자 ─ 이루어지는 인간들 간의 의사소통의 기능을 생각해 보자. 의사소통은 현실에 있어서 사회적 능력과 관계를 넓히고자 애쓰는 사회적 약자들(그때그때 상대적으로 사회적으로 열악한 관계에 놓이는 이들)이 서로 정보를 공유하여 연대하고 협력하기 위한 중요한 수단이다. 이렇게 보았을 때 살아남은 이는 강자가 아니라 어쩌면 약자들인 것이다.

이처럼 생명은 개체 개체로, 즉 주변 환경과 무관하게 독립된 단일 개체 자체로 어떤 가치를 논할 수 있는 것이 아니다. 언제나 환경과의, 같은 종에 속하는 다른 사회구성 개체들과의 공생 관계 속에서, 공진화(co-evolution) 관계 속에서 그 가치가 구현되고 또 규정되는 속성을 가진 것이 생명이다. 따라서 안락사 논쟁은 일정 정도 생명성이라는 맥락에서 일탈된 것이라고 보는 것이 타당할 것 같다. 여기서 생명성이라는 맥락에서 일탈되었다는 의미는, 안락사 논의가 생명(혹은 죽음)이라는 주제를 다루는 것 같아 보이지만 사실 안락사 지지의 논의는 생명가치론과 별도로 오히려 경제적인 문제와 근본적으로 얽혀 있는 면이 크다는 뜻이다. 그럼 이러한 방식으로 인간 생명의 가치를 논하게 된 안락사 지지 논의의 보다 구체적인 역사적 계기는 무엇이었을까? 그것은 바로 20세기 초 서양의 산업화된 국가들을 덮쳤던 정신 의학의 위기이다 (Dowbiggin, 2007, p. 115).

19세기 유럽과 북미대륙 전역에서는 각국 정부들이 점차 늘어나는 정신병자들을 수용하기 위해 수많은 정신병원을 건립하였지만, 시간이 흐름에 따라 정신병원의 치료 목적은 희미해져갔다. 즉, 정신병원은 끊임없이 지어졌지만 늘어나는 환자들을 감당할 수 없었고, 동시에 "정신과 의사들은 곧 눈부신 의학의 발전에도 불구하고 이러한 수용 시설에 입원한 환자들을 치료하는 것은 예상보다 훨씬 힘든 일이라는 것"을 깨닫게 되었다. 그리고 이러한 상황에서 "완치의 가능성도 없이 국가와 주의 세금으로 수용 시설에서 목숨을 유지하며 살아야 하는 이러한 환자들에게 시달리다 못한 냉담한 시민들은 차라리 이 불행한 사람들을 고통에서 벗어나게 해 주는 것이 모두를 위해 최선일지 모른다는 의견을 제시하기 시작"하게 되었다(Dowbiggin, 2007, pp. 115-116; Foucault, 2003).

정신병자들은 특히 우생학적 측면에서는 사회 전체에 위협적인 존재이었고 '살 가치가 없는 존재'로 간주되기도 하였다. … 이러한 분위기 속에서, 태어나지 말아야 할 존재 혹은 차라리 죽는 게 나은 존재라는 개념이 의학계에서도 받아들여지는 시대가 다가오고 있었다. (Dowbiggin, 2007, p. 116)

또한 여기에 덧붙여 20세기 초에 두드러지게 나타난 환자들의 변화된 상황, 즉 만성적 질병은 안락사 지지 의견에 또 다른 근거를 제공하였다(Dowbiggin, 2007, pp. 116-117). 동시에 이즈음부터 만성적 질병을 앓는 이들은 자신이 맞닥뜨린 그 상태 그대로 사회로부터 인정을 받는 대신, 완치에 대한 환상 속에서 스스로의 삶을 소외시키기 시작하게 되었다. 이러한 상황 속에서, 앞 절에서 잠시 언급하였지만, 전후 독일의 심각한 빈곤과 암울한 삶은 독일인들 사이에서 국가에 의존하는 사람과 조국의 수호를 위해 목숨을 희생한 사람을 구분하는 분위기를 형성하게 하였다(Dowbiggin, 2007, pp. 133-134). 이러한 분위기 속에서 적극적으로 논의되기 시작한 안락사는 그 대상인들에 대해 "이들의 생명은 단순히 가치가 없는 것이 아니라 부정적인 가치를 갖는다"고 이야기하기에 이르렀다(Dowbiggin, 2007, p. 135). 초기 미국 안락사협의회는 이런 연장선상에서 자발적 안락사뿐 아니라 '치료 불가능한 저능아의 안락사'도 옹호하였고(Dowbiggin, 2007, p. 144), 이러한 현실은 지금도 계속 진행되고 있다.

인간의 생명, 아울러 병자·장애인에 대한 이러한 사회적 제명 흐름들은 결국 현대로 오면서 이런 저런 방식의 '적합한' 의료행위로, 또 더욱 세련된 형식, 즉 사회적 안락사로 연결되고 있다. 달리 말해 안락사 대상들에 대해 의료생물학적으로는 목숨을 앗아가지 않지만(못하지만) 그 수준에 버금하는 정신적 죽음, 사회적 안락사를 출생에서 교육과 그 이후의 사회생활에 대한 간섭을 통하여 암묵적으로 허용하고 있는 것이다. '사회적 안락사'란, 간단히 설명하자면, 편안하게 사회적 삶을 마감하도록, 그러니까 사회적 삶이 고통스럽지 않도록 인위적으로 어떤 사람의 사회적 생명활동을 차단시키는 것을 뜻한다.

물론 여기서도 고통의 기준은 누구 혹은 무엇이냐고 물을 수밖에 없는데, 예를 들어 안전하게 보호한다는 명분 아래 거주인들의 목숨만 부지시켜 줄 따름인 열악한 장애인복지시설들이 사회적 안락사의 현실을 잘 반영한다고 볼 수 있을 것이다.[8]

이상으로 안락사에 대해 간단히 살펴보았는데, 이를 통해 우리가 현대에 들어 인간과 삶이 고도로 단절되어 가면서 발생된 고통에 대한 막연한 공포로 인하여 아픔, 질병, 장애 등과 같은 삶의 내용들을 애써 회피하려고 하였던 것은 아닌지, 또 이와 함께 따뜻함, 기쁨, 유대감 같은 것들로부터도 단절된 삶 속에 현재 처해 있는 것은 아닌지[9] 진지하게 고민해 볼 필요가 있는 것 같다.

Ⅵ 21세기 새로운 우생학: ADHD에 대한 현대 사회의 대처

마지막으로 이 절에서는 ADHD에 대한 우리 사회의 약물 중심 대처가 새로운 우생 정책의 일환은 아닌지 비판적으로 살펴보려고 한다. ADHD에 대한 우리 사회의 대처 방식이 어떻게 보면 과거와 달리 장애의 내용을 개방하고 이를 적극적으로 극복하려는 것처럼 보이지만, 사실은 이제까지의 장애 억압의 역사가 고스란히 반복되고 있는 것에 불과하다고 볼 수 있다.[10]

최근 10여 년 사이 ADHD에 관한 관심이 높아지기 시작하면서, 특히 학교 현장을 중심으로 이에 관한 연구 또한 다양한 방식으로 활발하게 진행되고

---

8) 물론 시설에서만 이런 일이 벌어지는 것은 아니지만, 시설의 사회정치적 의미에 관해 보다 자세한 내용은 Basaglia(1971), Fengler & Fengler(1994), Foucault(2003), Goffman(1973)을 참고하라.

9) 이것은 레비나스 윤리철학의 핵심이기도 하다. 그는 인간과 대상(인간)의 섞임 속에서 인간이 여러 욕구를 가지게 되고 이를 통해 대상과 관계하는데, 여기서 발생되는 욕구의 고통은 무욕 속에서 완화되는 것이 아니라 만족으로 진정되는 무엇이며, 욕구가 없는 존재는 욕구가 있는 존재보다 더 행복한 것이 아니라 행복과 불행의 밖에 있다고 주장하였다(김연숙, 2002, p. 76).

10) 이하의 논의는 정은, 강아롬(2008)의 논문을 부분 발췌하여 수정·요약하였다.

있다. 하지만 대부분은 ADHD 자체를 문제화시켜 이를 치료해야 한다는 주장
들이다. 그래서 ADHD와 창의성의 동시 발생을 보여 주는 연구 결과들
(Cramond, 1995; Hartmann, 2005; Honos-Webb, 2007; Palladino, 1998)에도 불구
하고, 이러한 아동의 재능에 대해서는 아무런 언급을 하지 않고 있는 기존의
많은 연구들은 기본적으로 질병과 결함의 관점에 기반을 두고 ADHD를 이해
하려고 한다(Nylund, 2008, p. 74에서 재인용).

이러한 맥락에서 현대의 생물정신의학(biopsychiatry)적 풍토를 등에 업고
ADHD로 진단된 아동과 성인은 미국의 경우 1990년 이래 90만 명에서 500만
명에 이르는 극적인 증가를 보여주고 있는데, 이러한 진단 남용의 결과 같은
기간 리탈린 판매는 700%가량 증가하였으며(Nylund, 2008, pp. 19, 46, 49), 우
리나라 역시 이와 크게 다르지 않은 흐름 속에 현재 처해 있다[구체적인 예로
는 문윤희(2010)를 참고]. 하지만 이러한 현실적 흐름과는 달리 ADHD가 신경
학적 결함에 의한다는 연구는 실패하였으며(Zametkin et al., 1993), 결과적으로
ADHD가 생물학적 질병임을 입증할 수 있는 확고한 증거는 없다(Breggin,
1998, Diller, 1998: Nylund, 2008, pp. 59~61에서 재인용). 즉, 모두가 합의할 정
도의 뚜렷한 신경학적 결함을 발견하지는 못하였다는 것이 현대 과학의 보고
인 것이다. 쉬운 예로 ADHD와 관련된 유전자로 밝혀진 DRD4-7R 유전자에
관한 연구의 대부분이 공통적으로 밝혀낸 사실에 따르면, ADHD 진단을 받은
아이들 중 절반 정도만 이 유전자를 지니고 있는데, 이는 정확하게 말해
"ADHD로 진단을 받은 아이들의 절반 정도는 유전적 요인이 아닌 다른 요인"
으로 인해 주의력 결핍이라는 문제를 겪고 있다는 것을 말해 주고 있는 것이
다(Hartmann, 2005, p. 131).

이렇듯 ADHD 아동과 ADHD 성향의 아동이 별다른 구별 없이 명명되고
있는 진단 현실에 대해 ADHD 당사자인 Jergen(2005, p. 52) 교수는 ADHD는
걸리거나 후천적으로 발생될 수 있는 성질을 가진 것이 아니기 때문에 "그 중
상이 상황이나 주위 환경에 따라 변화될 수 있겠지만, 하루 이틀 사이에 갑자
기 과잉행동이 됐다든지 부주의해진다든지 충동적이 된다든지 할 수는 없다"
고 지적하였다. 따라서 ADHD 진단 이후의 각기 다양한 신체적·정신적 후유
증들을 감안하였을 때, 우리는 ADHD 진단의 남용, 즉 과잉진단을 심각하게
받아들이고 고민해 볼 필요가 있다. 주위를 조금만 둘러보면 아주 어린 유아

들도 ADHD 진단과 함께 리탈린 처방을 받고 있다는 사실을 우리는 쉽게 확인할 수 있는데(Diller, 1998; Nylund, 2008, p. 54), 이것은 사회가 그에 적합한 인간(만)을 수용하겠다는 의지를 적극적으로 표명하고 있는 것과 다름없다.[11] 특히 ADHD에 대해 리탈린을 중심으로 한 과도하고 획일적인 약물치료 현실을 생각해 봤을 때, 이것이 21세기 또 하나의 우생학적 접근은 아닌지 심각한 우려를 금할 수 없다.

이러한 맥락에서 Palladino(1998)와 Hartmann(2005, p. 5)은 '에디슨 유전자' 혹은 '사냥꾼 유전자'라는 새로운 개념을 통해 ADHD를 "환경 변화에 대한 우리 인간 종의 적응에 기여해 온 유전자로서 유전적 다양성과 인간 전체의 참된 삶을 위해 존재하는 유전자"라고 주장하였다. 이러한 연구 결과에 따르면, "교사나 정신과 의사들이 소위 '장애가 있다'고 말하는 아이들이 사실은 과거 인류의 생존을 위해서는 필수적이었고 현대 우리의 삶의 질을 누리기 위해 우리가 소중하게 생각하는 것들을 고안해 낸 사람들"에 속하며 "미래 인류의 생존에 없어서는 안 될 그런 능력을 지니고 있는 아이들"이다(Hartmann, 2005, p. 23). 이처럼 ADHD에 관한 새로운 시각을 제공하는 입장들은 지금의 현실에서 매우 흥미로운데, 무엇보다도 ADHD 아동들이 겉으로 덜렁거리고 괄괄한 장난꾸러기, 건망증 심한 문제투성인 것처럼 보이지만 사실은 소중한 능력을 가지고 있는 아동들이며, 따라서 이러한 관점은 사회가 행동적으로 차이를 보인다는 이유로 그들을 소외시키고 문제시하며 낙인찍는 일방적 이해 방식에서 벗어날 수 있도록 해준다. 이러한 맥락에서 타인에게 따가운 눈초리를 받는 등(예를 들어, "너 미친 거 아니니?", "너만 사라지고 없으면 주위 사람 모두가 편할 텐데!" 등과 같은 무분별한 언행) 어린 시절에 경험한 심각한 스트레스, 특히 성적 학대가 오히려 주의력 결핍 증세를 야기할 수 있다는 연구 결과는

---

11) 질병·장애 진단의 표준적 준거가 되는 "정신장애 진단·통계 편람(Diagnostic and Statistical Manual of Mental Disorders)"의 기준들이 변화해 온 과정을 살펴보면 인간 몸에 대한 사회의 통제욕구가 보다 쉽게 설명될 수 있다. ADHD 역시도 ADHD를 장애라고 여기는 사람들에 의해 그 실체를 부여받고 있다는 문제 제기가 가능하다. 실제로, 미국 내에 널리 퍼져있는 ADHD 지원모임인 '주의력 결핍 및 과잉행동 장애를 가진 아동과 성인(Children and Adults with Attention-Deficit/Hyperactivity Disorder)'은, ADHD를 위한 가장 좋은 치료는 리탈린을 처방하는 것이라고 주장하는 리탈린 제약회사인 노바티스(Novartis)에 의해 만들어져 운영되고 있다(Nylund, 2008, pp. 19, 43-44).

ADHD 그 자체가 아니라 ADHD에 대해 진지하게 반응하지 않는 부적절한 환경이 ADHD를 양산한다고 보고하는 것이다(Hartmann, 2005, pp. 134, 263).

인간은 생존에 필요한 생물학적·사회적 형태를 획득해 나가는 방식으로 진화해 왔다. 인간의 문화 역시 이러한 생물학적·사회적 변화의 복잡한 상호관계를 통해 오랜 시간을 걸쳐 진화해왔는데, 여기서 현재 우리에게 친숙한 문화의 형태가 사실은 매우 짧은 시간 동안 발달한 삶의 방식임을 알 필요가 있다. Lee & Devore(1968)의 연구에 의하면, "지구상에서 지금까지 삶을 영위하였던 모든 인간의 90%는 사냥꾼과 채집자로서 살았으며, 6%는 단순한 농경 문화에서, 나머지 4%는 공업 사회에서 살았다"고 한다(Breger, 2003, p. 87에서 재인용). 즉, 수렵·채집 문화는 농경·공업 사회의 발달로 인해 이제 소멸되었지만 인류사에 있어 오랜 기간 "성공적인 적응"을 보여 주었던 것이다 (Breger, 2003, p. 87). 인간이 오랜 진화의 산물임을 염두에 둔다면, 수렵·채집 사회에 대한 이러한 적응 행동에 대한 검토는 인간 행동을 이해하는 데 있어서 중요한 의미를 가질 뿐만 아니라 동시에 ADHD에 대한 새로운 이해 가능성을 발견하게 한다.

Hartmann(2005, p. 31)은 산만성(distractibility), 충동성(impulsivity), 위험 추구성(risk-taking)과 같은, 초기 문화에서 아주 유용하였던 행동양식이 수렵·채집 시대 이후 일정한 시간에 맞춰 꾸준하게 노력을 유지하여야 하는 농경·공업 사회의 문화로 넘어오면서 더 이상 선택받지 못하고 단지 잠재력으로만 남게 되었다고 보고하였다. 그런데 바로 이러한 세 가지 특질이 지금 부정적으로, 장애라는 관점에서 ADHD 진단의 주요 근거가 되고 있다. 또한 밀림이나 숲속(즉, 사냥 장면)에서 중요한 "상황 파악 능력"으로 작용하였던 "훑어보는 특성(scanning)"은 이제 교실에서 산만한 성향이라고 여겨지면서 문제시되고 있다(Hartmann, 2005, pp. 33, 66). 따라서 앞서 Hartmann과 Palladino가 ADHD라는 용어 대신 '에디슨 성향' 혹은 '에디슨 유전자'라는 개념을 제안하고 있는 것은 매우 특별한 의미가 있다고 볼 수 있다(Hartmann, 2005, p. 25). 또한 이들은 ADHD 유전자에 대해 시대를 거슬러 추적한 연구를 통해 "이 유전자가 탐험과 창안의 원동력이 되는 호기심 유전자"라는 새로운 이해를 제시하였다(Hartmann, 2005, p. 49).

이와 함께 ADHD 성향을 지닌 아이들의 독특한 사고 형태에 관한 다양한 연구들[12]은 ADHD 아동의 행동이 우리가 일반적으로 생각하는 것과는 정반대로 "산만함에도 불구하고 과잉행동을 하는 아동의 과업 관련 기억은 과업과 관련이 없는 자극 때문에 저하되는 일이 없다"는 사실을 분명하게 보고하고 있다. 즉, 일반적으로 ADHD 아동이 자신의 산만한 행동으로 인해 "무엇을 제대로 배우지 못하게 하는 것"처럼 보이지만 오히려 일반 아동에 비해 더 많은 것을 배우고 있다고 Hartmann(2005, p. 61)은 보고하고 있는 것이다. 또한 더 나아가 "ADHD 성향을 보이는 아동들도 자신이 흥분이나 흥미를 느낄 수 있는 것에는 주의를 집중할 수 있고, 나아가 오랜 시간, 주의를 집중할 수도 있다. 이것을 '과도한 집중'이라는 뜻에서 하이퍼포커싱(hyperfocusing)이라고 부르는데"(Hartmann, 2005, p. 33), Sacks가 보고하고 있는, 뚜렛증후군을 가진 외과의사의 경우에서 이런 모습이 잘 드러난다.[13]

한편, 1990년대에 진행된 연구를 통해 DRD4라는 이름의 유전자가 과잉행동, 감각 추구, 호기심과 같은 ADHD의 행동과 큰 관련이 있음이 주장되었다. DR이란 '도파민 수용체(dopamine receptor)'의 머리글자로서 이 유전자는 "신경전달물질인 도파민[감각적 자극에 대해 인간의 시상(視床)과 대뇌 피질의 감수성을 관장하는 화학물질]의 생성 분비되는 양을 조절하는 역할"을 한다. 즉, "유전적으로 도파민 생성 분비량이 적은 사람이 외부 세계에서 자극을 추구"하는 것과는 반대로 "유전적으로 도파민 생성 분비량이 많은 사람은 수동적이고 감각 추구나 새로운 것을 찾는 행동을 적게 보여 주게 된다"는 것이다(Hartmann, 2005, pp. 80-81). 그러나 이를 토대로 하여 생물학적 환원주의가 힘을 얻게 되는데, 이 입장을 견지하는 사람들은 이러한 생물학적 차이가 곧 생물학적 질병의 요인이 된다면서 ADHD를 치료의 대상으로 보는 병리학적인 입장을 고수하고 있다. 하지만 유전자와 문화와 개인의 복잡한 상호관련성을 지나치게 단순화시켜 이해하는 현대과학의 이러한 기계적인 해석은 현실에서 많은 폐해를 만들어 낼 뿐만 아니라 더 나아가 그러한 폐해를 정당화한다는 점에서 매우 무책임하고 비윤리적인 것이라고 볼 수 있다. 즉, 도파민 생성 분비량의 차이와 그에 따른 행동의 다름은 결코 우월성 혹은 유용성의 개념으로

---

12) 자세한 연구 결과는 Hartmann(2005, pp. 59-61)을 참고하라.
13) 자세한 내용은 Sacks(2005, pp. 129-169)를 참고하라.

파악되어야 할 문제가 아니라 각 개인에게 "생존에 가장 적합한 수준이 어느 정도이냐" 하는 문제인 것이다(Hartmann, 2005, pp. 80-81).

그러나 ADHD가 도파민 결핍이 원인이 되어 나타나므로 약물을 복용하는 것이 옳다는 식의 전문가들의 해석은 도파민을 증가시키는 작용을 하는 약제인 암페타민, 메탐페타민, 메틸페니데이트(상표명 '리탈린') 등을 사용하는 약물치료를 적극적으로 권장하게 만든다. 그리고 이러한 약물치료 과정에서 만약 ADHD 아동이 리탈린이나 다른 약물들로 인해 그 증상이 완화되었다면 ADHD 아동은 생물학적 결함을 가지고 있다는 잘못된 확신을 갖게 된다. 그러나 이러한 부정적 믿음의 순환과정과 관련하여 Diller(1998, p. 10)는 다음과 같이 표현하고 있다.

약물의 복용으로 어떤 증상이 개선되었다는 것만으로 개인의 문제가 어떤 원인에 의한 것인지를 말해 주지는 않는다. 아스피린이 두통을 완화시켰다고 해서 두통이 아스피린 결핍에 의해 생성된 것이라는 결론을 내리지는 않는다. (Nylund, 2008, p. 63에서 재인용)

하지만 실제로 "지난 몇십 년 사이에 제약회사들의 연구비 지원을 받았던 많은 연구는 리탈린 제제가 ADHD 증세를 지닌 아이들에게 도움이 된다"라고 결론짓고 약물의 효과를 과학적으로 보증하려고 하고 있다(Hartmann, 2005, p. 231). 또한 이러한 연구 결과를 바탕으로 하여 제약회사, 학교, 그리고 다른 정신건강센터들은 이러한 약물이 장애에 실질적인 이득이 있을 것이라고 주장하면서 ADHD 아동과 그 가족들에게 약물을 통한 치료과정을 적극적으로 제안하고 있다(Nylund, 2008, p. 22). 그러나 ADHD와 관련하여 약물치료에 대한 실질적인 효율성과 부작용 등에 대한 구체적인 논의는 현실적으로 부족하기만 하다. 예를 들어, 약물치료 과정에서 암페타민의 복용과 장기적 뇌세포 손상 간의 관계(Hartmann, 2005, p. 147)나 주의력 결핍 과잉행동 억제를 위한 리탈린과 같은 중추신경자극제가 틱을 강화시킨다는 부작용에 대해 현대의 의학은 무지한 상태라고 볼 수 있다(Scholz & Rotenberger, 2006, p. 199). 또한 이와 관련하여 잘 알려지지 않은 사실 하나는 학교생활에 적응하기 위해 약물치료를 받았던 아이들과 약물치료를 받지 않았던 다른 아이들이 성인이 되었을 때 이 두 부류의 행동 특성에 별다른 차이점이 나타나지 않았다는 것인데, 이렇게 보았을 때 약물치료가 유독 ADHD를 가진 사람들에게 효과적이라는 보증은 없는 것이다(Hartmann, 2005, p. 148).

이처럼 상반되는 최근의 연구 결과를 종합하여 생각해보았을 때, 리탈린의 효과를 보장하는 "ADHD-리탈린 마케팅 캠페인"(Nylund, 2008, p. 88)이나 다름없는 많은 기존의 연구 결과들은 사실상 "장기간 리탈린을 복용할 때의 효과와 안전성에 대한 의문"을 간과하고 있다고 할 수 있다(Hartmann, 2005, p. 232). 즉, 리탈린을 생산하는 회사마저 리탈린이 아동에게 미치는 장기적인 영향에 대해 밝히지 못하고 있는 이러한 현실을 감안하였을 때, 약물의 장기 복용으로 인한 아동의 뇌 손상과 같은 부작용의 위험을 개인적으로나 사회적으로 과소평가하고 있거나 인식조차 못하고 있음이 분명한 것이다(Breggin, 1998, p. 99: Nylund, 2008, p. 76에서 재인용).

약물치료 과정에서의 이러한 부작용 문제와 더불어 한 가지 더 문제가 되는 것은 흔히 약물치료의 효과라고 주장하는 아동의 행동 변화에 대한 비교육적 인식이다. ADHD와 관련한 약물치료가 이제껏 상반된 연구 결과를 통해 찬반양론이 분분한 것처럼 보이지만, 사실 약물 사용을 찬성하는 사람들이 주장하는 약물치료의 효과의 이면에는 단지 산만한 아동들의 행동의 문제들을 약물의 힘에 의해 억제한 것에 불과하다는 것을 분명하게 인식할 필요가 있다(Breggin, 1998, p. 99: Nylund, 2008, p. 45에서 재인용). 또한 약물의 복용으로 인해 아동의 주의를 증진시킬 수 있는 것처럼 보이는 이러한 효과가 학업 성취도 향상과는 궁극적으로 연결되지 못하였다는 사실도 더불어 강조되어야 한다(Hartmann, 2005, pp. 230-231; Jergen, 2005; Nylund, 2008). 약물을 복용하였을 때 아동이 차분히 앉아서 학습에 집중하고 있는 것처럼 보이는 이러한 행동은 단지 약물로 인해 스스로를 무기력하고 피곤하게 만들고 있을 뿐인 것이다(Nylund, 2008, p. 75). 다시 말해 리탈린과 같은 약물의 복용의 효과는 아이를 차분하게 하여 그동안 골칫덩어리로 여겨지던 아동을 교사와 부모가 다루기 쉬운, 즉 "사회적으로 억제된 순응자로 만들고 있는 것"에 불과하다(Breggin, 1998, p. 99: Nylund, 2008, p. 45에서 재인용).

그러나 '수렴적 사고'(만)를 우월한 사고 형식으로 받아들이는 현재 교육 문화 속에서 ADHD 아동의 '확산적 사고'는 단지 산만하거나 불성실함으로 치부되기 일쑤이다.[14] 하지만 ADHD는 타인과의 관계 속에서 이차적으로 발생되는 문제 현상이며, 이런 상황에서 약물치료란 사실 아동이 아니라 교사와 부모의 기대(ADHD 성향의 억제)에 부응한 요구이었음을 우리 스스로 인정해야만 한다. 또한 ADHD 아동을 소위 '정상적인' 아동과 똑같이 만들고자 하는 어른들의 욕구가 만족되는 동안 ADHD 아동 자신에게 알맞은 학습 방법이나 행동 방법을 발견하려고 하는 노력은 상대적으로 몹시 등한시될 수밖에 없다는 사실도 중요하다. 특히 ADHD 진단이 약물치료와 연결될 때 대부분의 부모뿐 아니라 아동들은 스스로 자신을 무력한 존재로 받아들이게 되는데(예: "나는 ADHD라서 원래 이렇대", "우리 애는 ADHD라서 딱히 다른 개선 방법이 없대요. 약으로 치료하면서 그때그때 조절하는 게 최선이래요."), 이를 통한 자기 소외(인간 소외)는 이제까지 장애 억압의 역사를 그대로 반복하는 결과를 낳는다. 그러므로 개별 아동에 대해 구체적인 삶의 형태까지 결정하게 하는 이러한 획일적인 치료의 제안, 더 나아가 암묵적인 강압은, 서론에서 언급하였듯이, 21세기 새로운 우생학 프로그램의 일환으로 전락하게 될 소지를 내포하고 있다는 사실을 꼭 명심해야 할 것이다.

Ⅶ 결론

봄이 되면 산만한 아이에게 집중력을 길러줄 수 있는 방법을 소개한다는 내용이 담긴 예쁜 현수막이 어린이집들 주위에 나부끼고 대중매체에서는 임산부들을 대상으로 똑똑한 아이를 위한 태교 강좌가 끝없이 소개되는 사회에 우리는 살고 있다. 결코 큼직한 역사적 사건들 속으로 우생학이 사라졌다고

---

14) 수렴적 사고란, 쉽게 설명하자면, 여러 의견이나 정보들을 하나로 모아 사고하는 사고 유형을 말한다. 반면에 확산적 사고란 수렴적 사고와 반대되는 사고 유형으로, 어떤 의견이나 정보들에 대해 자유롭게 연상하면서 사고를 확장시켜 나가는 것이다. 보통의 학습 과정은 학습자의 수렴적 사고를 요구하므로 학교에서는 이러한 사고 유형을 가진 학습자가 확산적 사고 유형의 학습자보다 적응도가 높다고 할 수 있다. 반면에 확산적 사고를 하는 학습자의 경우 학교 수업시간에 주어지는 특정 과제에 대한 집중도가 떨어지는 모습으로 비추어지기도 하지만, 사실 이들은 매우 창의적인 사고를 하는 학습자에 해당된다.

볼 수 없는 것이다. 복지국가의 평등한 배려 정책 아래 맞물려 돌아가는 우생학적 발상들 역시 우리를 둘러싸고 있는 삶의 환경이다. 이 장은 이러한 상황 속에서 장애의 윤리학을 새롭게 고민해 보고자 한 것으로, 그 내용을 간단히 정리하자면 다음과 같다.

첫째, 장애인관과 인간관의 차별적 구분은 우리 사회의 장애 배제 욕구에 따른 인식의 오류이며, 따라서 정확한 범주적 사고가 필요하다. 또한 모든 인간은 '언제나 타인과 관계하고 있는 개인'이라는 올바른 세계 인식에 근거하여 그 누구도 객체에 머물지 않는 소통, 즉 참여 주체들의 직접적인 소통을 통한 새로운 윤리적 인식이 요구된다.

둘째, 우생학적 관점 하에서 논의되고 있는 장애 예방이나 안락사의 필요성은 윤리적 차원에서, 또 최근의 과학적 연구 결과를 감안하였을 때 근본적으로 많은 문제를 안고 있는 담론들이다. 고통이나 아픔은 기쁨이나 행복과 마찬가지로 인간 삶의 중요한 요소이고, 그 어떤 것도 절대적인 의미를 가지지 않으며, 오히려 이를 통해 인간적인 삶의 가치가 다양하게 발현되고 공유된다. 따라서 우리는 장애 예방이나 안락사와 같은 우생학적 담론들이 가지는 허구성에 대해 분명하게 지각할 수 있어야 할 것이다.

마지막으로, 이러한 맥락에서 ADHD에 대한 우리 사회의 약물 중심 대처 방식을 살펴보았을 때, 이것은 21세기 새로운 우생 정책의 일환이라고 보아도 과언이 아닐 만큼 인간 억압적이고 장애 억압적이다. ADHD에 대한 사회적 관심이 이것의 증상 완화나 소거를 통해 이로 인해 고통 받는 이들을 돕고자 하는 것처럼 보이지만, 실제로 사회는 이를 통해 이 사회에 적합한 인간만을 수용하겠다는 의지를 드러내고 있는 것에 불과하다. 다시 말해 장애에 대한 비윤리적 접근들은 현대 사회에서도 그대로 진행되고 있으며, 이에 대한 적절한 분별없이는 또다시 과거의 오류를 되풀이할 수밖에 없을 것이다. 따라서 현재 진행되고 있는 다양한 장애 관련 정책들에 대한 끊임없는 성찰이 요구된다.

결론적으로 인간의 다른 혹은 다양한 실존적 근거에 의한 개개인의 고유성, 그 가치가 실제로 의미를 가지기 위해서는 궁극적으로 서로가 고유한 존재이기에 상호 비교가 불가능하다는 사실을 인정하고 이해할 수 있는 능력을 가진 사회, 사회구성원들이 필요하다. 이것이 장애의 윤리학의 중심이 되어야 한다. 이에 생명은 다름으로 인해 평등하다는 사실을 마지막으로 한 번 더 강조하고 싶다.

참고문헌

김연숙 (2002). 레비나스 타자윤리학. 고양: 인간사랑.

문윤희 (2010). ADHD 환자, 6년 동안 238% 증가. http://www.pharmstoday.com/new s/articleView.html?idxno-74698

정은 (2007a). 장애인의 태어날 권리에 대한 사회신경과학적 접근. 미간행 원고.

정은 (2007b). 특수교육진흥법 개정에 즈음하여, 장애, 움직이는 시선(pp. 110-119). 대구: 먼못.

정은 (2007c). 국내 거주 장애외국인아동 교육차별에 대하여. 미간행 원고.

정은 (2008). 사회신경과학적 관점에서 바라본 장애아동의 인성발달. 특수교육저널: 이론과 실천, 9(1), 325-345.

정은, 강아롬 (2008). 주의력결핍 및 과잉행동장애(ADHD)에 대한 교육적 이해. 특수교육저널: 이론과 실천, 9(3), 109-127.

조한진 (2007). 현재진행형인 장애인 차별과 억압의 역사: 장애아 낙태와 관련하여. 보이스, 24, 16-19.

조한진 (2010). 우생학과 장애인의 권리. 제10기 장애인청년학교 강의 자료집(pp. 21-33). 서울 DPI, 서울.

탁석산 (2004). 철학 읽어주는 남자. 서울: 명진출판.

홍은숙 (2007). 구성주의 인식론이 특수교육에 주는 시사점. 특수교육학연구, 42(1), 77-96.

杉野昭博 (2010). 장애학: 이론 형성과 과정 (정희경 역). 서울: 한국장애인단체총연합회. (원출판연도 2007)

石川准, 長瀬修 (2009). 장애학에의 초대 (조원일 역). 서울: 청목출판사. (원출판연도 1999)

Basaglia, F. (Ed.) (1971). *Die negierte Institution oder die Gemeinschaft der Ausgeschlossenen*. Frankfurt, Germany: Suhrkamp.

Breger, L. (2003). 인간발달의 통합적 이해 (홍강의, 이영식 역). 서울: 이화여자대학교 출판부. (원출판연도 1974)

Cheong, E. (2002). *"Schwerstbehinderte" Menschen verstehen: Zur Psychologie und Pädagogik geistig behinderter blindtaubstummer Menschen.* Butzbach-Griedel, Germany: Afra-Verl.

Diller, L. (1998). *Running on Ritalin.* New York: Bantam Books.

Dowbiggin, I. (2007). 안락사의 역사 (신윤경 역). 서울: 섬돌. (원출판연도 2005)

Edelman, G. M. (1993). *Unser Gehirn ─ Ein dynamisches System.* Muenchen, Germany: Piper.

Fengler, C., & Fengler, T. (1994). *Alltag in der Anstalt: Wenn Sozialpsychiatrie praktisch wird.* Bonn, Germany: Psychiatrie-Verlag.

Foucault, M. (2003). 광기의 역사 (이규현 역). 파주: 나남. (원출판연도 1961)

Freire, P. (2007). 자유의 교육학 (사람대사람 역). 서울: 아침이슬. (원출판연도 2000)

Goffman, E. (1973). *Asyle.* Frankfurt, Germany: Suhrkamp.

Gross, J. (2002, September 26). Paying for a disability diagnosis to gain time on college boards. *New York Times*, p. A1.

Hartmann, T. (2005). 에디슨의 유전자를 가진 아이들 (최기철 역). 서울: 미래의창. (원출판연도 2003)

Jantzen, W. (1994). *Am Anfang war der Sinn.* Marburg, Germany: BdWi.

Jantzen, W. (1998). Singer ─ Debatte und Postmoderne Ethik. *Marxistische Blätter Heft, 36*, 51-61.

Jantzen, W. (2003). Neuronaler Darwinismus. Zur inneren Struktur der neurowissenschaftlichen Theorie von Gerald Edelman. *Mitteilungen der Luria-Gesellschaft, 10*(1), 21-41.

Jergen, R. (2005). 리틀 몬스터 ─ 대학교수가 된 ADHD 소년 ─ (조아라, 이순 역). 서울: 학지사. (원출판연도 2004)

Lotman, J. M. (1990). Ueber die Semiosphäre. *Zeitschrift fuer Semiotik, 12*(4), 287-305.

Maturana, H. R., & Varela, F. J. (2007). 앎의 나무 (최호영 역). 서울: 갈무리. (원출판연도 1992)

Nylund, D. (2008). 허클베리 핀 길들이기 (김민화 역). 서울: 학지사. (원출판연도 2000)

Palladino, L. J. (1998). 에디슨 아동, 키워주고 살려주고 (문용린 역). 서울: 세종서적. (원출판연도 1997)

Sacks, O. (2005). 화성의 인류학자 (이은선 역). 서울: 바다출판사. (원출판연도 1995)

Sandel, M. J. (2010). 생명의 윤리를 말하다 (강명신, 김선욱 역). 파주: 동녘. (원출판연도 2007)

Scholz, A., & Rotenberger, A. (2006). 내 아이에게 틱과 강박증이 있대요 (박진곤 역). 서울: 부키. (원출판연도 2006)

Singer, P. (2003). 실천 윤리학 (황경식, 김성동 역). 서울: 철학과 현실사. (원출판연도 1999)

Spitz, R. (1976). *Vom Dialog*. Stuttgart, Germany: Ernst Klett.

Trevarthen, C., & Aitken, K. J. (1994). Brain development, infant communication, and empathy disorders: Intrinsic factors in child mental health. *Development and Psychopathology, 6*, 597–633.

Zametkin, A. J., Liebenauer, L. L., Fitzgerald, G. A., King, A. C., Minkunas, D. V., Herscovitch, P., et al. (1993). Brain metabolism in teenagers with attention-deficit hyperactivity disorder. *Archives of General Psychiatry, 50*(5), 333–340.

제9장

근·현대 장애인복지 제도를 통해 본 한국 장애인의 역사

곽정란

⊡ Ⅰ 서론

근대 자본주의 사회로의 이행은 그 이전 시기와는 확연히 다른 방식으로 장애를 인식하게 만들었다. 이와 관련해 미국, 영국, 독일의 사회보장제도를 역사적으로 비교 검토한 Stone(1984)은 자본주의 노동시장이 '일을 할 수 있는 자'와 '일을 할 수 없는 자'라는 명확한 구분을 필요로 하였기 때문에 아동, 노인뿐만 아니라 장애인이라는 '비노동자'로서의 분류가 사회적으로 생성되었다고 지적하였다. 또한 Stone은 장애인이란 장애 관련 서비스의 수여자를 정의하기 위해 인위적으로 만들어진 범주일 뿐만 아니라 정당한 이유를 가진 실업자이기도 하다고 주장하였다.

이와 같은 측면에서 본다면, 자본주의 국가에서 신체적 장애를 가진 사람이 장애인화되어 가는 과정은 많은 유사점을 지니고 있다고 할 수 있다. 그러나 장애가 신체적 제한을 의미하는 손상(impairment)의 문제가 아니라 신체적 손상을 지닌 자를 충분히 배려하지 않는 사회적 문제라고 할 때, 장애는 그 사회의 역사적·사회적 맥락에 따라 다르게 생성될 수도 있다(곽정란, 2006). 다시 말해 장애인이 겪어 온 억압과 차별의 역사는 자본주의 체제 하에서의 노동의 취급방식과 맞닿아 있다는 일련의 공통적인 면을 지니지만, 억압과 차별의 양상은 장애인이 속한 사회의 정치적·역사적 맥락에 따라 다르게 나타날 수 있다는 것이다.

예를 들어, 박정희 정권 때 일상적으로 사용된 "체력은 국력이다"(박형규, 1999, p. 247)라는 구호는 '건강한' 신체가 바람직한 것이며 '건강한' 신체를 기르는 것이 국가에 도움이 된다는 가치 규범을 개개인에게 내면화시켜 왔다. 그리고 이것은 그렇지 않은 신체에 대한 부정적인 인식을 만들어 내는 장치가 되기도 하였다. 또한 "우리는 민족중흥의 역사적 사명을 띠고 이 땅에 태어났다"로 시작하는 국민교육헌장은 "공익과 질서를 앞세우며 능률과 실질을 숭상하고 … 스스로 국가 건설에 참여하고 봉사하는 국민정신"을 강조하였다. 홍윤기(2004)는 국민교육헌장이 강조하는 국민상은 국민교육헌장을 암송할 때마다 자동적으로 주입되어 국민교육헌장이 제시하는 바람직한 국민이 될 수 없는 존재를 비국민적인 존재로 여기게 만든다고 지적한 바 있다. 결국 국민교육헌장과 같은 일련의 국가 이데올로기는 "장애인은 개인이나 가정, 국가에 모두 부담을 주는 존재이므로, 장애가 발생하지 않도록 하는 것이 사회에 도움이 된다"(보건사회부, 1984a, p. 457)는 주장으로 연결되는 것이다.

이런 차원에서 이 장에서는 자본주의 체제를 의미하는 근대 사회[1]를 살아온 장애인의 억압과 차별의 역사를 한국 사회의 정치적 · 역사적 맥락 속에서 살펴보고자 한다. 특별히 이 장에서는 장애인과 관련한 복지제도의 변화에 주목하고자 한다.[2] 한국은 권위주의 정부가 오랫동안 집권한 역사적 특수성을 지니고 있고, 이것은 다른 어떤 나라보다 복지제도에 대한 정치의 영향력이 크다는 것을 의미하기 때문이다. 또한 복지제도는 장애인의 삶과 매우 밀접하게 연관되어 있을 뿐만 아니라 장애인이 그 사회에서 어떤 사회적 위치에 놓

---

1) 장애인에 대한 억압과 차별의 역사는 근대 이전에도 있었다. 그것은 때때로 근대의 방식보다 더 가혹하기도 하였던 반면, 장애인에 대한 긍정적인 수용의 역사 또한 존재하였다(정창권, 2005 참고). 다만, 근대 이전의 장애인의 역사를 기술하기 위해서는 당시의 사료에 대한 고증을 필요로 하고 또한 근대 이후의 장애인의 역사와의 연관성을 논의하기 위해서는 별도의 검토가 필요하다고 사료되어 이 장에서는 제외하였다.

2) 근대 보통교육 체제의 정비에 따라 신분에 상관없이 동일한 교육 장소에서의 교육이 이루어졌지만, 장애인은 여기에 포함되지 못하였다. 중증장애인의 대부분은 장애를 이유로 학교 입학을 거부당하거나 특수학교라는 특별한 교육 장소에서 그들만을 위한 교육을 받아 왔던 것이다. 이에 장애인이 왜 특수한 교육 장소에서 분리된 형태의 교육을 받아야만 하였는지 그리고 그러한 분리교육이 어떻게 이루어져 왔는지 그 역사적 맥락을 고찰할 필요가 있다. 그러나 이 장에서는 지면 관계상 장애인과 관련한 교육제도의 변화는 다루지 못하였다. 따라서 향후에 한국 장애인의 역사는 장애인의 교육의 역사를 포함하여 보다 다양한 각도에서 논의되어야 할 것이다.

263

여 있는가를 잘 보여 주므로, 장애인의 역사를 이해하는 데 중요한 하나의 사료가 될 것이다.

다만, 이 장에서는 그 시기를 근대적인 제도들이 본격화된 일제 강점기부터 현재까지로 한정하고자 한다. 구체적으로는 일제 강점기, 한국 전쟁 시기, 1960~1970년대, 1980~1990년대, 2000년대로 시기를 나누고자 한다. 여기서 일제 강점기는 한국 정부에 포함되지 않는 시기이므로 별도로 구분하였고, 한국 전쟁 시기 역시 전쟁으로 인한 장애인이 대규모로 양산된 특수한 시기라는 성격을 지니기 때문에 별도로 구분하였다. 1960~1970년대는 박정희 정권이 집권한 시기였으며 1980년대와 1990년대는 장애인과 관련한 제도가 체계화되기 시작한 시대로서 유사성을 지니므로 한 시기로 묶었다. 2000년대는 그이전 시기와 달리 중증장애인의 자립생활과 관련한 제도가 만들어진 시기로독자성을 지니므로 별도로 구분하였다.

II 일제 강점기: 방치와 격리 수용, 그리고 훈육의 시작

일제 강점기는 기본적으로 농업이 중심이 되는 봉건제 사회이었으며, 산업화는 부분적으로 이루어졌다. 또한 식량 기지로서의 농촌에 대한 수탈이 가속화되면서 다수의 빈민이 발생하였다. 그러나 이에 대한 일제의 사회복지적 대처는 극히 미온적이었다. 한편, 일제 강점기를 거치면서 근대적 관점에 입각한 조치들이 만들어지기 시작하였다. 특히 부랑자, '백치', '광인', 만성 질환자, 노인 등을 대상으로 강제 수용하고 훈육하는 제도가 만들어졌다(한귀영, 2003).

이렇게 방임과 규율이라는 다소 상반된 성격이 드러나게 된 것은 사회복지적 대상자에 대한 별다른 조치를 취할 필요성을 갖지 않았던 일본 제국주의하의 식민지 조선에도 부분적인 산업화가 진척되고 있었기 때문이다. 즉, 부분적인 산업화가 진행되면서 식민지 조선에도 노동이 가능한 자와 노동이 불가능한 자의 구분, 특히 임노동 관계에 포섭되지 않은 자에 대한 구분이라는 근대적 시각이 출현하게 된 것이다. 이와 같은 성격은 일제 강점기의 대표적인 장애인 제도이었던 제생원(濟生院)을 통한 장애인 수용과 소록도에서 이루어진 한센인에 대한 격리 수용에서 잘 나타난다.

먼저 제생원에 대해 살펴보자. 일제는 1911년 6월 제생원규정(부령 제77호)과 1912년 3월 조선총독부제생원관제(칙령 제43호)에 의해 고아의 수용 양육을 시작하였으며, 1913년 4월 1일부터는 맹아자 및 농아자의 수용 교육까지 병행하였다. 일제 강점기 장애인복지의 대상은 주로 시각장애인, 청각장애인, 정신장애인 등이었으며, 구호의 내용은 이들을 격리 수용하여 의식주 생활의 해결 및 의료 등을 제공해주는 소극적인 입장을 취하는 것이었다(배기효, 1999, p. 130). 제생원에서는 시각장애인(맹인)에게는 침구와 안마를, 청각장애인(아자)에게는 양복재단 기술을 익히도록 하였다(배기효, 1999, p. 248). 그러나 일제 본국의 맹·농아 교육이 초등교육 6년, 중등교육 4년을 실시하고 있었는 데 비해 조선의 경우에는 초등과 3년(농아는 5년), 속성과 1년의 단기교육을 목표로 하고 있었다. 이것은 식민지 교육의 한 단면을 여실히 보여주는 것이었다(김병하, 2003, p. 214). 1913년 맹본과 생도는 23명이었으며, 아본과 생도는 8명이었다(배기효, 1999, p. 132). 이후에 생도는 지속적으로 증가하여, 1942년에는 맹본과에 60명이, 아본과에 162명이 수용 교육을 받았다(배기효, 1999, p. 248). 그러나 제생원은, 전체 장애인 수를 고려한다면, 보편화된 제도라고 말할 수 없는, 일부의 장애인을 대상으로 한 특수한 제도이었다.

다음으로 한센인에 대한 격리 수용에 대해 살펴보자. 일제는 조선을 지배하는 현실을 설명하는 하나의 논리로 위생을 사용하였다. '불결한' 조선의 위생 상태를 개선하기 위해 '청결한' 일본이 조선을 지배해야 한다는 주장이 그것이었다. 그래서 위생은 문명의 정도를 측정하는 하나의 기준이 되었으며, 국민건강이 곧 국가의 번영과 직결된다는 사고 아래 각 개인의 위생과 건강은 국가의 통제 대상이 되었다. 일제는 조선의 공중위생을 관할하고 통제하기 위해 '위생 경찰'을 두었으며, 전염병 발생이 확인될 경우 교통 차단은 물론 환자의 집 근처에 경찰을 배치하여 출입을 통제하였다. 심지어 지역 거주자에 대한 신체검사까지 실시하였다(박윤재, 2005, pp. 344-360). 개별적인 신체에 대한 이와 같은 규율은 한센인에 대한 격리 수용을 통해 그 정점을 이루게 되었다(정근식, 1997).

당시 한센인에 대한 치료는 서구의 근대적인 병원들이 담당하고 있었다. 그러나 일제는 자신의 선진성을 강조하기 위해 서구의 병원들을 없애고 싶어했으며, 한센인은 일제의 근대 의학의 선전장이자 실험장이 되었다. 일제는 한센인의 강제 구금 및 치료를 위해 1916년 2월 소록도에 자혜의원을 설립한 이래, 선교사들이 운영하던 한센인 병원을 폐쇄해 나가면서 소록도 갱생원(更生園)을 조선 유일의 한센인 관련 시설로 운영하기 시작하였다. 이와 같은 조치는 1930년대 들어서면서 더욱 강화되었다. 1932년에는 관민 합동 단체인 재단법인 조선 나예방협회가 설립되었으며, 조선나예방령을 만들어 '나환자'를 통제하기 시작하였다. 1930년 무렵의 조선의 나환자 수는 13,000여 명으로 소록도 갱생원에 3,773명, 외국인 선교사가 운영하는 나요양소에 1,800여 명이 수용되었다. 미수용 환자는 7,400여 명이었다. 총독부는 1937년 10월부터 소록도 갱생원에 추가 수용 계획 및 확장 공사를 실시하여 1938년에는 4,770명, 1939년에는 5,770명을 수용하였다. 1940년도 말의 수용 인원은 6,136명으로 정원을 366명 초과하였다(국립소록도병원, 1996, pp. 20-28).

소록도 갱생원은 감옥과 대규모 장애인수용시설의 중간적 성격을 지니고 있었다. 소록도에 수용된 나환자들은 병사(兵舍) 지대 안에서만 생활하도록 하였으며, 병사 지대 외곽에는 감시 초소가 세워졌다. 나환자들은 주로 오전 중에 치료를 끝내고 오후에는 각종 작업에 동원되었다. 환자들의 일상생활은 기상, 인원 점호(아침, 저녁 두 차례), 소등, 취침 등으로 구성되었다. 밤에는 환자들의 왕래를 제한하였을 뿐 아니라 전문 27조로 된 요양생활의 심득서(心得書, 마음에 깨달아서 간직하고 주의할 사항)를 월말에 한 번씩 낭독 또는 암송하도록 하였다(국립소록도병원, 1996, p. 11). 1936년 4월 1일 자로 총독부의 재가를 얻어 부부 동거의 허가를 공포하면서는 "본인의 신고에 의하여 단종법(斷種法)을 실시한 뒤 동거할 수 있다"는 기준을 두어 단종 수술을 실시하였다(국립소록도병원, 1996, p. 35). 또한 감금실에 갇혔다가 나오는 남자 환자들도 자신의 의사와 상관없이 단종수술을 받아야 했다(최정기, 2005, p. 65). 물론 한센인에 대한 이와 같은 단종은 비단 우리나라에서만 이루어진 것은 아니었다.

이후, 한센인에 대한 격리 수용은 1963년 전염병 예방법에서 나병환자 격리 규정이 폐기됨으로써 법적인 격리가 공식적으로 종결되었다. 그러나 공식적 격리 폐지 이후에도 '강송'이라는 제도가 존속되어 부랑 한센인 등을 단속해

소록도로 강제 송환을 하였다. 이런 제도는 1980년 중반까지 지속되었다. 심지어는 부랑인이 아니고 양성 환자가 아닌 경우에도 강송으로 소록도에 보내지기도 하였다. 즉, 법적 격리 정책의 폐지 이후에도 한센인에 대한 준공식적 격리가 오랫동안 지속되었던 것이다(주윤정, 2007, pp. 226-227). 이처럼 국가의 번영과 국민의 건강은 직결된다는 생각하에 개인의 위생을 통제하고 사회를 보호하기 위해 사회에 위협이 된다고 여겨지는 장애를 지닌 자들을 격리 수용하는 장치는 일제 강점기에 그 출발점을 두고 있었다. 그리고 이것은 최근까지 장애인을 억압하는 장치의 하나로 사용되어 왔다.

Ⅲ 한국전쟁: 충성을 둘러싼 장애인의 구분

1945년 조선은 해방을 맞이하였지만, 장애인에 대한 처우는 크게 달라지지 않았다. 미군정기나 이승만 정권기 동안 장애인과 관련한 별다른 정책이 없었던 것이다. 이후 한국전쟁이 발발하였고, 수많은 장애인이 발생하였다. 서구의 경우 장애인과 관련한 복지제도 중 상당 부분은 두 번에 걸친 세계대전 이후 대규모로 발생한 장애인에 대한 사회 서비스의 확대라는 측면에서 발전해 왔다. 영국의 경우 1944년에 장애인고용법(Disabled Persons Employment Act)이 제정되었고, 같은 해 제정된 교육법(Education Act)을 통해 장애아 교육을 체계화해 나가기 시작하였다. 또한 1946년에는 국민보건서비스법(National Health Service Act)이 성립되어 장애인에 대한 의료적 지원이 의무화되기 시작하였다. 1948년에는 국민부조법(National Assistance Act)에 장애인에 대한 경제적 부조가 포함되게 되었다(田中, 2005, p. 58). 그러나 한국의 경우 한국전쟁으로 인해 장애인이 대규모 발생하면서 빈곤, 의료 문제 등 여러 문제들이 양산되었음에도 불구하고 '상이군인(傷痍軍人)'3)이라고 불리는 특수한 일부 집단을 위한 제도 이외에 장애인 전체를 위한 제도는 찾아보기 힘들었다.

---

3) 상이군인은 전쟁에서 부상을 입은 군인을 가리키는 말이다. 태평양전쟁 당시 부상을 입은 군인을 가리키는 일본식 표현을 그대로 사용한 것이다. 일제 강점기 동안 일본은 상이군인을 위한 공공부조, 요양원 개소 등 각종 제도를 실시하였었다.

이승만 정권은 1950년에 군사원호법을, 1951년에는 경찰을 대상으로 하는 경찰원호법을 제정하였다. 또 1951년에는 상이군인의 치료와 재활을 위해 정양원을 개소하였고, 1952년에는 '전몰군경 유족과 상이군경 연금법'을 제정하였다. 이와 같이 상이군인을 위한 제도가 한국전쟁 중에 실시되었는데, 그 목적은 당시 참전 중인 군인들의 사기를 진작시키기 위한 것이었다. 그 밖에도 상이군인을 위한 전용버스 설치, 무임승차권 발급 등의 혜택에서부터 상이군경의 직업재활을 위한 직업보도조합의 설치, 교원 양성소의 설치, 당국의 직업 알선 등 다양한 사업이 전개되었다. 물론 상이군인에 대한 복지가 충분한 것은 아니었다. 그러나 당시의 사회경제적 상황 및 대다수의 다른 장애인에 대한 처우가 전무했다는 점을 생각할 때 상이군인에 대한 조치는 일종의 '특혜'에 가까운 것이었다.

상이군인에 대한 이와 같은 우선적 조치는 크게 두 가지 배경에 의해 이루어졌다. 첫째는 상이군인들의 무분별한 집단적 행동이 사회문제가 되었기 때문이다. 한국전쟁 참전으로 인해 장애인이 된 이들은 국가를 위해 희생하였음에도 불구하고 생계 대책이 없는 것에 격분하여 국가를 상대로 집회를 열거나 떼를 지어 몰려다니면서 시민을 상대로 돈을 요구하는 등 집단행동을 일삼기도 하였다(임덕영, 2008, p. 76). 따라서 당시 정부로서는 이들의 문제를 어떤 형식으로든 무마하지 않으면 안 되었다.

둘째는 국가를 위해 헌신하다 장애인이 된 이들에 대한 보상이 없다면 더이상 국가에 대한 '충성'을 요구하기 어려워지기 때문이었다. 이러한 생각은 일반 시민들에게도 공유되었다. 일반 시민들은 상이군인을 자신을 대신하여 국가를 위해 희생한 이들로 여겼다. 따라서 이들에 대한 국가의 보상은 당연한 것으로 여겨졌다. 심지어 국가적 보상이 충분하지 않다면 시민들이 나서서 원조를 해야 하는 것으로까지 여겨졌다. 이와 같은 내용은 "나라를 위하여 병역의 의무를 다한 그가 부상을 입었을 때 마땅히 그는 나라에서 구조를 받아야 한다. 우리의 실정으로 나라의 구휼이 부족할 때는 마땅히 국민의 거족적 원조를 받을 도의적 권리가 있다."는 신문 사설에서도 확인할 수 있다("상이군인을 원호하자", 1952, p. 1). 결국 국가를 위해 자기희생을 통해 의무를 다한 자로서의 상이군인에 대한 보상 조치는 '국가에 의무를 다한 장애인'과 '그렇지 않은 장애인'을 나누는 장치가 되었다. 또한 이러한 구분은 반공 이데올로기를 전면에 내건 박정희 정권에 의해 더욱 강조되었으며, 국가에 의무를 다하지 못한 장애인에게는 끊임없는 인내를 요구하는 장치가 되었다.

Ⅳ 1960~1970년대: 산업 발전, 그리고 장애인에게 강요된 인내

1961년 5·16 군사쿠데타를 통해 집권한 박정희 정권은 빈곤 퇴치, 경제 발전과 근대화, 반공을 슬로건으로 내걸었다. 이렇게 무력으로 집권한 박정희 정권은 정권의 정통성을 확보하기 위해 민생고 해결을 기치에 내걸고 복지 입법을 추진해 나갔다. 박정희 정권은 집권 초기에 생활보호법(1961년), 군인 연금법(1963년), 산업재해보상보험법(1963년), 의료보험법(1963년), 공무원연금법(1960년), 원호법(1961년), 사회보장에 관한 법(1963년), 아동복지법(1961년), 재해구호법(1962년) 등 10여 개가 넘는 사회복지 관련 법들을 제정하였다. 그러나 이것은 어디까지나 "군사 정권이 필요로 했던 정당성의 창출을 위한 선전적 약속"에 지나지 않았다(이혜경, 1993, p. 175). 1961년에 제정된 생활보호법에서는 "65세 이상 노인, 18세 미만 아동, 임산부, 불구폐질자" 등 부양의무자가 없거나 있어도 노동능력이 없는 경우 "생계보호, 교육보호, 장제보호, 의료보호, 자활보호" 등을 지급한다고 나와 있지만, 정작 "생활보호제도를 위한 예산이 따로 책정된 것은 1969년에 이르러서였다."(이혜경, 1993, p. 175)

박정희 정권 때 만들어진 장애인 관련 제도들도 독립적으로 존재하기보다는 국가에 대한 충성을 강화하고 국가 발전과 경제 발전을 가속화하기 위한 다양한 제도들 속에 포함되어 있었다. 그 대표적인 사례가 군가산점제도, 산업재해보상보험법, 모자보건법, 사회복지사업법이었다.

먼저 군가산점제도에 대해 살펴보자. 한국전쟁 당시 만들어진 군사원호법은 박정희 정권에 와서 더욱 확대·강화되었는데, 원호대상자 정착 대부법, 군사원호대상자 임용법, 군사원호대상자 고용법, 군사원호대상자 자녀교육보호법, 국가유공자와 월남귀순자 특별원호법, 군사원호보상급여금법 등이 제정되었으며 1962년 3월 21일에는 군인보험법이 제정되었다(임안수, 1997, p. 91). 또한

1961년에는 군사원호대상자 임용법에 의해 군가산점 제도가 시행되었다. 군가산점 제도는 상이군인과 전사자의 직계 가족의 생계유지를 돕기 위해 정부, 공기업, 기타 관련 조직의 일자리에 취직 시험을 볼 때 제대 군인에게는 가산점을 부여한다는 내용을 주요 골자로 하고 있었는데, 군사원호대상자 임용법 제5조에 따라 의무병 출신에게는 만점의 5%를, 상이군인이나 전사자 가족에게는 10%를 가산점으로 주었다.[4] 이와 같은 가산점 제도는 상이군인이나 그 가족의 입장에서는 노동의 기회 확보에 어느 정도 도움이 되었지만, 가산점을 원천적으로 받을 수 없는 자, 다시 말해 국방의 의무로부터 신체적으로 제외된 여성과 장애인의 입장에서 볼 때는 취업을 가로막는 하나의 걸림돌로 작용하였고 이에 사회 참여에 있어 불이익을 감수하지 않으면 안 되었다. 특히 문제가 되는 것은 이 제도가 국가에 헌신할 수 없는 대표적인 집단인 장애인으로 하여금 "장애인은 국가에 대해 요구할 권리가 없다"는 담론을 만들어 가는 데 일조하였다는 것이다. 또한 이와 같은 제도는 장애인으로 하여금 사회에 기여할 수 없는 무능력한 존재라는 인식을 확산시키는 일종의 이데올로기적 장치이었다. 이러한 점은 여성과 장애인의 인권이 신장되면서 계속 문제가 되었고, 이 제도는 1998년에 장애인과 여성의 헌법소원으로 폐지되었다.[5]

다음으로 산업재해보상보험법에 대해 살펴보면, 1963년에 제정된 이 법은 산업재해로 인해 상해를 입거나 장애인이 된 이들에게 일정의 보상을 주는 제도로서 최초의 사회보험으로서의 성격을 지니고 있었다. 박정희 정권은 조기에 경제 발전을 이루기 위해 무리하게 산업 개발을 독려하였고, 그 결과 산업재해가 빈번하게 일어났다. 이에 박정희 정권은 경제 발전 기조를 유지하면서 이와 같은 사회 문제를 무마하기 위해 '조국'의 근대화를 위해 '산업의 역군'으로 종사하다 재해를 입은 자에 대한 조치가 필요하다고 판단하였다.

---

4) 이와 같은 가산점 제도는 전두환 정권에 의해 '국가유공자 예우 등에 관한 법률'로 대체되면서 "상이군인이나 전사자 같은 국가 유공자의 가족에게는 어떤 시험이든 만점의 10%의 가산점을, 제대 군인은 직업 군인과 의무 군인 모두 복무 기간에 따라 3~5%의 가산점을 받을 자격을 주는" 것으로 확대되었다(Moon, 2007, pp. 66-67). 이로 인해 실제 6급 이상 공무원 시험 합격자의 대부분이 군가산점을 받고 합격한 자들이었다(김정열, 2000).

5) 하지만 국방의 의무를 져야만 하는 젊은 남성들의 반대에 현재 부딪히고 있으며, 이것은 국가와 시민의 대립이 아닌 국방의 의무를 다한 자와 그렇지 않은 자의 대립 양상으로 전개되고 있다.

결국 상이군인에 대한 최소한의 보상과 마찬가지로 산업 발전에 기여하다 장애인이 된 이들에게 어느 정도의 보상을 주기로 하였다. 이처럼, 기본적인 생계조차 해결하지 못하는 장애인이 많은 상황에서 이들을 위한 제도보다 산업재해보상보험법이 먼저 만들어졌다는 것은 장애인 제도가 정치와 결코 무관하지 않음을 보여 주고 있다. 또한 이와 같은 제도의 우선적 선정은 '산업 발전에 기여한 장애인'과 '그렇지 않은 장애인'을 구분하는 성격을 지니고 있었다. 이와 같은 당시 상황에 대해 이희경(1993, p. 85)은 다음과 같이 비판한 바 있다.

'체력은 국력'이라는 표어처럼 경제 발전에 동참할 건강한 사람만이 모든 사회적 혜택과 투자의 대상이 되었고, 장애인에 대한 모든 대책은 소비적이고 비생산적인 것으로 철저히 무시당했다. 쿠데타를 통해 등장한 정권의 정당성 확보와 안정화를 추구하기 위해 취해진 일련의 복지정책에서 장애인은 그다지 중요한 대상이 되지 못했던 것이다. 그저 사회적 잉여가 조금 남으면 주고 여유가 안 되면 그냥 방치해 버려도 되는 인간 집단으로 인식한 것이다.

이처럼 당시 장애인은 존재하지만 방치되어 버리는, 마치 사회에 존재하지 않는 집단으로 취급되었다.

다음으로 모자보건법에 대해 살펴보자. 박정희 정권은 당시의 높은 인구증가율이 경제 개발의 저해 요인이 된다고 판단, 1961년 12월 6일에 가족계획을 국가시책으로 채택하여, 1962년부터 보건사회부 주관으로 가족계획 사업에 착수하였다. 1970년대에 들어서는 정부의 인구 억제 정책이 더욱 강조되는 가운데 모자보건법이 제정됨으로써 불임시술 및 피임시술 등에 대한 지원 정책과 법적 근거가 확보되었다(이인영, 2004). 그런데 그 내용 중 일부는 우생학과 장애인 근절이라고 밖에 볼 수 없는 내용을 담고 있었다.

제8조(인공임신중절수술의 허용한계) ① 의사는 다음 각호의 1에 해당되는 경우에 한하여 본인과 배우자(사실상의 혼인관계에 있는 자를 포함한다. 이하 같다.)의 동의를 얻어 인공임신중절수술을 할 수 있다.

1. 본인 또는 배우자가 대통령령으로 정하는 우생학적 또는 유전학적 정신장애나 신체질환이 있는 경우

2. ~ 5. (생략)

② (생략)

③ 제1항의 경우에 본인 또는 배우자가 심신장애로 의사표시를 할 수 없는 때에는 그 친권자 또는 후견인의 동의로서, 친권자 또는 후견인이 없는 때에는 부양의무자의 동의로서 그 동의에 갈음할 수 있다. (모자보건법, 1973)

모자보건법 시행령 제3조 제2항에서는 우생학적 또는 유전학적 정신장애나 신체질환으로 "유전성 정신분열증, 유전성 조울증, 유전성 간질증, 유전성 정신박약, 유전성 운동신경 원질환, 혈우병, 현저한 유전성 범죄경향이 있는 정신장애, 기타 유전성 질환으로써 그 질환의 태아에 미치는 발생빈도가 10퍼센트 이상의 위험성이 있는 질환"을 명시하였다. 이에 사실상 모자보건법은 가족계획 사업을 지원하는 법률이면서 우생법이기도 하였다. 이와 같은 성격은 모자보건법 제1조(목적)에 "이 법은 모성의 생명과 건강을 보호하고 건전한 자녀의 출산과 양육을 도모함으로써 국민의 보건 향상에 기여하게 함을 목적으로 한다"고 명시되어 있는 것을 보면 더욱 명확해진다. 그럼에도 불구하고 우생학적 내용과 장애인 근절에 대한 사회적 비판은 찾아보기 힘들었다. 물론 낙태 허용에 대한 종교계의 비판은 있었지만, 그것은 우생학적 내용에 대한 비판과는 거리가 있는 것이었다. 한편, 의료계 일각에서는 제8조 제1항의 규정에 대해 "본인이 거부하는 데 대한 벌칙은 나와 있지 않다"며 우생학적 조항을 더욱 강력하게 만들어야 한다고 주장하였다(도병일, 오천혜, 1973). 이와 관련하여 주간중앙 1974년 11월 10일자 내용을 살펴보면 다음과 같다.

'74년 전남대 의대 팀에서는 4대에 걸쳐 32명의 일가 중 16명이 시력상실자인 ○○○ 씨를 발견하였다. 시력 상실의 원인은 각막변성증으로 밝혀졌는데, 치료해도 치료율이 60%밖에 안 된다는 것이다. 이 일가에 대해서 유전인자를 제거할 수 없고 모자보건법상 유전성 질환의 경우 불임수술에 대한

강제성이 없어 더 많은 유전성 각막변성증이 퍼질 것이라고 하고 있다. (이 희경, 1993, p. 68에서 재인용)

이와 같이 인공임신중절수술에 대한 강제성이 없다는 것을 우려하는 주장은 "장애는 근절되어야 하며, 이를 근절하지 못할 시에는 사회적으로 위협이 된 다"는 주장의 우회적 표현이었다.[6]

한편, 한국전쟁 이후 부랑인, 아동, 노인 등 사회 발전에 기여할 수 없다고 여겨지는 수많은 소수자에 대한 국가적 조치는 전무하였다. 그 빈틈을 메운 것은 외국의 민간 지원 단체나 종교단체 또는 개인이 운영하는 복지시설이었 다. 그러나 1960년대 중반부터 외원 단체들 중 대부분이 본국으로 철수하는 움직임을 보이게 되자, 정부는 거의 방치하다시피 한 사회복지 분야에 대한 일련의 조치를 취하지 않으면 안 되었다. 이러한 배경에서 1970년에 사회복지 사업법이 제정·공포되었다. 제정 당시에는 제2조에서 사회복지사업을 생활보 호법, 아동복리법, '윤락행위 등 방지법'에 의한 보호사업, 복지사업, 선도사업, 복지시설의 운영을 목적으로 하는 사업이라 정의하면서 장애인복지 사업은 포 함시키지 않았다. 그 결과, 인가를 받지 않은 장애인 시설이 난무하였고, 시설 에 대한 관리·감독이 제대로 이루어지지 않아 시설에 거주하는 장애인에 대 한 심각한 학대와 인권 침해 등이 빈번하게 발생하였다.

Ⅴ 1980~1990년대: 복지 수혜자로서의 장애인

이상의 한국적 상황과는 달리 1970년대는 세계적으로 장애인운동이 활발히 전개된 시기이자 장애인에 관한 국제적인 관심이 제고된 시기이었다. 이 시기 에 전개된 세계 장애인운동의 대표적인 예로는 1960년대 후반부터 스칸디나 비아 반도를 중심으로 전개된 탈시설화 운동과 정상화(이성규, 2001), 격리에

---

6) 이후 모자보건법은 몇 번의 개정을 거듭하였지만, 우생학과 관련한 내용은 2007년에 '장 애인 차별금지 및 권리구제 등에 관한 법률'(이하 장애인차별금지법)이 제정되었음에도 불 구하고 현재에도 유지되고 있다.

반대하는 영국의 신체장애인 운동, 장애인의 소득 보장 운동(田中, 2005), 미국의 자립생활 운동(Charlton, 2009; Shapiro, 2010), 일본의 뇌성마비 장애인들의 급진적인 운동으로서의 아오이시바(푸른잔디회) 운동 등이 있었다(石川, 長瀨, 2009). 이러한 배경하에 유엔은 1971년 12월 20일에 '정신지체인의 권리에 관한 선언'을 선포하였으며, 1975년 12월 9일에는 '장애인의 권리 선언'을 주창하였다. 이와 같은 기조는 1980년대로 이어져 유엔은 1981년을 '세계장애인의 해'로 지정하였다(김도현, 2007, p. 39). 이러한 세계적인 흐름의 키워드는 장애인의 자립생활과 사회 참여이었다.

이러한 세계적인 흐름은 유신 정권 이후 등장한 전두환 정권의 장애인복지 제도에도 영향을 미칠 수밖에 없었다. 또한 광주항쟁을 무력으로 진압한 전두환 정권은 정치적 정당성을 확보하기 위해 '개방과 자율', '복지국가 건설'이라는 슬로건을 내세우게 되었다. 이러한 배경에서 장애인복지 관련 제도들이 체계화되기 시작하였지만, 당시 만들어진 제도들은 여전히 많은 한계를 지니고 있는 형식적인 제도들이었다(김규성, 1993, p. 95). 다음에서는 1980년대부터 1990년대까지 이어져 온 수용·생활 시설 중심의 제도에 대해 살펴보고, 1980년대부터 1990년대에 걸쳐 만들어진 복지정책과 '장애인 고용촉진 등에 관한 법률'(이하 장애인고용촉진법) 등에 대해서도 논의해 보고자 한다.

1981년에 장애인의 복지에 관한 종합적인 법률이라고 할 수 있는 심신장애자복지법이 제정되었다. 심신장애자복지법은 명목상으로는 장애인복지 전반에 대한 내용을 명시하고 있었지만 법적 효력을 충분히 지니지 못하고 있었다. 이에 심신장애자복지법이 제정된 당시의 상황에 대해 김규성(1993, p. 96)은 다음과 같이 진술하고 있다.

장애인에 대한 최초의 종합적 법률인 심신장애자복지법(법률 제3452호, 1981년 6월 5일 제정)이 제정된 '81년에는 4명의 장애인이 비관 자살한 것으로 신문지상을 통해 밝혀졌지만, 이들의 죽음에 대한 언론의 태도는 그동안 꾸준히 유지하고 있었던 동정적 입장이거나 장애 당사자의 '불굴의 의지'만이 죽음 또는 어려움을 면할 수 있다는 논조로 일관하였다. 즉, 장애인을 죽음으로 모는 사회적 조건에 대한 근본적 대책을 주장하기에는 언론마저도 역부족이었다고 평가한다.

심신장애자복지법이 등장하였지만, 이것이 장애인의 열악한 사회적 조건을 바꾸지는 못하였다. 장애인이 겪고 있는 어려움은 그저 동정의 대상이거나 자기 극복의 대상이었다. 또한 심신장애자복지법은 장애인의 지역사회 참여를 지원하는 법이라기보다는 장애인에 대한 수용·생활 시설을 체계화하는 법률이었다. 이 법의 제15조에서는 심신장애자복지시설을 "지체부자유자재활시설, 시각장애자재활시설, 청각·언어기능장애자재활시설, 정신박약자재활시설, 심신장애자요양시설, 심신장애자근로시설, 점자도서관, 점자출판시설"이라고 정의하고 있었으나, 점자도서관과 점자출판시설을 제외한 모든 시설은 입소(통원도 포함) 시설로 상정되고 있었다. 따라서 이 법의 제정 이후 장애인에 대한 수용·생활 시설이 더욱 확산되었다고 할 수 있다. 또한 1983년 5월 21일에는 사회복지사업법이 개정되면서 장애인복지사업이 사회복지사업에 포함되게 되었다(임안수, 1997, p. 92). 이로써 장애인에 대한 수용·보호 정책은 법적으로 체계화되었다. 그러나 이것은 1970년대에 장애인의 자립생활과 탈시설화가 진행되어 온 세계의 동향과 비교하면, 사실상 시대를 거꾸로 가는 것이었다.

수용 인원은 1983년에 80개소의 수용시설에 8,021명이 수용되어 있었으며(보건사회부, 1984b, p. 159), 1988년에는 120개소의 수용시설에 11,762명이 수용되어 있었다(보건사회부, 1989, p. 178). 장애인 전체 인구를 고려하면 장애인 시설에 수용되어 있었던 인원은 일부이었지만, 문제는 숫자가 아니라 이것이 체계화된 장애인 정책의 출발이었다는 점이다. 이와 같은 상황 속에서 대부분의 장애인은 사회적 지원 서비스를 전혀 받지 못한 채 가족의 '보호' 아래 집에 있었다. 이와 관련해 김도현(2009, pp. 82-83)은 유일한 장애인 관련 정책으로서의 수용시설이 장애인은 무능하고 수치스러우며 보호받아야 할 존재라는 사회적 이데올로기를 형성하고 이를 통해 장애인에 대한 차별을 정당화하는 장치로서 기능하였다고 지적한 바 있다. 아울러 그는 시설이 아닌 가정에 사는 장애인에 대한 사회적 제도가 없었기 때문에 이것은 또 다른 의미의 격리를 의미한다고 지적하였다. 이와 같이 집에서만 살아가는 장애인을 가리키는 말로 '재가(在家) 장애인'이라는 말이 사용되기 시작하였다. 김은정(Kim, 2006, p. 862)은 "장애 백과사전(Encyclopedia of disability)"에서 한국의 장애인에 대해 기술하면서 한국적인 장애의 특수한 예로서 재가 장애인이라는 용어에 주목한 바 있다. 김도현(2009, pp. 82-83)은 장애인들이 "서른 살까지는 재가 장애인으로만 있다가 자립생활을 시작한 지 이제 2년째인데 …"와 같은 표현을 통해 '집 안에만 갇혀 있던 장애인'이라는 의미로 이 용어를 사용하고 있다고 기술하였다. 이처럼 수용시설 중심의 장애인 정책, 다시 말해 지역에 살고 있는 장애인에 대한 사회적 지원의 부족은 장애인에 대한 가족의 부담을 가중시켜 장애인에 대한 부정적인 인식을 확산시켰다. 또한 부모나 가족에 의한 장애인 학대라는 심각한 인권 문제를 야기하는 원인이 되기도 하였다.

이처럼 전두환 정권의 시설 수용 중심의 장애인 관련 제도의 성격을 극명하게 드러내는 또 다른 제도는 정신장애인에 대한 치료감호제도이었다. 전두환 정권은 형벌만으로 교화·개선이 불가능한 상습범과 '정신질환자'들로부터 사회를 보호한다는 미명 아래 1980년 12월 18일에 사회보호법을 제정하여 치료감호제도를 시행하기 시작하였다. 이 법에 의해 "심신장애로 인하여 사물을 변별할 능력이 없거나 의사를 결정할 능력이 없는 심신장애자가 금고 이상의 형에 해당하는 죄를 범한 때"(사회보호법, 1980, 제8조)에 치료감호 처분을 받아야만 하였다. 이에 1981년에는 51명, 1982년에는 122명, 1983년에는 203명, 1984년에는 253명, 1986년에는 357명, 1987년에는 410명이 수용되었다. 치료감호 집행인원은 연간 80~100명 정도이었지만, 치료감호소는 교도소와는 달리 퇴소기간이 정해져 있지 않았기 때문에 매년 수용인원이 증가하였다(고득영, 1992, p. 30). 치료감호의 대상이 되었던 이들에게 가해진 형벌은 과거의 범행이 아니라 미래에 저지를지도 모르는 범행에 기준하고 있었다. 따라서 이들은 죄에 대한 형량보다 훨씬 오랜 기간 사회로부터 격리되어 있어야 했다. 미래의 범행을 기준으로 한 이와 같은 제도는 '장애인=위험인물'이라는 개념을 사회에 확산시켜 나갔다. 사회보호법에 의한 치료감호 처분은, 어느 정도 민주주의의 진전에도 불구하고, 신체에 대한 국가의 직접적인 통제가 이루어지고 있음을 보여 주는 것이었다.

1980년대 중반에 들어서면서부터는 대형 정신병원 및 장기 입원을 목적으로 한 정신요양시설이 확장되기 시작하였다. 1984년 보건사회통계에 의하면 32개의 시설에 6,311명, 무인가 시설 57개소에 1,583명의 정신장애인이 수용되어 있었다(보건사회부, 1984b, p. 227). 이와 같은 수용 중심의 '정신질환' 관리 체계는 1995년 정신보건법의 제정을 통해 더욱 확고하게 정립되었다. 정신보건법의 제정으로 입원 환자 수를 기준으로 의료급여를 지급해 주는 제도와 정신요양시설에 대한 시설보호 정책이 실시되었던 것이다. 이에 1984년에 약 14,000여 개이었던 병상은 1996년에 42,000여 개로 증가하였다(현명호 외, 2003, p. 9). 그러나 1994년 "정신질환자 재분류 및 정신보건의료시설기준 개발연구"에 의하면, 입원시설에 입원해 있는 환자의 56~77%는 의학적으로 퇴원이 가능한데도 여러 가지 이유로 퇴원을 시키지 않고 있는, 이른바 '사회적 환자'들이었다(신영전, 2002; 이호영 외, 1994).

이와 같은 상황에도 불구하고 1980년대부터 1990년대 사이에 장애인만을 위한 독자적인 정책들도 만들어지기 시작하였다. 이에 대해 살펴보면, 장애인의 목소리가 커지면서 언제까지나 수용 일변도의 정책을 구사할 수 없었던 전두환 정권은 1986년에 직업훈련법을 개정하여 장애인이 일반인을 위한 직업훈련시설에서 직업훈련을 받을 수 있도록 하였다. 같은 해 보건사회부는 중증장애인을 위한 보호작업장의 운영 계획을 수립하고 자립작업장을 시범 운영하였다. 또한 노태우 정권은 1988년 8월 1일 대통령령 제12501호 장애자복지대책위원회 규정에 의하여 우리나라에서는 최초로 대통령 직속으로 장애자대책위원회를 설치하였다. 이후 장애인계의 요구 및 장애자복지대책위원회의 건의를 바탕으로 심신장애자복지법이 장애인복지법으로 전면 개정되었다. 가장 큰 변화는 장애인 등록 제도를 실시하여 장애인 수첩을 발부하기 시작한 것이었다. 이에 장애인은 본격적인 의미에서 복지서비스의 대상자가 되었다. 장애인에게는 장애인 승용 자동차 LPG 연료 사용 허용(1990년), 철도와 지하철도 50% 요금 할인(1991년), 지하철 무임승차(1993년) 등 각종 이용요금 할인이 가능하게 되었다. 또한 저소득 중증 중복장애인에게 생계보조수당이 지급되었는데, 당시 지급된 생계보조수당은 45,000원이었다(김용득, 2004). 그러나 세금 감면이나 각종 할인 제도들은 장애인에 대한 소득 지원을 위한 재원을 확보하지 않은 채 이루어진 일종의 고육지책 같은 것이었다. 결국 턱없이 낮은 수당은 저소득 장애인의 생계 보장은커녕 장애로 인한 비용 보전에도 턱없이 부족하였다.

한편, 1990년 1월 13일에는 '장애인 고용촉진 등에 관한 법률'이 제정되었다. 이 법은 장애인의 고용에 관하여 의무고용제도(또는 할당고용제도)를 도입한 것이었다. 이에 300인 이상을 고용하는 사업주는 근로자 총 수의 100분의 2 이상에 해당하는 장애인을 고용하도록 하였다. 이 기준 고용률에 미달하는 장애인을 고용하는 사업주는 고용부담금을 납부하도록 하였으며, 기준 고용률을 초과하는 장애인을 고용하는 사업주에게는 고용지원금을 지급하였다. 이에 대해 재계는 "장애인을 엉뚱한 피해만 주는 존재로 받아들이게 하며, '정상 근로자'들에게 간접 피해를 준다"고 비판하였다. 이 법은 1997년 경제위기 이후 다시 도마 위에 올랐다. 당시 여론은 "다 같이 어려우니 장애인도 고통을 감내해야 한다"는 주장과 "아무리 살기 어렵다고 장애인까지 내팽개쳐서야 …"라는 의견으로 나누어졌다(정용관, 1998, p. 14). 그렇지만 1980년대를 거치면서 장애인의 사회적 요구는 훨씬 강력해졌으며, 시대적 변화와 함께 더 이상 정부는 이러한 장애인의 요구를 묵살할 수만은 없었다. 이제 재계의 주장은 장애인고용촉진법의 존립 그 자체를 흔들 수는 없게 되었다. 그러나 실제 장애인 고용 현황은 고용의무 인원에 비해 현저히 미치지 못하였다. 1993년 노동부가 발행한 "사업체 장애인 고용실태조사 보고서"에 의하면, 실제 고용된 장애인은 고용의무 인원의 22.1%에 불과하였고, 실제 많은 수의 기업들은 장애인을 고용하는 대신 고용부담금을 선택하였다. 국가 및 지방자치단체에서 고용된 장애인도 고용의무 인원의 39.1%에 불과하였다(노동부, 1993, p. 3). 취업에 성공한 장애인의 경우도 상황은 마찬가지였다. 1995년 한국보건사회연구원이 실시한 장애인실태조사의 결과에 의하면, 15세 이상 노동 가능 연령 장애인 중 취업자 비율은 31.8%에 불과하였고, 취업 장애인의 월 평균 소득은 50만 원 이하가 전체의 49%를 차지하였으며 전체 평균도 68만 3천 원에 불과한 수준이었다(김도현, 2007, pp. 75-76). 또한 이 법이 애초 노동이 가능한 경증장애인을 위한 제도이었기 때문에 상대적으로 취업에 불리한 중증장애인의 취업은 여전히 쉽지 않았다.[7]

---

[7] 이와 같은 상황은 최근까지 이어지고 있다. 예를 들어, 2021년 전체 장애인 취업자 중 중증장애인의 비율은 19.4%로 추정되는 것으로 나타났다(김호진, 임예직, 조신영, 최종철, 2021, p. 134).

VI 2000년대: 중증장애인, 세상 밖으로 나오다

앞에서 살펴본 1980년대, 1990년대의 제도는 노동이 가능한 장애인에게는 가능한 한 고용의 기회를 보장하고자 하는 형태를 띠고 있었지만, 중증장애인에게는 최소한의 생존을 보장하기 위해 생활·수용 시설을 확충하고 그 '관리' 체계를 정비하는 방식을 띠고 있었다. 그러나 이와 같은 흐름은 2000년대를 기점으로 크게 변화하기 시작하였다.

이에 이하에서는 2000년대 장애인 제도의 변화 중 가장 획기적인 것이라고 할 수 있는 장애인차별금지법의 제정 및 중증장애인의 자립생활과 관련한 움직임에 대해 살펴보고자 한다.

장애인차별금지법은 2007년 4월에 제정되었다. 장애인차별금지법에 대해 유동철(2010, p. 234)은 "장애 자체가 문제가 아니라 장애라는 현상에 주어지는 차별을 문제 삼은 최초의 법률"로서 의의를 지닌다고 평가한 바 있다. 이 법률이 제정됨으로써 그동안 장애를 이유로 차별을 받아 온 수많은 장애인(차별행위를 알고 있는 사람·단체도 포함)은 국가인권위원회에 차별 조사를 의뢰할 수 있게 되었다. 그 결과, 장애로 인한 차별사례 진정 건수가 대폭 증가하였다. 장애인차별금지법 시행 전 6년(2001. 11. 25 ~ 2008. 4. 10) 동안 장애 차별 진정 사건이 630건(접수된 차별 사건의 14%, 월평균 9건)이었던 것에 비해, 장애인차별금지법이 시행된 2008년 4월부터 12월 사이에 무려 645건의 장애 차별 진정 사건이 접수된 것이다(조형석, 2009). 이것은 장애인차별금지법의 제정이 장애인의 권리의식 향상 및 장애인 차별에 대한 사회적 경각심을 불러일으키는 데 많은 기여를 하고 있다는 것을 보여 준다. 하지만 장애인차별금지법이 있음에도 불구하고 여전히 장애인에 대한 차별은 근절되고 있지 않은 부분이 있고, 많은 재원을 필요로 하는 정당한 편의 제공도 획기적인 진전을 보이고 있지는 않다.

이것과 관련하여 두 가지 측면을 생각해 볼 수 있다. 그 하나는 여전히 한국 사회에서 살아가는 장애인 중 일부는 신체 학대, 폭력과 같은 심각한 유형의 인권 침해를 당하고 있다는 점이다. 일례로 2010년 장애인인권침해예방센터의 상담사례 분석 결과에 따르면, 2010년 1월부터 10월까지 접수된 총

1,137건 중 신체자유권의 침해와 관련한 사례가 무려 213건(18.19%)으로 나타났다. 또한 신체자유권에 해당하는 사례들은 대부분 폭력, 성폭력, 방임과 같은 심각한 양상을 띠고 있었다(곽정란, 2010).[8]

또 다른 측면은 장애인 차별을 금지하는 법을 훨씬 이전부터 갖고 있었던 영국이나 미국의 경우에도 장애인 차별이 충분히 해소되고 있지 않다는 점이다. 그 대표적인 것이 노동(장애인의 고용)과 관련한 영역이다. 예를 들어, 장애인이 장애를 이유로 고용이나 승진에서 불이익을 받았다고 하더라도, 고용주가 장애 때문이 아니라 업무 능력 때문이라고 주장한다면, 장애를 이유로 한 차별을 입증한다는 것은 결코 쉽지 않다. 또한 동일한 업무 능력을 가지고 있다고 할 때, 장애인을 고용하기 위해서는 편의 제공과 같은 비용이 들게 되므로 고용주가 적극적으로 장애인을 고용할 것이라고 기대할 수는 없다.

다음으로 중증장애인의 자립생활과 관련한 제도로서, 이동권, 활동보조서비스, 장애인연금과 관련한 움직임에 대해 살펴보자. 이러한 것들은 중증장애인의 자립생활과 관련하여 기본적인 요건이 될 뿐만 아니라 2000년대 들어 제도화되기 시작한 대표적인 사례들이다.

1997년에 '장애인 · 노인 · 임산부 등의 편의증진 보장에 관한 법률'이 제정되었지만, 대부분의 중증장애인들은 기본적인 이동의 권리를 누리지 못하고 있었다. '장애인 이동권 쟁취를 위한 연대회의'(이하 이동권연대)에 의하면, 엘리베이터가 설치된 역사는 전체 역사 366곳 중 78곳(21.3%)에 불과한 상황이었다(장애인 이동권 쟁취를 위한 연대회의, 2001a, p. 51). 또한 당시에 휠체어에 탄 채로 승차할 수 있는 대중버스는 한 대도 없는 실정이었다. 따라서 휠체어를 이용하는 장애인들은 위험을 감수하고 리프트를 이용하거나, 다른 사람의 손에 들려 대중버스를 타고 다녀야 했다. 아니면 집에만 있어야 했다. 이와 같은 현실에 대해 이동권연대는 "장애인의 70.5%가 한 달에 5회도 외출하지 못하는 현실! 그 현실은 장애인을 구조화된 '사회 감옥'에 가둔 것"이라고 비판

8) 이에 현재의 장애인차별금지법을 더욱 강화하고 제도적으로 보완해 나가야 한다는 요구가 제기되고 있다. 또한 인권의 사각지대에 놓인 장애인을 구제하기 위한 방안의 하나로 'P&A 시스템'(Protection and Advocacy system)의 도입에 대한 주장이 제기되고 있다. 이 시스템은 장애인 차별을 적극적으로 해결하기 위해 민간단체가 학대나 방임 상태에 있는 장애인에 대한 조사권, 법률 지원, 학대 현장으로부터의 분리 등을 할 수 있도록 하는 것이다. 이와 관련해서는 조한진(2010a)을 참고하라.

하였다(장애인 이동권 쟁취를 위한 연대회의, 2001b). 이에 이와 같은 상황을 타개하고자 이동권연대의 중증장애인들을 중심으로 장기간에 걸친 이동권 투쟁이 전개되었다. 그 결과, 지하철 역사에 리프트가 철거되고 엘리베이터가 들어서게 되었으며, 저상버스가 운행되기 시작하였다. 또한 2009년에는 '교통약자의 이동편의 증진법'이 제정되었다. 그러나 아직 한국 사회에서 살아가는 중증장애인이 비장애인과 동등한 수준에서 이동의 자유를 누리고 있다고는 결코 말할 수 없다.

한편, 2007년 4월부터는 최중증 장애인을 대상으로 활동보조서비스가 전국적으로 실시되었다. 그때까지 한국 사회에서는 중증장애인의 생존을 위해 필요한 식사, 목욕, 옷 갈아입기, 가사, 이동 등과 관련한 기본적인 욕구에 대한 사회적 서비스가 전무하였다. 보건복지부의 2005년 장애인실태조사에 따르면, 타인의 도움이 필요한 장애인 중 도움 제공자가 없는 경우가 13.3%나 되며, 도움을 제공받고 있다고 응답한 경우에도 도움 제공자의 90.9%가 가족인 것으로 나타났었다(변용찬 외, 2005, p. 51). 즉, 중증장애인의 상당수가 활동보조와 관련한 욕구를 어떻게든 장애인 스스로가 해결하거나, 아니면 가족 구성원의 도움을 받아 해결해 왔던 것이다. 이렇게, 장애인을 둔 가족에게 부과된 가중한 부담은 장애인 수용·생활 시설에 대한 요구로 이어져, 장애인의 지역사회에서 살 권리를 제한해 왔다. 뿐만 아니라, '가족'이라는 이름 아래 장애인의 선택의 기회가 제한되기도 하였다. 결국, 가족 구성원의 '도움'에 의존해서 일상적인 욕구를 해결해야 하는 방식의 가장 큰 피해자는 장애인이었다. 이에 중증장애인은 목숨을 건 투쟁으로 활동보조서비스를 쟁취하였다(김도현, 2007, pp. 143-145). 예를 들어, 대구장애인차별철폐연대 소속 중증장애인들은 활동보조서비스의 확보를 위해 대구 시청 앞에서 43일 동안 농성을 하기도 하였다(대구사람장애인자립생활센터, 2006).

실로 활동보조서비스 제도의 개시는 중증장애인의 생존권 보장과 자립생활 보장을 위해 중요한 한 걸음을 내디딘 것이라고 평가할 수 있다. 그러나 여전히 우리나라의 활동보조서비스는 장애인의 요구보다는 신체적 기능만을 고려한 장애 판정 기준에 의해 서비스의 양을 결정하고 있는 문제점을 지니고 있다. 이로 인해 자립생활을 위해 활동보조가 필요한 중증장애인이 정작 이 제도를 이용하지 못하게 되는 사례가 급증하고 있다.[9] 또한 우리나라는 24시간

활동보조 제도를 운영하고 있지 않다. 이것은 여전히 한국 사회가 중중장애인의 주거의 자유, 지역사회에서 살아갈 권리를 보장하고 있지 않다는 것을 의미한다.

한편, 2010년 7월부터는 장애인연금 제도가 시행되었다. 2008년 장애인실태조사에 의하면, 장애인의 경제활동참가율은 41.1%에 불과하며(변용찬 외, 2008, p. 248), 경제활동을 통해 소득활동을 하고 있는 장애인 가구의 월 평균 소득은 비장애인 가구의 54% 수준에 불과한 것으로 나타났다(보건사회연구원, 2008, p. 1). 이와 같은 상황에서 장애인들은 최저 생계비의 현실화와 장애인연금의 도입을 지속적으로 요구해 왔던 것이다. 그러나 도입 당시의 장애인연금은 급여 수준이나 지급 대상 등에서 장애수당과 거의 다르지 않은 실정이었다. 정부는 장애인연금을 통해 소득 보전 및 장애로 인한 추가비용의 보전의 성격을 모두 갖춘 만능 소득 보장 제도를 지향하였었다. 그러나 실제로는 중중장애인의 월 평균 추가비용인 20만 8천 원도 보전하지 못하는 제도가 되고 만 것이었다(은종군, 2010). 현재도 한국 사회의 중중장애인의 대부분은 여전히 기초적인 생활 보장을 받지 못한 채 이 사회의 최하층으로 살아가고 있다.

결국, 2000년대 들어 비로소 중중장애인이 세상에 나왔지만, 그들은 여전히 기본적인 욕구를 어떻게 해결하며 살아가야 하는가 하는 생존의 문제에 부딪혀 있다.

Ⅶ 결론

근대 자본주의의 이행 시기부터 현재에 이르기까지 장애인에 대한 사회적 처우는 시기에 따라 그 내용을 조금씩 달리해 왔다. 일제 강점기에는 대규모 장애인 시설이 본격화되지는 않았지만, 한센인에 대한 격리 수용이 시작되었

---

9) 이에 대해 의학적 접근에서 장애를 정의하는 방식이 아닌, 장애인들이 직면하는 문제의 원인을 사회의 실패에서 찾는 사회정치적 접근에서 새롭게 정의해야 한다는 주장이 제기되고 있다(조한진, 2010b).

다. 이것은 자본주의의 노동에 기반을 둔 가치 질서에 어울리지 않는 신체를 가진 존재에 대한 근대적인 사회적 배제의 기원이 되었다.

한국전쟁 이후 발생한 상이군인에 대한 특례적 처우는 사회적 서비스의 근거를 국가에 대한 희생에 둠으로써 국가주의를 강화시켰으며, 이와 같은 처우 방식에 장애인을 활용하였다. 국가에 의무를 다한 자에 대한 보상 장치는 박정희 정권에 들어서 더욱 강화되었다. 이로 인해, 국가에 의무를 다하지 않은 자는 국가에 요구할 권리가 없다는 이미지가 암암리에 확산되었다.

급속하게 이루어진 산업화의 추진은 장애인의 참여를 철저히 배제하면서 진행되었다. 심지어 모자보건법의 우생학적 조항은 아예 법적으로 성문화되어, 국가에 부담이 되며 '건전하지 않은' 장애인은 태어나지 않는 것이 낫다는 담론을 확산시켜 왔다. 결국 이 시기까지 장애인을 위한 독자적인 사회복지제도는 제대로 작동되지 않았다. 이 시기 동안 장애인은 마치 사회에 존재하지 않는 집단이었다.

1980년대 들어 체계화되기 시작한 장애인에 대한 복지적 처우는 시설 수용을 우선적으로 선택하였다. 이것은 장애인이 사회적인 존재로 인정되었음을 의미하는 것이기도 하지만, 그 인정 방식은 사회로부터의 격리라는 형태를 지니고 있었다. 특히 정신장애인에 대한 수용 중심의 '정신질환' 관리 체계가 더욱 본격화되어, 정신장애인의 장기 입원을 위한 병상 수는 급속하게 증가하였다. 그러다 1980년대 중반 이후 등장하기 시작한 장애인운동에 의해 이제까지의 장애인에 대한 일방적인 처우 방식은 조금씩 변화되어 가기 시작하였다. 이제 장애인 정책에 있어 정부와 장애인 간의 긴장 관계가 생기게 되었고, 장애인 정책은 시설 중심에서 지역 사회 참여 보장으로 조금씩 이행해 갔다.

특히 2000년대에는 중증장애인이 본격적으로 자신의 목소리를 내기 시작하였다. 이에 중증장애인을 더 이상 집 혹은 시설에 갇혀 있는 존재가 아닌 사회에의 참여가 보장되어야 하는 권리의 주체로 바라보기 시작하였다. 또한 중증장애인의 이동할 권리에 대한 사회적 관심이 증대되었다. 아울러 2007년에는 전 사회 영역에서 장애를 이유로 한 차별을 금지하는 장애인차별금지법이 제정되었다.

이렇게 한국 장애인의 역사는 완전한 격리로부터 시설 수용으로, 시설 수용으로부터 지역사회로, 다시 말해 비사회적 존재로부터 사회적 존재로 이행해 왔다. 이와 같은 과정은 장애인에 대한 근대 자본주의의 취급 방식과 유사하게 전개되었지만, 압축적인 자본주의의 발달과 오랫동안 지속되어 온 권위주의 정부의 영향으로 한국에서 장애인이 겪어야만 했던 억압의 강도는 더욱 심하였다. 그리고 이러한 문제 중 상당 부분은 여전히 해결되지 않은 채 장애인의 삶을 억누르고 있다. 현재에도 수많은 장애인이 지역사회가 아닌 시설에서 생활하고 있고, 여전히 수많은 장애인이 최소한의 생계비를 보장받지 못하고 있으며, 신체적·정신적 장애를 이유로 한 장애인 차별은 근절되지 않고 있는 것이다. 이에 앞으로 우리는 억압·차별의 장애인의 역사를 해방의 역사로 바꾸어 나가야 할 것이다. 그러기 위해서 우리는 장애인의 역사를 기록하고 기억해야 한다.

참고문헌

고득영 (1992). 정신장애자의 범죄와 치료감호제도에 관한 연구. 미간행 석사학위논문, 서울대학교 보건대학원, 서울.

곽정란 (2006). 한국의 장애학, 그 토대에 장애인운동이 있다. 저항하라, 2, 56-61.

곽정란 (2010). 2010 장애인인권침해예방센터 인권상담사례분석 결과보고서. 서울: 장애우권익문제연구소 장애인인권침해예방센터.

국립소록도병원 (1996). 소록도 80년사. 고흥: 국립소록도병원.

김규성 (1993). 80년대의 장애인, 김규성, 이희경, 팽현모, 이연재, 한국의 장애인(pp. 93-117). 서울: 한국장애인복지정책연구회.

김도현 (2007). 차별에 저항하라. 서울: 박종철출판사.

김도현 (2009). 장애학 함께 읽기. 서울: 그린비.

김병하 (2003). 특수교육의 역사와 철학(개정판). 경산: 대구대학교 출판부.

김용득 (2004). 한국 장애인복지 변천과 대안 담론 모색. 한국장애인복지학, 1, 147-178.

김정열 (2000). 군가산점제 위헌판결에 대한 장애우의 입장. 여성과 사회, 11, 146-155.

김호진, 임예직, 조신영, 최종철 (2021). 2021년 장애인경제활동실태조사. 성남: 한국장애인고용공단 고용개발원.

노동부 (1993). 사업체 장애인 고용실태조사 보고서. 서울: 노동부.

대구사람장애인자립생활센터 (2006). 단 하루라도 인간답게 살고 싶다! 대구: SNAPS.

도병일, 오천혜 (1973). 모자보건법에 있어 인공유산의 허용한계. 새가정, 212, 84-88.

모자보건법, 법률 제2514호 (1973. 2. 8. 제정)

박윤재 (2005). 한국 근대의학의 기원. 서울: 혜안.

박형규 (1999). 우리도 할 수 있다(박정희대통령어록). 서울: 은행나무.

배기효 (1999). 일제시대의 복지행정. 서울: 홍익출판사.

변용찬, 김성희, 윤상용, 강민희, 최미영, 손창균, 오혜경 (2008). 2008년 장애인실태조사. 서울: 보건복지가족부, 한국보건사회연구원.

변용찬, 김성희, 윤상용, 최미영, 계훈방, 권선진, 이선우 (2005). 2005년도 장애인실태조사. 서울: 보건복지부, 한국보건사회연구원.

보건사회부 (1984a). 보건사회백서. 서울: 보건사회부.

보건사회부 (1984b). 1984년 보건사회통계연보. 서울: 보건사회부.

보건사회부 (1989). 1989년 보건사회통계연보. 서울: 보건사회부.

사회보호법, 법률 제3286호 (1980. 12. 18. 제정)

사회복지사업법, 법률 제2191호 (1970. 1. 1. 제정)

상이군인을 원호하자 (1952. 9. 3). 경향신문, p. 1.

신영전 (2002). 브롬덴 추장은 무사히 그 골짜기로 돌아갈 수 있었을까? 정신질환자의 배제와 차별의 정치경제학, 김창엽 외, 나는 '나쁜' 장애인이고 싶다(pp. 203-226). 서울: 삼인.

유동철 (2010). 장애인의 사회적 배제와 참여. 한국사회복지학, 63(1), 217-239.

은종군 (2010). 장애인의 현실을 외면한 장애인연금으로 장애인소득보장 운운할 수 있는가. 복지동향, 139, 64-68.

이성규 (2001). 장애인복지정책과 노말라이제이션. 서울: 홍익재.

이인영 (2004). 모자보건법 제14조의 재구성과 입법방향. 한국의료법학회지, 12(2), 7-37.

이혜경 (1993). 권위주의적 자본주의 사회에서의 복지국가의 발달: 한국의 경험. 한국사회복지학, 21, 162-191.

이호영, 정영기, 김병후, 이영문, 김용익, 조맹제 (1994). 정신질환자 재분류 및 정신보건 의료시설 기준개발연구. 서울: 보건복지부.

이희경 (1993). 1960, 70년대의 장애인, 김규성, 이희경, 팽현모, 이연재, 한국의 장애인(pp. 39-91). 서울: 한국장애인복지정책연구회.

임덕영 (2008). 한국 자본주의 이행시기의 부랑인 및 부랑인 정책에 대한 고찰. 미간행 석사학위논문, 성공회대학교 일반대학원, 서울.

임안수 (1997). 장애인 복지제도의 변천, 한국재활재단, 한국 장애인복지 변천사(pp. 77-104). 서울: 양서원.

장애인 이동권 쟁취를 위한 연대회의 (2001a). 우리는 이동하고 싶다. 서울: 장애인 이동권 쟁취를 위한 연대회의.

장애인 이동권 쟁취를 위한 연대회의 (2001b). 장애인 이동권 확보를 위한 백만인 서명운동 참여 요청 건. http://access.jinbo.net/menu04.htm

정근식 (1997). '식민지적 근대'와 신체의 정치. 사회와 역사, 51, 211-265.

정용관 (1998. 4. 21). 장애인고용 기업 자율 맡겨야. 동아일보, p. 14.

정창권 (2005). 세상에 버릴 사람은 아무도 없다. 서울: 문학동네.

조한진 (2010a). 미국 장애인 권리옹호체계의 현황과 그 함의. 장애인 권리옹호체계 확립을 위한 정책토론회 자료집(pp. 19-34). 국회의원 박은수, 장애인차별금지추진연대, 탈시설정책위원회, 서울.

조한진 (2010b). 장애 등급의 문제를 넘어서: 장애의 정의·분류·측정. 2010년 한국장애인복지학회 추계학술대회 자료집(pp. 3-23). 한국장애인복지학회, 성신여자대학교 사회복지학과, 서울.

조형석 (2009). 장애인차별금지법 시행 이후 진정사건 접수 및 처리현황. 장애인차별금지법 시행 1주년 기념 토론회 자료집(pp. 15-39). 국가인권위원회, 서울.

주윤정 (2007). 해방 후 한센인 관련 사회사업. 교회사연구, 29, 221-252.

최정기 (2005). 감금의 정치. 서울: 책세상문고.

한귀영 (2003). '근대적 사회사업'과 권력의 시선, 김진균, 정근식, 근대주체와 식민지 규율권력(pp. 314-355). 서울: 문화과학사.

현명호, 김학렬, 남정현, 서동우, 신현호, 정인원, 최정기 (2003). 정신과 관련 시설 인권 상황 실태조사. 서울: 국가인권위원회.

홍윤기 (2004). 국민교육헌장, 왜 그리고 어떻게 만들어졌나? 내일을 여는 역사, 18, 111-127.

石川准, 長瀬修 (2009). 장애학에의 초대 (조원일 역). 서울: 청목출판사 (원출판연도 1999)

田中耕一郎 (2005). **障害者運動と価値形成**. 東京: 現代書館.

Charlton, J. I. (2009). 우리 없이 우리에 대한 것은 없다 (전지혜 역). 서울: 울력. (원출판연도 2000)

Kim, E. (2006). History of disability: Korea. In *Encyclopedia of disability* (Vol. 2, pp. 858-864). Thousand Oaks, CA: Sage.

Moon, S. (2007). 군사주의에 갇힌 근대 (이현정 역). 서울: 또 하나의 문화. (원출판연
　　　도 2005)

Shapiro, J. P. (2010). 동정은 싫다 (윤삼호 역). 서울: 한국 DPI 출판부. (원출판연도
　　　1994)

Stone, D. A. (1984). *The disabled State*. Philadelphia: Temple University Press.

제10장　한국 장애인운동의 역사

정희경

Ⅰ 서론

세계의 장애인운동은 1960년대부터 1970년대에 걸쳐서 거의 동시적으로 활성화되었다고 볼 수 있다(田中, 2005, p. 1). 이 운동들은 다른 사회운동으로부터 영향을 크게 받았는데, "일본은 안보 투쟁이나 부락 해방 운동[1]으로부터, … 미국은 소비자운동의 역동성 및 흑인 차별에 반대하는 공민권 투쟁"(八代, 富安, 1991, p. 114)으로부터의 영향이 있었다.

우리나라에서도 1980년대 후반에 장애인운동이 과격하게 진행되었다. 이 운동은 1980년대 군사정권을 타도하고 사회구조를 근본으로부터 바꾸려는 당시의 사회 변혁 운동인 민주화 운동으로부터 영향을 받았다. 장애인운동은 빈민, 학생, 노동 등의 다른 부분 운동들보다 시기적으로는 늦었으나, 장애인들은 자신들의 운동을 우리나라의 사회운동 안에서 장애인들이 주체가 되는 부분 운동으로서 그 위치를 정착시키고자 하였다.

그러나 현재 우리나라 장애인운동의 연구에서는 장애인운동에 대한 분석에 사용되는, 운동의 목적·주체·유형 등에 관한 명확한 개념에 대한 합의가 이루어지지 않고 있다(고춘완, 2005; 김윤정, 1997; 이동석, 2003). 그 이유는 장애

---

[1] 부락 차별은 일본 특유의 문제로서 일본 문화나 일본인의 사상·의식에 깊게 뿌리 박혀 있는 차별이다. 부락이란 백정 또는 동물의 가죽으로 신발이나 옷을 만드는 사람들이 모여 사는 곳을 말하였는데, 부락에 사는 사람들은 1970년대까지도 결혼과 취업에 큰 차별을 받았다.

인운동에 대한 연구가 적었고 장애인운동의 역사가 짧아 학문의 주제로 삼기에는 어려웠기 때문이라고 생각된다. 이에 이 장은 우리나라 장애인운동이 어떻게 형성되어 누구에 의해 어떤 운동 이념을 가지고 전개되어 왔으며 어떤 특징을 가지고 있는가에 대해서 장애인운동 조직의 발전적 통합을 중심으로 서술하는 것을 목적으로 하며, 장애인운동의 몇 가지 역사적 사례를 당시의 기록들을 통해 살펴볼 것이다.

　장애인운동에 관해 기존의 연구들이 주로 적용하였던 정의로는 "장애인의 열악한 삶을 개선시키려는 제 활동"(김상호, 1994: 고병진, 2001, p. 20, 김윤정, 1997, p. 28에서 재인용)이 많았으며, 시기는 장애인복지와 사회운동에 있어서 중요한 전환점이 되었던 계기들을 기준으로 구분 짓고 있었다(고병진, 2001; 김윤정, 1997). 이러한 연구들은 장애를 둘러싼 문제를 '개인의 문제'가 아니라 '사회의 문제'로 인식 전환시킨 운동이라고 장애인운동을 규정짓고는 있으나, 이러한 시대적 구분은 장애인운동에 내재적인 구분이라고는 말할 수 없는 면이 있다. 사실, 장애인운동을 종이 한 장으로 규정지을 수는 없다. 자신들의 운동을 전개하기 위해서 분리와 통합을 반복하였고, 당시의 운동들은 서로 뒤엉켜 있었으면서도 각자 독자적인 논리 전개를 가지고 있었다고 볼 수 있기 때문이다.

　이 장에서는 우리나라의 장애인운동을 "새로운 것을 얻기 위한 것이 아니라 그동안 빼앗긴 채 가려져 있었던 권리를 되찾으려는 운동"이라고 정의하고자 한다(이행진, 1991, p. 2). 본 저자는 우리나라의 장애인운동이 1990년대 후반까지 장애인운동의 현장에 모습을 보이지 않았던 중증장애인, 또는 경증장애인의 운동 그룹에 속하지 않았던 장애인들이 우리나라의 모든 곳에서 빼앗기고 가려져 왔던 권리를 되찾을 수 있도록 노력해 왔던 운동이었다고 보는 것이다. 이에 이 장에서는 장애인운동의 이러한 정의에 입각하여 시대 구분을 하였다. 먼저 제Ⅱ절에서는 부모와 전문가가 운동의 중심에 있던 1960~1985년을, 제Ⅲ절에서는 청년장애인들이 장애인운동을 준비하던 1986~1987년을 논하였다. 제Ⅳ절에서는 사회 변혁적 장애인운동을 실천하던 1988~1989년을, 제Ⅴ절에서는 새로운 운동의 전환을 위해 장애인운동 조직의 발전적 통합과 해체를 계속적으로 시도하던 1990~1998년을 설명하였다. 마지막으로 제Ⅵ절에서는 중증장애인들이 운동의 주체가 되어 법 제정 운동을 전개하였고 장애인차별금지법 제정을 위해 전 장애인단체가 참여하던 1999~2007년을 언급하였다.

Ⅱ 부모와 전문가에 의한 운동(1960~1985년)

1. 장애를 거부하는 사회

장애 학생이 중학교 입학시험의 체육능력 시험에서 점수를 얻지 못하여 중학교에 입학할 수 없는 사건이 1967년부터 발생하기 시작하였다. 당시, 개인과외의 격차를 없애기 위해서 체육능력 시험의 점수가 높이 설정되어 있었는데, 이 때문에 장애 학생이 중학교에 입학하는 것이 매우 곤란해졌던 것이다.

그 하나의 예로서, 윤철의 중학교 입학 거부 사건이 있었다. 당시의 신문은 "1968년도에 중학교 입시의 학과시험에서 만점을 받고 턱걸이도 5점을 받았으나 달리기를 못해서 체육능력 점수를 얻지 못해 입학시험에 합격을 하지 못했다"고 보도한 바 있다(이경문, 1967, p. 3).

당시 일류 중학교인 경기중학교나 서울중학교의 평균 합격점은 100점 중 97점이었다. 그러나 장애인은 체육능력 점수를 획득할 수 없어서 자연적으로 5점 감점을 받게 되어 필기시험에서 만점을 획득하더라도 합격할 수 없었던 것이다.

위 사건에 대하여 1968년에 한국소아마비특수보육협회[2](현재, 한국소아마비협회 정립회관)는 서명 운동을 전개하였다. 또한 협회는 1968년 5월 16일에 문교부에 장애가 있는 아동에 대한 '체육능력 입학 특전 안'을 줄 것을 촉구하였다. 그러나 문교부장관이 바뀌면서 '체육능력 입학 특전 안'은 백지가 되고 말았다. 그 이유에 대해서 문교부는 "중고교는 의무교육이 아니기 때문에 완전한 자유경쟁을 통해서 입학해야 한다. 만약에 일부 아동에게 특례를 주면 일반학생이나 그 부모들로부터 반발이 있을 것이다. 이러한 이유들로 전국적으

---

[2] 당시는 사회복지 법령이나 장애인복지 법령이 없었기 때문에, 특수교육법에 의해서 정부로부터 보조금을 받기 위해서 '특수보육'이라는 단어를 일부러 사용하였다.

로 [특례를] 실시하는 것이 아니라 각 학교장의 재량에 맡긴다.”고 발표하였다
(“소아마비아 등 중학입시 체능 특혜 백지화”, 1968, p. 3; “학교장 재량 불구아 체능
특전”, 1968, p. 7).

　이 발표에 대하여 여론은 강하게 비난하였고, 한국소아마비특수보육협회도
대책위원회를 결성하고 본격적인 항의 활동을 전개하였다. 장애인의 부모들도
독자적으로 ‘신체장애자 진학 대책을 위한 전문기구’를 결성하고 ‘입학특전 안’
의 가두서명 운동을 전개하였다. 그리고 양쪽 단체는 1972년 1월 28일에 문
교부에 진정서를 제출하였다. 그 결과, 1972년에 중학교와 고등학교의 입학시
험에서 장애 학생에 대해 체능시험이 면제되는 것으로 결정되었다(“소아마비
등 지체부자유학생 체능 시험 면제”, 1972; “지체불구 ‘체능 낙방’ 구제키로”, 1972;
“‘피가 통한’ 身障兒 구제 조처”, 1972). 당시 서울시 내에서 632명이 체능 점수가
부족해서 불합격이 되었었으며(“지체불구아의 진학 문제”, 1972), 실제로 전국에
서 많은 장애인 학생이 장애로 인해 입학할 수 없었었다.

　1976년 이후부터는 대학 입학 거부 사건이 빈번하게 발생하게 되었는데, 대
학수험 자격시험에서 합격한 시각장애인 5명의 입학원서 접수가 거부되는 일
이 있었다. 이에 대해서 11개 단체가 문교부장관과 각 대학 총장 앞으로 탄원
서를 보내며, 시각장애인이 대학에 진학할 수 있도록 요구하기도 하였다. 또
한 1976년에 소아마비 장애인 30여 명이 서울시 내 대학 입학에서 거부되었
는데, 이 사건은 많은 매스미디어에 의해 보도되었다. 이에 이 사건에 대해서
반발 여론이 생겼으며, 관련 학생들과 보호자 300여 명이 정립회관(구, 한국소
아마비특수보육협회)에 모여 항의 궐기대회를 열었다(“용납 못할 차별 교육”,
1976; “지체부자유 학생 등 5백여 입학 제한 규탄대회 ─ 향학 막는 비교육적 편견”,
1976). 결국 이 사건은 당시의 박정희 대통령의 지시로 인해 구제되었는데, 구
제된 몇 명의 학생들은 대통령께 감사의 편지를 보냈고, 생전에 소아마비 장
애인에게 관심을 보였던 육영수 여사의 묘소를 참배하기도 하였다. 1976년에
는 24개의 대학 가운데 3개[서울대학교, 동국대학, 한국사회사업대학(현, 대구대학
교)]를 제외한 모든 대학들이 장애인의 입학을 전면적으로 제한하거나 일부 제
한하였다. 그래서 1,961명의 장애 학생이 서울시 내 대학에 입학시험을 보았
지만, 그중에 최종 합격자는 20명에 불과하였다(“구제 소식 전해진 입학 제한 규

탄대회장 — 환희의 눈물 흘리며 만세", 1976; "5백여 명 궐기대회", 1976; "'향학의 의지'에 뚫린 대학문 — 얼싸안고 감격의 눈물", 1976).

　이렇게 1960년대와 1970년대에는 장애인에 대한 입학 거부 사건이 빈번히 일어났다. 그러나 이 시기에 장애인의 이러한 문제에 대해서 장애인 자신들의 직접적인 저항 운동보다는 부모나 장애인단체의 역할이 컸다. 그 구제 방식은 매스미디어에 보도되어 여론의 관심을 받은 개인이 구제되거나 여론에 보도된 사례에 대해서 대통령의 지시로 인해서 구제되는 형식 등이 중심이 되었다. 또한 운동의 방법도 궐기대회, 가두행진, 서명전 전개 등이 많았으며, 직접적인 데모 형식을 띤 조직적이고 계속적인 운동은 이루어지지 않은 것으로 보인다.

2. 정립회관과 소아마비 장애인들

　1965년 5월에 한국일보 주최로 각 분야에서 활동하고 있는 소아마비 장애인 6명이 간담회를 가졌다. 그들은 변호사, 의사 등 전문직에 종사하고 있는 전문가들이었다. 간담회 이후 1개월에 한 번씩 모여 많은 이야기를 하던 중 그들은 소아마비 장애인 후배들에게 도움이 되기 위해서 그 해 10월에 '삼애회'를 발족하였다. '삼애'는 세 가지의 사랑으로, 우선 자신을 사랑하고, 다음에는 가족을, 그다음에는 나라를 사랑하는 것을 의미하였다.

　이후 1966년 4월 26일에 한국소아마비아동특수보육협회가 창립되었고, 1970년부터 우리나라 장애인복지 이용시설로서는 최초인 정립회관의 설립이 준비되기 시작해서 1975년 9월 30일에 정식으로 개관되었다. 정립회관은 1970년의 사회복지사업법 제정에 의해 사회복지법인이 되었지만, 1977년에는 한국소아마비아동특수보육협회가 해체, 사회복지법인 한국소아마비협회 정립회관으로 명칭이 변경되었고, 본격적으로 소아마비 장애인에 대한 프로그램이 시작되었다.

　생전에 육영수 여사의 큰 관심 이후 박정희 대통령과 딸의 관심으로 인해 정립회관은 설립 이후 커다란 정치적 배경을 가진 장애인 이용시설이 되었다. 이러한 배경은 정립회관이 장애인 이용시설로서 정착하는 데 크게 기여하였지만, 1990년과 1993년에 '정립회관 관장 횡령 사건'이 발생하게 되는 이유가 되기도 하였다. 정립회관의 사업의 대부분은 지체장애아들을 대상으로 하는 '소년·소녀 동계·하계 캠프' 및 저소득층 가정 어린이에 대한 소아마비 예방백신 접종 등이었다. 또한 지체장애인의 체육능력 평가도 실시하였는데,3) 학교는 이것을 토대로 하여 장애 학생의 체육 점수를 매기기도 하였다.

이러한 사업과 활동을 통해 정립회관은 사춘기 소아마비 장애 학생들의 모임의 장소가 되었으며, 그곳의 클럽 활동을 통해서 선·후배들을 만들고 (이성) 친구를 사귈 수 있는 유일한 장소가 되었다. 즉, 장애인 이용시설 또는 장애 학생의 체육능력평가를 하는 장소만으로 끝나지 않았던 것이다. 초등학교부터 고등학교 시절을 그곳에서 보냈던 장애 학생들(이후, 일부는 '장애인문제연구회 울림터'를 결성)의 경우에는 입학 거부 사태나 취직 거부 사태에 대한 항의에서 항의 운동을 하는 사람들과 만나거나 그 사람들의 모습을 보면서 자연스럽게 장애로 인한 차별에 대한 인식을 하게 되고 사회에 대한 저항감을 가질 수 있게 한 장소이기도 하였다.

특히 가장 큰 예는 '김순석 자살 사건'4)에 대한 모의 장례식 사건이었다. 당시 이 자살 사건은 많은 신문들이 대서특필할 정도로 사회적으로 크게 알려진 사건이었다. 그런데 1984년 10월 6일 정립회관에서 장애 학생들이 김순석 자살 사건에 대한 공무원들의 공개 사과를 요구하는 운동이 있었던 것이다. 제8회 전국지체부자유대학생 체육대회의 개회식이 열리고 있던 그 날 '대학정립단'과 장애청년 학생들 몇 명이 김순석의 모의 관을 가지고 와서 정립회관에서 모의 장례식을 거행하였다. 그곳에는 보건사회부 장관과 국회의원, 장애계의 유명인사가 참석해 있었다. 청년장애인들은 모의 관을 메고 장관 앞으로 돌진하여 조문을 요구하였고, 관을 불태우는 행동을 통해 항의를 하였으며, 결국 개회식 행사는 중단되고 말았다. 정립회관에서 진행된 이와 같은 많

---

3) 현재는 봄과 가을에 걸쳐 1년에 2회 실시한다.
4) 김순석은 휠체어를 이용하는 장애인으로 부인과 다섯 살 아들이 있었다. 그는 세 평 남짓한 작업실에서 머리핀, 브로치, 목걸이 등 액세서리를 만들어 남대문시장에 납품하며 생계를 유지하였다. 그러나 장애인들과 함께 일할 수 있는 공장을 차리겠다는 작은 꿈도 있었다. 하지만 물건 값을 받으러 갈 때마다 도로의 턱과 택시 승차 거부로 고통을 겪어야 했고, 수많은 차별을 받았다. 결국 김순석은 서울시장에게 서울시 내에 있는 턱을 없애 달라는 유서를 남기고 1984년 9월 19일에 자살하였다.

은 활동들을 자연스럽게 접한 소아마비 장애 학생들에게 있어서 정립회관은 실로 장애에 대한 차별을 사회 문제로 인식할 수 있도록 도와준 공간이었다.

한편, 김순석의 죽음은 장애 문제를 개인의 문제가 아닌 사회의 문제로 인식하고 장애인의 이동권 문제를 제기한 최초의 저항으로 평가된다(유동철, 2005; 이상호, 2004). 또 대학정립단을 중심으로 한 청년학생들에 의한 장례식 투쟁도 사회적 인식을 근본적인 문제로 삼는 하나의 조직적 투쟁의 의미를 가졌다고도 말할 수 있다. 이렇게 정립회관은 우리나라 최초의 장애인 이용시설이면서 소아마비 장애인의 자기 계발에 있어 큰 의미를 가지고 있었으며(고병진, 2001, p. 34), 우리나라의 장애인복지 분야에 그 위치를 명확히 하고 있었다. 또한 정립회관은 소아마비 학생들에게는 '마음의 고향'이었으며, 입학 거부 사건이 있을 때마다 당사자들과 함께 대학교 총장이나 관계자를 찾아가 눈물로 호소하였던 정립회관 관장은 또 한 분의 '어머니'이기도 하였다.

이후에도 계속적으로 정립회관을 이용하였던 소아마비 장애인들은 자연스럽게 선배나 부모, 그리고 당시 전문가라고 불릴 수 있는 정립회관 관장(의사)과 교사들까지 참여하는 저항 운동을 접하게 되면서 개인이 아닌, 같은 장애를 가지고 있는 '우리들'에 대한 인식을 하면서 사춘기를 보냈다. 그리고 이들은 1980년대에 대학생이 되거나 사회인이 되어 당시의 사회 변혁 운동을 하고 있던 학생 운동과 노동 운동을 통해 이념과 사상을 접하면서 운동을 학습하게 되었다. 그리고 1980년대 후반에는 사회 변혁 운동으로서의 장애인운동을 준비·전개하게 되었다.

Ⅲ 사회 변혁적 장애인운동의 준비(1986~1987년)

1. 사회 변혁 운동으로서의 부분 운동

우리나라에서는 일제 강점 하에서의 해방과 동시에 민주주의 운동이 왕성하였지만, "6·25 전쟁에 의한 물리적·정신적 피해는 1950년대를 사회운동으로부터 급격하게 단절시켰다"(김경일, 1995, p. 185). 그러나 이후 1960년대부터

1970년대까지의 박정희 군사독재 정권 아래에서 노동운동과 학생운동이 있었으며, 이 운동은 변혁적 사회운동이었다.

　이후 1980년대의 사회 변혁 운동은 1980년 봄에 민주화 운동의 좌절과 광주 민중 운동을 경험하면서, 1970년대의 소시민적이고 자유주의적인 사회 운동을 비판하고 이를 극복해야 한다고 논의하면서 시작되었다. 이에 자연 발생적이고 고립적·분산적인 운동의 근본적인 변혁을 위해서는 조직이 필요하게 되었다. 이것은 "운동의 과학화"라고도 말할 수 있다(김재기, 1989, p. 87). 또한 운동의 사상 면에서 1984년부터 1985년에 전개되어 온 변혁 운동론과 그 논점 등은 변혁 운동의 사상적 토대로서 마르크스주의가 본격적으로 수용되는 과정을 보여 주었다(김재기, 1989, p. 100).

　이렇게 1980년대 초반에 우리나라의 사회운동은 마르크스주의를 기반으로 한 사회주의 운동으로, 노동 계급을 통한 사회 변혁을 운동의 목표로 삼고 있었다. 그것은 노동 계급이 사회 변혁 운동의 주도 집단이 되고 학생, 농민, 빈곤층, 여성 등은 보조 집단이 되어 주도 집단을 지지함으로써 주도 집단이 혁명을 일으키는 것을 말한다. 1980년대 중반에 들어서서는 우리나라의 사회운동 내의 운동 이념과 사상이 주체사상으로 넘어갔다.

　이러한 사회적 분위기 속에서 청년장애인들은 학생운동이나 노동운동 등 다양한 장소(공간)에서 사회 변혁 운동에 참가하고, 자연스럽게 마르크스주의, 사회주의, 유물론, 변증론, 주체사상 등을 통해 사회 모순을 접하며, 운동의 사상이나 이념, 조직 운영과 투쟁 방식을 배우게 되었다. 그리고 주도 집단을 지지하는 보조 집단으로서 장애인운동을 전개해 가는 '장애인문제연구회 울림터'(이하 울림터)라는 조직을 만들게 되었다. 세계의 다른 국가들처럼 사회운동보다는 시기적으로 조금 늦게, 장애인들은 사회 변혁 이론을 가지고 장애인운동을 전개하기 위한 첫 단계로서 장애인운동 조직을 결성하게 되었던 것이다.

2. 울림터의 결성

　소아마비 장애를 가진 어린이들은 사회복지가 없었던 1960년대부터 1980년대 전반까지 중학교, 고등학교, 또는 대학으로부터 입학을 거부당한 경험을 가지고 1980년대에 청년(노동자, 대학생)으로 성장하게 되었다. 이들은 정립회관의 고등부 서클이었던 '밀알'의 창립 멤버들이었으며, 청년이 되어서도 후배 밀알 학생들과 꾸준한 교류를 하였다. 이러한 교류를 통해 밀알 후배들은 당시의 사회운동 전반에 대해서 학습하게 되었다(鄭喜慶, 2011).

이후 대학생이나 사회인이 된 밀알의 청년장애인들은 학생운동이나 노동운동 등 사회운동으로부터 운동을 배우게 되었다. 그리고 1985년 10월부터 매주 1회 사회운동 서적이나 장애인 관련 서적을 읽으면서 선진국에서는 장애 문제를 권리로써 해결해 가고 있음을, 그리고 문제의 책임을 국가나 사회가 져야 한다는 것에 대해서 눈을 뜨게 되었다. 그리고 그들은 자기들이 학생운동이나 노동운동에서 배운 것을 어떻게 장애인운동에 접목시킬 것인가에 대해서 계획적으로 생각하게 되었다. 또한 운동을 전개하기 위해서 전국 조직의 필요성을 인식하고, 전국지체부자유대학생연합(이하 전지대연)을 통해 장애인운동을 전개해 보고자 하였다. 그러나 전지대연은 연합 조직이었기 때문에 단일 조직이 필요하였던 청년장애인들은, 이미 결성되어 있던 장애 학생 조직인 대학정립단에 가입하고자 하였다. 그러나 대학정립단은 대학생이 아닌 일반인의 가입을 원하지 않았다. 이에 결국 대학생과 일반인이 함께 인권 향상과 장애인복지 증진을 위해서 사회 변혁적인 활동을 할 수 있는 것을 목표로 해서 1986년 9월 14일에 청년장애인 10명이 중심이 되어 울림터를 결성하게 되었던 것이다. 울림터는 사회 변혁 운동을 기본으로 하는 우리나라 최초의 장애인운동 단체로서, 장애인복지 문제의 원인이 정부 당국과 사회의 무관심에 있다고 생각하고 근본적인 해결책을 위해서 연구작업과 실천 작업을 함께 할 것을 목적으로 하였다(장애인문제연구회 울림터, 1993). 연구작업의 일환으로서는 1986년 11월 15일에 "함성"지 1호를 발행하였고 해체되는 1992년까지 13호를 발행하였다.

이에 울림터는 우리나라의 장애 문제에 정면으로 대치하여 문제를 해결하고 장애인의 권리를 쟁취하기 위한 투쟁의 준비를 하고 있었던 것으로 볼 수 있다. 이후 처음부터 전국 조직을 통해 사회 변혁적 장애인운동을 전개하고자 하였던 울림터의 청년장애인들은 1987년에 전지대연에 가입하였다.

3. 전국지체부자유대학생연합에의 가입과 운동 세력의 확장

전지대연은 1978년에 대구에서 개최된 전국장애인클럽 친목 체육대회에서 장애대학생 전국 조직의 필요성을 제기하였다. 이에 1981년 대구에서 열린 체육대회에 대전 지역의 장애대학생 단체인 '다크호스'가 참가한 것을 계기로 5개 단체가 중심이 되어 전국 단일 학생 조직을 결성하였다. 1982년 7월 24일에는 전국 조직인 전지대연 상임위원회를 결성하고 위의 5개 단체에서 각 2명씩 위원회에 참가하였다. 이후 꾸준히 몇몇 지역의 장애인단체가 전지대연에 가입하였으며, 이로써 친목 단체로서의 명목을 이어 갔다. 그러다 1987년에 울림터가 가입을 하였다. 이 가입은 계획적인 것으로, 가입으로 인해 장애인운동을 사회운동의 일환으로 하는 이론적인 근거를 확립할 목적이 있었다. 또한 전지대연으로의 가입에는 큰 의의가 있었다. 이로써 운동을 하기 위한 제1의 필수조건인 전국 조직과 운동 민중을 확보할 수 있었기 때문이다.

울림터의 멤버들은 전지대연의 내부 변화를 위해 활동을 시작하였다. 여기에 1987년 울림터 2대 회장이 강한 리더십을 발휘하였다. 외부적으로는 전지대연에 가입하면서 전지대연 내에서 울림터의 위치를 명확히 하였던 것이다. 또한 사회적인 문제야말로 사회구조의 모순에서 기인한다고 여겨 사회 변혁의 부분 운동으로서의 장애인운동의 이론적 근거를 준비하였다(장애인문제연구회 울림터, 1993).

울림터의 멤버들은 전지대연을 친목단체가 아닌 운동단체로 변화시키기 위한 작업을 하기 위해, 울림터의 임원이었던 신용호, 김대성, 이안중 등 세 명이 전국을 함께 돌면서 회원 확보와 회원들의 인식 개선에 전력을 다하였다. 장애인에 대한 차별을 사회적 차별로 인식하고 있었던 임원들의 설득은 같은 차별을 겪은 사람들의 마음을 움직이기에 충분하였으며, 장애의 문제를 사회의 문제로 볼 수 있는 인식을 지역의 청년장애인들에게 전해 줄 수 있었다. 또한 울림터는 내부적으로 "전국 장애대학생의 실태조사를 통해서 회원을 확보하고, 장애인 주체의 정치력 확보의 필요성을 공유하며, 진보적인 의식을 가지는 학생을 확보함'을 목적으로 수련회를 개최하였고, 합숙을 통해서 장애 문제를 사회구조의 문제로 제기하고 정치의식의 고양을 도모하였다(장애인문제 연구회 울림터, 1993, p. 387).

1988년에 들어서면서 울림터는 전지대연의 전국체육대회에서 울림터가 제작한 T-셔츠에 "깨어나라!"라고 하는 문구를 넣어 참가자 모두에게 나누어 주었다. 또한 학생운동이나 노동운동에서 배운 민중가요를 인쇄하여 참가자들과 함께 노래하면서, 단결을 목표로 삼았다. 체육대회 이외에도 장애 문제를 테마로 2박 3일간의 연수회 등을 열기도 하였다. 이러한 움직임은 정치의식을 고양하고 지역 간의 인식 차이를 해소하며 동질감을 확보하기 위한 토대를 형성하였다(장애인문제연구회 울림터, 1993). 이에 학술강연회, 문화행사, 장애 문제 대중 홍보전 등의 항의 운동을 하는 등, 전지대연은 그 성격이 친목 조직에서 사회운동 조직으로 변화되는 데에 성공하였고, 1988년에 울림터의 신용호 회장이 전지대연의 상임위원장으로 선출되면서 전지대연의 성격은 더욱 크게 변화하게 되었다.

당시 전지대연은 장애 문제가 발생하면 즉각 행동을 할 만큼 변화된 활동을 하였는데, 그 첫 번째가 1987년 12월 대통령 선거 기간 동안에 대통령 후보와의 간담회를 전지대연의 주최로 연 것이었다. 그리고는 장애 문제를 공약에 넣은 평민당 후보를 지지하는 기자회견을 열었다. 실로 전지대연이 주체적으로 한 첫 번째 정치적 움직임이었다.

이처럼 울림터는 전지대연에 가입하여 기존의 멤버들이 사회를 보는 새로운 견해를 가질 수 있도록 하였으며, 그들 스스로 운동의 현장에 자연스럽게 참가할 수 있도록 변화시켰다. 또한 자신들이 의도한 대로 전국 조직인 전지대연 및 전국에 있는 회원들을 배경으로 하여 우리나라 최초의 장애인운동이라고 일컬어지고 있는, 1988년의 장애인올림픽 반대 운동, 1989년의 장애인고용촉진법 제정 운동과 심신장애자복지법 개정 운동의 현장 투쟁에 적극 참여하면서 변혁적 부분 운동으로서의 장애인운동을 전개해 나갔다.

Ⅳ 사회 변혁적 장애인운동의 실천(1988~1989년)

1. 장애인올림픽 반대 운동

일부 장애계는 1988년 10월에 개최된 장애인올림픽에 반대하였다. 울림터는 기관지인 "함성"지 7호에서 그 이유를 다음과 같이 설명한 바 있다.

올림픽을 '극복의 올림픽, 평등한 올림픽, 참여의 올림픽'이라고 이름을 앞세우고 있지만, 이러한 문구는 장애인 당사자 입장에서 보면 부끄러운 말이며, 자존심에 상처를 내는 미사어구에 불과하다. 선수 이외에는 장애인의 참가도 없다. (장애인문제연구회 울림터, 1993, p. 219)

1987년도의 장애인복지 예산은 179억 원으로, 400만 명(당시의 우리나라 인구는 4,000만 명으로, 그 10%에 해당하는 수)의 장애인 1인당으로 환산하면 그 금액은 4,500원이었다. 그러나 정부는 1987년에 405억 원을 출자하여 공항, 선수촌, 경기장 등의 설비를 배리어프리(barrier-free)화하겠다고 발표하였다. 이러한 발표를 듣고 장애청년들은 이러한 것이 장애인의 생활에 실제로 도움이 되지 않는 것이며 올림픽에 참가하는 세계에서 오는 사람들에게 보여 주기 위한 선전에 지나지 않는다고 비난하고 반대하였던 것이다.

장애인올림픽 반대 투쟁은 1988년 3월 28일 서울시 동구 하일동에 있는 '보람의 집' 장애인 20명이 장애인 생존권을 요구하면서 연동교회를 점거하고 단식 투쟁을 한 것을 계기로 시작되었다. 사건의 개요를 보면, 목사들이 순복음교회의 헌금을 장애인올림픽을 지원하는 돈으로서 기부하고자 하는 움직임에 대하여 보람의 집에서 생활하고 있었던 20여 명의 장애인이 장애인올림픽에 기부하는 것보다 빈곤 장애인에게 주어야 한다고 주장하면서 단식 투쟁을 시작하였던 것이다. 그 움직임을 알게 된 전지대연은 4월 8일 성명서로 자신의 입장을 발표하고 시위에 합류하였다. 4월 9일에는 보다 구체적인 성명을 발표하면서 장애인고용촉진법의 제정과 심신장애자복지법의 개정을 요구하였으며, 이에 투쟁은 올림픽 반대와 양대 법안 싸움이라는 방향에서 전개되게 되었다.

4월 19일에는 '장애인 권익 촉진 범국민 결의대회'가 전개되었는데, 이 시위는 명동성당에서 '서울·경기 지역 장애인단체 협의회'의 주최로 열렸다. 시위자들은 장애인고용촉진법의 즉각 제정, 장애인 등록의 전면 실시, 노동 능력이 없는 중증장애인의 생계·의료비의 보장, 장애인의 권익 증진, 장애인올림픽의 거부 등을 주장하면서 명동성당까지 행진을 하였다. 여기에 적극적으로 참가한 전지대연 소속 멤버들은 혈서를 쓰면서 17일부터 삼육재활원을 점거하였고 10일간의 삭발투쟁과 15일간의 단식투쟁을 하였다. 또한 보건복지부와 매스미디어와의 3자 회담을 열어 정부에 대한 요구사항을 발표하였고, 마침내 그 요구가 받아들여졌다. 그러나 이후 정부가 약속을 이행하지 않았으며, 장애계가 '15일간의 투쟁을 해산하면서'라는 성명서를 통해 국회에 장애인생존권 대책특별위원회를 설치해 줄 것을 요구하였으나, 이 역시 실현되지는 못하였다.

이후에는 올림픽 반대 운동과 함께 심신장애자복지법 개정과 장애인고용촉진법 제정의 양대 법안 투쟁도 함께 전개해 갔다. 7월 2일부터 3일에 걸쳐서는 장애인올림픽 조직위원회를 점거하였다. 이것은 전시적으로 올림픽을 준비하고 있는 정부에게 치명적인 충격을 주기 위해서였다. 올림픽 직전인 10월 9일에는 '기만적인 장애인올림픽 폭로 및 장애인 인권 쟁취 결의대회'라고 하는 큰 시위가 있었지만, 결국 장애인올림픽은 막대한 예산의 투입과 함께 10월 15일부터 24일까지 개최되었다.

그러나 사회 변혁 운동으로서 장애인운동을 전개하고자 했던 전지대연을 중심으로 하는 청년장애인들이나 장애인단체들이 국가적 대규모 행사인 장애인올림픽을 일부러 더 반대함으로써 장애 문제를 크게 표면화시켰으며 자신들의 요구를 사회에 제기하였다는 면에서는 커다란 성과가 있었다고 볼 수 있다. 또한 그들은 단순히 장애인올림픽을 반대한 것이 아니라 우리나라 장애인복지 시스템의 변혁을 목적으로 하였다고 볼 수 있다. 이 올림픽 반대 운동은 그대로 양대 법안 투쟁으로 이어져 갔다.

2. 심신장애자복지법 개정과 장애인고용촉진법 제정 투쟁 운동

장애인 실업자 문제가 사회에 알려지게 된 것은 1984년에 제8회 장애인올림픽의 개최가 확정된 이후이었다. 이에 그 해 10월에, 기업체에 장애인 고용을 의무화한다는 방침을 보건복지부가 발표하였지만, 구체화되지는 못하였다 (정태수열사추모사업회 편, 2005). 그 해 국회에서도 장애인의 고용 촉진에 관한 법률의 입법화에 대한 움직임이 있어 법안이 국회의원들에 의해 심신장애자고용촉진법안으로 발의되었지만, 국회의 회기 만료로 폐기되었다. 1985년 8월에는 노동부가 신체장애자고용촉진법안을 작성하여 국회에 제출할 방침을 발표하였다(이인영, 2001).

그러나 이러한 움직임에는 장애계의 움직임과는 별도로 정부 측에서 중심이 되었으며, 이는 장애인올림픽 개최를 계기로 국제 사회에 선전하기 위한 수단에 지나지 않았다. 이후에도 정부는 1986년 8월 8일의 서울신문에 장애인고용촉진법을 1986년에 입법·제정하고 1987년에 시행한다고 발표하였지만, 실행되지는 않았다.

정부의 이러한 미온적인 태도에 장애계가 장애인올림픽 반대 운동과 함께 전개해온 양대 법안 투쟁으로 본격적으로 정부 측에 압박을 가하기 시작한 것은 1988년 4월 16일이었다. 명동성당에 장애인 300명이 모여서 집회를 열었고 본격적으로 양대 법안의 입법을 정부 측에 촉구하였는데, 이것이 법안 투쟁의 시작이라고 말할 수 있는 것이다.

장애인올림픽 반대 운동과 함께 전개해 온 법안 투쟁은 장애인계의 과격한 현장 투쟁으로 인해 사회적·정치적 관심을 받게 되었다. 그러나 그 당시 법안 제정을 위한 장애인운동은 조직적이지 않았고 개별 단체들은 연대하지 않았으며 각자가 독자적으로 활동하고 있었다. 그래서 전 장애계를 대표할 운동 조직을 만들기 위해서 노력하게 되었고, 그 결과 8월 11일에 한국장애인총연맹이 결성되었고 각 장애인단체의 대표들이 공동대표로 선출되었다. 이러한 장애계의 움직임을 인식한 정부는 9월에 대통령 직속 자문기관인 장애인복지대책위원회를 발족시켰다(이인영, 2001).

10월 9일에는 장애계가 개운사에서 대규모 집회를 열고 그곳에서 과격한 투쟁 활동을 전개하였는데, 기자회견을 열어 자신의 요구를 사회에 호소하였다. 10월에는 장애우권익문제연구소가 구체적으로 장애인고용촉진법의 초안 만들기 작업을 시작하였으며, 11월에는 심신장애자복지법의 개정 작업을 하였다.

1989년에 들어서면서 장애인들은 장애인 당사자의 구체적인 요구를 수렴하고 이를 법안에 반영시키자고 시도하였다. 1989년 1월 27일에는 '완전 참여와 노동 권리 쟁취'를 위한 공청회가 전지대연, 서울·경기 지역 장애인 연합, 한국장애인총연맹, 장애우권익문제연구소, 한국소아마비장애인협회 정립회관 등 5단체의 주최로 정립회관에서 열렸다. 그 취지는 국회에 제출되어 있는 장애인고용촉진법에 관하여 입법을 목표로 하는 국회의원, 장애인단체, 정부 관계자 등이 모여 법안을 검토하는 것이었다. 그 결과, 정부 관계자와 여당의 의원에게서는 법안에 대해서 긍정적인 반응을 얻을 수 없었지만, 여·야의 국회의원과 정부 관계자를 공청회에 참가시킨 것에는 일정한 의의가 있었다.

3월이 되자 장애우권익문제연구소에 사법연수원 장애인 팀이 합류하게 되었고 본격적인 초안이 작성되기 시작하였다. 4월 20일 장애인의 날을 맞이하여, 16일에는 '기만적인 복지 정책 규탄 및 400만 장애인 권리 쟁취 결의대회'가 국회의사당 앞에서 개최되었다. 국회의사당 앞을 장소로 선택한 이유는 3월에 조직된 이 결의대회가 법안 쟁취라는 목표를 내세우고 있어 그것을 달성하기 위한 효과를 노리기 위해서였다. 이 날 국회에 들어가려고 했던 투쟁단이 경찰에 의해 제지되면서 시위단과 경찰과의 심한 충돌이 일어나기도 하였다. 이 투쟁은 장애인단체가 처음으로 연대한 투쟁이었다.

5월에는 장애우권익문제연구소 등 세 단체가 준비한 양대 법안의 안이 국회에 제출되었다. 7월에는 공청회가 개최되었고, 8월에는 장애계가 만든, 장애인고용촉진법 제정과 심신장애자복지법 개정의 최종안이 국회에 제출되었다.

9월 30일부터 10월 2일까지의 3일간 서울 정립회관에서는 전지대연의 지도자 연수회와 상임위원회가 열려 양 법안을 통과시키기 위한 실천적인 방법이 논의되었다. 그리고 그곳에서 공청회의 실시와 함께 대중 집회를 개최하고 각 정당의 당사를 점거 투쟁할 것을 결정하였다. 각 당사 점거를 결정하게 된 이유는 당시의 세 야당의 의원의 수가 여당보다도 많아 야당 3당을 설득할 수 있으면 양대 법안의 국회통과가 빨라진다고 생각하였기 때문이다. 또한 이 투쟁을 성공시키기 위해 각 정당을 점거하기 전에 국회의 일정을 입수하고 각 법안의 비교 검토를 하는 등 투쟁을 위한 준비 작업을 철저히 하였다.

전지대연의 회원들이 투쟁 준비를 하고 있었던 10월 28일에 서울에서는 '심신장애자복지법 개정과 장애인고용촉진법 제정을 위한 공동대책위원회'(이하 공대위)가 결성되었다. 이 공대위에는 31개 단체가 참가하게 되었다. 공대위와 전지대연은 입법화를 목표로 한 투쟁을 전개하기 위해서 단체별로 각자의 역할을 정하였다. 장애우권익문제연구소는 법안을 전문적으로 다루는 역할, 공대위는 장애계를 대변하여 정부와 협상하는 역할을 하였으며, 전지대연은 점거단을 결성하였다.

10월 30일부터 11월 1일까지 전지대연의 정당 점거단 30명은 평민당 김대중 총재, 노동위원회, 보사위원회와의 면담을 요구하면서 평민당사에서 점거농성을 시작하였다. 31일에는 가두행진, 성명서 배포 등 일반 시민들에게도 호소를 하였다. 다른 한편에서는 4당의 법안과 장애계가 낸 법안을 국회의원과 비교 검토하는 시간을 마련함으로써 장애인복지의 실효성을 정치가들에게 확인시켰다. 당시 이철용 의원은 평민당의 입장과 법안 심의 상황 전반을 설명하고 장애인들과의 질의응답 시간을 마련하였다. 노동위 위원과의 면담에서는 "12월 초 법안을 통과시키도록 최선을 다 하겠지만, 처음부터 완벽한 법을 만드는 것보다는 천천히 개정해가는 것도 좋을 것이다."는 답변을 받았고, 김대중 총재로부터 지지한다는 대답도 들을 수 있었다.

11월 2일부터 3일까지는 통일민주당을 점거하고 김영삼 총재와 노동위원회·보사위원회 의원과의 면담을 요구하였다. 이에 3일에 이인제 노동위원회 의원과 총재와의 면담이 마련되었는데, 그 자리에서는 "법안 통과를 위해서 최선을 다하겠지만, 세 야당의 통일 법안의 실현은 불가능하다."는 답변이 돌아왔다.

11월 4일부터 9일까지에는 우리나라 제1의 보수정당인 공화당을 점거해 단식투쟁에 들어갔다. 점거단은 공화당에 대해서 평민당과 민주당 때보다도 강경한 태도로 투쟁에 임하였다. 그러다 단식투쟁 중에 공화당 당직자들에 의한 폭력 사건이 일어났다. 이에 대해서 전지대연 소속의 점거단은 강한 분노를 표명하고, 보다 강한 자세로 투쟁을 전개하였다. 공화당 직원들에 의한 폭력에 대해 노동위원회 의원은 공식적으로 사죄하고, 법안의 국회통과를 긍정적으로 생각한다는 의견을 표명하였다. 최종적으로 점거단은 김종필 총재와의 면담을 실현하였다. 그러나 김 총재로부터 "평민당과 민주당에서는 어떤 이야기가 나왔는지는 모르지만, 현재 국회에서는 5공화국의 청산이라고 하는 큰 문제가 남겨 있으므로 양대 법안 통과는 어려울 것으로 보인다."는 말을 들었다. 이에 공화당 직원에 의한 폭력과 총재의 발언으로 공화당에 대한 점거투쟁은 더 이상의 의미가 없다고 판단하고 점거에 의한 투쟁 활동에서 대외의 대중 집회로 방향을 바꾼 전지대연은 11월 9일에 점거단을 해산하고 대중 집회에 집중을 하였다.

11월 11일에는 30개 단체가 참가하고 1,000여 명이 모인 가운데, 공대위 주최로 '심신장애자복지법 개정과 장애인고용촉진법 제정을 위한 400만 장애인 총결의 대회'가 국회의사당 앞에서 개최되었다. 17일에는 재활훈련협회가 국회 노동위원회 위원장과 간담회를 가졌으며, 20일에 있었던 국회 노동위원회의 심의 과정에서는 양대 법안 공대위 대표가 참가하여 실효성이 있는 법안인 공대위의 안을 받아들여 줄 것에 대한 약속을 얻어내었다. 25일에는 국회 보사위원회에서 공대위 대표가 참석하여 심신장애자복지법을 장애인복지법으로 명칭을 변경하게 하였으며, 장애수당이나 법안의 강제조항 등에 대해서 의견을 내어 합의를 얻어내었다. 27일에는 공대위 대표와 국회 노동위원회 의원이 간담회를 열어 법률의 명칭을 장애인고용촉진법으로 정하였으며, 고용률, 장애인고용촉진공단의 설립, 고용촉진 기금, 기금 관리 등 총 4개의 쟁점에 대해서 합의를 얻어내었다. 결국 12월 11일에 장애인복지법 개정안이 국회를 통과하였고, 16일에는 장애인고용촉진법이 통과되었다.

이는 장애인운동 사상 처음으로 대규모 운동을 통해 커다란 성과를 올린 것이었다. 특히 전례 없이 장애계는 각자의 역할에 충실하였다. 예를 들면, 장애우권익문제연구소는 법안을 작성하고 공청회를 통해 장애계의 의견이 들어간 법안을 작성하였다. 전지대연과 청년장애인들은 현장 투쟁을 통해 자신들의 요구를 직접적으로 표현하였다. 그리고 공대위는 장애계를 대표하여 정부와 협상하면서 법안 통과의 성과를 얻어내었다.

전지대연이라는 이름으로 양대 법안 투쟁의 공대위에 참가하고 점거단으로서 큰 활동을 해온 울림터의 멤버들은 투쟁 결과를 매듭짓고 그 성과와 반성을 자신들의 기관지인 "함성"지 10호에 특집으로 게재하였다. 거기에서는 세 야당 당사를 점거하였을 때 다른 비장애인 운동 단체들로부터 적극적인 지지의 메시지를 받았으며 자신들의 운동이 다른 주체 영역들이 전개해온 것처럼 장애인이 주체가 되어 운동을 전개한 부분 운동으로서의 위치를 정착시켰다고 평가하고 있다(장애인문제연구회 울림터, 1993, pp. 280-283).

Ⅴ 사회 변혁 운동의 유지를 위한 조직 통합과 해체 (1990~1998년)

1. 장애인운동청년연합

1989년 말부터 1990년대 초반에 소련이 해체되고 북유럽 공산주의 국가들이 붕괴되었다. 이것은 사회주의 사상을 기본으로 1980년대를 통해 사회 변혁 운동을 해 온 한국의 사회운동 진영에 커다란 충격을 주었다. 한편, 1993년 문민정부의 탄생으로 국내 정치는 안정기에 들어갔다. 이러한 변화를 통해 사회운동은 사회 변혁 운동으로부터 시민 사회의 내부 문제인 인권이나 환경에 관심을 가지게 되는 시민운동으로 변해 갔다. 장애인단체들도 이러한 변화에 영향을 받아 시민운동으로서 장애인운동을 전개하고자 하는 측과 1980년대의 사회 변혁 운동을 그대로 유지하고자 하는 측으로 나뉘어 서로 다른 길을 가게 되었다. 전자의 대표적인 단체는 양대 법안 투쟁 과정에서 장애계를 대표하여 법안을 작성하였던 장애우권익문제연구소[5]이었으며, 후자는 점거단을 결

---

5) 장애우권익문제연구소는 1987년 설립 초기부터 시민단체로서 정체성을 명확히 하였으며, 연구자나 법조계의 인맥을 활용하여 1990년대 장애 진영에 커다란 영향력을 행사하였다. 특히 시민운동 단체들과 연대하여 장애인들의 인권과 권리 옹호를 위한 활동, 장애인 관련 법 제정 운동, 비장애인들의 장애인에 대한 인식 개선 운동을 활발히 전개해 갔다. 이러한 활동들은 일반 시민과 장애인의 거리를 좁히는 데 커다란 역할을 하였다고 볼 수 있다. 그러나 이 절에서는 1990년대 장애인운동 조직의 통합과 분리에 초점을 두기 때문에 장애우권익문제연구소 등 1990년대에 많은 운동을 전개해온 장애인단체나 운동 조직에 대해서는 특별히 다루지 않고자 한다.

성하여 야 3당 점거 투쟁 등 현장 투쟁을 이끌었던 전지대연 소속의 젊은 청년장애인들이었다.

이들 청년장애인들은 1988년과 1989년 양대 법안 투쟁의 과정에서 청년 조직으로서의 전국 조직의 필요성을 느끼고 있었다. 그들은 양대 법안 투쟁을 통해 운동에 대한 자신감과 승리감을 가질 수 있었으며, 보다 강한 운동 조직을 통해 장애인복지를 근본으로부터 바꾸고자 하는 의지를 가지고 있었던 것이다. 물론 당시 서울·경기 지역 장애인단체 협의회, 서울·경인 지역 장애인 연합회, 서울 장애인단체 협의회 등 청년장애인 단체가 연합 조직을 결성하였지만, 그 단체들은 실질적인 상설 조직으로서의 중심적인 역할을 하지는 못하였다(정태수열사추모사업회 편, 2005).

이에 1990년 3월에 '서울장애인운동청년연합회 건설준비위원회'(이하 서장청연)가 결성되었다. 이로써 청년장애인들은 사회 변혁 운동을 전개하기 위해서 기존의 단체들을 변화시켜가기보다는 새로운 조직을 결성하여 자신들이 원하는 사회 변혁 운동을 전개하고 싶어 했다고 생각할 수 있다. 특히 그들은 새로운 조직을 통한 사회 변혁 운동에 대한 의지와 자신감을 가지고 있었다.

서장청연은 1990년 4월 20일 장애인의 날을 맞이하여 '장애 민중 생존권 쟁취 결의대회'를 통해 준비위원회에 대한 보고를 하고 본격적인 활동을 시작하였다. 5월 17일에는 광주 민중 항쟁의 10주년 기념 순례에 참가해 민중 운동 세력과 합류하기도 하였다. 또 6월 8일부터 7월 23일까지는 정립회관의 횡령 사건에 대한 점거 투쟁에 참가하였고, 9월 21일부터는 한국재활훈련협회 노동조합의 투쟁에 참가해 단체끼리의 연대 투쟁을 하였다. 10월 20일에는 서장청연의 신문을 발행하였고, 28일에는 새로운 준비위원장을 선출하고 조직 내부를 정비해갔다. 1991년 1월부터는 정식 창립 준비에 들어갔으며, 마침내 4월 13일에 창립식을 개최하였다. 이때 조직의 명칭을 종래의 서울장애인운동청년연합회가 아닌 장애인운동청년연합(이하 장청)으로 변경하였다. 장청은 자신들의 조직 목표를 타 단체와의 연대, 전국 조직 결성, 회원과 자금의 확보를 통한 조직 강화, 장애인운동의 이념적 토대 마련, 새로운 회원에 대한 교육 등으로 두면서, 운동 조직으로서의 위치를 명확히 하고자 하였다.

2. 전국장애인운동청년연합 건설주비위원회

　장청은 대중 운동을 준비해가면서 전국 조직인 전국장애인운동청년연합(이하 전청)의 건설을 위해서 많은 노력을 하였다. 먼저 1991년 6월 29일과 7월 20일에 전국회의를 열었다. 이곳에서는 각 지역의 당시 상황이 논의되었으며, 전청 건설의 필요성과 방안을 위한 토론회가 실시되어 전청 건설의 필요성과 이유가 네 가지로 구체화되었다. 첫 번째 이유는 전국에서 장애 해방 운동을 전개하기 위해서는 운동의 중심이 되는 청년 조직의 설립이 필요하다는 것이었고, 두 번째는 장애계 현재의 문제를 해결하기 위해서는 청년과 학생이 운동의 중심이 될 필요가 있다는 것이었으며, 세 번째는 지방자치단체 제도에 대응할 수 있는 지역 조직의 설립과 발전이 필요하다는 것이었고, 네 번째는 장애인에 관한 문제가 일어났을 때에 재빠르게 대응할 수 있는 조직이 필요하다는 것이었다(정태수열사추모사업회 편, 2005, pp. 42-43).

　그러나 전지대연이라고 하는 전국 학생 조직이 있었음에도 불구하고 새로운 전국 조직을 만들려고 하였던 것은 당시 주도적으로 활동하였던 장애인들이 1991년에는 연령적으로 학생의 신분을 벗어난 상태이었고 그들 중의 핵심 인물들은 이미 장청이나 다른 조직에서 활동을 하고 있어서 1991년 당시 전지대연의 역량이 1989년의 역량에 미치지 못하였기 때문이라고 생각할 수 있다. 그런 만큼 청년장애인들은 자신들의 역량을 발휘할 수 있는 장애인운동 조직의 필요성을 정확히 인식하고 있었던 것이다.

　장청은 이후 계속적으로 전청 건설을 위한 준비모임과 회의를 통해 전국적으로 의견을 수렴하였으며, 서울 지역에서도 다른 장애인 조직들이 동참할 수 있도록 서울 지역 청년단체의 모임을 주선하기도 하였다. 그러나 전국의 단체들과는 달리 서울 지역의 청년단체들은 전청 건설에 동참하지 않았으며, 결국 서울 지역은 장청만이 참가하게 되었다. 이후 4차에 걸친 준비모임을 거친 후인 1991년 11월 3일 '전국장애인운동청년연합 건설주비위원회'(이하 주비위)가 정식으로 발대식을 가졌는데, 여기에는 서울, 강원, 대전, 대구, 부산, 이리, 제주 등 7개 지역이 참여하게 되었다(정태수열사추모사업회 편, 2005).

그러나 주비위 결성 후 주비위는 전청 건설을 위한 주목할 만한 역할을 하지 못하였다. 그 이유는 주비위의 중심에 있던 장청이 주비위가 아닌 독자적인 장청의 이름으로 많은 대외 활동에 참여하게 되면서 그 역량을 제대로 발휘하지 못하였기 때문이다. 결국 1992년 1월 주비위 소속 7개 지역 대표는 수련회를 통해 장청에 대해서 현장 투쟁의 부재와 리더십의 부재로 인해 전청 건설을 위한 활동이 제대로 이루어지지 못하였다는 비판적 평가를 내리게 되었다. 그리고 결정적으로 장청이 자신들의 내부 활동에서 위기를 맞이하게 되는 일이 있었다. 그것은 장청의 핵심 멤버들이 2월부터 '장애인인권사업 기획단'(이하 기획단)에 참여하게 되었던 것이다. 이 기획단의 중심인물은 1980년대 학생운동의 대표적인 인물이었으며, 운동에 대한 이론과 경험이 풍부하였다. 특히 기획단은 1992년 12월 대통령 선거를 앞두고 각 대통령 후보자들에게 장애인 정책에 대한 공약을 받아내는 것을 목적으로 하고 있었는데, 이러한 목적은 장청 내부의 목표 또는 주비위가 목표로 하는 것과 같은 것이었다. 이처럼 장청의 중심인물들의 기획단 참여로 인해 주비위의 활동은 상대적으로 저조하였으며, 이에 지역 주비위의 멤버들의 불만은 고조되었다. 결국 7월 17일에 주비위 대표자 회의에서 주비위의 해체를 결정하게 되면서 새로운 전국 조직의 결성은 실패로 끝나게 되었다. 주비위는 전청 건설의 실패 원인을 주체적 역량의 미흡, 조직 체제상의 미숙, 조직 건설의 경험 미숙, 각 지역의 열악한 상황 등으로 보았다(정태수열사추모사업회 편, 2005, p. 45).

주비위의 해체는 청년장애인들이 유지하고자 하였던 사회 변혁 운동의 한계를 단적으로 보여주는 하나의 예이기도 하였다. 즉, 실질적으로 장청을 통해 장애인운동을 해왔던 장애인운동가들이 우리나라의 사회 변혁 운동의 후퇴로 인해 장애인운동의 현장을 떠나게 되면서 운동가들의 교체와 지도부의 부재로 인해 주비위를 지탱해갈 힘이 없었던 것이다(정우영, 1992).

이로써 1980년대 사회 변혁 운동을 학습하고 조직과 회원을 확보하면서 운동을 준비하며 1989년 양대 법안 투쟁을 통해 사회 변혁적 장애인운동을 승리로 이끌었던 청년장애인들의 새로운 도전은 1989년의 승리를 재연하지 못하고 말았다. 주비위의 해체는 장청의 위기였으며, 이에 1993년에 들어서면서 장청은 장애인한가족협회(이하 장한협)와 통합을 논의하게 되었다.

장한협은 애양병원에서 소아마비 수술을 받은 전국의 150여 명이 중심이되어 1982년에 결성된 '밀알들'을 전신으로 하고 있었다. 전국에 회원을 둔 전국 조직인 밀알들은 1991년에 명칭을 장한협으로 바꾸었으며, 친목 단체에서사회 문제에 관심을 갖는 단체로서의 변화를 모색하고 있었다. 이에 같은 사무실을 사용하면서 장한협의 변화 모색을 알고 있었던 장청의 중요 멤버는장한협과의 통합을 생각하게 되었던 것이다. 운동 조직으로서의 풍부한 경험은 있지만 회원 확보가 어려웠던 장청과 운동의 경험은 풍부하지 않지만 전국에 지부가 있고 회원 수도 많았던 장한협의 통합은 양쪽 모두에 있어서 이익이 있었다. 더욱이 사회 변혁 운동으로서의 장애인운동에 대한 미련을 버리지 못하고 있었던 장청에게 있어 장한협과의 통합은 절호의 기회였다.

3. 전국장애인한가족협회

1993년 3월에 장청은 장한협과 통합하였으며, 8월 13일에는 전국 조직을기반으로 하는 전국장애인한가족협회(이하 전장협)가 결성되었다. 전장협은 전국 조직이 되면서 가장 먼저 회원 간의 의사소통을 원활히 하고자 8개 지역(서울, 대전, 광주, 울산, 강원, 충남, 충북, 제주)의 조직 간의 정보를 중시하였으며, 장애 문제와 정치 변화에 민감하게 반응할 수 있도록 노력하였다. 또한점차적으로 조직을 개편하였는데, 눈에 띄는 것은 1994년에 자원활동 분과(자원활동부, '또바기')를 조직 안에 설치한 것이었다. 그 이유는 장애인운동을 할때 비장애인의 자원활동이 중요한 자원이 되며 회원 확보를 위해서는 상시적으로 자원활동부와 교류를 해야 한다고 생각하였기 때문이었다. 이러한 움직임은 장청이 전청 건설을 준비하면서 회원 확보에 대한 어려움을 겪었던 경험을 토대로 하였다고도 생각할 수 있다. 또한 1995년에는 회원들의 경제적인자립을 위해서 노점 분과를 설치하여 노점상 활동을 적극 후원하였고, 빈곤단체들과의 교류도 전개해 갔으며, 같은 해에 최정환 노점상 분신자살 사건6)

---

6) 최정환은 음악 테이프를 파는 노점상을 하고 있었다. 그러던 1994년 6월 노점 단속으로 인해 전치 8주의 부상을 입었고, 1995년 3월에 서초구청의 살인적인 노점상 단속에 분신으로 항거하다 21일 새벽에 36세의 젊은 나이로 사망하였다.

과 이덕인 노점상 타살 사건7)이 생겼을 때는 적극적으로 현장 투쟁에 합류하였다.

또한 전장협은 정책연구실을 두어 이론적 기반을 확립하기 위한 정책 연구 사업을 실시하여 다양한 자료집을 발간하였다. 특히 이 정책연구실의 장애인 자립생활연구팀에서는 2000년대 이후 급속히 확산된 자립생활 운동과 자립생활센터에 대해서 이미 연구를 하기도 하였다. 또한 전장협은 "열린세상"이라는 신문도 발행하였다. 그 외 부설기관으로는 새날도서관과 노들장애인야학이 있었다. 새날도서관은 재가 장애인이 우편으로나 직접 와서 책을 빌려갈 수 있는 도서관이었다. 노들장애인야학은 장청이 준비하여 1993년에 개교하였는데, 표면적으로는 교육의 기회를 갖지 못한 장애인들에게 교육의 기회를 주는 곳이었지만, 실질적으로는 장애인운동의 운동가를 배출하는 것을 목적으로 하고 있었다. 그렇기 때문에 그들의 교육과정에는 초 · 중 · 고 검정고시 준비 과정의 수업 외에도 사회운동이나 정치의식 고양을 위한 수업도 있었다. 이러한 노들장애인야학은 이후 2000년대 장애인 이동권 투쟁의 중심이 되었다.

전장협은 대외 투쟁 활동으로, 앞에서 언급한 최정환 노점상 분신자살 사건에 관한 투쟁과 이덕인 노점상 타살 사건에 관한 투쟁 이외에도, 1993년 정립회관 비리에 대한 점거 농성, 1994년 장애인고용촉진법 개정안 반대 투쟁, 1997년 에바다 시설 비리 투쟁 등에 적극 참여하기도 하였다. 또한 장애인 교육권 확보 운동, 장애인 대중교통권 확보 운동, 장애인 참정권 확보 운동 등을 독자적으로 진행하였다.

그러나 이렇게 조직 내부의 변화와 다양한 활동을 통해 사회 변혁적 장애인운동을 전개하고자 하였던 전장협은 회원 확보와 조직 운영에 있어서의 경제적인 어려움에 한계를 느끼게 되었다. 이에 1998년에 조직의 새로운 변화를 모색하기 위해 국제 장애인 조직인 '한국 DPI'(Disabled People's International Korea, 한국장애인연맹)와의 통합을 제안하였다. 한국 DPI는 장애를 가진 저명인 10명이 중심이 되어 1986년에 설립한 국제 조직으로 멤버들은 청년장애인

---

7) 이덕인은 구청의 노점 철거 집행에 항거하며 망루를 설치하고 올라가 고공 농성을 전개하였다. 그러자 철거용역 깡패들을 앞세운 공권력이 망루를 포위하고 농성자들에 대한 음식과 식수를 차단하였다. 이후 이덕인은 망루를 내려오다가 행방불명이 되었는데, 1995년 11월에 그의 변사체가 인천 아암도 바다에서 발견되었다.

들이 존경하는 장애인 선배들이었고, 1998년 당시까지는 주요 활동으로 국제 회의에 참가하여 국내에 정보를 제공하는 등 국제 활동이 중심이었으며 국내 활동에는 주력하지 않았다.[8] 통합에 대한 논의는 1998년 7월 17일부터 본격 적으로 시작되어, 2개월에 걸친 토론을 통해 통합제안서가 중앙위원회에 상정 되었고 10월 31일부터 11월 1일에 열린 대의원 총회에서 최종적으로 통합이 결정되었다. 통합을 결정하면서 중앙위원회와 8개 지역은 그대로 남겨두기로 하였는데, 이 8개의 지역은 이후 한국 DPI 지역 연맹의 기초가 되었다.

그렇다면 왜 전장협이 한국 DPI와의 통합을 결정하게 되었는가? 사회 변혁 적 장애인운동을 유지하고자 하였던 전장협의 수뇌부들은 운동을 고민하기 이 전에, 앞에서 언급하였듯이, 조직의 존속 유무를 먼저 고민하게 되었던 것이 다. 이미 성인이 된 장애인들에게는 양육해야 할 가족이 있었기에 활동비 명 목으로 받은 월급은 현실적으로 생활하기에 매우 부족한 금액이었으며, 또한 국제통화기금 구제금융 시대에 사회 변혁적 운동을 전개한다는 것에 무리가 있음을 현실적으로 인식하였다고 말할 수 있다. 결국 국제적으로 지명도가 있 는 한국 DPI와 통합을 하면 복지재단이나 사회복지공동모금으로부터 조성금 을 쉽게 얻을 수 있을 것이며 그렇게 되면 운영 자금의 확보를 걱정하지 않 아도 된다고 생각하였던 것이다. 물론 통합에 끝까지 반대하는 측(당시 노들장 애인야학 교장이었던 박경석)도 있었지만, 특별한 대안을 찾지 못하고 한국 DPI 와의 통합의 길을 가게 되면서 1993년부터 활동해온 전장협은 6년간의 활동 을 접게 되었다. 한국 DPI와의 통합은 10년간 계속 유지하고자 했던 사회 변 혁 운동으로서의 장애인운동을 포기하고 새로운 시대에 맞는 운동을 모색한 결과라고 생각할 수 있다.

그러나 사회 변혁적 장애인운동을 유지하기 위해 새로운 조직으로의 통합을 반복한 청년장애인들의 활동은 한국 장애인운동의 역사에서 높이 평가할 만하 다. 반면, 사회운동의 이념인 사회 변혁 운동을 통해 장애인운동을 전개하고

---

8) DPI는 1980년 캐나다의 위니펙 시에서 개최되었던 RI(Rehabilitation International, 국제재활 협회) 세계대회에 참가하였던 세계 각국의 장애인 250여 명에 의해 태동되었다. 이곳에 서 전문가들은 장애인 당사자들의 의견을 듣지 않고 장애 문제를 해결하고자 하였으며, 이에 반발한 장애인들이 DPI를 결성하게 되었던 것이다. 슬로건은 '장애인을 빼 놓고는 장애인에 대해서 논하지 말라(Nothing about us without us)'이다.

자 했던 그들의 노력은 장애인 자신들을 위한 운동의 이념이나 사상을 만들어내지 못하는 결과를 초래하였다고 말할 수 있다.

한편, 경증장애인들의 운동 목표는 주로 노동권이나 생존권의 확보이었다. 경중의 장애가 있지만 충분히 노동을 할 수 있는 신체를 가졌음에도 불구하고 자신들이 노동권으로부터 제외되고 있는 것은 사회구조에 문제가 있다고 보았기 때문에, 사회 변혁 운동을 이념으로 하는 장애인운동만으로도 그들은 충분하다고 생각하였는지도 모른다. 또한 1970년대나 1980년대에 정립회관에서 할 수 있는 스포츠가 주로 소아마비 장애인들만이 할 수 있는 탁구, 양궁, 좌식배구 등이 중심이 되다 보니 양손의 떨림이나 전신에 마비가 있는 뇌성마비 장애인들이 의도하지 않게 차별받았던 것처럼, 운동성이 부족해 장애인운동의 현장에서도 뒤처지게 되면서 운동의 현장에서 멀어져간 '바롬'의 뇌성마비 멤버들이 집을 나와 홀로 자립생활하는 것을 제일 원하고 있음을 알게 되기까지는 시간이 더 필요하였는지도 모른다.

이후 한국 DPI는 그들의 이념처럼 2000년 이후 장애인 당사자 주권을 중시하는 자립생활 운동에 참여하거나 그 운동을 적극 지지하면서 당사자주의를 전면에 내세우며 운동을 이어갔다. 한편, 한국 DPI와의 통합을 반대하였던 일부의 사람들은 진보정당, 노동조합 등과의 연대를 통해 2002년 장애인 이동권 투쟁과 장애인 차별 철폐 운동으로 그 맥을 이어갔다.

Ⅵ 중증장애인 운동과 장애인운동의 대통합(1999~2007년)

1. 중증장애인의 자립생활 운동

1) 자립생활 운동의 한국적 원류와 일본으로부터의 영향

우리나라의 장애인운동은 고학력의 경증장애(소마마비)인들이 주체가 되었었으며, 이들은 1990년대 후반까지 운동의 주체가 되었다. 이에 반해 상대적으로 중증장애인이 이 기간 동안 장애운동의 현장에 있었다는 기록은 본 저자의 조사 한도 내에서는 없었다. 이에 운동의 현장에서 기동성이 있는 경중장애인이 중증장애인을 소외하였는지 아니면 중증장애인이 자신의 운동을 기록하지 않은 것이 원인이었는지는 불명확하지만, 여하튼 중증장애인의 운동에 대한 기록이 1990년대 후반까지 거의 없는 것이 현실이다.

그러다 중증장애인의 운동의 시작을 알리는 국내 움직임이 나타났는데, 그것은 새로운 운동의 이념 모색에 힘을 기울인 전장협 소속의 몇몇 멤버들에 의한 것이었다. 미국 유학 중에 장애인 자립생활 운동[9]을 접한 한 멤버가 자립생활 운동을 한국에 어떻게 접목시킬 것인가를 고민하다가 다섯 명의 멤버들과 함께 자립생활연구회를 만들어 지속시켰던 것이다. 그러나 이론적인 공부를 통해 대부분의 멤버들이 자립생활 운동을 한국 사회에서 받아들이기에는 시기상조라고 생각하였으며, 이에 취직과 학업을 위해 연구회에서 탈퇴하게 되었다. 결국 이 시점에서 자립생활 운동에 대한 고민은 그대로 끝나 버리고 말았다.

한편, 장애인복지관인 정립회관에서는 새로운 관장을 중심으로 내부 개혁에 나서고 있었다. 특히 정립회관의 사업부장은 미국에서 경험한 자립생활 운동을 새로운 사업 주제로 받아들였고, 1996년에는 캘리포니아 버클리에 직원과 구청 공무원 10명이 연수를 다녀왔다. 그 연수에는 2000년대 이후 실제로 자립생활 운동을 한국에 도입해 널리 확산시킨 김동호가 참가하고 있었다. 이후 그는 세계자립생활서밋(Independent Living World Summit)에 참가하여 각국의 자립생활 지도자들을 만났으나 한국에의 도입 방법을 모색하지는 못하였다. 그러다 1998년에 도쿄도 다치카와시(立川市)에 있는 자립생활센터에서 자립생활 운동의 한국 도입을 본격적으로 계획하게 되었다. 당시 일본은 1980년대에 미국으로부터 자립생활센터 운동이 영향을 받았지만, 1990년대 일본은 강좌 형식의 동료상담과 코디네이터의 도입을 통한 활동보조서비스 파견을 새롭게 정비하면서 일본식 자립생활 운동을 정착시키게 되었는데, 미국과 다른 이러한 일본식 자립생활 운동을 통해서 한국의 도입 방안과 가능성을 확신하게 되었던 것이다.

---

9) 중증의 소아마비 장애인인 에드 로버츠(Ed Roberts)는 미국 캘리포니아 버클리 대학교를 졸업한 후 지역사회에서 자립생활센터를 설립하면서 자립생활 운동을 시작하였다.

1997년에는 JIL(Japan Council on Independent Living Centers, 일본자립생활센터
협의회)의 나카니시 쇼지(中西正司) 대표가 방한하였다. 나카니시는 일본의 자
립생활센터 운동을 전파할 수 있는 나라로서 한국을 선택하였던 것이다. 이때
나카니시는 뇌성마비협회, 지체장애인협회, 정립회관의 단체장들과 만남을 가
졌는데, 이 중 이사회 내 이사의 반수 이상이 장애인이며 리더가 중증장애인
이었던 것을 이유로 정립회관을 파트너로서 선택하였다. 이후 JIL은 일본의
복지재단에서 3년간의 계획으로 지원금을 받아 1998년에 한국의 연수생을 받
아들였다. 나카니시는 한국 장애인의 일본 연수와 더불어 한국 내에서 전국순
회 세미나와 동료상담교실을 개최하면서 자립생활 운동의 보급에 적극적인 지
지를 해 주었다.

2) 자립생활 운동의 확산

정립회관은 조직적으로 자립생활 운동의 확대에 주력하였다. 특히 사회복지
공동모금회의 지원을 얻어서 열린 2박 3일의 동료상담 강좌는 3년간 12회가
개최되었는데, 이 동료상담 강좌는 성공적이었다(정립회관, 2001, p. 33). 중증
장애인들은 동료상담 안에서 감정의 해방, 장애의 수용 등 여러 가지 주제를
가지고 서로에 대해서 이야기하고 "안에 있는 자신의 힘을 찾아내어 스스로를
역량강화"시키게 되었다(樋口, 2001, p. 19). 자립생활 운동의 확산을 위한 수단
으로 이용된 동료상담은 그동안 장애인운동이나 일반 사회에서 배제되어 온
중증장애인들에게 커다란 영향을 주었다. 동료상담 강좌 안에서나 자립생활
세미나에서 일본의 장애인 지도자들이 강조하였던 것은 중증장애인이 주체가
되어야 한다는 것이었으며, 이에 중증장애인들의 활동과 참가를 더욱 강력하
게 호소하였다.

이러한 배경 속에 있었던 자립생활 운동을 접한 중증장애인들은 연구회나
세미나를 통해서 소비자로서의 권리 요구를 배우게 되었고, 또한 2001년부터
실시되었던 서울 DPI 장애인청년학교[10]에 등록하여 선배들을 통해서 장애인
의 역사나 사회 모순에 대해서 배우게 되었다. 이렇게, 지금까지 한국 장애인

---

10) 장애인의 인권, 장애인운동의 역사, 장애인운동의 이슈 등 장애인과 관련된 전반에 대
한 교육을 실시함으로써 신입 장애인 활동가의 육성을 목적으로 하였다.

운동사 안에서 한 번도 그 모습을 보여 주지 않았던 중증장애인들이 서울 DPI에서 개최하는 장애인청년학교나 각종 세미나의 참석을 통해 운동의 이념이나 사상을 배우게 되었고, 동료상담을 통해 장애인으로서의 자기 신뢰를 회복하여 힘을 키우게 되었다. 그리고 그들은 2000년대 초반에 이동권 투쟁이나 다양해진 중증장애인 운동의 현장에서 운동을 체험하면서 조금씩 운동가로서의 소양을 키워갔고, 이후에 운동의 주체로서 정확하게 자리매김을 하게 되었다.

3) 자립생활센터 연합 조직의 결성과 분리

2000년 7월에 한국 최초의 자립생활센터인 피노키오자립생활센터가 설립되었고, 8월에는 광주에 우리이웃자립생활센터가 설립되었다. 이 두 개의 센터는 일본 JIL의 한국자립생활지원기금에 의해 설립된 것이었다. 1년 후에는 정립회관 동료상담 강좌에 참가하였던 중증장애인들이 중심이 되어 한국자립생활네트워크가 결성되었다. 그러나 이곳에는 자립생활센터나 단체가 아닌 개인 자격으로 참가하는 사람들이 있었다. 2002년 10월 22일에는 기존 자립생활센터나 새롭게 센터를 만들고자 하였던 신규 단체들이 모여 전국장애인자립생활단체협의회(이하 IL단체협의회)를 결성하였다. IL단체협의회는 독자적인 활동이나 행사를 할 힘은 없었지만, 이동권 운동에 연대 조직으로서 참가하였다.

2002년 12월에 서울시에서는 다섯 개의 자립생활센터에 대해 운영자금으로서 지원금을 지급하였다. 당시의 멤버들은 자립생활센터가 지방자치단체로부터 지원금을 받게 되면 운동성이 약해질 수 있다는 우려를 뒤로 하고 센터의 운영과 존속을 위해서 지원금을 받았다. 이것은 자립생활센터에 대한 최초의 보조금이었다. 보조금을 받게 되자 자립생활 운동은 장애인복지의 전 영역으로부터 더욱 많은 주목을 받게 되었다. 그러나 우리나라의 자립생활 운동, 즉 자립생활센터 운동에 커다란 영향을 준 일본의 자립생활센터가 운동체로서의 명목을 이어가기 위해 지방정부로부터 운영 자금을 받지 않은 것과는 달리 우리나라는 너무나 빨리 자립생활센터의 운영 자금을 지원받게 되면서 일본과는 조금 다른 길을 걷게 되었다. 이에 반해, 일본의 자립생활센터들은 대부분이 운영 자금을 활동보조사업의 수익금에 의해 충당하고 있었기 때문에 센터의 운영이 정부나 지방자치단체의 예산 조정에는 전혀 영향을 받지 않고 있었으며, 따라서 그들은 자립생활센터가 운동체보다는 수익사업을 하는 서비스 사업체로 빠질 수 있는 위험 요소로부터 자신들을 지키고 있었다.

한편, 2004년에는 자립생활센터의 연합 조직에 분열이 생겼다. 정립회관 노동조합의 투쟁이 일어난 것이 계기가 되었다. 노동운동에 동조하는 쪽과 노동운동과 장애인운동은 따로따로 해야 한다는 생각을 하는 쪽이 대립하게 되었고, 이에 2004년 10월 20일에 IL단체협의회가 해체되었던 것이다. 그리고 진보정당 등과 연대해 좌파적인 운동성을 가진 한국장애인자립생활센터협의회와 당사자주의를 주장하면서 지역을 중심으로 운동을 전개한 한국장애인자립생활센터총연합회로 나누어지게 되었다. 이 둘의 연합 단체는 이후 한 번의 통합 움직임이 있었지만 서로 화해하지 못하였고, 2006년 겨울 활동보조서비스 제도화 투쟁 때도 각자 다른 투쟁 운동을 전개하였으며, 현재까지 다른 노선으로 운동을 전개하고 있다.

2. 교통 접근권에 대한 이동권연대의 운동

1) 운동의 시작

장애인의 이동권이 처음으로 명확한 사회 문제가 된 것은 1984년에 있었던 고 김순석(지체장애 1급)이 "서울시 내에 턱을 없애주세요"라는 유서를 남기고 자살한 사건 때이었다. 이 사건이 터지자 몇몇 청년장애인들이 정립회관에서 모의 관을 메고 항의 투쟁을 하였지만, 그 운동이 계속적이고 조직적으로 이어지지는 않았다는 평가를 받고 있다(유동철, 2005).

이후 얼마 동안 이동권의 문제는 사회 문제로 다루어지지 못하다가 1999년에 지하철역에서 노들장애인야학 학생이 탄 수직 리프트가 추락한 사고를 계기로 야학교를 중심으로 이동권에 관심을 가지게 되었다. 그러다 본격적으로 이동권 투쟁이 시작된 것은 2001년 1월 22일 지하철 4호선 오이도역에서 장애인용 리프트가 추락해서 70대의 여성장애인이 사망한 사건이 그 계기가 되었다. 정부는 즉석에서 1억 7,000만 원의 보상금으로 사건을 해결하고자 하였지만, 장애인단체는 근본적인 문제는 언급하지 않고 보상금만으로 덮어 두려고 하는 정부의 대응에 반발하였다. 이에 1월 31일에 오이도역장애인수직리프트추락참사대책위원회가 결성되었고, 보건복지부, 철도청, 산업자원부에 항의 방문 후 대집회를 하고 서울역 선로 점거 투쟁이라고 하는 실천적이고 과격한 투쟁을 함으로써 사회적 관심을 모으게 되었다. 4월 20일 장애인의 날을 맞이해서는 '장애인 이동권 쟁취를 위한 연대회의'(이하 이동권연대)가 발족되었다. 이에 이동권연대를 중심으로 이동권의 운동을 보다 장기적이고 조직적으로 전개해 가는 기반이 만들어지게 되었다.

2) 충돌 그리고 운동의 결실

이후에 이동권연대 결성 이전부터 실시되고 있었던 '장애인과 함께 전철을 탑시다!'라는 운동을 통하여 많은 휠체어 장애인들이 동시에 지하철을 타는 운동을 전개하였다. 또한 '버스를 탑시다!'라는 투쟁도 실시되었다. 실로 서울시 내에서는 장애인의 이동권 투쟁과 경찰과의 다툼이 매일매일 계속되고 있었다. 또한 서명 활동도 시작되었는데, 이동 인구가 가장 많은 서울역에서 행하여진 '이동권 확보를 위한 100만 명 서명운동'은 2004년까지 계속되었다. 이 서명 활동의 목적은 물리적인 충돌이 시민의 교통의 불편으로 이어지고 있는 것에 대한 양해를 부탁하는 것과 시민사회에 자기들의 정당성을 주장하는 것에 있었다. 한편에서는 이동권연대의 인권변호사 모임인 '디지털 로(Digital Law)'와 함께 이동권 침해 손해배상 소송이 제기되었다.

이에 각 방송국이나 주요 신문에서 장애인의 이동권 문제를 다루게 되었는데, 이는 장애인의 이동권이 널리 사회의 관심을 얻은 것을 뜻하는 것이었다. 이후 이동권연대의 투쟁은 제도적 투쟁으로 확대되어 갔다. 이에는 먼저 장애인의 대중버스 이용을 위해서 저상버스를 도입하고 이와 관련된 법을 개정할 것, 모든 지하철역에 엘리베이터를 설치할 것 등이 포함되어 있었다. 2003년부터 2004년까지는 '장애인 이동 보장 법률 제정과 장애인 교육 예산 6% 확보'를 전면에 내놓으면서 전국순회 투쟁 등도 전개하였다(고춘완, 2005).

2004년에 들어가면서는 4월, 6월, 7월, 9월에 각 지역에서 이동보장법률공대위가 공청회를 개최하였다. 또한 정부를 대상으로 한 투쟁으로서, 9월에 국회후생관을 점거한 정좌투쟁이 있었다. 10월 25일에는 무기한 단식투쟁에 들어갔고, 같은 날 전국순회 투쟁이 시작되었으며, 릴레이 단식, 도로 점거, 야당 당사 점거, 여당 당사 점거, 기자회견 등 법률 제정을 위한 최후의 투쟁이 과격하게 진행되었다. 이 이동권 투쟁은 '교통약자의 이동편의 증진법'이 제정된 2004년까지 4년간 계속 이어졌다.

이동권 투쟁은 2000년대 초반 전 세계적으로 그 예가 드물 만큼 파격적이고 과격한 운동이었으며, 그 운동은 조직적이고 계획적이었으며 전략적이었다. 그 결과 '교통약자의 이동편의 증진법'에 따라 장애인들이 이용할 수 있는 특별교통수단의 도입을 통한 교통수단의 확대 운영, 저상버스 도입의 의무화, 지하철 역사에 휠체어리프트가 아닌 엘리베이터의 설치가 명시되는 등 장애인 이동권이 법적 권리로 보장받게 되었다. 이후 이동권연대는 그 이름을 전국장애인차별철폐연대로 변경하고, 장애인 이동권만이 아닌 반시설 운동과 장애인 연금법 투쟁 등 폭넓은 운동을 전개하였다.

3. 장애인차별금지법 제정 운동

1) 법안 준비와 여론 형성

장애인차별금지법 추진 운동이 '열린네트워크' 안의 장애인법연구회에서 시작된 것은 2000년 가을이었다. 열린네트워크가 7월 8일에 창립총회를 열고 장애인차별금지법 제정 운동을 하기로 결정하였던 것이다. 이에 2001년 5월에는 장애인차별금지법의 초안과 자료집을 작성하였고, 장애인차별금지법의 제정을 위해 7월 21일부터 8월 12일까지 부산에서 서울까지 순회하면서 강연회를 실시하였으며, 가을에는 서명운동도 전개하였다. 2002년에는 두 번째로 전국을 돌며 장애인차별금지법 제정을 위한 '2002 선언'을 발표하였다. 11월부터는 장애우권익문제연구소나 한국 DPI 등 장애인단체와 연대 조직을 결성하기로 결의하였다.

한편, 2002년 장애인단체대선연대에서는 차기 대통령의 공약 안에 장애인차별금지법 제정이 들어갈 수 있도록 하였다. 이후 2003년 4월에는 드디어 장애인차별금지법제정추진연대(이하 장추련)가 정식으로 결성되었다. 이때 장추련에 참가한 단체는 한국장애인단체총연합회의 9개 단체, 한국장애인단체총연맹의 32개 단체, 각 지역의 53개 단체이었다.

이후 장추련은 작성된 법안을 가지고 2003년과 2004년에 전국에서 세미나를 실시하고 의견을 수렴하여 법안을 계속적으로 수정해갔으며, 2004년 11월에는 최종 수정안에 대한 설명회를 거쳐 장애인차별금지법 초안을 완성하였다. 이러한 과정을 통해 장추련은 장애인의 인권에 대한 사회적 공감과 여론의 형성을 도모하였다.

2) 투쟁 그리고 법의 성립

장애계의 이러한 움직임을 알게 된 정부는 보건복지부에서 장애인차별금지법안을 만들어 공청회를 실시하였다. 또한 국가인권위원회에서는 사회적으로 차별을 받는 모든 약자를 위한 차별금지법의 제정을 추진하기로 결정하고 사회적차별금지법제정위원회를 설치하였다.

이에 장추련은 보건복지부에서 만들고 있는 장애인차별금지법에 사법상의 권리 구제가 명시되어 있지 않아 장애인을 보호의 대상으로 보는 법안을 만들고 있다고 비난하였다. 그러나 보건복지부는 장애인차별금지법안을 국회에 제출하였고 2005년부터 실행하겠다는 방침을 발표하였다. 이에 장추련은 2004년 6월 26일부터 1인 시위를 실시하였고 7월부터는 전국 8개 도시를 순회하면서 공청회를 개최하여 의견 수렴과 함께 법 제정을 위한 굳은 의지를 다졌다.

2005년에 들어서면서 장추련은 입법 발의를 위해 정당 선정 작업을 시작하였고, 이어 민주노동당 안으로 '장애인차별금지 및 권리구제 등에 관한 법률 제정(안)'을 발의하기로 결정하고 본격적인 운동을 전개하였다. 더불어 장애인차별금지법은 인권법이기 때문에 국회 보건복지위원회에서 심의하는 것이 아니라 법제사법위원회에서 심의해야 한다고 주장하였다. 10월에는 장애인차별금지법제정공동투쟁단을 결성하여 본격적으로 투쟁을 시작하였는데, 26일에는 '장애인차별금지법 제정을 위한 문화제'를 개최하였고 국회 앞에서 무기한 농성에 돌입하였다. 11월 9일에는 열린우리당 당사 앞에서 결의대회를 개최하면서 과격한 투쟁을 전개하였다.

그러나 이러한 장추련의 움직임에도 불구하고 정부는 각 부처에서 진행 중인 장애인차별금지법 제정에 대한 움직임을 중지하고 국가인권위원회에서 준비 중인 차별금지법이 제정되도록 하는 방침을 세웠다. 이로 인해 보건복지부가 준비 중인 장애인차별금지법안의 제정 움직임도 전면 중지되었다. 이로써 4년 넘게 장애인차별금지법 제정을 위해 법안의 작성·수정, 의견 수렴과 여론 형성, 토론회, 공청회, 집회 등의 노력을 해온 장애인단체의 노력이 수포로 돌아갈 위기에 처하게 되었다. 이러한 정부의 움직임에 장추련은 12월 3일에 아홉 명이 삭발식을 단행하여 잘린 머리카락을 국회의원에게 보내는 투쟁을 실시하였으며, 2005년 10월 26일부터 시작된 천막농성을 2006년 1월 2일까지 진행하였다.

2006년에 들어서면서 장추련은 모든 사람을 위한 차별금지법이 아닌 장애인에게 초점을 둔 장애인차별금지법을 제정하고자 한다며 기자회견을 열고 3월 28일에 국가인권위원회를 점거하였다. 그리고 매주 화요일에는 국가인권위원회에 대한 강력한 항의 집회를 하면서 장애인차별금지법 제정을 요구하였다. 그 결과, 5월 26일에 국가인권위원회로부터 장애인차별금지법의 필요성을 인정받게 되었다.

그러나 장추련은 이후 또 하나의 시련을 겪게 되었는데, 그것은 바로 한국경영자총협회(이하 경총)의 반대이었다. 경총은 7월 25일에 '국가인권위원회 차별금지권고법안에 관한 경영계의 입장'이라는 성명서를 발표하여, 차별금지법은 경제계의 부담을 강요하며 시정명령권 도입, 시행강제금 부과, 징벌적 손해배상 도입 등은 과도한 조치라는 입장을 밝혔다. 이어 9월에는 장애인에 대한 차별을 없애는 것에는 찬성하지만 장애인 의무고용제가 이미 시행되고 있는데 장애인차별금지법을 만드는 것은 기업에 부담이 가중된다는 반대 의견을 주장하였다.

결국 장추련은 민주노동당 안으로 국회에 제출된 법안이 경총과 관계 의원들에 의해 통과되지 못하고 있음을 알게 되었고, 이에 현장 투쟁을 감행하여 11월 7일에 경총을 점거하고 회장단에 면담을 요구하였다. 그러나 경총은 면담을 거절하였고, 8일에는 경찰에 의해 장추련의 멤버가 강제 연행되기도 하였다. 11월 16일에는 대한상공회의소 11층 옥상에서 1인 시위를 27일까지 지속하였고, 21일에는 300명, 24일에는 30명이 대통령이 공약을 지키지 않는다고 비난하는 시위를 경총 앞에서 하였다. 그러나 경총은 끝까지 반대하였고, 이에 장추련은 경총이 아닌 정부를 압박하기로 결정하였다. 그래서 12월 4일에 시민단체 등과 함께 시위를 하였고, 6일에는 장추련의 270개 단체 800여 명이 장애인차별금지법 제정을 촉구하는 시위를 열었다.

결국 최종적으로는 민주노동당 안이 아닌 여당인 열린우리당의 안(장향숙 의원이 12월 8일에 발의)이 가장 장추련의 안에 가깝다고 판단하여 여당 안으로 국회에 제출되었고, 2007년 3월 7일에 국회 본회의를 통과하게 되었다. 그러나 장추련이 마지막까지 주장하였던 독립적인 차별시정기구 설치의 요구는 반영되지 못하였다.

돌이켜 보면, 2000년대에 들어서면서 장애인단체는 다양화되었다. 특히 장애 종별 장애인단체들이 조직을 결성하며 독자적인 목소리를 내었다. 이러한 시대적 배경 속에서 장애인차별금지법 제정 운동을 전개해온 장추련의 운동은 실로 우리나라의 전 장애인단체가 참여한 운동이었다고 볼 수 있다. 2007년에 서울 지역 38개 단체, 지방 190개 단체가 장추련에 가입한 것이 이를 단적으로 보여주는 것이다. 무엇보다도 1997년부터 장애인고용촉진법 개정을 둘러싸고 강하게 대립해 온, 한국장애인단체총연맹(장애인 당사자 단체와 전문가 단체가 가입)과 한국장애인단체총연합회(장애인 당사자 단체들로만 구성)가 함께 협력하였다는 점은 장애인운동의 역사 중에서 커다란 의미를 가지고 있다고 볼 수 있다.

Ⅶ 결론

지금까지 우리나라의 장애인운동이 어떻게 형성되어 어떠한 운동의 이념을 가지고 전개되어 왔는가에 대해서 역사적으로 서술하였다. 시대적으로는 부모와 전문가들에 의한 운동의 시기, 사회 변혁적 장애인운동을 준비·전개하던 시기, 사회 변혁 운동의 유지를 위한 조직 통합·해체의 시기, 장애인 당사자가 운동의 주체가 되는 자립생활 이념으로부터 영향을 받아 전개된 중증장애인 운동 및 장애인차별금지법 제정을 위해 장애인운동이 대통합하던 시기로 크게 나누어 서술하였다.

특히, 차별 인식을 갖고 있었던 소아마비 중·고등학생들이 성인이 되면서 사회 변혁 운동으로부터 영향을 받아 장애인운동을 전개해 왔고 사회 변혁 운동을 계속 유지하기 위해서 조직의 통합과 해체를 반복해 왔음에 대해서 논하였다. 그러나 사회 변혁 이론에 대한 집중은, 바꾸어 말하면, 경증장애인들 스스로가 사회적 이슈를 찾아내지 못하고 그것이 결과적으로 장애 독자적인 운동의 이념이나 사상을 만들어내지 못하는 결과를 초래하였다고 볼 수 있다. 물론 자신들이 고학력에다 노동을 할 수 있을 만큼의 경증의 장애를 가지고 있지만 노동의 현장에서 자신들을 배제하는 사회구조를 바꾸기 위해서는 사회 변혁 운동론으로 충분하였다고 생각할 수도 있다.

한편, 중증장애인들은 활동보조 없이는 생활과 이동을 할 수가 없어 노동의 현장은 물론 장애인운동의 현장에도 모습을 보이지 못하였다. 그러나 2000년 이후에 중증장애인이 사회로 나올 수 있는 기반들이 조금씩 사회적으로 조성되자 중증장애인들은 자신들에게 필요로 하는 활동보조서비스나 이동권 문제를 장애인운동의 목표로 두었다.

이렇게 경증장애인과 중증장애인의 운동 목표는 처음부터 다른 것이었다. 따라서 결국 중증장애인들은 경증장애인들의 운동 목표에 동조할 수 없었으며 경증장애인들은 중증장애인들이 안고 있는 문제에 대해서 인식하지 못하였다고 생각할 수 있다. 그러나 운동의 주체가 경증장애인에서 중증장애인으로 변화해 갔던 것은 운동의 단절이 아니며, 운동의 끈은 조직의 반복적 통합 과정에서 계속 이어져 왔고, 중증장애인들이 운동의 장소로 나올 수 있도록 운동의 현장 분위기와 기반을 조성하는 데에는 경증장애인들의 역할이 있었음을 부인할 수는 없을 것이다.

이 장에서는 장애인운동을 '그동안 빼앗긴 채 가려져 있었던 권리를 되찾으려는 운동'이라고 정의하였다. 오랫동안 중증장애인에 대한 복지정책은 물론 장애인을 둘러싼 모든 환경들이 장애인의 권리를 인정하지 않았다. 이러한 상황 하에서 중증장애인들이 자신들이 주체가 되는 운동을 통해 자신들의 권리를 되찾아 왔으며, 이 운동은 경증장애인들의 자기 권리 찾기에 많은 영향을 주기도 하였다.

　　현재 우리나라의 장애인운동은 많은 성과를 내고 있으며, 장애를 가진 사람들도 지역에서 살아가는 것이 권리로 인식되고 있다. 이러한 운동의 과정에서 많은 장애인단체들이 서로 견제와 비판을 하기도 하고 때로는 협력을 하기도 하고 있는데, 이는 너무나 당연한 현상이다. 하지만 이러한 과정에 다시 소통의 단절이 있어 보이는 것 또한 사실이다. 이에 이제는 경증장애인과 중증장애인, 운동의 선배와 후배, 사상과 이념을 달리하는 사람들, 그리고 비장애인과 장애인 등 서로 다른 환경이지만 장애인운동이라고 하는 같은 목적을 가진 사람들에게 소통의 부족 또는 단절을 극복해 가는 모습들이 필요한 때가 되지 않았나 싶다.

참고문헌

고병진 (2001). 한국장애인운동의 단계와 향후과제연구. 미간행 석사학위논문, 국민대학교 행정대학원, 서울.

고춘완 (2005). 한국 장애인운동의 성격에 관한 연구 — 2000년 이후 전개된 운동을 중심으로. 미간행 석사학위논문, 순천향대학교 산업정보대학원, 아산.

구제 소식 전해진 입학 제한 규탄대회장 — 환희의 눈물 흘리며 만세 (1976. 2. 25). 동아일보, p. 7.

김경일 (1995). 한국 사회운동의 역사와 전망 — 1945~1995. 사회과학연구, 1(1), 179-202.

김윤정 (1997). 우리나라 장애인운동의 역사적 전개에 관한 고찰. 미간행 석사학위논문, 가톨릭대학교 대학원, 부천.

김재기 (1989). 80년대의 사회 변혁 운동과 주체사상. 철학연구, 25, 85-132.

소아마비 등 지체부자유학생 체능 시험 면제 (1972. 1. 31). 경향신문, p. 7.

소아마비아 등 중학입시 체능 특혜 백지화 (1968. 6. 7). 동아일보, p. 3.

5백여 명 궐기대회 (1976. 2. 24). 경향신문, p. 7.

용납 못할 차별 교육 (1976. 2. 24). 경향신문, p. 2.

유동철 (2005). 한국장애인운동의 성과와 과제. 사회복지정책, 21, 56-62.

이경문 (1967. 12. 6). '체능'이란 단어를 없애버리고 싶다. 동아일보, p. 3.

이동석 (2003). Priestly의 장애 이론 유형에 따른 한국 장애인 제도 및 운동의 변천에 관한 연구. 미간행 석사학위논문, 성공회대학교 시민사회복지대학원, 서울.

이상호 (2004). 한국장애인 해방운동의 역사. 장애인청년학교 자료집(pp. 88-104). 서울 DPI, 서울.

이인영 (2001). 신사회운동으로서의 장애인운동에 관한 고찰 — 장애인고용촉진 등에 관한 법률 및 직업재활법 정책 결정 과정을 중심으로. 미간행 석사학위논문, 중앙대학교 사회개발대학원, 서울.

이행진 (1991. 1. 4). 장애인운동은 빼앗긴 것을 되찾는 것. 장애인복지신문, p. 2.

장애인문제연구회 울림터 (1993). 울림터 활동기록집. 서울: 장애인문제연구회 울림터.

정립회관 (2001). 정립회관 동료상담학교 일본연수 자료집. 서울: 정립회관.

정우영 (1992. 8. 7). 전국청년조직 당분간 '난망' — 전청 주비위 해산의 배경과 전망. 장애인복지신문, p. 3.

정태수열사추모사업회 편 (2005). 한국사회 장애민중운동의 역사 — 그 투쟁의 기록과 평가. 서울: 정태수열사추모사업회.

지체부자유 학생 등 5백여 입학 제한 규탄대회 — 향학 막는 비교육적 편견 (1976. 2. 24). 동아일보, p. 7.

지체불구아의 진학 문제 (1972. 1. 29). 동아일보, p. 3.

지체불구 '체능 낙방' 구제키로 (1972. 1. 31). 동아일보, p. 7.

'피가 통한' 身障兒 구제 조처 (1972. 2. 1). 경향신문, p. 2.

학교장 재량 불구아 체능 특전 (1968. 9. 26). 동아일보, p. 7.

'향학의 의지'에 뚫린 대학문 — 얼싸안고 감격의 눈물 (1976. 2. 25). 경향신문, p. 7.

田中耕一郎 (2005). 障害者運動と価値形成 — 日英比較から. 東京: 現代書館.

鄭喜慶 (2011). 韓國における障害者運動の原点 — 韓國小兒麻痺協會の活動と障害者問題研究會ウリント의結成と勢力擴張までに —. コア・エシックス, 7, 177-186.

樋口惠子 (2001). 自立生活運動と障害文化 — 当事者からの福祉論. 東京: 現代書館.

八代英太, 富安芳和 編 (1991). 障害をもつアメリカ人法 — ADAの衝撃. 東京: 學苑社.

제3부

장애여성과
장애아동

강민희

Ⅰ 서론

스웨덴의 장애여성[1] 단체인 SHIA(Swedish Organization of Handicapped International Aid Foundation, 스웨덴 장애인국제원조재단 협회)는 장애여성의 억압과 차별이 장애 차별과 성 차별의 복합된 형태이며 여기에 빈곤까지 더해짐으로써 장애여성들이 삼중의 차별을 경험한다고 강조하였다. 외국뿐 아니라 한국 사회에서의 장애여성 역시 다중의 억압과 차별을 경험하며 살아가고 있다. 특히 가부장적 성격이 강한 한국과 같은 사회에서는 장애여성에게 가해지는 이러한 억압과 차별이 비장애인뿐 아니라 장애남성과도 개인적·집단적 차이를 현저히 드러나게 하는 특성이 있다. 장애여성은 정치적·경제적·사회적·문화적 영역에서 비장애남성과 비장애여성은 물론이고 장애남성에 비해서도 그 참여도가 낮아 사회의 가장 소외된 집단이라 인식되고 있다(장명숙, 2009). 다수의 장애여성들은 삶의 가장 기본적인 권리라 할 수 있는 교육권, 노동권, 생활권, 출산·양육권을 얻기 위한 기회를 박탈당하거나 충분히 누리

---

1) 장애를 가진 여성을 지칭할 때 '여성장애인' 또는 '장애여성'이라는 단어를 쓴다. '여성장애인'이라는 단어는 여성적 특성을 지닌 장애인이라는 의미를, '장애여성'은 장애를 가진 여성이라는 의미를 강조한 것으로 이해하는 것이 보편적이다. 본 저자는 장애를 가진 여성의 경험은 장애와 여성의 단순한 합으로 볼 수 없을 뿐만 아니라 장애 문제의 테두리 안에서 장애여성의 문제가 모두 이해되고 해결될 수 있는 것이 아니라고 믿기 때문에 이 장에서 성적 정체성을 강조하는 '장애여성'이라는 단어를 사용하였다.

지 못하고 있다. 이는 비장애 중심적, 가부장적인 잘못된 사회구조로 인한 것이며, 장애를 가진 여성 특유의 경험과 고통을 이해하려는 사회적 인식이 부족하기 때문이다(박영희, 2001; 오혜경, 2008; Kang, 2006).

그런데 이러한 사회의 편견을 깨고 새로운 장애여성의 이미지를 만들어 부정적인 사회인식을 좀 더 긍정적으로 바꾸며 현실적인 변화를 만들어내려고 노력하는 장애여성들이 있다. 이들은 더 이상 장애여성이 불쌍하고 힘없는 약자 혹은 주변인이 되기를 원하지 않기 때문에 많은 장애여성들에게 자신의 새로운 시도를 알리고 함께 동참하기를 원한다. 물론 이들의 노력은 이제 시작에 불과하지만 그 영향력은 매우 크다. 다양한 방법으로 장애여성 단체 활동에 참여하고 있는 장애여성들이 이의 대표적인 예라 할 수 있는데, 이들은 장애 친화적인 환경과 장애여성을 존중하는 가치관을 새롭게 구축하며 의미 있는 공동체를 만들기 위해 노력하고 있다.

한편, 여러 측면에서 장애여성의 경험은 한국 사회에서의 장애를 이해하는 데 매우 중요하다 할 수 있다. 그 이유는 개발 중심 논리에 의해 더욱 강화된 장애 차별주의와 아직까지 절대적 영향력을 발휘하는 가부장제도의 폐해를 장애여성들은 삶의 전 과정을 통해 다양한 사회 영역에서 경험해 왔기 때문이다. 그러나 이제 장애여성들은 이러한 사회구조와 그 구조적 차별에 저항해서 새로운 변화를 시도하고 있다. 이러한 변화는 사회의 가장 저변에 있는 약자집단의 문화운동이라는 점에서 매우 의미 있는 것이며, 바로 이런 이유에서 장애여성의 생애 경험은 한국 사회의 구조적 차별과 변화를 동시에 알아볼 수 있는 중요한 기제로 볼 수 있다.

이에 이 장에서는 한국 사회에서의 장애여성의 생애 경험을 이해하는 데 그 목적을 두고, 장애여성에게 특히 불리하게 형성된 사회적·물리적 환경, 그 환경 속에서 살아온 경험들, 그리고 이를 바꾸기 위한 개인적·집단적 노력들, 그 노력들을 통해 얻은 변화의 경험들을 살펴보려 한다. 또한 장애여성에 대한 우리 사회의 차별과 이를 극복하기 위한 노력들이 어떻게 사회를 조금씩 바꾸어 가는지에 대해 분석해보려 한다. 이를 위해 우선, 통계를 통해 한국 장애여성들의 사회적·경제적 현황을 알아보고, 장애여성의 생애사적 경험을 이해하는 데 도움이 되는 이론적 틀을 간략히 살펴본 후, 심층 인터뷰를

활용한 질적 연구의 결과를 통해 한국 장애여성의 경험을 구체적으로 공유해
보도록 하겠다.

Ⅱ 한국 장애여성의 사회적·경제적 현황

한국 사회에서 장애인은 2020년 장애인실태조사의 시점을 기준으로 2,623.2
천 명으로 집계되었다. 장애 출현율이 제시되지 않은 2020년을 제외하고, 출
현율은 2011년 5.61%, 2014년 5.59%, 2017년 5.39%로 나타나 지속적으로 감
소하고 있다(김성희 외, 2020). 장애남성은 전체 재가 장애인의 57.8%, 장애여
성은 42.2%로, 장애남성의 수가 약 408.6천 명이 많은 것으로 나타났다.

그러나 장애여성은 인구의 절반 정도를 구성함에도 불구하고, 여러 문헌들
에서 강조되어 왔듯이, 사회의 여러 측면에서 배제와 차별을 경험하고 있다
(공미혜, 김경화, 김현지, 2007; 양정빈, 김소진, 2011; 오혜경, 2010; 이성은, 2009;
이혜경, 2008; Kang, 2006). 이는 비장애남성 및 비장애여성과의 비교에서뿐 아
니라 장애남성과의 비교에서도 뚜렷이 드러나는 현상이며, 특히 교육과 고용
의 현황은 이러한 차이를 잘 보여 주는 것이라 할 수 있다. 다음에서는 장애
여성의 교육 정도, 취업 현황, 월 평균 수입, 직장에서의 지위, 결혼 상태 등
을 살펴보도록 하겠다.

1. 교육 현황

우리 사회에서 교육은 취업뿐 아니라 결혼 등 일상생활의 다양한 부문에
영향을 미치는 중요한 요소로 인식되고 있다. 그러나 장애여성은 이러한 중요
성을 지닌 교육의 혜택을 충분히 받지 못하여 성인기의 자립을 잘 이루어내
지 못하는 경우가 대부분이다(김경화, 2003; 오혜경, 2010).

장애여성의 최종 학력에 대하여 2020년에 조사된 결과(김성희 외, 2020)에
의하면, 무학 16.9%, 초졸 37.6%, 중졸 15.7%, 고졸 21.5%, 대학 이상 8.2%
로 나타났다. 이는 장애남성의 무학 2.9%, 초졸 22.0%, 중졸 19.3%, 고졸

37.1%, 대학 이상 18.7%와 큰 차이를 보이는 것이다. 장애여성의 경우, 무학과 초졸인 사람의 비율이 54.5%에 이르며, 남성의 약 56%를 차지하는 고졸 이상의 학력은 약 30%로 낮은 수치를 보였다. 이러한 낮은 교육수준이 취업 선택의 폭을 극단적으로 좁히는 등 장애여성의 경제활동에 크게 제약이 될 수 있음과 그로 인해 생활수준이 낮을 수밖에 없다는 점은 쉽게 짐작될 수 있다.

또한 교육 기회의 박탈은 직업 선택의 제한을 가져옴은 물론, 경제 수준과 사회적 지위에서의 차이, 결혼 조건상의 불이익으로 이어지기 쉽다. 즉, 장애여성들의 교육 수준이 현저히 낮기 때문에 이들의 동등한 사회 참여는 현실적으로 매우 어렵다고 볼 수 있는 것이다. 우리 사회의 장애여성에 대한 차별이 이러한 기본적인 사회적 요구조건조차 충족시킬 수 없는 장애여성 본인의 잘못 때문이라고 여겨지기 쉬우나, 사실은 충분한 가족의 지지와 도움을 받을 수 없다거나 편의시설의 부재, 장애인을 진정한 친구나 동료로 받아들이지 않는 사람들의 인식 등 사회적·환경적 이유로 인해 가장 기본적인 교육의 혜택조차 제대로 받을 수 없는 현실에서 기인한다고 보아야 한다.

2. 고용과 수입의 현황

취업과 관련하여 장애 인구의 성별 차이를 살펴보면 표 11.1과 같다. 비경제활동인구에 있어 장애여성이 장애남성보다 많았고, 경제활동참가율은 장애남성이 약 50%에 가까운 데 비해 장애여성은 약 24% 밖에 되지 않아 그 비율이 약 2배 정도 차이를 보였다. 또한 장애남성의 인구 대비 취업자 비율은 38.7%, 장애여성의 인구대비 취업자 비율은 17.1%로서, 장애여성의 비율이 장애남성의 절반 정도밖에 되지 않았다.

취업 장애인의 특성을 살펴보아도 장애여성과 장애남성의 차이는 뚜렷이 나타난다. 임금근로자 기준으로 주당 평균 근무시간과 월 평균 수입을 살펴보면 장애남성은 주당 평균 39시간, 장애여성은 주당 평균 31시간을 일하고 있는 것으로 나타나 주당 평균 근무시간에서 8시간 정도의 차이를 보였으며, 월 평균 수입에서는 장애남성이 210만 원, 장애여성이 119만 원을 버는 것으로 나

표 11.1 **장애인의 성별 취업인구와 취업률**

구분	경제활동인구(명)			비경제 활동인구 (명)	경제활동 참가율 (%)	취업률 (%)	실업률 (%)	인구 대비 취업자 비율(%)
	계	취업	실업					
남성	597,105	568,934	28,171	871,562	40.7	95.3	4.7	38.7
여성	203,934	185,873	18,061	885,294	18.7	91.1	8.9	17.1
계	801,039	754,807	46,232	1,756,856	31.3	94.2	5.8	29.5

출처: 김성희 외, 2020, p. 22

타나 약 2배의 차이를 보였다(김성희 외, 2020). 이처럼 평균 근무시간의 차이와 평균 수입의 차이는 합리적으로 이해될 수 있는 비례 관계에 놓여 있지 않음이 확연하다.

또한 고용계약 기간을 살펴보면, 장애남성과 장애여성의 경우 모두 대부분의 응답자가 1개월에서 1년까지의 계약직임을 추정할 수 있는 고용 형태에서 근무하는 것으로 나타났으며, 특히 장애여성의 경우에는 1년 미만의 단기 계약직에 약 66%가 집중되어 있었다(표 11.2).

표 11.2 **장애인의 성별 고용계약 기간**

구분	남성(%)	여성(%)	전체(%)
1개월 미만	1.6	4.9	2.8
1개월 이상 ~ 1년 미만	45.4	60.9	51.0
1년	43.6	27.0	37.6
1년 초과 ~ 2년 이하	3.0	2.6	2.8
2년 초과 ~ 3년 이하	0.7	2.3	1.3
3년 초과	5.7	2.3	4.5
계	100.0	100.0	100.0

출처: 김성희 외, 2011, p. 482

직장에서의 지위 역시 장애여성과 장애남성 모두 임시근로자나 일용근로자로 일하고 있다고 답한 응답자가 많았다. 그러나 장애여성의 경우 장애남성 40.5%의 약 3분의 2 정도인 26.9%만이 상용근로자라고 답하였으며, 약 40%

정도가 임시근로와 일용근로의 형태로 일하고 있어 장애남성보다 그 고용조건이 더욱 열악함을 알 수 있다(김성희 외, 2020).

이상의 조사 결과를 통해 살펴보았을 때, 장애여성은 경제활동과 관련하여 장애와 여성이라는 중첩된 차별의 대상이라는 특성으로 인해, 비장애 남성·여성, 그리고 장애남성에 비해 노동시장으로 유입되는 것 자체가 매우 어렵다는 것을 짐작할 수 있으며, 장애여성의 경제적 수준도 전체 국민과의 비교에서는 물론 장애남성에 비해서도 현저히 낮음을 알 수 있다.

3. 결혼 현황

교육·고용과 함께 결혼 역시 우리 사회에서 장애여성의 지위를 보여 주는 주요한 측면이라 할 수 있는데, 장애여성은 비장애여성보다 결혼할 가능성이 낮은 반면 이혼할 가능성은 높다(공미혜 외, 2007; 오혜경, 2006; 장명숙, 2009). 외국의 경우에도 이러한 경향은 비슷하게 나타난다. 한 연구에서는 장애가 발생하기 전에 결혼한 장애여성은 이혼율이 장애남성에 비해 4배가 높다는 통계치를 제시하고 있다(Hannaford, 1985). 국내 조사에서도 장애가 발생한 후 결혼한 장애여성은 장애남성보다 배우자가 장애인일 가능성이 높다는 결과가 있었다(변용찬 외, 2006, 2009).

장애여성에게 있어 결혼과 가정의 유지는 매우 어려운 과제이다. 특히 한국 사회처럼 장애인에 대한 편견이 심각하고 전통과 가문을 중시하며 여성에게 자녀 생산과 양육, 가사 노동의 전적인 책임을 강요하는 문화에서는 장애여성의 결혼에 많은 장벽이 존재한다(오혜경, 2006).

그러나 최근의 추세를 보면, 장애여성의 결혼 비율이 높아지고 장애여성의 배우자가 비장애남성인 경우가 많아졌다는 점이 눈에 띈다. 이는 장애여성의 결혼관과 사회적 인식이 변화하고 있다는 사실을 간접적으로 시사하는 것이라 볼 수 있어 다행스러운 일이 아닐 수 없다.

2020년 장애인실태조사 결과에 따르면, 장애여성은 장애남성에 비해 유배우율이 낮게 나타났으나, 미혼 또는 이혼 상태에 있는 경우 역시 장애남성보다 낮게 나타났다(표 11.3). 미혼 상태와 이혼 경험 등의 비율에서 장애여성이 장

애남성보다 더 높은 것은 한국뿐 아니라 세계 여러 국가들의 연구들이 보여
주는 공통적인 경향인데, 2020년 장애인실태조사에서는 이러한 흐름에 변화가
있어 주목할 만한 현상이다.

표 11.3 **장애인의 결혼 상태**

구분	남성(%)	여성(%)	전체(%)
미혼	21.8	11.5	17.4
유배우	60.4	39.1	51.3
사별	6.6	39.9	20.8
이혼	10.5	8.7	9.7
별거	0.7	0.7	0.7
기타	0.0	0.2	0.1
계	100.0	100.0	100.0

출처: 김성희 외, 2020, p. 14

Ⅲ 장애여성의 경험과 관련된 이론적 설명

1. 장애여성의 경험의 특징

많은 여성주의 장애학자들은 장애여성의 경험이 장애남성의 그것과 매우 다
르다고 주장한다. 장애여성의 생애 경험은 장애남성의 생애 경험보다 더욱 복
잡할 뿐 아니라 생애 경험에 영향을 미치는 개인적·사회적 요인들이 매우
다르며, 이러한 요인들 간의 상호관계 역시 장애남성과 비교해 볼 때 더욱 강
력하게 작용한다(Morris, 1992; Sheldon, 1999; Thomas, 1999; Vernon, 1999). 장
애여성의 이러한 경험을 이해하기 위해서는 장애여성의 사회적 억압 경험 자
체가 동시적이며 복합적이라는 점을 고려해야 한다. 장애여성들은 장애인으로
서, 여성으로서, 또한 빈곤자 등으로서 불리한 사회적 지위에 위치 지어진 존
재이고, 이들이 일상생활에서 경험하는 모든 일들은 억압적인 사회관계에서

복잡하게 얽히며 일어나는 일들이며, 따라서 동시성과 복합성은 장애여성의 경험을 이해하는 핵심적인 개념이라 할 수 있는 것이다.

Bernard(1999)는 이러한 동시성과 복합성을 장애소녀의 성적 학대 경험 연구를 통해 밝히고자 하였다. 그는 장애소녀의 성적 학대 경험이 연동된 형태의 차별이라는 점을 강조하면서, 장애여성에게 있어 성, 인종, 민족, 나이 등의 억압 기제는 장애만큼 중요한 억압 기제이며 장애소녀에게 가해지는 성적 학대는 이 모든 억압 기제의 힘이 동시에 작동하면서 서로의 억압적 성격을 강화한다고 주장하였다. Vernon(1999) 역시 장애여성에게 가해지는 억압의 동시적 작용을 강조하며, 매일의 일상에서 여러 가지의 억압을 경험하게 되는 장애여성은 '다중적 타자(multiple others)'로 이해해야 한다고 주장하였다. 이에 그는 장애, 성, 인종, 연령과 같은 억압적 기제가 장애여성의 존재를 '주체'가 아닌 '타자'가 되게 한다고 설명하였다. 또한 그는 여러 억압 기제가 동시에 작동하면서 억압의 상황마다 주된 억압 기제가 달리 인식될 수 있지만 장애 여성은 매 상황마다 다중적 억압의 대상이 될 뿐 아니라 '자신을 초월할 수 있는' 주체가 아닌 타자로 전락하게 된다고 설명하였다.[2] Morris(1992)는 이러한 다중적 억압에 대해, 장애라는 억압에 다른 성격의 억압들이 단순히 더해진다기보다 장애가 다른 억압들과 함께 경험되는 순간 다른 억압들의 성격을 강화하는 특성이 있음을 강조하였다. 억압의 복합적 작용은 서로의 억압적 특성을 강화하고 매 상황마다 독특한 경험을 하도록 하는 특징을 말하는 것이다. 이렇게 장애 여성주의자들은 '억압적 힘들의 역학적 관계(dynamics of oppressive forces)'에 주목하며, 성, 인종, 민족, 나이, 사회적 계층 등 복잡한

---

2) '타자'의 개념은 실존주의적 설명에서 비롯된 것으로, 장애의 억압과 관련한 '주체'와 '타자'의 의미는 여성 억압에 대한 보부아르(Simone de Beauvoir)의 설명에서 그 유사점을 찾을 수 있다. 보부아르는 여성이 겪는 열등성의 원인을 여성의 본질이 아닌 실존에서 찾으려고 하였다. 그는 여성이 실존하는 주체로서 삶을 영위해 나가면서 뚜렷한 목표를 가지고 자유의 상태에서 매 순간 자신의 미래를 위해 현재의 '자신을 초월하는' 방식으로 살지 못하였다고 설명하였다. 오히려 그는 여성이 현재 상태에 안주하면서 자기 창조의 권리를 포기하면서 살아왔다고 주장하며, 여성이 스스로 타자 또는 객체의 상태로 머물고 말 것이라는 경고를 하기도 하였다. 이에 많은 장애학자들은 이러한 설명의 틀을 장애 연구에 적용하여, 여성과 마찬가지로 장애인 역시 부정적인 현재의 자신을 초월하여 새로운 자아를 만들지 못하고 스스로 객체화 혹은 타자화된다고 설명하고 있다.

관계 구조가 장애의 억압적 측면을 더욱 강화한다는 연구 결과를 다양한 일
상생활의 경험을 통해 드러내 왔다.

2. 사회적 성과 교차된 장애

위에서 설명한 대로 장애 경험의 동시성·다중성·복합성은 장애여성의 경
험을 설명하는 데 있어 가장 중요한 개념이다. 또한 이러한 개념들과 함께 장
애가 '사회적 성화(gendered)' 된다는 사실을 이해하는 것이 중요하다.

일반적으로 장애는 남성과 여성에 적용되는 사회적 요구를 이행하지 못하게
하는 주요한 원인이라고 인식되기 때문에, 장애인의 남성성(masculinity)이나
여성성(femininity)은 사회적으로 인정받지 못하는 동시에 장애인 스스로도 역
시 그것들을 제대로 키워 낼 수 없는 결과를 불러온다. 따라서 장애남성과 장
애여성은 일반적으로 비장애남성과 비장애여성에 비해 자아정체감이 상당히
낮을 수밖에 없고, 자신의 역할에 대한 확신이나 역할 이행에 대한 자신감이
적을 수밖에 없다. 이러한 경험은 아동기부터 청소년기, 청년기를 거쳐 반복
적으로 일어나기 때문에 성인기에 이르러서는 취업, 결혼, 출산, 양육 등 거의
모든 삶의 부분에서 비장애인만큼의 자신감이나 확신을 가질 수 없게 되며,
바로 그렇기 때문에 박탈감과 열등감을 매우 크게 경험할 수밖에 없다. 즉,
장애인이라 함은 타의적으로 또한 자의적으로 사회적으로 요구되는 거의 모든
역할을 하지 못하거나 제대로 하지 못하는 존재가 된다는 뜻이 된다. 이때
'사회적으로 요구되는 역할(social role)'이란 전통적으로 남성과 여성에게 기대
되는 성역할에서 벗어나지 않기 때문에, 장애는 '사회적 성(gender)'에 따라 경
험된다고 할 수 있다. 학자들은 이러한 현상을 '사회적 성화된 혹은 사회적
성과 교차된 장애(gendered disability)' 경험이라 보고, 차별과 배제 등의 장애
경험은 사회적으로 요구되는 남성상과 여성상에서 장애인들을 배제시키거나
잘하지 못한다고 단정 지으며 그들을 열등한 존재로 낙인찍는 것이라고 설명
한다.

이러한 점과 관련해서, Wendell(1996)은 전통적인 여성성의 개념이 이상화
된 여성의 몸과 매우 관련이 깊다는 점을 강조하였다. '아름다운 여성의 몸'이

라는 이상화된 사고의 틀이 장애를 가진 여성에게는 매우 강력한 억압으로 체험된다는 의미이다. 지배적인 여성성의 모델은 장애가 있는 여성의 몸을 인정하지 않으며, 이러한 이유로 장애여성들은 자신의 몸에 대해 수치심을 느끼기 쉽다. 따라서 장애 있는 자신의 몸에 대해 장애여성 본인 역시 사회의 타구성원들과 마찬가지로 끊임없이 그 가치를 절하하게 된다. Prilleltensky(2004)는 이렇게 사회적으로 거부되는 장애여성의 몸이 사회적으로 받아들일 만하게 혹은 '정상'에 가깝도록 좀 더 나은 몸으로 개조되라는 강한 메시지를 받게 된다고 주장하였다. 결국 어떤 방법을 통해서라도 장애가 있는 몸을 '정상적인' 몸으로 만들어야 하기 때문에 때로는 무리한 외과수술이나 성형수술을 감행하는 것이다. Fawcett(2000)는 이러한 현상을 장애여성에게 주는 사회적 메시지 때문이라고 설명하였다. '정상'에 반대되는 '비정상'의 부정적 의미를 장애여성의 몸에 강인하게 각인하면서, 장애여성의 몸은 추하고 스스로 제어하지 못하는, 때로는 두려움을 동반하는 '받아들일 수 없는' 몸이기 때문에 수단과 방법을 가리지 않고 몸에서 장애를 없애야 한다는 메시지를 끊임없이 전달한다는 것이다. 그 메시지는 가족의 부정적 태도일 수도 있고, 친구들의 회피일 수도 있으며, 직장에서의 차별이 될 수도 있다. 몸에 대한 이러한 경험이 사회화되어 나타나는 현상이 바로 기회의 차단과 사회로부터의 배제, 그리고 이유 없는 차별이다.

장애여성의 몸에 대한 '비정상화'는 성(sexuality)이나 모성에 대한 사회적 거부로 이어진다. 장애여성은 보통 성적인 존재로서 인식되지 않거나 성이 없어진 무성적인 존재로 인식되는 것이다. 사회의 이러한 '무성적 존재로서의 인식'은 장애여성의 재생산 기능까지 문제화한다. 그래서 장애여성의 몸은 '정상적인 여성의 아름다움'이라는 사회적 요구를 만족시키지 못하기 때문에, 자녀를 임신하기가 불가능하다고 생각하거나 임신해서는 안 된다고 생각한다. 왜냐하면 장애를 가진 여성은 '바람직한 여성상'의 범주에서 벗어나기 때문이다. Thomas(1997)는 장애여성의 임신이 사회적으로 장려할 만한 사항이 아니기 때문에 '상당히 위험하다'는 두려움을 사회가 심어주는 경우가 많다고 주장하였다. 이것은 장애여성이 '정상적인' 아이를 출산하지 못할 수 있다는 통념적 편견이 크게 작용하기 때문이다. 또한 그는 아이를 제대로 양육하지 못하거나 아이에게 좋은 미래를 보장할 능력이 없다고 가정해서 장애여성의 임신을 매우 무책임한 행위로 비난하는 경우가 많다고 설명하였다. Morris(1995)는 장애여성에 대한 사회의 이러한 부정적 시선과 낙인들은 바로 "장애여성은 혼자서는 아무것도 할 수 없는 의존적 존재이기 때문에 여성의 전통적인 역할인 돌봄(care)의 역할을 제대로 할 수 없다"는 편견에서 나온 것이며 이로 인해 장애여성은 사회적으로 더더욱 바람직하지 못한 여성이 되어간다고 설명하였다.

Ⅳ 한국 장애여성의 경험들[3]

이어서 아동기부터 성인기까지 장애여성의 생애사적 경험들을 심층 인터뷰한 연구의 결과를 통해, 앞에서 개략적으로 살펴본, 장애여성들의 경제적·사회적 상황이 구체적으로 어떻게 장애여성 개인에게 경험되는지 그리고 이러한 경험들을 장애여성이 어떻게 받아들이는지를 알아보려 한다.

장애여성들에 대한 연구는 조사를 통한 양적 방법으로도 자주 이행되지만, 그들 삶의 문제를 좀 더 깊이 이해하기 위하여 그리고 알려지지 않은 개인적 경험을 사회적 구조의 문제로 짚어내기 위하여 심도 있는 면접을 통한 질적 연구로 이행되는 경우가 많다. 특히 장애여성의 경험은 유아기부터 아동기, 청소년기, 청년기, 성인기를 거치면서 반복적으로 이루어지고 강화되는 억압에 관련된 것이므로, 어릴 때부터 겪는 사소한 일상생활의 문제들과 제도적인 차별 등이 어떻게 장애여성의 일생을 구조화하는지에 연구의 초점이 맞추어지게 된다. 아래에 소개되는 질적 연구의 결과는 장애여성들에게 가해지는 사회적 억압과 이러한 억압에서 벗어나 새로운 정체성을 구축하고자 하는 그들의 노력을 개인적 경험을 통해 주목함으로써 장애에 대한 새로운 사회적 가치 구축의 과정과 그 의미를 이해하는 데 도움을 줄 것이다.

---

3) 이 절은 Kang(2006)에서 일부를 발췌하여 정리한 것이다.

1. 장애여성으로의 성장

장애여성의 성장기는 자아 정체성을 형성하는 데 매우 중요한 영향을 미친다. 학령기 이전에는 가족 관계에서, 학령기에는 학교 선생님과 교우들과의 관계에서, 청소년기에는 특히 자신의 몸에 관한 경험을 통해 장애여성에 대한 사회적 인식과 차별을 인지하게 되며, 자신이 비장애인보다 열등하다는 사회 전반적인 이미지를 스스로 강화하고 장애에 대해 부정적인 이미지를 형성하는 초기 경험을 하게 된다.

장애여성들은 보통 아동기를 거치면서 자신의 장애에 대해 사람들이 어떻게 생각하는지 알게 된다. 가장 먼저 자신의 장애를 인지하게 되는 것은 가족 관계를 통해서라고 볼 수 있다(강민희, 1998; Thomas, 1999). 장애여성들은 가족 성원들의 태도에서 자신이 특별하다는 것을 인지하게 되는데, 이는 자신을 향한 가족들의 표정이나 다른 가족 구성원들과 비교하여 자신을 대하는 방법의 차이 등을 통해 알게 되는 것이다. 즉, 몸의 다름이 의미하는 바를 가족들로부터 맨 처음 배우게 된다는 것이다(공미혜 외, 2007; Burke, 2004). 가족으로부터 전달되는 자신의 몸에 대한 의미는 가장 먼저 접하는 타인의 반응이라는 점에서 장애여성들에게 매우 특별할 뿐 아니라 이들의 성장기 전반에 걸쳐 자신의 정체성을 형성하는 데 결정적인 역할을 하게 된다(Phillips, 2002; Shaw, 1998). 부모와 형제·자매와의 관계 속에서 자신이 별 다름 없이 받아들여지는지 혹은 가족 성원 누군가로부터 거부되는지를 깨닫게 되는 것인데, 이는 장애아동의 자기 가치와 자아 존중감을 형성하는 데 큰 영향을 미친다(이성은, 2009). 특히 신체적·언어적 학대를 경험한 아동들은 장애가 있는 그들의 몸을 부끄러워하거나 장애가 있는 자신의 몸을 혐오하게 될 가능성이 매우 크다(공미혜 외, 2007). 또한 직접적인 학대나 혐오 등의 표현이 아니더라도 자신이 다른 형제·자매들에 비해 덜 존중받고 있다는 느낌을 가질 때 자신에 대한 가치 자각은 매우 낮게 형성된다.

내 방은 항상 제일 작았어. 그리고 항상 깜깜했고…. 근데 우리 오빠들 방은 더 크고 햇볕이 잘 들어왔거든…. 왜 내 방에는 어디 갖다 놔야 되는 것들 죄다 쌓아 놨는지 모르겠어. 내가 이런 것들 우리 부모님께 얘기하면 [우리 부모님은] 나보고 욕심 많다고 하고, 다 지 맘대로 하려고 한다고 타박했어. (정애)[4]

무시와 학대로 대하는 태도와 달리 장애가 있는 자녀에 대한 애정을 무한한 동정으로 표현하는 경우도 있다. 이러한 경우 역시 자신은 무엇인가가 부족한 사람이고 항상 보호받아야만 살아갈 수 있다는 생각을 키우게 된다.

우리 부모님들은 항상 우리 언니하고 오빠한테 재연이 불쌍하다는 말을 했어. "너는 네 동생 항상 불쌍하게 생각해야 된다"라고…. 아마 우리 언니랑 오빠도 맨날 그 얘기를 듣고 살다보니까 "내가 결혼해도 널 꼭 데리고 살 거야" 이런 말을 습관처럼 했거든…. (재연)

부모뿐 아니라 형제·자매들의 부정적 태도 역시 아동이 자신의 장애를 이해하고 받아들이는 데 큰 영향을 미친다. 장애를 가진 형제·자매에 대한 부정적 태도는 장애인을 대하는 또래집단의 행위에서 상당한 영향을 받는다고 볼 수 있는데, 장애인에 대해 '결함이 있는 존재', '열등한 존재'라 생각하고 멀리하거나 배제하는 행동들은 또래들이 장애인을 대하는 태도에서 학습된 것이라 볼 수 있다(Burke & Montgomery, 2003). 여러 연구들에서 지적되었듯이, 장애아동에 대한 부정적 이미지는 그 형제·자매들에게까지 확장되어 덧씌워질 수 있으므로 장애아동의 형제·자매들은 이를 두려워하여 더욱 자신들의 장애 형제나 자매를 피하고 싶어 하거나 싫어하게 된다(Goffman, 1963).

반면, 부모를 비롯한 가족 구성원들이 언제나 자신의 편이 되어주고 지지해주는 경우에는 자신의 장애를 특별한 것으로 생각하지 않고 스스로에 대해 부정적인 이미지를 가지지 않을 수 있다. 부모들의 이러한 태도는 장애아동의 형제·자매들에게도 영향을 미쳐 장애를 가진 형제·자매를 배려하거나 지지하도록 할 뿐 아니라 장애아동 역시 자신이 다른 형제·자매들과 똑같이 소중하고 사랑받을 자격이 있다고 생각하게끔 한다. 가족의 이러한 태도는 장애

---

4) 심층 인터뷰 참여자의 이름은 실명이 아니고 가명이다.

여성이 성인기에 이를 때까지 장애로 인한 신체적·정신적 한계를 극복하는 데 중요한 역할을 한다. 아래의 예와 같이, 장애가 있는 자녀가 모든 가족의 행사에 빠짐없이 참석하도록 하고 가족 성원이 함께 하는 일에는 반드시 장애아동의 몫을 주어 장애자녀 역시 가족에 기여하고 있다는 것을 장애자녀와 비장애자녀에게 동시에 인지할 수 있도록 하는 등의 배려는 장애자녀로 하여금 스스로에 대한 존중감을 가지게 하는 데 중요한 역할을 한다.

내가 어릴 때 우리 아버지는 농사를 지었는데 내게 항상 무슨 일할 거리를 주셨어. 우리 언니들하고 나는 항상 모두 무엇인가를 해야 됐었고…. 그러다 보니 각자의 일을 하는 게 너무 당연하다 보니까 "쟤는 이상해"라든가 하는 생각은 안 했지. 무거운 거를 옮기는 거는 우리 언니들이 하고, 나는 앉아서 할 수 있는 건 다 했으니까. 우리 언니들을 가끔씩 나를 도와준다고 생각했지, 내가 뭘 못한다고는 생각 안 했으니까. (다원)

가족 내에서의 경험 외에 학령기의 경험 역시 장애아동에게는 매우 중요하다. 그런데 현재 고 연령대에 속하는 장애여성들은 학교 입학기에 입학 거부 등 학교 측의 노골적인 거부를 경험하면서 공식적인 사회생활의 첫 단계부터 매우 부정적인 경험을 하게 되는 경우가 많았다. 또한 공식적으로 입학 거부를 당하지는 않았더라도 장애 학생을 위한 편의시설 확보나 인적 지원 등이 턱없이 부족해 필요한 모든 역할을 전적으로 부모가 책임져야 하는 경우도 과거에는 빈번하였다. 장애아동의 부모는 이런 경우 하루의 거의 모든 시간을 장애자녀의 학교생활을 위해 할애해야 했는데, 학교 수업이 끝날 때까지 교실 밖에서 기다리며, 도움이 필요한 경우 부모가 즉각적으로 투입되어 인적 도우미의 역할을 수행해야 했다. 이러한 이유 때문에 과거에는 장애아동의 초등교육부터 포기하는 가정이 매우 많았다. 특히 장애 학생에 대한 편의 지원이 거의 없었을 시기에 학교 입학기를 맞았던 현재 고 연령대의 장애여성들은 대부분이 이러한 경험을 했다고 이야기한다. 연령이 높을수록 무학의 장애여성 수가 높아지는 통계 수치가 이러한 맥락을 잘 이해하게 해준다.

입학 이후 동료와 선생님의 부정적 태도 역시 학령기 장애아동의 부정적 자아 정체성 형성에 큰 영향을 미친다. 초기 학령기 경험 중 장애아동에게 가장 큰 절망감을 안겨 주는 것은 동료와 선생님들이 지속적으로 호의적이지 않은 태도나 동정에 찬 태도를 보이는 것이다. 이로 인해 장애 학생은 자신이 매우 무능력할 뿐 아니라 이곳에 속해서는 안 될 사람이라는 느낌을 강하게 받으며 학교생활을 지속해야 한다. 학생들의 놀림이나 신체적 학대 등 직간접적인 폭력에 노출되어 교육과정의 대부분을 불안감과 우울감으로 보내는 경우도 있다.

반면, 선생님들이 장애 학생에게 따뜻한 관심과 함께 배려를 하게 되면 동료 학생들 역시 장애 학생에게 호의적인 태도를 보이며 장애를 가진 학생이 다른 학생들과 크게 다르지 않다고 생각하게 된다. 또한 선생님이 애정과 지지를 표현하는 학급에서는 장애 학생들을 무시하거나 하는 등의 행동을 보이지 않으며 도움을 주는 것을 당연한 일상으로 생각하게 된다.

초등학교 6학년 때 우리 선생님은 정말 고마운 분이었어요. 체육시간이 되면 여태껏 그래왔기 때문에 늘 혼자서 있어야 한다고 생각했는데, 우리 선생님은 나도 같이 할 수 있다고 하면서 항상 나를 끼워 줬거든요. 휠체어에 앉아서 배구도 하고 그랬어요. 나한테 오는 공 받아서 던지라고…. 항상 그러니까 우리 반 애들도 체육시간에도 당연히 나를 끼워서 뭘 해야 되는구나 그렇게 생각했죠. 소풍갈 때도 수학여행 갈 때도 항상 내가 같이 갈 수 있는 곳만 갔어요. 그래서 그런지 우리 반 애들도 나하고 뭔가를 같이 하는 게 너무 당연하다고 생각하고, 평소에도 나를 별로 특별하다고 생각 안한 것 같아요. (효경)

장애 학생들은 비장애 학생과 마찬가지로 청소년기에 미래에 대한 고민과 계획으로 시간을 보낸다. 그러나 많은 장애여성들이 이 시기에 긍정적으로 자신의 미래에 대한 구상을 하기가 매우 어려웠다고 이야기한다. 가족과 친척, 그리고 친구들 모두가 장애여성이 자신의 미래에 대해 꿈꾸며 준비할 것이라고 생각하지 않았기 때문이다. 부모님들의 경우 다른 형제와 자매들에게는 어떠한 미래가 기다리고 있는지, 그 미래를 위해 어떤 준비를 해야 하는지를 알려주고 큰 기대감을 보여 주지만, 장애자녀에게는 그렇게 하지 않는 경우가 많다. 공부를 잘할 것이라는 기대, 좋은 직장에 취직해서 열심히 일할 것이라는 기대, 결혼해서 행복한 가정을 꾸릴 것이라는 기대를 장애자녀에게는 거의 내비치는 일이 없는 것이다. 오히려 장래에 관한 이야기를 언급하지 않거나 다른 형제·자매들에 비해 낮은 기대감을 표시하기도 한다. 그러다보니 "너도 공부는 열심히 해야 한다"거나 "꼭 공무원이 되어야 한다"는 등의 한정된 유형의 희망을 드러내는 말만을 되풀이하는 경우가 많다. 장애자녀는 비장애인들에게 기대되는 취업, 결혼, 자립에 대한 기대를 하지 않거나 그것들을 성취하기가 매우 어려울 것이라고 생각하기 때문이다. 이렇게 장애청소년들에게는 보통의 청소년들이 꿈꾸고 희망하는 장래를 설계할 의미가 잘 부여되지 않거나 매우 제한적으로 부여되기 때문에, 청소년 시기부터 장애를 수용할 수 있는 직종만 생각하게 되거나 결혼과 같은 자립에 대한 꿈을 아예 버리는 경우가 많다.

이 시기는 또한 여성성을 적극적으로 개발하는 시기이기도 한데, 장애청소년의 경우 장애가 있는 몸의 수용이 잘 이루어지지 않아 긍정적인 방향으로 자신의 여성성을 형성하기 어렵다. 그리 긍정적이지 않은 주위의 시선과 반응으로 자신의 몸이 매우 이상하거나 추하다는 생각을 하면서 여성으로서의 자신은 훌륭할 수 없을 것이라는 생각을 갖게 되는 것이 그 이유이다. 성에 대한 관심 역시 '생각지도 말아야 할 것' 혹은 '나와는 상관없는 것'으로 여기거나 성에 대한 관심을 아예 금기시하는 경우가 많다. 이는 수없이 전달되는 사회의 메시지들이 크게 영향을 미치기 때문이다. 가늘고 볼륨 있는 몸매에 초점을 맞춘 상업화된 여성성은 장애를 가진 청소년들에게 자신은 결코 매력적인 사람이 될 수 없으며 결코 만족스러울 수 있는 몸이 아니라는 메시지를 계속적으로 전달하는 역할을 한다. 휠체어를 탄 모습, 클러치를 사용하는 모습, 작은 키, 일그러지는 표정, 완벽하지 않은 몸의 컨트롤 등은 사회가 말하는 매력적인 여성의 모습과는 너무나 거리가 멀기 때문이다. 이런 점에서 장애청소년에게 여성성이란 자신의 약점으로 인식될 뿐 개발해야 할 어떤 것으로 인식되기가 매우 어렵다고 할 수 있다.

2. 장애여성으로서의 삶

성인으로서의 역할을 수행하는 데 있어 가장 중요한 일은 취업하는 것과 부모로부터 자립하여 자신의 가정을 꾸리는 것이라 할 수 있다. Priestley(2001)는 이러한 역할 수행들이 성인으로서의 권리와 성인임을 인증하는 사회적 책임이며 이에 따르는 지위를 획득하게 되는 인생의 중요한 이벤트 중 하나라고 보았다. 여성의 경우에 직업을 얻게 됨으로써 경제적 · 심리적 자립이 가능해지며, 가족과 사회 구성원들로부터 한 남성의 아내로서 아이들의 어머니로서의 역할 수행을 기대 받는다. 이러한 성인 역할의 수행은 사회 문화가 적극적으로 투영되어 그 사회가 가치 있게 여기는 의미들과 함께 해석되며, 이에 따르는 사회의 위신과 '어른'으로서의 지위가 주어진다.

그러나 장애여성에게는 이 모든 일들이 자연스럽게 주어지는 일들이 아니다. 지금까지의 연구들에서 이미 강조되었듯이, 장애여성은 비장애남성과 비장애여성뿐 아니라 장애남성과의 비교에서도 교육률, 취업률 등이 떨어진다(백은령, 오혜경, 전동일, 2007; 오혜경, 2010). 이는 장애를 가지고 있다는 점과 여성이라는 점의 두 가지 불이익이 겹쳐 더욱 강한 불이익으로 작용하는, 소위 '불이익의 다중성'이 작동하기 때문이다. 취업의 실패는 장애여성에게 심리적으로 심각한 영향을 준다. 이미 학령기를 지나 학교 교육도 모두 마친 상태에 있는 성인이 일할 곳을 찾지 못한다는 것은 곧 다른 사회 구성원들과의 관계가 단절된다는 의미이며, 동시에 사회생활의 첫출발이 실패라고 생각하기 쉽게 만든다. 장애여성들 중 특히 대학 이상의 높은 수준의 교육을 받은 장애여성에게 이러한 취업 실패는 자아 존중에 매우 부정적인 영향을 줄 뿐 아니라 취업 이후의 성인 역할의 수행에 있어서도 자신감 결여나 절망의 연속 등을 경험하는 계기가 된다.

난 취직하는 게 장애인들에게 제일 어려운 일이라고 생각해요. 우리가 아무리 훌륭한 교육을 받고 스스로 노력해도 그 걸로 끝인 것 같아. 열심히 공부해서 좋은 대학가서 학점 잘 받고 영어공부 열심히 해서…. 근데 그걸로 끝이에요. 대학공부까지는 어떻게 내가 할 수 있는 것이었지만, 사회는 나에게 그 이상은 허락을 안 해 줬어요. 아무리 좋은 대학을 나오면 뭐하냐고요. 그 이상의 인생이 나에게 없는데…. (수하)

관련 연구들이 지적하듯이, 장애여성의 취업 실패는 일에 대한 능력이나 자격의 문제만은 아니다. 수하처럼 높은 교육 수준에 있거나 여러 분야의 자격증을 획득한 장애여성들 역시 취업에 있어서는 그 장벽이 너무나 높다는 점을 이야기하였다. 더구나 낮은 교육 수준에 있으며 중증의 장애를 가진 여성들은 취업 시장에 진입하기란 거의 불가능이나 다름없다. 학교를 다니는 것만으로도 힘겨운 자신과의 싸움이었던 중증 장애여성들은 취직하여 돈을 번다는 것은 '상상도 할 수 없는 불가능한 일'이기 때문에 많은 수의 장애여성들이 아예 고등교육을 받을 엄두조차 내지 않는다.

이들은 공공교육 과정 이후 아무 데도 갈 곳 없이 집에 머물러 있는 시간 동안 그야말로 '가족의 짐'이 되어 살아가거나 마음의 짐을 덜기 위해 할 수 있는 한 집안일을 거들며 자신의 역할을 찾으려고 노력할 뿐이다. 그러다 보니 자연스럽게 가족에 대한 의존도는 높아질 수밖에 없으며, 자기결정권을 행사할 기회는 갈수록 줄어들 수밖에 없다. 자립할 수 없는 상황은 중증 장애여성을 심리적으로 또한 현실적으로 완전한 무력 상태에 빠지게 만든다.

난 항상 우리 부모님들 말에 복종해야 되었어요. 심지어는 내 동생이 무슨 말을 해도 그거에 따를 수밖에 없어요. 능력이 없으니까 어쩔 수가 없죠. 하다못해 내 용돈이라도 벌어야 내가 나가고 싶을 때 차비라도 할 거 아니에요. 내가 가족들한테 어떤 입장을 내비칠 처지가 아니죠. 내 스스로도 그렇게 생각하고 식구들도 그렇게 생각하고…. 내가 뭘 주장하거나 내 맘대로 뭘 하는 것은 생각할 수가 없는 일이에요. (규희)

취업뿐 아니라 결혼 역시 장애여성이 매우 성취하기 어려운 것 중 하나이다. 결혼의 상대를 만날 기회가 비장애여성보다 적을 뿐 아니라 결혼을 고민할 만큼 상대와의 관계가 발전하더라도 실제로 결혼을 하기까지는 많은 장벽들이 가로막고 있다. 상대 남성이 장애를 가지고 있든 아니든, 장애를 가진 여성을 받아들이려 하지 않는 남성 가족들의 완강한 태도는 결혼을 위해 노력하던 남성마저 장애여성과의 결혼을 포기하게 할 수 있다. 또한 많은 경우에 결혼 상대인 남성의 가족뿐 아니라 장애여성의 가족 역시 장애여성의 결혼을 반대하기도 한다. 장애를 가졌다는 점이 중대한 약점으로 작용하여 시댁과의 갈등 등 결혼생활이 순탄하지 못할 것이라는 장애여성 가족들의 걱정과 염려 때문이다.

> 내가 결혼한다고 할 때 우리 남편 쪽보다 우리 부모님이 더 난리를 쳤어요. 지금 와서 왜 뜬금없이 결혼하려고 하느냐, 이때까지 잘 살다가 결혼은 무슨 결혼이냐, 직장 잘 다니면서 혼자 사는 게 훨씬 더 속편하다 등등 정말 반대하는 이유가 납득이 안 되더라고요. 내가 결혼한다고 하면 좋아해야 맞는 거 아니에요? 근데 우리 집의 반응은 전혀 달랐어요. (기숙)

성인기에 있어 가장 중요하다고 여겨지는 취업과 결혼 모두를 통해 장애여성은 스스로의 삶에 대한 완전한 통제력을 갖지 못할 뿐 아니라 자신이 불완전하고 능력 없는 사람이라는 생각을 끊임없이 하게 되는 상황에 처해진다. 장애여성은 장애 정도와 무관하게 장애를 가졌다는 사실만으로도 여성으로서의 정체성에 위협을 받는다. 손이나 팔, 다리 등의 외형에 손상을 지닌 여성은 더욱더 그러하다. 흔히 장애여성은 결혼 적령기가 되어도 결혼하지 않느냐는 질문을 쉽게 받지 않는다. 결혼에 대한 기대가 낮을 뿐 아니라 장애여성의 결혼 자체가 바람직하지 않은 일로 인식되거나 본인의 의지로 할 수 없는 일이라는 생각이 보편적이기 때문이다. 특히 중증의 지체장애를 가진 경우에 손상된 신체에 대한 부담감이 장애여성으로 하여금 이성 관계에서 자신감을 잃게 하는 근본적인 원인이 되고 있으며, 이로 인해 자발적으로 성적 관심을 없애버린다. 장애여성에 대한 사회의 시각이 장애여성 본인에게 그대로 투영되어 학습되는 전형적인 형태이다(Morris, 1996). 남성 중심의 문화에서 성에 대한 금기는 여성들로 하여금 자신의 성적 욕구에 무감하고 무지하도록 만들며, 성적 느낌에 수치감을 느끼도록 부추기는 사회적 분위기도 이에 크게 영향을 미친다(김은정, 2002).

성인이 된 장애여성이 자신이 불완전한 존재라는 점을 더욱 강화하게 되는 계기는 자신이 여성으로서 인정받지 못할 때이다. 성적인 부분은 장애여성과

거리가 멀다고 생각하거나 어울리지 않는다는 사회적 편견은 장애여성을 성에
서 분리된 중성적 존재로 인식하게 하거나, 착하고 순진하기만 하다고 생각하
며 현실적인 여성과는 매우 거리가 먼 모습으로 규정하게 하는 경향이 짙다
(강민희, 1998; 김은정, 2002).

> 제가 어떤 사람을 너무 좋아하면서 가슴앓이를 정말 심각하게 한 적이 있
> 었어요. 정말 친구처럼 지냈기 때문에 말도 한 번 못 해 봤어요. 맨날 여섯
> 이 항상 같이 만나서 밥 먹고 술 마시고 했기 때문에, 그 친구를 좋아한다
> 는 말을 하면 우리의 관계[친구 관계]가 깨질 것 같더라고요. 몇 년이 지나서
> 내가 그 친구에게 너를 정말 많이 좋아했었다고 고백을 한 적이 있어요. 그
> 때는 내 감정이 어느 정도 정리가 되었기 때문에…. 근데 그 친구가 그 말
> 에 너무 당황을 하는 거예요. "네 마음을 몰라줘서 정말 미안하다" 뭐 그런
> 게 아니었어요. 한 번도 내가 누구를 좋아할 거라는 생각을 못 했데요. 그
> 러니까 나는 여자가 아니라 그냥 친구 윤희인 거죠. 나는 그냥 친구이지 여
> 자라는 인식이 안 되어 있었던 것 같아요. 그런 말을 듣고는 정말 너무 섭
> 섭했어요. 나는 남자도 여자도 아닌 그런 존재인 것 같았어요. 내가 누구를
> 좋아할 수 있는 여자라는 생각이 아예 그 친구 머릿속에는 없는 거죠. (윤
> 희)

중성적이거나 현실과 거리가 먼 장애여성의 이미지로 인해 장애여성들은 그
들의 생리적 생산 활동에 대한 능력을 의심받거나 아예 인정받지 못하기도
한다. 흔히 사람들은 장애여성이 아이를 가질 수 없을 것이라든지 장애여성은
아이를 키울 능력이 안 된다는 편견을 가지고 있기 때문이다. 이러한 이유로
임신과 출산의 경험이 있는 장애여성에게 "임신이 되느냐?" 혹은 "정말 임신해
서 낳았느냐?" 등 무례한 질문을 서슴지 않는 경우도 있다. 장애여성의 자녀
양육이 완전하지 못할 것이라 생각하고 장애여성의 자녀를 '책임 없이 아이를
낳아서 잘 키우지도 못하는 능력 없는 부모'의 피해자로 간주하기도 한다. 또
한 사실과 상관없이 장애여성의 여성성은 없는 것, 불완전한 것, 바람직하지
못한 것이 되어 버린다. 그래서 자신의 바람과 노력, 그리고 실질적인 능력과

상관없이 사람들의 편견으로 침해당하고 파괴되면서 장애여성은 장애에 대한 사회의 벽이 매우 높고 견고하다는 것을 다시 한번 깨닫게 되는 경우가 많다.

3. 변화로의 선택

앞에서 살펴본 것처럼, 장애여성들은 어린 시절과 청소년 시기, 그리고 성인기를 거치면서 다양한 형태로 장애를 이유로 한 배제와 차별을 경험한다. 그들은 사람들로부터 비장애인보다 열등하고 또한 성적으로도 완전하지 못한 존재로 인식되면서 스스로도 자신에 대한 확신을 갖지 못하고 자신의 능력을 의심하거나 장애를 비관하게 되는 경우가 많다. 그러나 그런 순간에도 대부분의 장애여성들은 자신의 삶에서 느끼는 어려움들을 극복하기 위해 각각의 최선을 다하며 살아간다. 바로 이런 삶의 극복 과정에서 다수의 장애여성들은 그들의 삶에 변화를 줄 수 있는 계기를 맞이하게 된다. 차별의 형태가 다양한 것처럼 많은 다양한 동기로 장애여성들은 다른 장애여성들을 찾게 되거나 장애여성들이 모여 있는 단체를 찾게 되는데, 이는 곧 그들에게 다른 곳에서는 경험할 수 없는, 사회의 장벽으로부터 해방되는 경험으로 이끄는 중요한 계기가 된다. 자신이 맞닥뜨린 문제를 해결하기 위한 한 방법으로서의 장애여성 운동에의 참여가 이들의 의식과 실질적 삶을 변화시키는 중요한 역할을 하게 되는 것이다. 이러한 점에서 장애여성 운동에의 참여로 시작되는 이들의 의식적·실질적 변화는 바로 이들에게 직간접적으로 가해지는 사회적 억압으로부터 기인되는 것이라 할 수 있다.

1) 경제적 어려움에 대한 이해와 도움

대부분의 장애여성들은 취업 과정에서 매우 높은 사회적 장벽을 경험하면서 즉각적으로 자신의 생활을 꾸려 나갈 수 없는 어려움을 경험하게 되며, 어떠한 문화적 생활도 자유롭게 할 수 없는 처지에 놓이게 된다(백은령 외, 2007). 이러한 사회구조적인 문제, 그러나 매우 개인적으로 경험되는 삶의 문제를 해결하기 위해 자신의 처지를 가장 잘 이해해 줄 수 있다고 생각되는 곳을 찾아나서는 것은 매우 당연한 일이다. 왜 자신이 직업을 얻을 기회조차도 가질 수 없는 것인지 혹은 왜 자신이 원하는 직종을 선택하기가 매우 어려운 것인지를 이해하고 도움을 줄 수 있는 사람들이 필요하기 때문에, 장애여성들이 노력 끝에 찾는 곳은 자신과 같은 문제를 경험하고 고민해 본 장애여성이 모인 곳일 수밖에 없다. 장애여성 단체가 그 어떤 곳보다 자신의 처지와 자신이 겪고 있는 문제를 가장 잘 이해할 수 있는 곳이라고 판단하게 되는 것이다.

> IMF로 남편도 실직했는데…. 내가 무슨 일을 해 왔던 것도 아니었고…. 생활비는 벌어야 하는데 앞이 막막하더라고. 근데 옆집 아줌마들은 보험회사에 취직도 하고 하다못해 식당에서 시간제 일이라도 하는데 나는 아무것도 할 수가 없잖아요. 나도 작은 일이라도 하고 싶은데 그럴 수가 있어야지. 그러다가 어느 날 장애인연대[장애여성연대를 의미함]가 생각이 나더라고. 옛날에 거기에 있는 사람[연대 관계자]을 한 번 만난 적이 있었거든. 서랍에서 그 사람 명함을 꺼내서 전화를 했지. 이런 내 사정을 얘기할 수 있을 것 같더라고. 이해할 수 있잖아요. 같은 처지니까…. (영아)

2) 지지와 보호

일부의 장애여성들은 자신들의 이야기를 들어주고 자신들과 공감할 수 있는 사람들을 찾기 위해 장애여성 단체를 찾는다. 어떤 장애여성들에게는 더 이상 가족들에게 짐이 된다는 느낌으로부터 그리고 다른 장애여성들에게는 비장애인들의 불편한 시선으로부터 자유로워지는 것이 가장 간절한 문제이다. 지속적으로 행해지는 가족들의 물리적 · 언어적 폭력으로부터 벗어나고자 자신을 보호해 줄 곳이 절실히 필요해 장애여성 단체를 찾는 장애여성들도 있다.

> 나는 어릴 때부터 우리 아버지하고 오빠한테 맞고 컸거든요. 우리 아버지는 나를 엄청 싫어했어요. 나 때문에 우리 식구들 인생이 '안 편타'[평안하지 못하다] 이거지. 특히 술 마실 때면 얼마나 무섭던지…. 진짜 집에서 뛰쳐나오고 싶었거든요. 우리 엄마도 아빠를 항상 무서워해서 집에서 도망치고 싶어 했던 것 같아요. 근데 나 땜에 그렇게 못한 것 같아요. 내가 알죠. 우리 엄마가 왜 그렇게 살았는지…. 진짜 누군가하고 이런 얘기라도 할 수 있으면

마음이라도 후련하지 않을까…. 누군가 나를 도와줄 사람이 필요했어요. 우
리 엄마하고 내가 살 수 있도록 도와줄 사람…. 더 이상은 참을 수가 없었
어요. 그래서 우연히 알게 된 연대[장애여성연대]에 전화를 했죠. (윤진)

혹은 다른 장애인들과의 만남과 활동을 위해 장애인단체[5]를 찾기도 한다.
그러나 같은 장애를 가지고 있다 하더라도 남성과 여성의 경험은 다를 수밖
에 없는 이유로 공감대를 형성하기 어려운 장애인단체 역시 불편한 곳이기는
마찬가지이다. 남성이 중심이 되는 장애인단체에서는 위계를 중요시하는 문화
가 이미 정착되어 있어 장애여성에게 절실히 필요한 동등한 동료로서의 심리
적 지지와 세심한 배려를 기대하기가 어렵다. 그래서 다른 성과의 관계에서
느껴지는 긴장감에서 해방되어 자유로운 분위기에서 서로의 개인적인 이야기
를 할 수 있고 들을 수 있는 곳, 즉 안정감을 바탕으로 하는 상호교감이 쉽게
이루어지는 공간이 무엇보다 필요하다고 느끼는 경우가 많다. 이러한 장애여
성들에게 장애여성 단체는 무엇보다 절실한 곳이다.

연대에 오기 전에 다른 단체에도 가 봤는데, 거기는 나이 든 아저씨들도 많
고…. 매일 모여서 담배 피고 자기네들 얘기하고…. 물론 그 사람들도 그게
필요해서 거기 오는 거지만, 솔직히 여자들이 가기에는 좀 불편하더라고.
그러니까 모임[프로그램]만 끝나면 집에 오게 되고…. 근데 여기[여성장애인연
대]는 오면 편하고 또 모두 친구 같잖아요. (향순)

3) 차별적인 세상에 대한 도전

또 다른 장애여성은 아무리 노력해도 자신에게 기회가 주어지지 않는 사회
에 대한 불만을 더 이상 개인의 이야기로 남겨두고 싶지 않아서 다른 장애여
성들을 만나 그들이 사회적 차별에 대해 어떻게 생각하는지를 알고 싶어 한
다. 장애여성 개인이 아무리 노력해도 장애인에게 호의적이지 않거나 노골적
으로 차별을 일삼는 사회에 대한 억울함을 드러내고자 하는 강한 욕구를 가

---

5) 여기서 말하는 '장애인단체'란 장애여성만의 특화된 단체가 아닌, 장애 남성과 여성이 함
   께 단체 구성과 활동에 참여하는 장애인권단체 모두를 말한다.

지고 있는 것이다. 그래서 혼자서는 해결할 수 없는 사회구조적 문제에 도전하고 싶어 하는 장애여성은 다른 장애여성들과 함께 무엇이라도 해야 한다고 생각하기 때문에 스스로 자신과 같은 생각을 가지고 있는 장애여성들을 적극적으로 찾아나서는 경우가 많다.

몇 번 취직원서 내도 안 되고…. 그러고 혼자서 뭘 해 볼까 생각도 하다가…. 공부를 더 해야 하나 고민도 했고…. 그러다가 또 원서 내고 또 안 되고…. 아예 나는 고려의 대상이 안 되더라고요. 내 인생에 그렇게 절망감이 들 때가 없었어요. 학교 다니면서 공부도 정말 잘했고, 우리 가족들도 나를 믿었고, 또 나도 공부만 열심히 하면 된다고 생각했고…. 교회 열심히 다니면서 기도하고, 또 신앙이 깊어지면서 이 세상에 하느님의 말씀을 전하면서 살리라 생각했거든요. 근데 그게 필요가 없더라고요. 내 신앙이 아무리 훌륭한들, 내가 아무리 공부를 열심히 해서 좋은 학점을 받은들, 그 모든 게 다 무슨 소용이냐고요. 하느님 말씀대로 살아갈 수 있는 기회가 나한테 주어지지 않는데…. 다른 모든 건 내가 할 수 있었어도 취업만큼은 내가 어떻게 할 수가 없었어요. 그것만큼은 사회가 나를 절대 허락해주질 않더라고요. 그건 어떻게 하든 내가 넘을 수 없는 거였어요. (소영)

차별적인 사회구조에 도전하고자 하는 사람들을 만나 그들의 적극적인 사고와 행동을 접하게 되는 장애여성들은 피동적이고 무기력한 자신의 삶과 전혀 다른 삶을 살 수 있다는 점을 깨닫게 된다. 특히, 이 장애여성들은 이미 장애여성 운동에 적극적으로 관여하고 있는 운동가들을 통해, 개인적인 절망을 사회적 문제로 파악하고 구조적인 차별에 저항하기 위해 어떠한 도전도 주저 없이 이행하는 것과 그러한 장애여성 운동가의 삶을 보면서, 이제껏 알지 못했던 새로운 가치를 배우게 된다.

은주를 만났을 때 나는 쇼크를 받았어요. 걔 남자친구인 것 같던데, 우리가 있어도 너무 당당하게 자신이 하고 싶은 표현 다하고…. 남들한테도 자기 생각을 그렇게 분명히 얘기하면서…. 한 마디로 너무 당당했어요. 아, 장애가 있는 사람이 저렇게 당당할 수 있구나. 어디 가도 주눅 안 들고, 따질

거 따지고, 남들이 쉽게 못 보게···. 나도 저렇게 살고 싶다. 나도 저렇게 당당해지고 싶다. 내 인생에서 가장 큰 충격이었어요. 은주를 만난 게···. (은영)

지금까지 살펴본 것처럼, 장애여성들은 다양한 이유로 장애여성 단체를 찾게 되거나 스스로 단체를 만들어 다른 장애여성들을 만나게 된다. 그들이 다른 장애여성들을 만나기를 원하고 다른 장애여성들이 있는 곳을 찾게 되는 것은 매우 개인적인 이유에서 비롯되지만, 그 이유들은 모두 장애를 이유로 하는 사회의 배제와 차별 때문이다. 그들이 경험하는 경제적 어려움, 가족들의 부정적인 태도와 학대, 장애인에 대한 노골적인 사회의 차별, 항상 주눅들고 자신 없는 실망스러운 스스로의 모습 등, 자신이 장애를 가졌다는 이유로 배제되고 무시당하는 현실이 자연스럽게 장애여성들 서로를 찾게 한 것이다. 장애여성 운동의 시작점이 된 장애여성 단체 활동은 이렇게 사회적 억압으로부터 기인된다.

4. 새로운 장애여성 되기

1) 감정과 경험의 공유

억압을 경험한 사람들은 서로의 경험을 공유하고 서로 간의 신뢰를 쌓으면서 저항과 임파워먼트의 담론을 형성해 간다(Collins, 2001; Morris, 1996). 장애여성들 역시 가족과 사회에서 경험한 차별이 어떠한 것인지에 공감하면서 서로에게 마음을 열어 이해할 수 있게 되며, 이러한 과정을 통해 그들의 차별에 대한 저항 의식을 키우게 된다. 이러한 측면에서 장애여성 단체는 장애여성들이 공감대를 형성할 수 있는 공간을 마련해 주는 역할을 하게 된다. 장애여성들 스스로가 만든 이 공간 안에서 그들은 서로의 경험이 유사하다는 것을 발견하고 그들 모두 비슷한 처지에 놓인 사람들이라는 사실을 깨닫게 된다. 무시당하고 거절당하는 데 익숙한 장애여성들 스스로가 모두 같은 삶을 살고 있다는 사실을 알게 되는 것이다. 연령과 학력을 넘어선, 그들의 경험과 처지의 유사함에서 장애여성들은 일종의 '자매애'를 느끼며 서로의 신뢰를 쌓아가게 된다.

무엇보다 가족과 학교, 그리고 살아가는 지역사회에서 느끼는 소외감과 억울함에서 오는 감정들을 이해하는 것은 장애여성들의 자매애 경험에 중요한 역할을 한다. 그 이유는 이러한 감정에 대한 공감은 아무리 가까운 가족과 친구라 하더라도 장애를 가지지 않은 사람들과는 공유될 수 없는 것이기 때문이다. 서로의 감정과 경험을 공유하는 과정에서 장애여성들은 그들이 장애를 가졌기 때문에 가족 성원들과 사회에 짐이 된다는 죄의식에서 벗어나는 경우가 많다. 이는 서로를 이해하고 다독이면서, 가족을 비롯한 많은 소중한 사람들에게 부담을 줄 수밖에 없었던 것은 결코 장애여성 개인의 잘못만이 아니라는 사실을 알게 되기 때문이다. 또한 자신을 탓하고 비난하는 사회의 시선을 그대로 내재화해서 자신의 잘못이라고 스스로를 비난할 수밖에 없었던 것은 의도하지 않게 얻어진 자신의 장애 때문이 아니라 노력해도 원하는 것을 얻을 수 없게 만드는 사람들의 편견과 장애인을 거부하는 차별적인 사회의 구조 때문이라는 사실을 서로에게 주지시키며 죄의식의 고통에서 벗어날 수 있도록 서로를 도와주기 때문이다.

여성장애인 캠프에서 밤늦게까지 서로 울고불고 한 일이 있었는데…. 그때만큼 내가 누구한테 이해받고 있다는 생각을 해 본 적이 없었어요. 다른 사람 얘기를 듣다 보니 정말 우리가 너무 억울하다는 생각이 들었어요. 우리가 뭘 그렇게 잘못했기에 이렇게 살아야 하나 하는 생각이 들었어요. 정말 우리가 뭔가를 너무너무 잘못했기 때문은 아니잖아요. 나만 이렇게 사는 줄 알았는데 다른 사람들도 다 똑같더라고요. 전부 다들 그 날은 정말 자기 얘기하면서 엉엉 울었어요. 그럴 수밖에 없지, 다들 얼마나 억울하겠어요. 다 나랑 똑같겠지. 사람들이 "네 잘못이 아니다" 그렇게 얘기를 해주는데 눈물이 얼마나 나는지…. 이때까지 그런 말을 해주는 사람이 아무도 없었거든요. (효정)

서로의 생애 경험을 듣는 것은 장애여성들에게 자매애뿐 아니라 서로에 대한 존중감을 갖게 하기도 했다. 한 장애여성이 이야기한 것처럼, '자신의 또 다른 모습을 보는 것 같아 언제나 피하고만 싶었던' 다른 장애여성들이 살아왔던 삶에 진심으로 공감하며, 힘든 삶의 과정을 견뎌온 동료 장애여성들에 대해 존경심을 가지게 되는 동시에 그냥 살아가는 것만으로도 사회에 저항하는 힘겨운 투쟁을 하고 있다는 점을 인정할 수 있게 된 것이다.

> 그냥 집에만 있을 때는 난 항상 불행하다고만 생각했어요. 항상 내 인생이 불만이었어요. 근데 연대에 나가면서 다른 사람들하고 이야기를 하면서 정말 생각이 많이 바뀌었어요. 나보다 더 심한 장애가 있는데도…. 그런 처지에서도 낙담 안 하고 포기 안 하고…. 세상에 저렇게 사는 사람도 있는데…. 정말 존경스러웠어요. "나 같았으면 저렇게 못살았을 거야" 이런 생각이 들었어요. 아, 이제는 불평하지 말아야겠구나. 그래서 요새는 정말 감사하다는 기도를 많이 해요. (영아)

많은 장애여성들은 서로를 알아가면서 언제나 불만이었던 사람들의 편견 어린 시선과 부정적인 눈초리가 다른 장애여성을 바라보는 자신에게도 존재한다는 사실을 깨닫게 된다. 그리고 그러한 시선을 거두어들이고 그 사람의 삶에 대한 노력을 인정하면서 장애여성을 끊임없이 노력하는 한 인격체로서 존중할 수 있게 된다.

2) 비판적 의식의 성장

Klein(1984)은 유사한 상황에 놓인 사람들이 경험의 공유를 통해 개인적 문제를 사회적 맥락에 위치시킬 수 있을 때 비판적 의식이 생겨날 수 있음을 강조하였다. 이는 자신의 인생 경험에 대해 나의 잘못이 아니라고 생각하면서부터 사회에 대한 비판적 의식을 형성하게 된다는 의미이다. 장애여성들은 장애여성 단체의 여러 프로그램에 참여하면서 서로의 경험에 공감하고, 그 경험에서 비롯되는 많은 생각들을 공유할 수 있으며, 이를 통해 자신의 개인적 경험을 차별적인 사회구조와 연결 짓지 않으면 이해될 수 없음을 알게 된다(최복천, 2010; Collins, 2001). 장애여성 모두가 맞닥뜨리게 되는 문제들을 그저 개인의 어려움으로만 치부해 왔기 때문에 결국 자신에 대한 회의와 절망으로 결론지을 수밖에 없었음을 이해하고, 자기 변화뿐 아니라 사회의 변화가 함께 있어야만 자신의 삶도 변화될 수 있다는 생각을 할 수 있게 되는 것이다. 또한 장애를 가지고 있다는 사실 자체가 다른 모든 비장애인이 당연히 누리는 권리를 장애인은 누릴 수 없게 만드는 이유가 되지 않는다는 사실을 받아들이게 된다(Fawcett, 2000). '개인적인 것은 모두 사회적인 것'이라는 사실을 이해하는 시점부터 장애여성의 의식은 빠른 속도로 성장해 간다. 이는 장애가 더 이상 열등과 낙인의 이유가 되어서는 안 될 뿐 아니라 다만 차이의 일부로 받아들여져야 한다는 생각을 하게 만들기도 한다.

장애가 사회적인 것이라는 점은 장애 자체가 이미 개인의 특성을 넘어 사회적 문제들과 깊이 연루되어 있음을 의미한다(이혜경, 2008; Barnes & Mercer, 2004; Siebers, 2011). 장애 자체에 내재된 특성보다 그 특성이 특정한 사회적 상징과 결부되기 때문에 장애는 부정적인 의미로 해석되고 장애인은 회피해야 할 대상으로 낙인찍히는 것이다. 이미 부정적으로 상징화된 장애는 어떤 경우에도 긍정적으로 받아들여질 수 없게 된다. 다만, 그것을 없애기 위한 부단한 노력만을 강조하고, 그렇게 하지 못한 대상을 비난하고 배제하거나 다수의 '정상적인' 집단의 범주에서 이탈하게 만들 뿐이다. 장애여성들은 장애의 이러한 부정적 사회화를 거부하고 장애 역시 사회구성원들이 가지고 있는 특징의 하나로 받아들여지기를 주장한다. 장애는 잘못된 것, 열등한 것, 피해야 할 것이 아니라 누구나 가질 수 있는 개인의 특성일 수 있으며, 따라서 장애는 개인을 다른 개인과 구별하는 단순한 '다름'의 한 형태라는 점을 강조하는 것이다.

나는 사람들이 각자 모두 다르게 산다고 생각해. 어떤 사람은 감성이 뛰어나고, 어떤 사람은 머리가 좋아. 어떤 사람은 뚱뚱하고, 어떤 사람은 말랐지. 똑같이, 어떤 사람은 일을 아주 늦게 하고, 어떤 사람은 빨리 하지. 장애인들도 이렇게 생각하면 좋을 것 같아. 다른 사람들하고 속도가 틀린 사람, 다른 사람들보다 말을 느리게 하는 사람, 다른 사람들보다 키가 작은 사람…. 독특한 사람들 있잖아. 키가 비정상적으로 큰 사람들은 슈퍼모델이라고 하고 얼굴이 이상하게 생긴 사람도 그냥 독특하다고 하면서, 우리보고는 이상한 사람이라고 하고…. 그렇게 생각하지 말고 그냥 저 사람은 좀 다른 사람이라고 생각해주면 이해 못할 것도 없잖아? (호숙)

3) 장애 친화적 커뮤니티의 형성

이러한 사고의 변화는 동료 장애여성들의 장애를 '다름'으로 이해하고 그들의 능력을 개발할 수 있도록 격려하는 분위기를 정착시킨다. 육체적 한계를 열등함과 능력의 부족으로 생각하지 않고 다른 조건이 필요한 것이라고 서로를 이해시키면서 장애여성 단체 내에서 만큼은 사회가 행하는 차별을 되풀이하지 않으려고 노력한다. 장애라는 이름으로 묶여 비슷하다고 여겨지는 장애여성들도 각자가 너무 다른 특성을 가지고 있어서 함께 지내기가 힘든 것이 사실이나, 서로의 장애가 가지는 특성들을 알아가며 배려하려고 노력하는 것이다. 또한 장애의 특성으로 인해 생겨나는 불편함을 그냥 참아 넘기지 않고 서로가 더 편안해질 수 있는 방법을 찾아내어 장애인들이 함께 살아가는 곳은 '더 불편한 곳'이 아닌 '더 조화로운 곳'이라는 것을 서로가 인식할 수 있게 한다. 지체장애인과 시각장애인, 청각장애인과 지적장애인이 함께 어우러지기 위해서는 서로의 장애를 잘 알아야만 한다. 또한 서로가 무엇이 필요한지, 어떠한 것들이 서로를 불편하고 불안하게 만드는지를 솔직한 대화를 통해 이해할 수 있어야 하고, 때로는 한 번도 해 보지 않았던 일들을 해가면서 서로에게 도움을 줄 수 있어야 한다. 가족과 친구들에게 도움을 받기만 해 오던 장애여성들은 이러한 과정 속에서 다른 사람을 도와주는 역할을 이행할 수 있게 되고, 다른 사람의 도움 없이도 혼자서 필요한 일들을 해결할 수 있는 지혜와 경험을 갖게 된다.

거부당하는 데 익숙한 사람들은 고통이 뭔지 알거든요. 실패할 때마다 느껴야 되는 그 절망감은 안 겪어 본 사람이면 몰라요. 능력이 있는지 없는지도 모르면서 무조건 일할 기회도 안 주는 거, 그게 얼마나 억울할지 잘 알기 때문에 "우리는 적어도 그러지 말아야지" 그런 심정으로…. 처음에는 나경 선생님과 함께 일하는 게 너무 답답했어요. 서로 의사전달도 안 되고, 그리고 일이 정말 느리니까…. 월말에는 다른 선생님들이 나경 선생님 일까지 다해야 했으니까…. 몇 달 지나서는 나경선생님이 먼저 그만두겠다고 했어요. 자기도 미안하니까…. 근데 우리가 그러지 말자고 했어요. 나경 선생님이 여기서도 나가면 어디를 갈 수 있겠는가 하는 생각이 들더라고요. 여기서 우리마저 나경 선생님을 못 받아들이면 나경 선생님은 진짜 자괴감을 많이 느낄 거다. 그래서 우리가 선생님을 설득했어요. 일도 많이 줄여서 우리가 그 일을 했어요. 처음에는 컴퓨터 다루는 것도 어려워하더니 지금은 정말 잘 하잖아요. 나경 선생님은 일을 느리게 하지만, 그만큼 다른 곳에서 더 생산적이 되요. 느린 대신 더 창조적이고 더 꼼꼼해요. 지금은 아무도 선생님 일을 안 도와줘요. [나경 선생님] 혼자서 다해요. 아주 자신 있어 하죠. 저런 모습이 될 거라고는 아무도 상상을 못 했어요. (소윤)

위의 내러티브에 등장하는 '나경'이라는 장애여성은 중증의 뇌병변장애인이다. 위의 내러티브에서도 나타나듯이, 나경은 일을 처리하는 속도가 매우 느리기 때문에 짧은 시간에 많은 일을 완성하기를 원하는 효과성 중심의 노동시장에서는 선호되지 못하는 대상이라 할 수 있다. 그러나 장애여성 단체는 나경에게 비장애인 중심 사회와 같이 효율성과 효과성을 요구하지 않았다. 오히려 그녀의 느린 속도대로 일을 처리할 수 있는 작업 환경을 조성하여 스트레스 없이 자신의 방식대로 일할 수 있도록 배려하며, 그녀의 숨어있는 능력을 발휘할 수 있도록 배려해 주었다. 그 결과는 기대 이상이었다. 자신의 작업 패턴과 속도가 큰 무리 없이 다른 구성원들에게 받아들여지면서 자신이 지금껏 보여 주지 못하였던 능력까지도 발휘할 수 있게 되었던 것이다. 현재 나경은 한 장애여성 단체에서 매달 발행되는 소식지의 편집과 단체의 관련 사무를 맡아서 일하고 있다.

장애여성 단체에서는 사회의 장애 차별적 가치를 거부하고 장애여성 개인의 능력을 개발할 수 있는 환경을 구축하여 사회에서는 발휘할 기회조차 가지지 못하였던 장애여성의 능력과 열정을 인정받을 수 있도록 많은 사람들이 배려와 지원을 아끼지 않는다. 한 장애여성을 위한 타 장애여성들의 이러한 노력은 그 장애여성으로 하여금 더 창의적인 아이디어를 생성하게 하고 더욱 성실히 자신의 일에 매진할 수 있게 한다. 이는 장애가 더 이상 무능력으로 치부되지 않는 이상적인 커뮤니티가 형성되는 과정이다. 다른 장애여성들의 경험을 이해하고 그들이 받을 수 있는 심리적·정신적 타격을 최소화하기 위해 자신의 노고를 마다하지 않는 과정에서, 장애여성은 다른 장애를 감싸 안는 방법을 터득할 수 있고 자신만큼은 동료의 아픔을 외면하지 않고 그 사람이 누려야 할 권리를 지켜주는 의미 있는 옹호(advocacy)를 실천할 수 있다. 또한 장애인들이 언제나 비생산적이고 비효율적이라는 일반적인 인식이 틀렸다는 것도 보여 줄 수 있다. 이는 장애여성들이 만들어가는 장애 친화적 커뮤니티가 더 이상 그들이 자신의 장애에 얽매어 무능력한 사람이 되지 않아도 되는 중요한 공간이 되어 가고 있음이 잘 이해되는 부분이다.

4) 여성성의 재구축

장애여성들은 단체 활동을 통해 지금껏 인정받지 못하였던 그들의 여성성 또한 새롭게 만들어간다. 완벽한 신체만을 강조하는 상업적인 미의 가치를 거부하고 여성성은 신체적 조건으로만 완성되는 것이 아님을 강조하는 것이다. 또한 장애여성들은 여성으로서 그 권위를 부여받지 못하게 하고 존중받지 못하게 한 그들의 성이 결코 결함이 있는 그 무엇이 아니라는 점을 보여 주기 위해 다양한 방법들을 통해 적극적으로 노력한다. 그중 하나는 여성의 매력을 다른 방식으로 정의하며, 성의 단편적인 측면만을 강조하는 사회의 편협한 시각에 이의를 제기하는 것이다.

여성의 가치를 몸으로만 생각하면 우리는 정말 못생기고 추악한 사람이지. 근데 사람들은 다른 사람들한테 외모로만 어필을 하는 건 아니잖아. 사람들이 만나서 어떤 사람에게 끌린다는 건 여러 이유가 있을 수 있잖아. 생각이 통한다든지, 마음이 편해진다든지, 존중받는 느낌을 받는다든지…. 내 생각에 나는 다른 사람들과 얘기하면 내가 다른 사람들을 참 편안하게는 해줄 수 있는 것 같아. 왜냐하면 다른 사람들이 힘들어하는 거는 웬만하면 이해할 수 있으니까…. 우리 장애여성들은 사람들의 고통을 읽을 수 있는 눈이 있거든. 우리만큼 힘들게 사는 사람들이 어디 있어. 그런 경험들이 사람들[장애여성들]을 그렇게 만드는 것 같아. 이게 바로 인간의 아름다움이지. 이런 점에서 많은 사람들이 끌리는 거지. (민주)

부끄럽게 여기고 숨겨오던 자신의 성적 욕구를 드러내는 것도 일그러졌던 자신의 성을 새롭게 만들어내는 작업 중의 하나이다. 한 장애여성은 장애여성도 비장애여성과 똑같이 매력적으로 보이고 싶고 남성과의 로맨틱한 관계를 꿈꾼다고 고백하면서, 지금껏 장애여성들은 자신들의 성을 스스로 인정하지 않고 그 욕망을 억눌러 왔다고 말하였다. 또한 이는 바로 장애를 가진 여성을 성과 관계가 없는 사람으로 치부하고 성적인 욕구를 가진다는 사실조차 금기시하였던 무언의 사회적 강요 때문이라는 점을 강조하였다. 박영희(2001)는 자신의 에세이에서 장애여성에게 가해져 온 이러한 사회적 억압을 이제는 드러냄으로서 깰 수 있다고 하였다. 이는 장애여성의 성을 인정받기 위해서는, 장애여성이 비장애여성과 다르지 않은 성적 욕구를 가지고 있지만 이를 표현하고 실현하는 것 자체가 사회적으로 받아들여지지 않았던 현실을 바꾸어야 한다는 의미이다. 이에 많은 장애여성들은 자신의 성이 존중받지 못해 왔다는 점에 공감하며 자신도 떳떳이 자신의 욕구를 이야기할 수 있어야 한다고 말한다.

좀 더 용감해지는 것이 중요한 것 같아요. 그 전에는 내가 남자를 만나서 스킨십하고 이런 것들을 생각조차 하면 안 되는 것으로 알았어요. 근데 "우리라고 왜 좋아하는 남자랑 연애하고 키스하면 안 되는가?"라는 의문이 들어요. 나도 도발적이고 싶고, 나도 매력적이고 싶죠. 근데 "내가 어떻게?"라는 생각이 나를 막아섰던 것 같아요. 이제는 나도 좀 더 적극적으로 표현해 보려고 해요. 좋아하는 사람이 생기면 그렇다고 고백해 보려고요. 딱지 맞으면 어때요. 좀 창피하다 말겠죠, 뭐. (난영)

한 장애여성 운동가는 자신의 누드사진을 온라인에 공개하기도 했었다. 장애여성들 스스로가 몸의 상품화와 여성성의 육체화라고 비난했던 누드라는 도구를 선택한 이유를 그녀는 이렇게 설명하였다.

나는 나의 몸을 마주 대하는 것이 매우 두려웠다. 이렇게 사진을 찍어 나의 몸을 보이는 것은 나 스스로 나의 몸을 정면으로 마주하고 싶었기 때문이다. 동시에 장애여성의 몸이 이상하고 뒤틀린 것이 아니라는 것을 세상에 보여 주고 싶었기 때문이다. (지연)

장애여성을 상품화한다는 비난도 거세게 일었지만, 이 여성은 사진을 촬영하고 공개한 이유가 장애가 있는 자신의 몸에 대한 두려움과 자신 없음을 스스로 극복하기 위해서였으며 동시에 장애가 있는 몸이 추하다는 사회의 편견을 깨기 위한 것이었다고 자신의 소신을 밝혔다. 이는 거부된 장애여성의 성을 다시 회복하기 위해 깊은 고민을 거친 후에 선택한 하나의 방법이었음을 짐작하게 하는 대목이다.

장애여성을 여성성으로부터 멀어지게 만드는 또 하나의 기제는 비장애인에게만 어울린다고 생각하는 출산과 양육의 개념이다(양정빈, 김소진, 2011; 최복천, 2011). 장애여성은 아이를 낳고 키우는 것이 '정상적인' 여성만이 누릴 수 있는 것이라고 판단하는 사회의 편협한 가치에 정면으로 도전하여 그 판단이 틀렸다는 것을 보여 주는 것이 매우 중요한 일이라고 생각한다. 그러나 장애여성 또한 비장애인들과 같이 사랑을 기반으로 하여 자녀를 출산하고 양육할 수 있음을 사회가 쉽게 받아들이지 않는 것이 현실이다. 이에 장애여성은 이러한 사회의 편견을 깨기 위해 자녀를 누구보다 잘 돌볼 수 있고 자신도 훌륭한 어머니의 역할을 수행할 수 있다는 것을 보여 주기를 원하며, 많은 장애여성들이 이를 위해 자신에게 적합한 방법을 개발하려 노력한다.

우리는 아이 키우는 것에 대한 지식이 별로 없어요. 우리 엄마나 언니도 본인들이 장애가 없기 때문에 내가 실제로 뭐가 어려운지를 잘 몰라요. 그저 내가 안쓰러워서 올 때마다 뭘 대신 해줄 생각만 하지…. 근데 연대[여성장애인 단체] 언니들은 나하고 비슷한 사람들이잖아요. 우리는 아이를 업을 수가 없으니까 애만 봐야지, 애를 보면서 다른 집안일을 못해요. 근데 언니들은 설거지할 때 우는 애 달래는 법, 아이 보면서 다림질 하는 법, 이런 것들을 알고 있거든요. 이런 얘기들을 듣고 나한테 맞게 개발하는 거죠. 언니들 보면 "아, 장애여성들도 다른 사람들처럼 할 거 다 하고 사는구나!" 그런 생각이 들어요. (다원)

장애를 가지지 않은 여성들에게서는 결코 배울 수 없는 장애여성만의 돌봄 노하우가 이렇게 다른 장애여성들에게 전수되면서 자신만의 양육 기술을 개발하는 데 밑거름이 되고 있다. 또한 서로의 지지자가 되면서 장애여성들 스스로가 출산과 양육에 자신감을 가지고 "장애가 있는 여성들은 아이를 키울 능력도 자격도 없다"는 근거 없는 사회적 편견을 깰 수 있기를 바란다.

어느 정도 성장한 자녀들에게 장애에 대한 부정적 인식을 없애 주는 것 또한 장애여성의 여성성을 회복하는 데 있어 매우 중요한 일이다. 이에 스스로의 체험을 통해 깨달았듯이 장애에 대한 사회의 편견은 장애인과 그 가족 성원들의 의식에 매우 큰 영향을 미치기 때문에, 장애여성은 자신의 자녀들에게 장애는 부끄러워할 것이 아니라 그저 남들과 조금 다른 것 외에 아무것도 아니라는 사실을 알게 해 주려고 노력한다. 이를 위한 한 가지 방법은 장애여성의 자녀들끼리 만나 서로의 생각과 경험을 나눌 수 있게 해 주는 것이다. 장애여성 자신들이 서로의 만남을 통해 자신의 삶에 대해 긍정적으로 해석하고 미래에 대한 확신을 가질 수 있었던 것처럼, 자신의 자녀들도 장애를 가진 엄마에 대한 서로의 경험을 공유하고 긍정적인 사고를 발전시키며 성장하기를 바라는 것이다. 많은 장애여성들이 이야기하고 있듯이, 가족 프로그램을 통해서 그들의 자녀들은 자신만 '다른' 엄마를 두었다는 생각을 하지 않게 되고 "장애인 엄마에 대해 더 많이 이해하게 되었으며 엄마가 자랑스럽다"는 생각을 할 수 있게 된다. 그래서 "이제 엄마가 학교에 와도 부끄럽지 않고 우리 엄마도 다른 엄마들처럼 잘 하는 것이 매우 많다"는 것을 깨닫게 된다.

장애를 가진 엄마도 훌륭한 어머니 역할을 잘 수행할 수 있음을 자신의 가족들에게 먼저 인정받음으로써 장애여성들의 모성은 긍정적으로 재형성될 수 있다. 이제 장애여성들은 자녀들끼리의 연대감을 통해 장애인 부모와 함께 살아가는 문화를 만들 수 있게 됨은 물론, 자신들뿐 아니라 2세들과의 세대 간 공감 또한 가능한 장애 커뮤니티를 형성할 수 있게 되는 것이다.

Ⅴ 결론

한국 사회에서 장애여성은 가정에서, 시설에서, 지역사회에서 자신을 적극적으로 드러내기보다는 자신의 존재를 숨기거나 매우 소극적인 반응만을 보이며 살아올 수밖에 없었다. 또한 가정폭력이나 성폭력의 일차적인 대상이 되었지만, 이를 드러내어 가시화하거나 제대로 저항하지도 못하고 살아왔다. 비장애인 중심으로 구조화된 한국 사회에서 '장애인'으로서, 남성 중심의 가부장적 사회에서 '여성'으로서 장애여성은 여러 형태의 배제와 차별을 경험하며 살아온 것이다. 다수의 장애여성들은 인간으로서 보장받아야 할 가장 기본적인 사항인 교육과 취업 등에서 원하는 형태의 삶을 선택할 권리를 가지지 못하였으며, 또한 자신의 의도와 상관없이 여성으로서 존중받지 못하거나 결혼과 출산·양육을 통해 삶의 중요한 부분인 모성을 인정받지 못하고 경험하지 못한 것이 사실이다.

그러나 많은 장애여성들은 이러한 현실을 바꾸기 위하여 부단한 노력을 해왔다. 그중 일부의 장애여성들은 그들만의 공간을 만들어 가족들로부터도 항상 얻을 수 없었던 지지를 서로에게 보내며 함께 많은 일들을 해내고 성취할 수 있었다. 그들은 그동안 겪어 왔던 상처에 동정하고 공감하며, 가족 안에서 그리고 사회에서 살아가기 위해 최선을 다하였던 서로의 노력을 존중하면서 서로의 장애를 이해하고 감싸 안으려 노력하였다. 또한 장애를 가진 여성들은 매력을 느낄 만큼 충분히 여성적이지 못하며 성적 관심은 그들에게 어울리지 않는다는 잘못된 인식을 바꾸어 자신들도 아름다움을 가진 여성으로서 존중받을 권리가 있다는 사실을 알게 해 주었다. 임신과 출산, 그리고 양육을 위한 서로의 노하우를 배우고 그것을 기반으로 스스로의 방법을 개발해 장애가 있는 여성은 아이를 낳지도 키우지도 못할 것이라는 사회의 근거 없는 인식들이 틀렸다는 점도 보여 주었다. 장애여성들이 만들어낸 이러한 새로운 가치 형성의 공간은 그들의 지역사회에 존재하며 더 많은 변화를 만들어 낼 공간으로 발전할 것이다.

서론에서 강조하였듯이, 장애여성의 경험은 한국 사회의 장애를 이해하는 데 매우 중요하다. 자본주의와 가부장제라는 두 축의 가장 큰 희생자가 바로 장애여성이며 장애여성의 생애 경험은 이러한 두 축을 중심으로 하는 구조적 차별을 가장 적나라하게 보여 주는 증거이기 때문이다. 그러나 언제까지나 사회의 차별과 거기에 따르는 희생만 이야기할 수는 없다. 이제 장애여성들이 힘겹게 만들어가는 변화에 함께 힘을 실어서 차별적인 구조를 바꾸어 나가야 할 때이다. 이들의 가족과 이웃, 그리고 지역사회의 구성원이 이들의 새로운 가치에 공감하고 그 의미를 공유한다면, 더 이상은 장애여성이 우리 사회에서 가장 불행한 피해자가 되지 않아도 될 것이고, 동시에 우리는 새로운 사회 가치와 함께 모두가 존중될 수 있는 사회에서 살아갈 수 있을 것이다.

참고문헌

강민희 (1998). 여성장애인의 자아정체성 형성에 관한 연구. 미간행 석사학위논문, 대구가톨릭대학교 대학원, 대구.

공미혜, 김경화, 김현지 (2007). 장애여성의 삶과 복지. 서울: 신정출판사.

김경화 (2003). 장애여성과 모성경험의 이중적 의미. 가족과 문화, 15(3), 3-35.

김성희, 변용찬, 손창균, 이연희, 이민경, 이송희 외 (2011). 2011년 장애인 실태조사. 서울: 보건복지부, 한국보건사회연구원.

김성희, 이민경, 오욱찬, 오다은, 황주희, 오미애 외 (2020). 2020년 장애인 실태조사. 세종: 보건복지부, 한국보건사회연구원.

김은정 (2002). 장애의 사회적 구성과 장애여성의 경험. 여성건강: 다학제적 접근, 3(1), 31-49.

박영희 (2001). 장애여성의 삶. 당대비평, 12, 45-51.

백은령, 오혜경, 전동일 (2007). 여성장애인의 취업실태와 영향요인에 관한 연구. 직업재활연구, 17(1), 223-248.

변용찬, 김성희, 윤상용, 강민희, 손창균, 최미영, 오혜경 (2009). 2008년 장애인실태조사. 서울: 보건복지가족부, 한국보건사회연구원.

변용찬, 김성희, 윤상용, 최미영, 계훈방, 권선진, 이선우 (2006). 2005년도 장애인실태조사. 서울: 보건복지부, 한국보건사회연구원.

양정빈, 김소진 (2011). 결혼한 여성지체장애인의 삶의 경험에 대한 생애사적 고찰. 한국가족복지학, 16(3), 35-62.

오혜경 (2006). 여성장애인의 차별실태 및 차별해소에 관한 연구. 사회복지리뷰, 11, 27-74.

오혜경 (2008). 인권과 장애인복지실천. 사회복지리뷰, 13, 27-57.

오혜경 (2010). 여성장애인의 자본실태에 관한 논의 ─ 경제, 직업 활동을 중심으로 ─. 사회복지리뷰, 15, 53-81.

이성은 (2009). 여성장애인의 자아존중감에 영향을 미치는 요인. 한국가족복지학, 27, 209-242.

이혜경 (2008). 여성정신장애인의 모성경험에 관한 현상학적 연구. 정신보건과 사회사업, 30, 162-198.

장명숙 (2009). 여성장애인과 인권. 여성연구, 19(1), 169-206.

최복천 (2010). Exploring parental experiences and practices associated with disabled children: From a disability studies perspective. 특수교육저널: 이론과 실천, 11(2), 281-309.

최복천 (2011). 여성장애인이 겪는 임신, 출산, 양육 어려움에 대한 질적 연구. 중복지체부자유아교육, 54(4), 323-347.

Barnes, C., & Mercer, G. (2004). *Disability.* London: Polity Press.

Bernard, C. (1999). Child sexual abuse and the black disabled child. *Disability & Society, 14*(3), 325-337.

Burke, P. (2004). *Brothers and sisters of disabled children.* London: Jessica Kingsley.

Burke, P., & Montgomery, S. (2003). *Finding a voice.* Birmingham, UK: Venture.

Collins, P. H. (2001). *Black feminist thoughts.* London: Unwin.

Fawcett, B. (2000). *Feminist perspectives on disability.* London: Prentice-Hall.

Goffman, E. (1963). *Stigma: Notes on the management of spoiled identity.* Englewood Cliffs, NJ: Prentice Hall.

Hannaford, S. (1985). *Living outside inside.* Berkeley, CA: Canterburry Press.

Kang, M. (2006). *The politicization of disabled women in South Korea — A case study investigation —.* Unpublished doctoral dissertation, University of Leeds, Leeds, UK.

Klein, E. (1984). *Gender politics.* Cambridge, MA: Harvard University Press.

Morris, J. (1992). Personal and political: A feminist perspective on researching physical disability. *Disability, Handicap and Society, 7*(2), 157-166.

Morris, J. (1995). Creating a space for absent voices: Disabled women's experience of receiving assistance with daily living activities. *Feminist Review, 51,* 68-93.

Morris, J. (1996). *Encounters with strangers: Feminism and disability.* London: The Women's Press.

Phillips, D. (2002). *Women, learning difficulties and identity: A study through personal narratives.* Unpublished doctoral dissertation, University of Leeds, Leeds, UK.

Priestley, M. (2001). *Disability and life course: Global perspectives.* Cambridge, UK: Cambridge University Press.

Prilleltensky, O. (2004). *Motherhood and disability: Children and choices.* London: Palgrave Macmillan.

Shaw, L. (1998). Children's experiences of school. In C. Robinson & K. Stalker (Eds.), *Growing up with disability* (pp. 73–84). London: Jessica Kingsley.

Sheldon, A. (1999). Personal and perplexing: Feminist disability politics evaluated. *Disability & Society, 14*(5), 645–659.

Siebers, T. (2011). *Disability theory.* Ann Arbor, MI: University of Michigan Press.

Thomas, C. (1997). The baby and the bathwater: Disabled women and motherhood in social context. *Sociology of Health and Illness, 19*(5), 622–643.

Thomas, C. (1999). *Female forms: Experiencing and understanding disability.* Buckingham, UK: Open University Press.

Vernon, A. (1999). The dialectics of multiple identities and the disabled people's movement. *Disability & Society, 14*(3), 385–398.

Wendell, S. (1996). *The rejected body: Feminist philosophical reflection on disability.* London: Routledge.

제12장 장애아동과 교육[1)

정은

I 서론

사람들이 통상적으로 이해하는 수준에서 특수교육은 장애 학생을 대상으로 하는 교육이다. 하지만 이렇게 간단하게 정의하기에 장애와 특수교육(학)은 아직도 너무나 많은 논쟁점들을 안고 있으며, 이는 교육 혹은 인간에 대해 우리가 쉽게 정의 내리지 못하는 것과 마찬가지이다. 왜냐하면 특수교육 역시 교육의 문제이고, 장애 역시 인간의 문제이기 때문이다.

특수교육에 대한 정의는 학자마다 견해가 조금씩 다르다. 특수교육을 "장애를 보상하는 서비스" 개념으로 보는 관점이 있고, 일반교육과 마찬가지로 대상 학생에 대하여 "어떤 의도를 가지고 그 결과로서 바람직한 행동 변화를 계획하는 교육"으로 보는 견해도 있다(강종구 외, 2010, pp. 28-29). 하지만 그 표현에서 드러나듯이 특수교육은 '일반교육의 보편적 방법론과 구분되는 "특수한" 이론적·실제적 방법론이 요구되는 교육'으로 보통 정의된다. 그리고 여기서 '특수'라는 개념에는 "일반교육의 방법론으로는 교육 목표에 도달할 수 없는 장애 학생의 독특한 교육적 요구, 훈련된 교사, 조절된 교육 장소, 교수 방법 및 내용, 교육 환경, 교육 목표 등 교육과정 전반의 특수성이 내포되어 있다"고 할 수 있다(김희규 외, 2010, p. 15; 한현민, 2001). 따라서 이렇게 보았을 때 특수교육은 장애 학생의 "독특한 교육적 요구" 혹은 "특별한 요구"에 맞게

---

1) 이 주제와 관련하여 보다 심도 있는 논의는 정은(2011)을 참고하라.

설계된 교육이라고 할 수 있다(김희규 외, 2010, p. 15; 한국특수교육연구회, 2009, p. 13).

현재 특수교육에서는 이렇듯 장애 학생의 특수성(즉, 특정 장애)을 고려하는 교육으로서 '일반학교의 교육계획으로는 어렵기 때문에 특별히 설계된 교육'을 장애 학생에게 제공해야 한다는 입장이 주요하다. 하지만 이와는 조금 달리 특수교육은 "장애의 특수성 때문에 붙여진 이름이 아니라 교육 대상이 갖는 교육적 요구와 교육 여건이 특별하기 때문에" 붙여진 명칭이라는 입장도 있다 (김희규 외, 2010, p. 15; 한현민, 2001). 혹자는 이 두 입장 간에 별 차이가 없다고 말할지도 모르겠다. 하지만 전자는 장애를 가진 학생이 일반교육으로부터 배제될 때 이를 정당화할 수 있는 근거가 될 수 있는 반면, 후자는 교육원리에 있어 일반교육에도 해당되는 보편성이 담겨 있으므로 실제로는 차이가 있다고 볼 수 있을 것 같다. 예를 들어, 학습자 개개인에게 가장 적절한 방법으로 교육이 실천되어야 한다는 입장에서 개별화 교육이 특수교육 현장뿐 아니라 일반교육 현장에서도 수용되고 있는 현실은 이러한 후자의 입장을 지지하는 단적인 경우라고 할 수 있다.

이와 함께 장애를 다양성의 관점에서 이해하는 입장도 최근 들어 많이 언급되고 있다. 장애를 다양성의 관점에서 바라보고자 하는 것은 상당히 중요하다. 다양한 몸에 따른 다양한 요구들, 예를 들어 이동권이나 편의시설 보장과 같은 경우에 있어서 이러한 다양성의 수용의 시각은 실제 생활에 있어서 여러모로 긍정적인 결과를 낳는다. 하지만 장애를 단순히 다양성의 문제로 환원할 때 발생되는 위험성 역시 존재하며, 이를 간과해서는 안 될 것이다. 원칙적인 의미에서 우리가 다양성을 중요한 생명의 가치로 삼는 것은 그 다양성을 통해 생명의 가치가 서로 동등하게 인정되고 소통될 것을 기대하는 것이다(정은, 2007a). 하지만 지금 우리 사회에서 다양성의 한 현상으로 장애를 이야기할 때 과연 그 속에서 장애가 동등한 가치로 소통되고 있는지 생각해 보면, 이에 대해 결코 쉽게 긍정할 수 없는 것이 사실이다.

장애와 특수교육은 이처럼 그 정의나 정체성에 있어 여전히 많은 논의가 필요하며, 이러한 입장 차이들은 교육과 장애에 대한 이해 관점이나 방식이 상이함으로 인해 발생한다고 볼 수 있다. 따라서 장애인교육학에 대한 정밀한 논의를 위해서는 교육이라는 인간 활동에 대해 살펴보는 작업을 포함하여 장애에 대한 복합적인 이해가 충분히 선행되어야 하겠지만, 여기서는 이러한 문제 전반에 관해 세세하게 다루기 어려운 관계로 다음 몇 가지 부분으로 논의를 축약하고자 한다.

이 장에서 다룰 내용은 먼저 현재 특수교육학의 지배적인 관점이라고 해도 과언이 아닌, 장애에 관한 생물적 환원주의에 대한 비판적 성찰이다. 인간이라는 존재는 한 생명체로서 기본적으로 자신의 신체적 가능성에 기초한다. 하지만 동시에 인간이라는 존재는 생물적 차원을 넘어 사회적 존재로서 타인을 중심으로 세계와 부단한 상호작용을 통해 자신을 만들어 나가는 매우 유연한 존재이다. 그러므로 한 인간의 실존과 직결된 '장애'라는 것 역시 이러한 맥락에서 파악되어야 할 것이다. 하지만 장애를 바라보는 우리 사회의 시각은 다소 협소하다. 인간 신체에 대한 전통적인 관점, 즉 의료적 관점이 장애 인식 방법에 있어서도 그대로 적용되면서, 인간 존재의 근본이 되는 사회적 차원에 대한 고려를 뒤로 하고 장애인이 지극히 개인화된 신체로 이해되는 경향이 있다. 장애에 대한 생물적 환원주의는 바로 이러한 배경에서 형성된 것으로, 장애·장애인에 대한 실제적인 인식을 축소·왜곡시키는 결과를 낳고 있다고 볼 수 있다. 이에 여기서는 맨 먼저 이 문제를 다룰 것이다.

이어서 다루게 될 부분은 분리교육의 딜레마에 관한 것이다. 앞서 간략히 언급하였지만, 동등한 인간으로서 장애 학생 역시 자신에게 적합한 교육을 받을 권리가 있으며, 이러한 맥락에서 특수교육은 매우 중요한 의미를 가진다고 할 수 있다. 하지만 교육이나 장애에 대한 시각차는 결국 장애 학생에 대한 교육에 있어서도 일관되지 못한 여러 가지 교육 방식·방법을 제시하게 하였다. 이 중에서도 특히 긴 시간에 걸쳐 현재에 이르기까지 해소되지 못하고 있는 논쟁점 중 하나가 바로 장애 학생의 통합교육과 장애를 고려한 장애 학생만을 위한 특수교육(분리교육)의 요구 간의 딜레마이다. 이 딜레마는 간단히 말해 장애 학생은 일반교육을 통해서는 자신에게 적절한 교육을 받을 수 없기 때문에 분리된 형식의 특별한 교육이 필요하지만, 동시에 통합교육을 통하여 일반학생들과 함께 교육을 받을 때 오히려 장애 학생에게 더 도움이 된다는 입장 사이에서 적절한 타협점을 찾지 못하는 데에서 발생한다. 이러한 현실적 딜레마는 장애 학생을 위한 바람직한 교육이란 무엇인가에 대한 질문과 함께 특수교육학의 정체성을 근본적으로 고민하게 하는 것으로 주의 깊게 살펴보아야 할 부분이다.

특수교육학에 대한 이러한 기본적인 논의를 바탕으로 하여 Ⅲ절에서는 우리가 지향해야 할 장애인 교육관에 관해 논의할 것이다. 이를 위해 먼저 인간 존재의 부족함(손상)의 의미를 발달적 맥락에서 근본적으로 조망해 볼 것이다. 이러한 작업은 '부족한' 장애 학생을 교육하는 데 국한되어 논의하는 것이 아니라 — 세상에 완벽한 인간은 없다는 의미에서 — 부족한 존재인 인간의 다양한 발달을 이끄는 근본 원리에 대해 새롭게 고민하는 것이다.

마지막으로 장애 학생 교육 현장에서, 즉 그것이 분리된 형식의 교육이든 통합교육 형식이든, 가장 큰 실질적인 어려움으로 지적되고 있는 '문제 행동'들에 대해 사회신경과학적인 관점에서 접근해 볼 것이다. 이것은 장애에 대한 종전의 생물적 환원주의를 벗어나 인간 행동의 원리에 대해 새롭게 고민하고자 하는 것인데, 우리는 이를 통해 공격적 행동, 반복, 자해행동과 같은 '문제 행동'들이 과연 뭇사람들에게 알려져 있듯 장애 특성에 따른 피치 못할 부차적 행동인지 근본적으로 되묻게 될 것이다.

Ⅱ 특수교육학의 장애 이해 관점에 대한 비판적 성찰

1. 장애에 대한 생물적 환원주의의 문제

인간은 어떻게 인간이 되는가? 답은 간단하다. 인간은 인간을 통해(서만) 인간이 된다. 인간 발달에 있어서 가장 중요한 환경은 이처럼 타인이라는 존재이다. 인간의 성장 및 삶의 과정 전반에 가장 영향을 많이 미치는 것은 다른 사람, 다른 사람들과의 관계이다. 그리고 여기서 '다른 사람'이라고 하였을 때, 이를 구체적인 주변인이라는 개인적 범주로 묶어서 이해해서는 안 된다. 모든 각 개인은 사회 전체, 즉 정치적·문화적·경제적 관계의 총체이므로, 설령 우리가 한정된 몇몇 개인과 관계한다고 하더라도 이러한 타인과의 교류는 단순히 개인 대 개인의 만남이 아니다. 가치관, 사용 언어, 예의의 범주,

아동관, 교육관, 건강관 등 극히 개인적인 것으로 치부될 수 있는 것들까지도 모두 그 개인 고유의 것이 아니라, 그가 살면서 사회적으로 학습한 것들이므로 사회적 삶의 반영인 것이다. 그리고 이렇게 보았을 때 우리가 지금 장애(인)에 대해 느끼고 인식하는 그 내용들 또한 살면서 만들어진 것이다.

인간은 이러한 주변인들 속에서 성장하며, 장애아동의 성장 역시 마찬가지이다. 신체적 혹은 감각적으로 대다수의 아이들과는 많이 다른 모습으로 태어나거나 혹은 일반적이지 않은 모습으로 발달해 나가는 경우에 있어서도 이러한 사회적 발달 원칙은 동일하게 적용된다. 예를 들어, 키가 작다는 사실만으로 그 사람이 평생 신장 콤플렉스를 가지고 사는 것이 아니듯이, 귀가 들리지 않는다는 사실이 그 사람을 장애인으로 살게 하는 것은 아닌 것이다. 그의 신장에 대해 주위에서 어떻게 반응하는지, 음성언어로 소통할 수 없다는 사실에 대해 주변 환경이 어떻게 소통 방안을 찾아가는지와 같은 사회적 반응에 따라,[2] 또 그러한 반응들을 당사자가 어떻게 경험하는지에 따라 당사자의 삶은 다양하게 펼쳐진다.

하지만 이러한 현실적인 삶의 과정과 달리, 장애는 신체적 혹은 감각적 결함에서 직접적으로 초래되는 것으로 받아들여지는 경향이 있다. 즉, 키가 작은 사람이 콤플렉스를 가지고 살아간다면 그것은 그 사람이 키가 작기 때문이고, 농인의 문제는 그가 못 듣는다는 데 있다는 식이다. 이러한 설명이 바로 생물적 환원주의이다. 하지만 앞서 언급하였듯이 인간이라는 사회적 존재에게 자신의 신체를 포함한 제반 발달 환경은 그 자체로 어떤 절대적인 의미를 갖는 것이 아니다. 만약 생물적 차원이 절대적인 의미를 가진다면, 똑같이 작은 신장을 가진 사람들은 똑같은 콤플렉스를 가져야 하고, 모든 농인은 동일한 삶의 어려움을 겪어야 할 것이다. 하지만 알다시피 실제는 그렇지 않다. 왜냐하면 발달 환경이라는 것은 해당 주체가 주관적인 차원에서 그 발달 조건을 어떻게 경험하느냐에 따라 성격이 다르게 규정되는 것이기 때문이다. 긍정적으로 경험하는지 부정적으로 경험하는지 혹은 도전적으로 경험하는지 절망적으로 경험하는지 등 당사자의 고유한 체험이 그의 발달 과정에 결정적인 것이며, 이 모든 상황에 있어서 공통적으로 문제를 야기할 수 있는 것은 각

---

2) 농의 문제는 청력 손실에 있는 것이 아니라 이로 인한 타인들과의 의사소통의 와해에 있다(Sacks, 2004).

개인의 다양한 실존적 가능성들이 같은 사회 구성원들과 적절한 소통을 해 나갈 수 있는 조건이 갖추어지지 못하는 상황(단절, 소외)이다.

다른 사람들과 끊임없이 소통하면서 살아야만 생존이 가능한 인간이라는 존재에게 같은 종 구성원들로부터 소외된다거나 소통이 단절되는 상황은 그의 생물적 생존마저 위협한다. 세계대전 당시 수많은 전쟁고아들을 관찰하면서 Spitz(1974)는 당시 집단적으로 양육되던 유아들이 영양적으로나 위생적으로 아무런 문제가 없었음에도 불구하고 발육이 늦거나 조기에 사망하는 경우가 많다는 것을 발견하게 되었다. Spitz는 이를 '마라스무스(marasmus) 현상'이라고 명명하였는데, 당시 유아들에게 부족하였던 것은 다름 아닌 양육자의 구체적인 스킨십과 적절한 반응이었다. 다른 동물들, 특히 포유류 이상의 동물들에게서도 공통적으로 나타나는 이러한 발달 현상은 인간의 유아가 건강하게 성장해 나가기 위해서는 적절한 영양뿐 아니라 사실은 이보다 먼저 다른 사람의 반응 — 유아일 때는 특히 스킨십 —이 더 중요함을 시사한다. 우리가 흔히 '시설병(hospitalism)'이라고 하는 현상 역시 같은 맥락이다. 시설병은 같은 종으로부터 고립되어 성장할 때 발생하는 것으로, 그들에게서는 마라스무스 현상 외에도 반복 행동이나 자해 행동 같은 자기자극 행동이 나타난다. 즉, 선천적·신체적으로 아무런 이상 증상이 없었음에도 불구하고 발달 환경의 문제로 인해 그러한 행동들이 형성되는 것이다(波多野, 稲垣, 2003, pp. 30-32; Brisch, 2003, p. 49).

인간이라는 존재의 생존이나 발달은 이와 같이 처음부터 끝까지 사회적이며, 결코 의학적인 혹은 단순 생물적인 차원에서 논해질 수 없다. 하지만 장애를 바라보는 관점에 있어서는 여전히 생물적 환원주의가 지배적이다. 장애에 대한 생물적 환원주의적 시각은 간단히 말해, "어떤 사람이 어떤 장애를 가졌기 때문에(예: '정신지체'이기 때문에) 이러저러한 특성을 가진다(예: 물건을 던진다)"는 관점이다. "A라는 상황(예: 억울한 마음이 드는 상황) 속에서 인간이라는 존재는 S라는 행동(예: 공격적인 행동)을 할 수 있다"와 같은 인간 이해를 위한 가장 단순한 보편적 접근 방식조차 장애인 앞에서는 생략되는 것이다.

장애아동들에게서 관찰되는 다양한 특성들을 장애의 특성으로 일반화하고 있는 경향은 관련 전문 서적들에서도 쉽게 찾아볼 수 있다. 예를 들어, 지적장애 아동의 특성으로 "화가 나면 물건을 던지기도 한다. 친구들이 싫어해서 아무에게도 사랑받지 못한다. 부끄러운 줄 모른다. 부모가 있으면 어리광을 부린다. 부모에게 반항한다."(김윤옥 외, 2005, pp. 91-92; 김희규 외, 2010, p. 146), "성을 낼 때는 물건을 던지면서 설쳐댄다. 고집이 세다. 남의 잘못을 일러바친다."(김홍규, 이호정, 2009, pp. 194-195)고 서술되어 있는가 하면, "대부분의 정신지체 아동은 주의집중에 어려움을 지닌다. 관찰이나 모방이 어렵기 때문에 다른 사람의 행동이나 말을 흉내 내거나 따라 하는 것이 어렵다. 정신지체 아동들 중 상당수는 학습 동기가 높지 않아서 학습이나 일상생활의 과제 수행에 어려움을 겪는 경우가 있다."(강종구 외, 2010, pp. 193-195)고 설명되어 있다.

또한 자폐성 아동들의 특성으로 "자기자극 반응은 발달지체 아동들이 대부분 공통적으로 나타내는 특징이지만, 자폐성 아동들에게는 더욱 두드러진다. 자기자극 행동은 주로 몸 흔들기, 손뼉치기, 상동적 행동 등 환경과의 기능적 관계를 유지하지 못하는 상동적 패턴을 이루게 된다. 많은 자폐성 아동들은 대부분의 시간을 비생산적인 활동에 보내며, 이러한 행동들은 사회적 수용 및 통합뿐만 아니라 학습을 저해하게 된다."(김윤옥 외, 2005, p. 187)라고 소개되어 있으며, 정서·행동장애 아동의 특성을 서술하는 과정에서 "대부분의 아동은 성장하면서 일탈 행동, 즉 위축과 두려움, 그리고 언어장애와 같은 문제는 곧 사라지지만, 공격성, 반사회성 그리고 비행과 같은 행동 문제들은 지속되는 경향이 있다. … 일부 아동은 이유 없이 사물을 두려워하고, 자주 아프다고 호소한다. 그리고 우울에 빠지기도 하며, 이러한 행동 때문에 학습활동에 참여하거나 일반아동들과 함께 다른 활동에 참여할 기회를 놓치기도 한다."(강종구 외, 2010, p. 250)라고 되어 있다. 또 자폐성장애 아동의 정서·행동 특징으로 "자해 행동(물어뜯기, 자기를 때리기, 머리 박기)이나 겉보기에는 공격적인 행동으로 여겨지는 행동을 함(문이나 벽 차기, 고함지르기, 가만히 서 있다가 갑자기 높게 점프하기, 갑자기 사람들에게 달려들기), 얼굴의 일부를 실룩거리거나 눈을 계속 깜박거림, 순종적인 행동을 잘하지 못함"(한국특수교육연구회, 2009, p. 320)이라고 소개되어 있다.

그런데 서술된 이 내용들은 과연 특정 장애를 가진 아동들에게만 해당될 수 있는 것들인가? 장애아동이 아닌 경우의 사람들에게서 이와 같은 특성들이 나타나는 것에 대해 우리는 그렇다면 어떻게 받아들이고 있는가? 그리고 성폭력 피해자들에게서 흔히 관찰되곤 하는 자해 행동(Jantzen & von Salzen, 1986; Lanwer-Koppelin, 1997, 2001)은 상술한 장애아동의 자해 행동과 다른 종류의 것인가?

소리를 지르거나 물건을 던지는 것과 같은 공격적인 행동은 사실 일상생활 속에서 우리가 너무나 흔히 접하게 되는 인간 행동들이며, 자해 행동이나 상동 행동과 같은 자기자극 행동 역시 극도로 소외된 상황 속에서 인간이 보여 주는 전형적인 행동들이다. 다시 말해 장애인들이 보여 주는 전형적인 행동 특성들을 이들의 장애로 인한 것이라고 받아들이는 것은 타당하지 않다는 것이다. 의료적인 관점에서 동일한 장애를 가졌다고 하더라도 상술한 특성들을 모두가 나타내는 것은 아니며, 또한 현 장애인 범주 상 이에 속하지 않는 경우에 있어서도 상술한 행동들은 많이 발견된다. 이 장 뒷부분에서 이와 관계하여 장애 학생들의 '문제 행동'을 새롭게 조망해 보게 되겠지만, 만약 이러한 생물적 환원주의적 관점에서 장애인을 바라보게 된다면 특수교육은 생물적 차원에서 장애 자체에 집중해야 하는 구조를 가질 수밖에 없을 것이다. 장애 학생에 대해 교육 이전에 치료를 요구하는 지금 우리 사회의 흐름 속에서 이는 잘 드러나고 있다.

하지만 살펴본 바와 같이 생물적 환원주의적 시각에서 장애에 대해 개별적이고 병리적으로 접근하는 것은 실제 우리가 경험하는 장애·장애인을 제대로 인식하는 것을 저해한다고 볼 수 있다. 예를 들어, 친구에게 놀림을 당해 화가 나서 물건을 던지며 울고 있는 지적장애 아동에 대해 단지 그가 지능이 낮아서 그런 행동을 한다고 쉽게 단정 지어 버릴 수 있는 것이다. 사람은 누구나 화가 났을 때 보통 때는 보이지 않았던 특이한 혹은 격한 행동을 할 수 있다. 그래서 우리는 통상 그런 경우, 혹여 그 특이한 행동을 받아들이기 힘들다 하더라도, 왜 그가 그만큼 화가 났는지에 관심을 기울인다. 즉, 행동을 판단하기에 앞서 사람에게 먼저 집중하는 것이다. 그런데 유독 장애인에 대해서 이런 과정이 생략된다면 그것은 분명 문제가 있다. 사람은 간 데 없고 장애만 덩그러니 남은 장애 학생 교육 현장이라는 씁쓸한 반성은 바로 이것을 반영하는 것인데, 이런 부분이 바로 여기서 명확히 하고자 하는, 장애에 대한 생물적 환원주의가 가지는 문제이다.

이 책에서 다루고 있는 장애학적 관점, 즉 장애에 대한 사회적 관점은 이러한 의미에서 '현실 장애', 즉 추상적이고 개념적인 장애가 아니라 삶으로서 장[]의 현상을 보다 설득력 있게 설명하는 시각이라고 할 수 있는데, 교육 분야에서 역시 이러한 입장을 취하는 학자들이 있다. 이 중 대표적인 한 사람으로 독일의 Jantzen을 들 수 있는데, 그는 인간이 사회적이고 관계적 존재라는 사실을 강조하면서 기존 특수교육학의 패러다임의 변화를 주장하였다. Jantzen (1997, p. 283)에 따르면, 장애는 개별적이고 병리적인 현상이 아니라 "하나의 사회적 관계(ein soziale Vehältnis)"이며 이의 핵심은 소외이다. 즉, 장애는 철저히 사회적으로 만들어진 관계적 실체라는 것이다. 그는 이러한 의미에서 1970년대 초에 소외 패러다임을 제안하였는데, 이는 쉽게 설명해, 장애는 소외라는 사회적 조건 하에서의 인간 발달이라는 것이다. 앞서 예를 들어 설명하였듯이, 이는 신체 또는 감각 기관의 변화 자체가 무조건 삶의 새로운 차원을 야기하는 것이 아니라 이로 인해 겪게 되는 제반 사회적 관계들의 근본적인 변화가 장애를 발생시키게 됨을 의미한다. 다음 절에서는 이러한 논의를 바탕으로 분리교육의 딜레마를 살펴보도록 하겠다.

2. 분리교육의 딜레마

학습자의 다양한 개인차를 고려하였을 때 각 학습자의 특별한 요구를 배려하는 것은 모든 교육 활동에 있어서 필요하고 또 중요한 일이며, 이는 장애학생의 교육에 있어서도 마찬가지이다. 하지만 실제 교육 현장에서 장애 학생은 일반적인 개인차의 범위를 넘어서는 일종의 특별한 요구가 필요한 학습자들로 규정되면서 소수 이질 집단으로 범주화된다(이소현, 박은혜, 2003, p. 23). 따라서 여기에서 학습자의 '특별한 요구'란 다양한 개인차라는 보편적인 차원에서의 차이라기보다 실제로는 특정 장애를 의미하게 된다(김동일, 손승현, 전병운, 한경근, 2010, p. 22; 김윤옥 외, 2005, pp. 9-10; 김홍규, 이호정, 2009, p. 13; 이소현, 박은혜, 2003, pp. 19, 23).

이제까지 특수교육은 이러한 입장에서 학습자를 장애에 따라 분류(진단)·배치해 왔다. 구체적인 상황을 보자면, 장애의 경중에 따라 일반학교에서의 통합교육이 나을지 아니면 특수학교가 나을지가 결정되고, 일반학교 역시 장애에 따른 수학 능력 기준에 따라 일반학급에서 완전 통합교육을 받을지 혹은 원적학급을 오가며 특수학급에서 교육을 받을지 결정된다. 장애에 따른 이와 같은 분리교육은 과거 장애 학생의 일반학교 지원이 어려웠을 당시 매우 흔하게 있어 왔는데, 흥미로운 것은 현재와 같이 장애 학생의 통합교육에 대해 ― 적어도 제도적인 측면에서는 ― 사회 전반적인 합의가 이미 이루어져 장애 학생이 비장애 학생과 통합되어 교육받을 수 있도록 법적 지원이 이루어지고 있음에도 불구하고 장애 학생 교육이 여전히 분리교육 중심이라는 것이다. 나아가 '성공적인 통합교육'을 위해서는 장애 학생에게 적절한 특수교육이 반드시 선행 혹은 동반되어야 한다는 입장이 대두되면서 역으로 장애 학생 분리교육의 필요성이 새롭게 논의되고 있는 면도 있다. 그런데 현실적으로 생각하였을 때 한 명의 장애 학생이 특수교육도 받으면서 동시에 통합교육도 받는 것은 물리적으로 불가능하다. 이 둘이 조화롭게 현실화되어야 한다고 말은 할 수 있겠지만, 지금 우리 현실에서 이것은 시공간적으로 가능하지 않다. 궁여지책으로 유일한 방법은 남들보다 더 일찍 일어나고 더 늦게까지 더 많은 시간을 투자하여 필요한 개별 교육(혹은 치료)을 받는 것인데, 주위에서 쉽게 경험할 수 있듯이 바로 이러한 생활 속에서 대부분의 장애 학생들이 겪는 소외되고 고단한 일상은 도를 넘어서고 있다. 학습 혹은 생활 기능이 느는 만큼 아이는 지쳐가지만, 그 지침을 달랠 여유는 그 누구에게도 없는 것이다. 한 마디로 말해, 장애를 고려한 개별적인(혹은 맞춤형) 특수교육과 뭇 아이들과 자연스럽게 어울릴 수 있는 통합교육을 조화롭게 해 나간다는 것은 절대 말처럼 쉽지 않은 것이다.

장애 학생 교육에 있어 이러한 딜레마는 근래에 들어 새롭게 나타난 현상이 아니다. 1990년대 넘어서면서 장애 학생의 통합교육의 필요성에 대한 논의가 활발하던 당시 이미 김삼섭은 "통합교육의 정당성에 대해 언급하자면 분리교육과 상충되지 않을 수 없다"며 특수교육의 자체적인 논리 모순을 지적한 바 있다(김삼섭 편, 1996, p. 19). 그렇다면 이 딜레마는 해결할 수 없는 문제로 영원히 머물러야 할까? 여기서는 이 문제에 대한 논의를 먼저 장애 학생의 특별함을 되묻는 것으로부터 시작하려 한다.

사람이면 누구나 특별한 요구를 가지고 있다. 동시에 사람에게는 누구에게나 해당되는 보편적인 삶의 요구들도 있다. 이것은 다시 말해 뭇 사람들과는 다른 특별한 요구를 가진 사람이 굳이 장애인(만)이라고 할 수는 없다는 점을 의미한다. 동시에 실제로 개개인 간의 차이는 우리가 흔히 범주로 묶어 생각하는 여성과 남성, 동양인과 서양인, 어린아이와 노인, 장애인과 비장애인의 차이보다 더 천차만별이며, 인간의 보다 풍요로운 삶을 위하여 실제로 의미를 갖는 것은 막연한 범주적 차이보다 한 사람 한 사람의 고유성이 묻어 있는 개인차라고 할 수 있다. 그러므로 장애인을 비장애인의 대립 상으로 놓고 특별한 요구를 가진 이들이라고 주장하는 것은 불합리하다.

학교 상황을 예로 들어 보자면, 모든 학생들이 다 나름의 특별한 요구를 가지고 있다는, 개인차 혹은 다양성에 대한 실질적인 이해가 선행되어야 하는데, 거기에서 장애 학생만을 별도로 구분하게 될 경우 지금과 같은 교육적 딜레마를 피할 수 있는 방법은 없어 보인다. 장애 학생 한 사람 한 사람에게 필요한 다양한 교육적 요구들을 충족시키기 위한 수단인 개별 교육 방법이 그 전형적인 예가 될 수 있을 것 같다. 학생 개인별로 그들에게 필요한 것을 지원하고 적절한 도움을 제공하고자 시작된 것이 개별화 교육이었지만, 실제로 이것은 분리(격리) 교육을 정당화하는 역할을 하게 된 면이 크다(정은, 김미향, 2010). 동시에 그 속에서 진행되는 개별적 차원의 교육은 결과적으로 이러한 교육 방법을 통해 교육받은 학생들이 학습 면에 있어서나 생활 면에 있어서 통합적인 사고 및 사회적 능력을 발달시킬 수 있는 기회를 그만큼 제한하게 되었다. 앞서 잠시 언급하였지만, 집중적인 개별 교육을 통해 장애 학생 개개인의 특정 기능이나 기술 습득에는 부분적으로 발전이 있었는지 모르지만 이 능력들을 어디에 어떻게 활용하고 적용해야 하는지에 대한 이들의 문화적 공유 능력은 현저히 떨어지는 결과를 낳은 것이다.

덧붙여, 많이 혹은 충분히 교육하였는데도 불구하고 이렇듯 그 교육적 성과가 병리적인 모습으로 나타나는 현시대의 교육 딜레마는 굳이 장애 교육 현장에만 해당되는 것도 아니다. 현대 사회에 들어 과거와 달리 전반적으로 고립되어 성장하는 아이들의 경우에 있어서도 마찬가지이다. 자유로운 삶의 경험이나 또래 집단과의 교류 기회는 줄어들고 대신 소위 교육적으로 격리된 공간에서 갖가지 학습을 위해 많은 에너지와 시간을 투자해야 하는 우리 사회 청소년들의 일반적인 모습에서도 이러한 발달 불균형은 잘 나타나고 있다. 개인적으로는 다양한 혹은 많은 능력을 가졌지만 이에 비해 사회적인 관계 속에서 그런 개인의 능력들을 적절하게 활용해 내는 능력은 현저히 낮은 현대의 청소년들이 또 성인들이 기하급수적으로 늘어 가고 있는 현실(예: 은둔형 외톨이)이 이를 반증한다. 이러한 발달 불균형의 문제가 어떤 식으로 장애 학생들에게 나타나고 있는지 그 심각한 실재에 대해서는 굳이 언급할 필요도 없다. 이러한 현상들은 본질적으로 학습자에 대해 그가 가진 어떤 특별한 부족함만 채워지면 교육이 해결되는 것처럼 생각하는 편협한 교육관과 관계된다고 할 수 있다. 이는 장애 학생의 경우 그의 장애에 따른 특별한 요구만 해결되면 바람직한 교육이 이루어지는 것처럼 생각하는 것과 직결되는데, 이러한 방식으로 교육 활동이 전개될 때 이들을 위한 교육과정 및 교육적 성과는 갈수록 더 편협해질 수밖에 없을 것이다.

이와 함께 아동 교육에 있어 사회적 발달의 의미를 되새겨 볼 필요가 있다. Vygotsky(2001a, p. 111)의 설명에 따르면, 사람들은 흔히 아동 교육의 형식은 아동의 상태가 생물적인 원인에 의해 규정되는지 사회적인 원인에 의해 규정되는지에 따라 두 가지가 있고 이것들은 구별되어야만 한다고 생각한다. 그래서 이들은 생물적인 결함을 가진 아동의 경우 그 아동들은 그 어떤 생물적인 결함으로 인해 "생물적인 발달 궤도"에 고착해서 발달한다고 생각한다. 이것은 앞 절에서 살펴본, 장애에 대한 생물적 환원주의의 내용이기도 한데, 이러한 입장에서는 당연히 그 아동의 생물적인 상태를 변화시키는 것이 제대로 된 교육을 위한 우선 과제가 된다. 하지만 이러한 생물적 '결함'을 가진 아동들에게는 일반아동들의 발달을 규정하는 사회적인 발달의 법칙이 아무 의미가 없을 것이라고 생각한다면, 그것은 오산이다. 왜냐하면 생물적 기능들은 사회적 기능 ― 보다 높은 정신 기능 ―이 발달해 나감에 따라 지양되어 가기 때문이다. 간단한 예로, 바깥나들이를 해 본 경험이 거의 없는 발달장애 아동 철수가 난생 처음 놀이공원에 갔을 경우에 철수는 화장실이 급할 때 아무 곳에서나 일을 보려고 하거나, 목이 마를 때 그저 짜증을 내며 주위 사람을 곤란하게 할 수 있을 것이다. 하지만 외출을 여러 번 경험한 적이 있는 발달장애 아동 광수는 동일한 경우에 처하였을 때 다르게 반응할 수 있다. 공원 입구에서 엄마가 화장실에 먼저 들렀다가 가자고 하였을 때 ― 공원은 넓고 집처럼 급할 때 바로 일을 볼 수 있는 것이 아님을 알기 때문에 ― 반항하지 않고 이를 따르거나, 갈증이 날 때 "자판기, 자판기" 하며 떼를 쓸 수 있는 것이다. 즉, 동일한 생물적 기능의 문제(화장실, 갈증)라 하더라도 자신이 생활 속에서 습득한 ― 즉, 같은 사회 구성원들과의 공동체적 접촉을 통해 형성된 ― 사회적 기능의 차이에 따라 이를 해소해 나가는 모습은 완전히 다를 수 있는 것이다.

Vygotsky는 이와 같이 발달의 근본이 되는 것은 생물적 법칙성이지만 발달 과정 속에서 이러한 생물적 차원은 보다 높은 정신 기능의 형성과 함께 새로운 발달 단계에서의 법칙성에 대하여 그 배후로 숨는다는 설명을 통해 인간의 사회적 발달을 강조하였다. 이러한 맥락에서 Vygotsky는 특히 장애아동 교육에 있어 보다 낮은 기능의 발달에 우선적으로 집중할 경우(예: 책상에 가만히 앉아 있는 훈련, 연필 쥐는 연습) 결코 우리가 원하는 교육적 효과(예: 학교 생활 적응 향상)를 기대할 수 없음을 강조하였다.

결과적으로 장애아동과 비장애아동의 발달 법칙은 본질적으로 동일하며(Vygotsky, 2001a, p. 123), 따라서 장애아동 교육과 일반아동 교육 역시 본질적으로 동일하다(동일할 수밖에 없다). 단지, 장애아동은 비장애아동과 똑같은 것을 다른 방식으로, 다른 방법들로, 다른 도구들을 통하여 성취한다(Vygotsky, 2001b, p. 100). 그러므로 특수교육을 단순히 개별적인 차원에서 특정 장애에 맞는 학습도구를 보조하거나 단기적인 안목에서 학생의 상태를 고려해 교육 목적이나 내용을 하향 조절하는 방식으로 해 나가는 것은 현재와 같은 분리 교육의 딜레마를 악화시킬 따름이다. 따라서 우리는 기술(skill, technique) 중심의 특수교육 방식을 벗어나 개개인을 유(類)적 존재로 바라보는 관점, 즉 개개인은 인류라는 종 차원의 보편적 속성을 가진 인간이라는 관점을 가지고 인간의 성장과 발달이라는 보다 큰 맥락에서 장애인 교육을 고민하고 실천해 나가야 할 것이다. 그리고 이를 위해서는 교육을 장애 학생 교육, 일반교육으로 구분하여 고민할 것이 아니라 '인간'이라는 교육적 대상을 근본적으로 새롭게 성찰하는 작업을 해야 할 것이다. 또한 장애 학생이 일반학생과 다른 것이 아니라 모든 학습자는 저마다의 독특한 요구를 가지며 또 동시에 서로 많은 부분을 공유할 수 있는 보편적 가능성을 가진 존재라는 인식 속에서 교육이 실천되어야 할 것이다.

미래의 '함께'를 위하여 지금의 '격리(분리)'가 정당화될 수는 없다. 무리 생활을 하는 모든 다른 동물들에게 있어서도 같은 종으로부터의 고립은 어떤 경우에도 이후의 자연스러운 섞임을 방해하였다고 연구 결과들은 보고하고 있다(Bowlby, 2009). 이는 바꾸어 말해, 한 시대를 함께 살아나가야 할 같은 세대의 사람들에게는 서로가 서로를 알아갈 수 있는 기회가 무조건적으로 제공되어야 한다는 뜻이다. 장애 학생, 비장애 학생 모두에게 이 기회는 자신의 사회적 생존의 바탕이 될 것이다. 만약 같은 시대를 살아가야 할 이들에게 교육의 이름으로, 제도적으로 분리가 허용된다면, 이는 교육의 본질에 어긋나는 교육 과정 자체의 비윤리성을 드러낼 따름이다(정은, 2009a).

Ⅲ 장애인 교육관의 재정립

1. 손상의 인간 발달적 의미

앞에서 살펴보았듯이, 사람들은 흔히 장애만을 인간사의 어떤 특별한 사안으로 보는 경향이 있다. 특수교육 전문가들의 시선 또한 마찬가지인 경우가 많은데, 바로 이러한 오류로 인해 장애 학생 교육은 그 성과에 있어서 만족스럽지 못한 채로, 나아가 통합교육의 필요성에 당면해서는 교육적 모순에 봉착하기도 하였다. 이 절에서 다룰 '손상성'의 문제 역시 마찬가지이다. 손상은, 곧 장애라는 관념적 등식 아래, 보통 의료적 · 생물적 수준에서의 개인의 결함으로 이해되고 있다. 하지만 완전한 인간이 없고 누구나 나름의 부족함과 아픔을 안고 살아간다는 지극히 상식적인 사실을 한번 들추어 생각해 보면, 손상은 장애의 동의어일 수 없으며 오히려 인간이라는 존재를 설명하는 보편적 특징임을 알 수 있다. 여기서 살펴볼 Vygotsky의 손상학(Defektologie) 연구가 바로 이러한 문제 제기를 하고 있는데, 그에 따르면 손상은 인간 발달을 저해하는 요소가 아니라 반대로 발달의 실질적인 이유이다.

인간은 누구나 신체(생물)적으로, 정신적으로, 혹은 사회적으로 부족한 면(단점 혹은 결점, 즉 손상)이 있으며, 인간의 발달은 근본적으로 이러한 자신의 부족한 면을 보완해 나가는 방향으로 진행된다(정은, 2007b; Vygotsky, 2001b). Vygotsky는 이와 같이 인간 발달을 손상과 보완이라는 두 개의 축을 중심으로 바라보았는데, 여기서 보완 활동은 두 가지 원칙 아래 이루어진다. 첫째, 인간은 자신의 부족한 면(손상)에 비해 항상 더 초과해서 보완 활동을 하며[과(過)보완 원칙], 둘째, 모든 보완은 사회적 보완이다. 우리가 흔히 볼 수 있는 일상적인 예로, 몸이 너무 허약해서 운동을 시작하였는데 그 과정을 통해 오히려 보통 사람들보다 더 건강한 사람이 된 경우라든가, 신장이 하나밖에 없는 사람의 경우 50%의 신장 기능으로 살아가는 것이 아니라 남은 신장 한쪽이 100%의 기능을 담당하는 경우가 있다. 또 예방 접종을 받았을 때 어떤 특정한 병균에 감염되지 않을 뿐 아니라, 즉 단순히 아프지 않게 되는 것이 아니라, 면역력 생성으로 건강한 상태를 유지할 수 있게 되는 것, 시각 장애인의 촉각이 단순히 보통 사람들보다 예민한 것이 아니라 생활 속에서 그 이상의 역할을 감당할 만큼 발달되는 것 등 손상-보완 활동과 관련된 예는 수없이 많다. 여기서 후자의 예를 좀 더 보충 설명하자면, 시각을 잃게 되면 자동적으로 촉각이 발달하게 되는 것이 아니라 이를 위해서는 구체적인 사회적 필요가 있어야 한다. 예를 들어, 아이가 앞을 못 본다는 이유로 주위에서 모든 것을 대신해 주게 되면 위에서 언급한 만큼의 촉각 발달은 이루어질 수 없다는 뜻이다.[3] 이에 Vygotsky는 다음과 같이 적고 있다.

동물과는 반대로, 인간의 기관 손상 혹은 생물적 조직의 결손은 절대 인성에 직접적으로 영향을 미치는 않는다. 왜냐하면 인간에게 눈과 귀는 단순히 물리적 기관이 아니라 사회적 기관이기 때문이며, 또한 자연스러운 환경과 인간 사이에는 아울러 인간과 세계가 관계하는 그 모든 것을 파괴하기도 하고 조절하기도 하는 사회적 환경이 있기 때문이다. (Keiler, 1999, p. 317에서 재인용)

이처럼 인간의 발달은 처한 사회적 환경 아래에서 자신의 손상을 사회적 필요에 따라 보완해 나가는 방향으로 진행된다. 예를 들어, 그림에 별로 취미

---

3) 보다 자세한 내용은 정은(2007a, 2009b)을 참고하라.

가 없는, 환경이 다른 갑, 을 두 사람이 있다고 하자. 자신 외에 모든 가족이 미술계에 몸담고 있는 갑의 경우에 그림이 아니더라도 어떻게든 자신의 예술성을 발견·개발해서 가족 앞에 당당해 보이려고 노력하는 방향으로 자신의 부족함을 보완하려 할 수 있을 것이다. 반면, 예술 자체에 별 적성도 흥미도 없는 환경 속에서 자라는 을의 경우에는 예술적 재능에 대한 열등감 없이 자유롭게 다른 진로를 선택할 수 있을 것이다. 다시 말해, 동일한 혹은 비슷한 신체적, 심리적, 혹은 사회적 처지에 있다고 하더라도 그를 둘러싼 구체적인 사회적 발달 조건에 따라 당사자의 약점에 대한 보완 활동의 구체적인 내용과 형식이 달라진다는 것이다.

그런데 이러한 보완 과정을 보다 정확히 살펴보기 위해서는 허구적 보완 및 "보완 자본(Fonds der Kompensation)"(Vygotsky, 2001a, p. 116)의 문제를 짚고 넘어가야 할 것 같다. 먼저 허구적 보완에 관한 것이다. 자신의 부족한 바를 보완하기 위해 모두가 노력하는 것이 인간의 삶이라면, 모든 인간은 점점 더 유능해지고 동시에 갈수록 더 풍성한 인성을 갖추게 되어야 할 것이다. 하지만 현실은 그렇지 않은데, 그 큰 이유 중 하나가 허구적 보완 때문이다. 허구적 보완이라는 것은 어떤 공상적인 의미에서 허구적이라는 것이 아니라, 현실적인 이유들에 의해 형성되는 보완 활동이지만 그것이 자신의 손상의 핵심적인 부분에 부응하지 않는다는 의미에서, 즉 진정으로 손상을 보완하는 활동이 아니라는 의미에서 허구적이라는 것이다. 허구적 보완이 가능한 이유는 간단히 말해 손상에 대한 자신의 인식이 다를 수 있기 때문이다. 여기서 말하는 인식이란 주관적인 생각(판단)이기는 하지만, 이것이 개인에 대한 사회적인 영향을 고려하지 않는다는 의미가 아니다. 오히려 반대로 그 개인이 처한 사회의 가치나 규범 등을 최대한 고려하는 개인의 인식이다.

예를 들어, 말 주변이 없어서 자신이 친구들에게 별 관심을 못 받는다고 생각하는 사람이 있다고 하자. 그는 자신의 약점이 '말 주변이 없어서'라고 단정하고 이를 보완하기 위한 여러 가지 시도를 할 수 있다. 모임 전에 재미있는 유머를 연습하거나, 우스운 에피소드 같은 것을 미리 준비해 갈 수 있다. 그런데 이렇게 하였음에도 불구하고 친구들이 그를 별로 환대하지 않는 경우를 한번 생각해 보자. 이유가 어디에 있을까? 이 경우에 있어서 그의 문제가 오만한 대화 태도에 있었음에도 불구하고 당사자는 엉뚱하게 말 주변이 없는 것이 자신의 단점이라고 생각하였다면, 이럴 때 그의 보완 행위는 허구적 보완에 해당된다. 실제로 이러한 경우들이 매우 많이 발생하기 때문에, 허구적 보완의 가능성은 손상-보완이라는 발달 축을 고려할 때, 특히 인성 발달과 관련해서 꼭 염두에 두어야 할 부분이다.

다음으로 보완 활동의 양과 질을 결정하는 보완 자본에 관해 간단히 살펴보도록 하겠다. 보완 자본은 글자 그대로 보완 활동을 위해 당사자가 활용할 수 있는 제반 자본이다. 여기서 자본은 매우 광범위한 의미로 사용된다. 환경ㆍ지식ㆍ경험과 같은 것도 여기에 해당되고, 자신 주변의 다양한 인적 자원(관념, 성격, 능력 등)도 포함된다. 그런데 손상은 이러한 다양한 보완 자본을 만나 질적인 변화를 겪게 된다. 즉, 손상이 더 이상 손상으로 머물지 않게 되는 것이다. 인간은 삶 속에서 타인과의 구체적인 접촉(다양한 사회적 관계를 통한 감정적 지원, 인식의 지평의 증대 등)을 통해 자신의 부족한 바를 보완할 방도를 도모하게 되는데, 다양한 인간의 개인사를 살펴보았을 때 약점이 이후에 강점의 뿌리가 되는 경우들을 떠올리면 손상의 질적 변화라는 의미를 쉽게 이해할 수 있을 것이다. 따라서 교육 활동에 있어서 이러한 보완 자본의 중요성은 아무리 강조해도 지나치지 않을 것이다. 이 장에서 계속해서 장애 학생 교육에 있어서 분리교육이 가지는 절대적 취약점을 언급해 왔는데, 손상-보완 활동에 있어서 보완 자본이 갖는 중요성을 생각하였을 때 이 취약점은 지금 장애 학생 교육에 있어서 가장 시급히 해결해야 할 문제라고도 볼 수 있을 것 같다.

결과적으로 인간의 발달에 있어서 그 원천이 된다고도 볼 수 있는, 개개인의 손상들은 당사자가 취할 수 있는 보완 자본 그리고 그 사회의 여러 가치들의 영향 속에서 과보완을 성취해 나간다고 볼 수 있다. 그러므로 인간의 사회적ㆍ정신적ㆍ신체적 약점이나 부족함들은 개인적인 차원에서의 교정이나 극복의 대상이 아니라 타인을 요구하고 그 속에서 자신을 보다 풍요롭게 성장시켜 나가는 중요한 발달적 의미를 가진다는 인식이 장애인 교육관의 기본 바탕이 되어야 할 것이다.

2. '문제 행동'에 대한 새로운 이해

앞 절에서 살펴보았지만, 장애 학생들의 '문제 행동'은 실제 교육 현장에서 가장 많은 어려움을 호소하는 주제 중 하나이면서 동시에 장애에 대한 생물적 환원주의적 시각이 가장 단적으로 드러나는 장면이라고 할 수 있다. 이에 이러한 생물적 환원주의적 시각을 벗어나 인간 행동의 원리에 대해 사회신경과학적 입장에서 살펴보고자 한다. 여기서 말하는 사회신경과학적 입장이란 생물적 환원주의와 같은 맥락이라고 할 수 있는 기계적 신경학과 달리 인간 존재의 사회적·생물적·정신적 차원을 함께 고려하는 입장이다.

인간의 삶이란 끊임없이 누군가와 관계하면서 흘러간다. 그리고 그 속에서 발생·소멸되는 인간의 모든 행동들은 각 개인의 구체적인 신경계의 활동과 직결된다. 그렇다면 과연 사람과 사람이 만났을 때, 이 사이에서는 무슨 일이 일어나는가? 또 왜 일어나고 어떻게 일어나는가? 현대 신경과학에 따르면 인간의 뇌는 그 어떤 신체 기관보다도 사회적이며, 따라서 사람과 사람 사이에서 발생되는 모든 일들, 행동들은 서로가 서로의 뇌에 어떤 영향을 미치고 있는지를 구체적으로 드러내 주는 경우들에 해당한다(Goleman, 2006, p. 16).

유아의 뇌는 태내기부터 타인을 기다리고 그에게 반응하면서 성장한다 (Trevarthen & Aitken, 1994). 뇌 발달에 있어서 사회적 교류의 중요성을 언급하고 있는 다양한 최근의 연구 결과들은 공통적으로 타인과의 관계가 우리의 정서적·사회적 경험뿐 아니라 생물학적 상태까지 규정한다고 보고하고 있다 (정은, 2008; Flores, 2010; Goleman, 2006, p. 17; Hartmann, 2005; Miller, 2005). 앞서 살펴보았던 Spitz의 연구 결과에서도 이는 분명하게 드러나는데, 상대의 반응 결핍은 '나'의 생존 가능 여부에 대해 상상하는 것 이상으로 치명적인 영향을 미친다. Goleman(2006, p. 16)은 이러한 맥락에서 인간관계와 뇌가 가진 발달상의 유연성에 대해 다음과 같이 설명하고 있다.

우리가 다른 사람과 관계를 맺으면 뇌와 뇌 사이에 보이지 않는 끈이 만들어지고, 신경계의 이런 만남을 통해 우리는 우리와 관계를 맺는 사람들의 뇌 — 즉, 신체 —에 영향을 미친다. 물론 그들도 우리 뇌에 영향을 미친다.

인간은 유(類)적 존재로서의 뇌 발달 특성상 처음부터 다른 사람과의 접촉을 요구하며, 신경계의 가능성에 근거하여 발달해 나간다. 그런데 뇌의 이러한 사회적 욕구는 타인과의 접촉이 단절되거나 부족할 때에도 그치지 않는다. 즉, 뇌는 그러한 상황에서도 계속해서 동일한 방식으로 작동하는 것이다. 이러한 맥락에서 Edelman(2009, p. 139)은 우리 뇌가 작동하는 방식은 우리가 세계를 인식하는 방식과 동일하며 그 구체적인 모습에 있어서 뇌는 "결함을 채우거나 작화(作話)하는 방식으로 그 결함에 대해 반응한다"고 하였다.[4] '결함'을 채우는 방식은, 예를 들어 우리가 어두운 곳에서 청력을 활용하여 상황을 파악하고자 하는 행위를 생각해 보면 쉽게 이해할 수 있다. 한편, 작화증이란 정신과적 질병의 하나로 "추상(追想)에 장해가 있어 건망을 공상에 의하여 보충하고 자기가 경험하지 않은 일을 경험한 것처럼 이야기하며 스스로 그 허위를 인식하지 못하는 병증"(이희승, 1981, p. 2424)으로, 뇌가 필요로 하는 자극이 충족되지 않을 때 그 부족함을 보완하는 활동 속에서 발생된다. 이러한 현상의 근본적인 메커니즘은 보통 우리가 외로울 때 혼자서 중얼거리거나 비현실적인 공상에 빠지는 행위와 같은 것이다. 물론 이것이 망상과 같은 정신 현상을 야기하여 정신과적 증상으로 확대되었을 때는 또 다른 차원의 문제를 발생시킬 수도 있다.[5] 어쨌든 인간의 뇌는 이렇듯 자신이 처한 사회적 상황을 반영하면서 끊임없이 변화해 나가는 사회적 성격이 강한 기관이다 (Edelman, 2009; Vygotsky, 2001b).

인간의 다양한 발달 문제를 이해함에 있어서 이와 같이 인간 뇌의 변화(발달) 원리, 즉 뇌의 사회적 성격을 중요하게 다루는 이유는 뇌 기능의 변화가 뇌 안에서 끝나는 것이 아니라 구체적인 인간 행동의 변화를 야기하기 때문이다. 그러므로 뇌가 다양한 개별적 경험과 환경과의 상호작용 속에서 그 가

---

4) 현대의 권위 있는 뇌 연구자 중 한 사람이자 노벨상 수상자이기도 한 Edelman은 Vygotsky를 중심으로 한 문화·역사학파의 연구 결과들을 현대 과학을 통해 지지하고 있는 인물이라고 볼 수 있다.
5) 정신장애와 관련된 자세한 논의는 정은(2010)을 참고하라.

능성을 유연하게 발현하는 사회적 기관이라는 관점에서 많은 장애 학생들에게서 관찰되는 '문제 행동'(공격적 행동이나 자기자극 행동)을 재조망해 보는 것은 매우 의미 있는 일이다.

지금까지 언급한 내용을 토대로 생각해 보았을 때, 개개인의 특정한 행동은 변화된 환경, 예를 들어 자신에게 폭력적인 환경에 적응하면서, 반대로 자신에게 안정감을 주는 환경에 적응하면서 형성된 것들이다. 그리고 주로 전자와 같은 발달 조건하에서 '문제 행동'이 형성된다. 즉, 대다수의 장애 학생들이 보이는 공격적 행동, 반복, 자해와 같은 자기자극 행동은 타인과의 관계 형성 욕구가 지연 혹은 좌절되면서 발생되는 전형적인 행동들이다. 인간은 인간으로 살기 위하여 항상 타인을 필요로 하는데, 이러한 필요가 충족되지 않았을 때 인간은 타인을 대신하여 자신의 몸을 소통 상대로 상정하며, 이러한 상황 속에서 반복 행동, 자해, 자기자극 행동과 같은 것이 만들어지는 것이다. 타인에 대한 공격적인 행동 역시 본질적으로 이와 동일한 원리에 의한 것이다. 일반적으로 공격적 행동은 사회적 관계의 필요성에 비해 그 실현 가능성이 현저히 낮을 때 나타나게 된다. 누구나 경험하였을 유년기의 예를 들자면, 자기를 좋아하지 않는 친구에게 관심을 끌고 싶어서 오히려 더 짓궂게 행동하게 되는 경우가 있다. 이것은 관계 욕구에 비해 관계 형성의 현실적 가능성이 떨어지는 전형적인 예이다. 소외 관계(주변인과의 원활하지 못한 소통, 이로 인한 자기 자신과의 대화 단절 상태)에 처한 장애 학생들에게서 이러한 행동이 자주 발생하는 것은 바로 이런 이유 때문이다.

사람들은 흔히 뇌를 컴퓨터에 비유한다. 장애 학생들의 '문제 행동' 역시 이러한 ― 기계적 신경학적 ― 관점에서 행위 당사자의 부족함에 그 원인이 있는 것으로 이해되는 경향이 크다. 하지만 이러한 이해는 현대 뇌 과학 연구 결과를 고려하였을 때 받아들여질 수 없다(Edelman, 2009, pp. 39-40). 인간의 뇌는 컴퓨터와 다른 방식으로 작동하며 유기적 논리성을 가진다. 그리고 이 유기적 논리성은 뇌 발달 과정에 있어서 신경들이 끊임없이 새롭게 집단화됨으로 인해 가능하다(Edelman, 2009).[6] 이것은 인간의 다양한 행동 변화를 가

---

6) 이것이 곧 Edelman의 신경다원주의 이론(또는 신경 집단선택 이론)의 주요 내용인데, 그는 이러한 입장에서 과학적 환원주의, 특히 유전자 중심의 생물적 환원주의를 근본적으로 비판하고 있다. 유전자 중심의 생물적 환원주의적 관점을 분명하게 보여 주는 단적인 예

능하게 하는 신경계의 변화(즉, 정신 기능의 변화)는 개별 신경 단위에서의 변화에 의한 것이 아니라 신경들이 재조직화, 즉 집단화되는 것에 기인한다는 뜻이다. 인간의 뇌는 이러한 원리에 의해 신체 모든 기관들(손, 다리, 위 등)과 내적 소통을 하면서 세계를 수용하고 반영하며, 이에 따라 다양한 인간 행동이 표현되는 것이다.

그렇다면 이러한 관점에서 '문제 행동'에 대해 어떤 새로운 이해가 가능할까? 확실한 것은 이들의 행동이 자신의 생물적 가능성에 기인한다기보다는 자신이 관계하는 구체적인 사람들과 연관이 있다는 것이다. 즉, 모든 '문제 행동'의 배경에는 당사자에게 부적절한(결핍을 포함하여) 사회적 반응이 존재한다는 뜻이다. 앞에서 현대 신경과학의 기본적인 전제를 언급하였지만, 인간은 서로가 서로의 몸을 만들고 감성(아울러 지력)을 만드는 관계적 존재이다. 다양한 발달 경로가 가능한 것은 그만큼 인간의 신경적 잠재력이 크기 때문이며, 이러한 사실은 동시에 지금의 상태나 특정 행동이 타인과의 또 다른 경험 속에서 언제든 해소될 수 있음을 뜻한다. 그리고 논리적으로 이러한 '또 다른 경험'이 당사자에게 적절히 제공되지 못할 때 현재 (문제시되는) 행동들은 앞으로도 유지ㆍ심화ㆍ발전될 수 있음을 뜻한다. 따라서 우리가 인간 발달의 다양함 앞에서, 만약 어떤 특정한 행동의 변화를 기대하고자 한다면 먼저 '내'가 '너'의 변화 가능성의 토대가 되어야 할 것이다. 더불어 세상 사람들이 또 현(일반)교육이 곤혹스러워하는 장애 학생들의 '문제 행동', 보다 정확히 표현하자면 이들의 '적응적 부적응 행동'들은 이러한 발달적 조망하에서 비로소 자유로운 변화의 길을 발견할 수 있을 것이다.

로는 '주의력 결핍 및 과잉행동 장애'(attention-deficit/hyperactivity disorder, ADHD)에 대한 우리 사회의 대응 방식을 들 수 있다. 사실, ADHD에 대한 약물 중심의 치료적 대처는 단순히 생물적 환원주의의 위험을 넘어 21세기의 새로운 우생학적 흐름 속에서 새롭게 조망될 필요가 있다. 이에 관해서는 이 책의 제8장에서 다루었으므로 여기에서는 자세한 언급을 하지 않겠다.

Ⅳ 결론

교육, 장애, 발달 등 이 장에서 자주 언급된 몇몇 개념들은 그 자체로 상당히 무겁고 복잡하다. 하지만 장애인교육학에 대한 논의는 그것이 아무리 작은 시도라고 하더라도 이러한 기본 개념들을 고민하면서 가야만 한다. 왜냐하면 서론에서 밝혔듯이 특수교육은 기본적으로 교육의 문제이고 장애는 인간의 문제이기 때문이다. 이 장에서는 이러한 입장에서 특수교육이라는 것이 마치 교육의 문제이기 이전에 장애의 문제인 것처럼 다루어지고 있는 현 특수교육(학)의 실제에 대해 장애에 대한 생물적 환원주의의 문제 및 분리교육의 딜레마를 중심으로 비판적으로 성찰해 보았다. 그리고 이에 기초하여 우리가 지향해야 할 장애인 교육관과 관련하여 인간의 발달 과정에 있어서 부족함(손상)의 의미 및 장애에 따른 부차적 산물로 받아들여지고 있는 '문제 행동'들을 인간 행동의 보편 원리 속에서 새롭게 조망하여 보았다.

너무나 긴 세월 동안, 너무나 당연하게 받아들여 왔던 특수교육에 대한 이해, 즉 특수교육은 일반교육을 감당할 수 없는 장애 학생을 위한 특별한 교육이라는 이해가 이렇게 잠시 다르게 고민해 보는 작업만으로 근본적으로 변화될 수는 없을 것이다. 하지만 이 장을 통해 제시된 인간 발달과 교육의 관점에서 특수교육을 새롭게 고민하는 일은 분명 교육 주체이자 대상인 인간, 이러한 차원에서의 장애인을 새롭게 인식할 수 있는 기회를 제공할 수 있다고 본다. 아울러 이러한 관점에서 보았을 때 장애인교육학의 대상은 기존의 특수교육학이 상정하고 있는 특수교육 대상자(장애 학생)를 넘어서 상당히 넓은 범위로 확대될 수 있다는 사실 또한 염두에 둘 필요가 있다. 예를 들어, 외국인 노동자, 다문화 자녀, 이제는 장애 범주에 포함되지만 20여 년 전만 해도 질병으로만 분류되었던 정신질환을 가진 사람, 여성, 노인 등도 그 처한 소외적 발달 맥락에 따라 장애인으로 규정될 수 있는 것이다. 따라서 향후 장애인교육학에 대한 학문적 탐구는 그 어떤 학문 분야보다도 다학문적이고 개방적이어야 할 것이다.

참고문헌

강종구, 김미경, 김영한, 옥정달, 이정규, 이태훈 외 (2010). 특수교육학 개론. 서울: 학지사.

김동일, 손승현, 전병운, 한경근 (2010). 특수교육학개론. 서울: 학지사.

김삼섭 편 (1996). 장애아 통합교육. 서울: 양서원.

김윤옥, 김진희, 박희찬, 정대영, 김숙경, 안성우 외 (2005). 특수아동 교육의 실제. 서울: 교육과학사.

김홍규, 이호정 (2009). 최신특수교육학. 파주: 양서원.

김희규, 강정숙, 김은영, 김의정, 김주영, 김형일 외 (2010). 특수교육학 개론. 서울: 학지사.

이소현, 박은혜 (2003). 특수아동교육. 서울: 학지사.

이희승 (1981). 국어대사전. 서울: 민중서림.

정은 (2007a). 장애, 움직이는 시선. 대구: 먼못.

정은 (2007b). 비고츠키의 '손상학(Defectology)' 연구가 장애아동교육에 주는 시사점 탐색. 특수교육연구, 14(1), 59-76.

정은 (2008). 사회신경과학적 관점에서 바라 본 장애아동의 인성발달. 특수교육저널: 이론과 실천, 9(1), 325-345.

정은 (2009a). 통합 교육적 맥락에서 살펴 본 미적 교육(F. Schiller)을 통한 인간의 윤리적 성장. 특수교육학연구, 43(4), 75-94.

정은 (2009b). 지적 장애아동 발달에 대한 손상학(L. Vygotsky)적 접근. 특수교육저널: 이론과 실천, 10(3), 35-53.

정은 (2010). 정신 장애에 대한 특수교육학적 이해: 정신기능의 역동적 연결에 관한 연구. 특수교육학연구, 45(3), 273-293.

정은 (2011). 특수교육학에 대한 반성적 성찰. 특수교육저널: 이론과 실천, 12(2), 311-336.

정은, 김미향 (2010). 개별화 교육을 중심으로 살펴 본 아동교육권리 연구. 아동과 권리, 14(3), 409-426.

한국특수교육연구회 (2009). 최신 특수아동의 이해. 파주: 양서원.

한현민 (2001). 특수아동과 특수교육. 서울: 도서출판 특수교육.

波多野誼余夫, 稲垣佳世子 (2003). 유능감을 키우는 교실: 무기력의 심리학 (위광희, 박원숙 역). 서울: 정민사. (원출판연도 1981)

Bowlby, J. (2009). 애착 (김창대 역). 파주: 나남. (원출판연도 1969)

Brisch, K. H. (2003). 애착장애의 치료 — 이론에서 실제까지 (장휘숙 역). 서울: 시그마프레스. (원출판연도 2000)

Edelman, G. M. (2009). 세컨드 네이처 (김창대 역). 서울: 이음. (원출판연도 2007)

Flores, P. J. (2010). 애착장애로서의 중독 (김갑중, 박춘삼 역). 서울: NUN. (원출판연도 2004)

Goleman, D. (2006). SQ 사회지능 (장석훈 역). 서울: 웅진지식하우스. (원출판연도 1980)

Hartmann, T. (2005). 에디슨의 유전자를 가진 아이들 (최기철 역). 서울: 미래의창. (원출판연도 2003)

Jantzen, W. (1997). Behindertenpädagogik. In A. Bernhard & L. Rothermel (Eds.), *Handbuch Kritische Pädagogik: Eine Einführung in die Erziehungs- und Bildungswissenschaft* (pp. 280-290). Weinheim, Germany: Deutscher Studien-Verl.

Jantzen, W., & von Salzen, W. (1986). *Autoaggressivität und selbstverletzendes Verhalten*. Berlin, Germany: Marhold.

Keiler, P. (1999). *Feuerbach, Vygotskij & Co. Studien zur Grundlegung einer Psychologie des gesellschaftlichen Menschen* (3., erweiterte Aufl.). Hamburg, Germany: Argument.

Lanwer-Koppelin, W. (1997). Autoaggressivität bei Menschen mit einer sogenannten geistigen Behinderung — Verstehende Zugänge und Möglichkeiten der pädagogiischen Intervention. *Behindertenpädagogik, 36*(3), 281-300.

Lanwer-Koppelin, W. (2001). *Selbstverletzungen bei Menschen mit einer sogenannten geistigen Behinderung*. Unpublished doctoral dissertation, Universität Bremen, Bremen, Germany.

Miller, A. (2005). 사랑의 매는 없다 (신홍민 역). 서울: 양철북. (원출판연도 2001)

Sacks, O. (2004). 나는 한 목소리를 보네 (황지선, 길혜금 역). 서울: 가톨릭출판사. (원출판연도 1997)

Spitz, R. (1974). Brücken. *Psyche, 28*, 1003-1018.

Trevarthen, C., & Aitken, K. J. (1994). Brain development, infant communication, and empathy disorders: Intrinsic factors in child mental health. *Development and Psychopathology, 6*, 597-633.

Vygotsky, L. S. (2001a). Zur Frage kompensatorischer Prozesse in der Entwicklung des geistig behinderten Kindes. In W. Jantzen (Ed.), *Jeder Mensch kann lernen — Perspektiven einer kulturhistorischen (Behinderten-) Pädagogik* (pp. 109-134). Berlin, Germany: Luchterhand.

Vygotsky, L. S. (2001b). Defekt und Kompensation. In W. Jantzen (Ed.), *Jeder Mensch kann lernen — Perspektiven einer kulturhistorischen (Behinderten-) Pädagogik* (pp. 88-108). Berlin, Germany: Luchterhand.

찾아보기(인명)

저자 소개

■ **조한진**

미국 일리노이대학교(University of Illinois) (철학 박사)

현재 대구대학교 사회과학대학 사회복지학과 교수

■ **김경미**

미국 캔사스대학교(University of Kansas) (사회복지학 박사)

현재 숭실대학교 사회과학대학 사회복지학부 교수

■ **강민희**

영국 리즈대학교(University of Leeds) (철학 박사)

현재 호남대학교 사회경영대학 사회복지학과 부교수

■ **정은**

독일 브레멘대학교(Universität Bremen) (철학 박사)

현재 영남대학교 사범대학 교육학과 교수

■ **곽정란**

일본 리츠메이칸대학(立命館大學) (학술 박사)

현재 국립국어원 어문연구실 특수언어진흥관 주무관

■ **전지혜**

미국 일리노이대학교(University of Illinois) (장애학 박사)

현재 인천대학교 사회과학대학 사회복지학과 부교수

■ **정희경**

일본 리츠메이칸대학(立命館大學) (학술 박사)

현재 광주대학교 보건복지대학 사회복지학부 부교수

■ **조원일**

일본 츠쿠바대학(筑波大學) (심신장애학 박사)

현재 경기대학교 사회과학대학 공공안전학부 사회복지학전공 교수

한국에서 장애학 하기(2판)
Doing Disability Studies in Korea

2013년 10월 30일 1판 1쇄 발행
2017년 4월 20일 1판 3쇄 발행
2023년 3월 30일 2판 1쇄 발행

지은이 • 조한진 · 김경미 · 강민희 · 정은 · 곽정란 · 전지혜 · 정희경 · 조원일
펴낸이 • 김진환
펴낸곳 • (주)**학지사**
       04031 서울특별시 마포구 양화로 15길 20 마인드월드빌딩
대표전화 • 02-330-5114   팩스 • 02-324-2345
등록번호 • 제313-2006-000265호
홈페이지 • https://www.hakjisa.co.kr
페이스북 • https://www.facebook.com/hakjisabook

ISBN 978-89-997-2886-0 93370

정가 20,000원

출판미디어기업 **학지사**
간호보건의학출판 **학지사메디컬** www.hakjisamd.co.kr
심리검사연구소 **인싸이트** www.inpsyt.co.kr
학술논문서비스 **뉴논문** www.newnonmun.com
교육연수원 **카운피아** www.counpia.com